梁啓超 著

飲冰室合集

專集

第十九册

中華書局

飲冰室專集之八十八

政治小說佳人奇遇序

政治小說之體。自泰西人始也。凡人之情。莫不憚莊嚴而喜諧謔。故聽古樂則惟恐臥。聽鄭衞之音則靡靡而忘倦焉。此實有生之大例。雖聖人無可如何者也。善爲教者。則因人之情而利導之。故或出之以滑稽。或託之於寓言。孟子有好貨好色之喻。屈平有美人芳草之辭。寓譎諫於詼諧。發忠愛於馨豔。其移人之深。視莊言危論。往往有過。殆未可以勸百諷一而輕薄之也。中土小說。雖列之於九流。然自虞初以來。佳製蓋鮮。述英雄則規畫水滸。道男女則步武紅樓。綜其大較。不出誨盜誨淫兩端。陳陳相因。塗塗遞附。故大方之家。每不屑道焉。雖然。人情厭莊喜諧之大例。既已如彼矣。彼夫綴學之子。黌塾之暇。其手紅樓而口水滸。終不可禁。且從而禁之。孰若從而導之。善夫南海先生之言也。曰僅識字之人。有不讀經。無有不讀小說者。故六經不能教。當以小說教之。正史不能入。當以小說入之。語錄不能諭。當以小說諭之。律例不能治。當以小說治之。天下通人少而愚人多。深於文學之人少。而粗識之無之人多。六經雖美。不通其義。不識其字。則如明珠夜投。按劍而怒矣。孔子失馬。子貢求之不得。圉人求之而得。豈子貢之智不若圉人哉。物各有羣。人各有等。以龍伯大人與僬僥語。則不聞也。今中國識字人寡。深通文學之人尤寡。然則小說學之在中國。殆可增七略而爲八。蔚四部而爲五者矣。在昔歐洲各國變革之始。其魁儒碩學。仁人志士。往往以其身之所經歷。及胸中所懷政治之議論。一寄之於小說。於是彼中綴學之子。

嚳塾之暇。手之口之。下而兵丁而市儈而農氓而工匠而車夫馬卒而婦女而童孺。靡不手之口之。往往每一書出。而全國之議論爲之一變。彼美英德法奧意日本各國政略之日進。則政治小說爲功最高焉。英名士某君曰。小說爲國民之魂。豈不然哉。豈不然哉。今特採日本政治小說佳人奇遇譯之。愛國之士。或庶覽焉。

日本柴四郎著

飲冰室專集之八十八

政治小說 佳人奇遇

日本柴四郎著

第一回

東海散士一日登費府獨立閣。仰觀自由之破鐘。歐美之俗每有大事輒撞鐘集衆當美國自立之始吉凶必上此閣撞此鐘遂裂後人因呼爲自由之破鐘云俯讀獨立之遺文。慨然懷想當時美人舉義旗。除英苛法。卒能獨立爲自主之民。倚窗臨眺。追懷高風。俯仰感慨。俄見二妃繞階來登。翠羅覆面。暗影疏香。戴白羽之春冠。衣輕縠之短羅。曳文華之長裾。風雅高表。駘蕩精目。相與指一小亭而語曰。那處卽是一千七百七十四年十三州之名士第一次會議國是之處也。當時美爲英屬英王蔑視國憲擅重賦斂美人自由權利掃地以盡顧望之念絕呼籲之途窮人心激昂殆將潰裂十三州名士大憂之相與會于此亭謀救濟其窮厄撲滅亂機時座中有巴土烈義顯理者乃激昂悲壯而發言曰不脫英軛不興民政非丈夫也此亭至今獨存不改舊觀與獨立閣同爲費府名區之一云又遙指山河曰。此邱呼爲龜谿。那河稱爲蹄水。噫、晚霞邱在慕士頓府東北一里外左控海灣右接羣邱形勢巍然實咽喉之要地一千七百七十五年美國忠義之士乘夜占據此要害以遮英軍之進路明朝敵兵水陸合擊勢甚銳美人善拒再破英軍敵兵三增而邱上之軍外則援兵斷內則硝藥竭大將窩連戰歿力不能支卒爲敵所陷後人建碑此處以表忠死者之節云之一舉。草獨立之檄文於此閣。明自由之大義於天下。邊郡之民。咸來雲集。荷兵蜂起。織女絕布以爲旗。倉父齎糧以響應。慈母諭子。揮淚以赴戰場。貞婦厲夫。列隊伍惟恐後。觸白刃冒銃丸。傷而不撓。死而無悔。誓爲自由而斃。抗百萬虎狼之英軍。兵結莫解者七年。慕士頓府委於敵。新府繼陷。費都亦爲所蹂躪。於是大將華盛頓率疲兵退而陣於竈谿時天氣嚴寒積雪千里堅冰塞道援兵不到糧運難繼軍氣沮喪士有菜色諸將議曰若今不一戰以厲軍氣則四方忠義之師將瓦解卽夜發竈谿卷旗銜枚渡蹄水襲英驕兵大破之自由之師復振是役也將士貧困已極履不覆足衣不防寒徒跣踏冰雪脛足凍坼流血淋漓數里之積雪爲之赤軍中凍死者不可數計云噫、人情誰不樂生而惡死顧乃氣高志遠急國家之難忘其私身而惟報國之知宜哉美人之能挽回頹勢凱歌振旅外而制歐人犯掠鄰國之政略據公議以挫强護弱內而修庠序銷鋒鏑厲工商課農桑成此富強文明之邦國人享自由之樂家作太平之謳所謂凱歌聲動風雲色兵氣銷爲日月光嗚呼吾黨何日得逢此盛言罷相與太息者久之散士聽之竊竊疑之以爲今此佳人棲息自由之邦國沐浴文明之德澤而慨歎悲哀如此恰如普廷末路諸名士新亭之會作楚囚之對泣歎山河之已非甯非異事時倦鳥歸林游客悉散散士亦出費府郭門步還西費輕靄模糊曉風吹袂遙矚竈谿之依稀瞰蹄水之浩蕩感今念昔情不能堪乃賦古風一篇行且吟曰

晚降獨立閣行吟蹄水潯蹄水流滔滔竈谿煙沈沈疎鐘響夕陽倦鳥還遠林微風吹輕裳新月照素襟對此風景好何爲獨傷心當年汗馬地滄桑不可尋英雄皆枯骨鐵戟半銷沈義士建國檄百年欽餘音成敗有定數白眼睨古今

越日春風駘蕩朝霞如烟散士獨棹輕舟高歌放吟遡蹄水之支流漸近竈谿之岸忽見一淸流出自幽谷兩岸碧蘚與數種櫻桃相掩映水色澄淸游魚可數散士停舟而笑曰是眞今世之桃源也恨無避秦人與之話前朝逸事耳乃吟曰、扁舟來訪武陵春覓句未成忽聞微風遙送琴聲傾耳聽之其聲漸近瞥見一小艇自上流來下

一妃操棹一妃彈琴風姿綽約望之若神仙中人相去數武二妃凝視散士相與耳語似作驚駭之色散士不解其何故目送久之妃亦回眸再三移舟回岸終不知其所之徒見河水渺茫微波揚汨而已散士常歎美人乏風流雅致不足共談花月韻事今殘春花間撫琴吟嘯忽邂仙妃心振目醉微波難託無由寄詞脈脈寸心願達彼岸追懷古人惆悵無已乃復遡流移舟但見百花翩翩隱風亂飛黃鸝嚶嚶繞樹熟囀枕水有一人家雖不甚宏敞然古雅清致獨脫塵俗庭前松柳任其自由雖門前不見長者轍然察其情景似是偉人之居散士維舟于門前之岸柳越邱涉水漸到竈谿極目一眺芳草如織菜花隨微風搖動綠陰毵毵羣羊倦睡回頭遙望汽車半殘之黑烟飛馳平野帆檣如雲往來蹄水散士感今懷古因念昔者波斯王勢氣佐師提百萬之大軍欲幷吞歐洲至歐亞之境立馬高邱慨然歎曰嗚呼今百萬之貔貅與我共渡此海百年之後皆成枯骨能復有人生存于此世界者嗚呼世無萬年之天子國無不朽之雄邦言畢淚涔涔下不能自禁又思英國文章之詞宗歷史之大家麻浩冷曾在海天髣髴間望故鄉萬感交集想念千載之後威名赫赫文物粲然之大英國既就衰敝壯麗之聖寺鞠爲蔬園彩虹之西橋無復疇昔彼時墨客文人追想英國盛時坐西橋之朽梁寫聖寺之廢觀必有慘然不樂者俯仰古今興悲來者徘徊戰場感慨無限因漸尋歸路經通谷涉景山越數十步遙見二妃拾翠於江濱咫尺盈盈不語脈脈恨無微波以通寸素徬徨躊躇者久之既而一妃提輕裾而徐步漸近散士年二十三四綠眸皓齒垂黃金之縟髮細腰冰肌踏遊散之文履揚彼皓腕折一柳枝態度風采若梨花含露紅蓮浴池顧散士揖而言曰頃於河上相見者非郎君也耶今此幽谷漁牧之來者猶稀況乎貴紳公子哉郎君髮黑眼銳無乃西班牙之士人耶散士答曰否僕東海遊士負笈茲土者也今雜花爛開芳草被野羣鶯亂飛偶有所感偷閒掉舟乘

與以弔自由之戰場。流連俯仰。吟咏忘歸。幸釋疑慮。妃驚曰。郎君由日本而來。山海相去三萬里。得無有故鄉之思否。散士曰。嬋妍仙姿。撫箏低吟。雲夢洛川之神女。亦無顏色。妃蓮（希臘美人）蘇皇（蘇蘭女王以才美冠世）之才美。亦當避舍。而振冠南嶽。濯足滄浪。高蹈風塵。睥睨人表。風度瀟灑。誰不云欽。今僕卒然相逢。諺所謂一樹之陰。一河之流。偶然交袖。亦有多少因緣也。詩曰。有美人兮。清揚宛兮。邂逅相遇。適我願兮。僕何幸而得此哉。妃以柳枝掩半面微笑曰。郎君所言者。彼立柳陰之人也。妾豈敢當此。伏問前日費府之獨立閣上。倚窗眺之士。非郎君也耶。答曰。然。妃曰。妾名紅蓮。故有阿姊。避世于此地。先是見郎君於河上。阿姊謂妾曰。異哉。前日相見於獨立閣。今亦相遇於竄谿。遊跡風流。不期而合。若得共語風流之韻事。可散胸懷無限之憂鬱矣。既而駭曰。彼士眸與髮俱黑。或恐西班牙之人歟。妾欲探郎君之蹤跡。苦無媒介。敢託折柳。以試於郎君。幸恕其唐突不敬之罪。尤勿視妾為踰水鵲橋。以客星渡之。因微笑疾行。直至柳陰。與一妃耳語。乃共入于臨流之一家。復來告曰。阿姊久待郎君。望高軒賜過。散士舉頭。則已有一妃待於門外。遠望之。髣髴如輕雲之蔽新月。近視之。皎潔若白鶴之立仙階。年齒二十許。盛妝濃飾。冷豔欺霜。眉畫遠山之翠。鬢堆螺頂之雲。秋波凝情。炯炯射人。晴備威儀。紅頰含笑。皓齒微露。纖腰曳經綺之長裾。蓮步踐綵繡之輕履。餘香襲人。徐步來迎。幾疑姮娥降塵。洛神出世。於是散士心動胸悸。為之一揖。妃曰。今郎君光臨于此。妾之幸福。何以加之。因起薦長椅。以請坐。其家臨踰水之支流。據竄谿之一邱。東對費府西接芳林。深邃幽閒。庭前櫻花盛開。楊柳垂枝。翠陰婆娑。窗外掛一雕花籠。籠中畜一白鸚鵡。壁頭揭一扁額。其文曰。幽谷蕙蘭。空懷香。年年全節待鳳凰。架上橫一玉簫。壁間掛一風箏。大琴小琴。相對備極楚楚。須臾坐定。談話溫粹。謙態遜狀。相接之頃。豁然大開襟懷。胸中不置畛域。散士問以隱逸之故。妃憮然曰。妾豈好為此者。時不我與、事與願違、故守節幽谷、甘茲沈淪、不足爲外人道也。散士竊疑此美、以伉儷願違、恨世幽隱、非薄倖人也、或者皇天無情、所遇非人、故甘守貞、遯跡斯境耳、散士曰、昨相見於費府之獨立閣、非令姊也耶、妃曰、然、散士曰、曩見二妃之感慨、不禁悲憤、心竊怪之、何爲其然也、妃答曰、避世之士、逃難之人。若述往事、徒增傷感、散士固問其故、妃沈默不答、如深有顧慮者、紅蓮進謂妃曰、妾固知日本男兒之心肝、便談阿姊之來歷、可保無他、妃於是慨然而告曰、妾名幽蘭、世居西班牙京城、麻戶立都之名族也、昔時吾人剛敢不撓、踰萬里之鯨波、嘗千百之艱難、發見美國之大陸、自歸我版圖後、國旗翻於四海、威名轟於歐洲、富强冠於天下、然滿招損、盈生虧、上下驕傲、風俗頹壞、先王篤信舊敎、目新敎爲邪敎、以爲逆天惑民、發百萬之兵、助法王以勦滅新敎、四出剽掠、所至殘暴、孩兒婦女、悉遭屠戮、行政之權、委諸僧侶、於是僧侶自作威福、救民之法、變而爲苦民之具也、僧侶互相殺伐、敗法亂紀、汚國虐民、以炮烙湯鑊、殺人百萬、其貪婪酷烈之事、稽之載籍、爲千古所無、以鐵鎖御民、以鞭笞待衆、訴民情者、名爲誣上譏君、說自由者、目爲不忠不義、大加刑戮、是以寃民無所訴情、志士無所展力、國勢凌遲、紀綱廢弛、內憂外患、倂臻其害、海外之屏藩多叛、國內之朋黨相軋、四分五裂、無所統括、一切財政、大失其宜、年年所貢南美、値億萬之金銀、徒充呈笑獻媚後宮之費、或供貪婪無厭僧侶貴族之奢侈、金銀濫出、國力疲弊、森林荒廢、地瘠民貧、人各救其生、無暇顧廉恥、盜賊横行、國無甯歲、女皇伊佐米剌迫皇兄頓加羅以竊位、寵臣僧侶專權、賄賂公行、賦斂無常、外受隣國之侮、內失人民之望、惟上下晏安、歌舞遊獵、馳驅醉飽、政綱日壞、妾父兄日夜歎國勢之凌遲、哀人民之窮困、欲挽回此頹勢、因密謀諸忠義之士、計畫廢其暴君、立其賢主、革其弊政、薄其賦斂、務使人民安於衽席、含餔鼓腹、以賀太平。此事久待時機、於一千八百六十八年秋九月、我女王法帝拿破崙三世將爲會盟。乃從車騎以行。未及幾里。從騎喧騷。皆呼曰。我皇無道。德不及民。不能安其民生。宜速退位。以讓於賢主。市民聞之。雀躍羣至。攀其鳳輦以促之。僅三日而全國皆叛。女皇與近臣遁於法京。倚於拿破崙。崙掀髯而言曰。奇貨可居時哉不可失。於是擁廢皇之王子。屯兵於境上。移檄我民曰。敝邑據義。提不腆之兵。赴爾友邦之難。今爾正統之皇子在茲。爾何不早去亂民之脅迫。以歸明主。皇子至德。誠能戡定亂虐。俾全衆生之眞主也。若夫改圖投誠。必許以自新之路。當是時也。奉戴我皇兄頓加羅者。以其檄傳之遠近曰。婦女之登天位握國政者。我宗祖大法之所禁也。曩者僭侶貴族。營其私利。而立彼婦女以爲社稷之主。專其國政。恣橫無忌。其聰明雄才之皇兄頓加羅。則斥逐之。使民離衆散。今也女皇逃國。宗廟無主。吾人乃立皇兄頓加羅卽王位。以從民心。除弊政。去私怨。立憲法。建公議。奉祖宗之大法。其有以國家爲念者。宜速來勸助。萬勿躊躇逡巡。失此風雲之會。致爲後日之悔云。於是國民應之者甚多。時學士書生。有別說自立自由之利。倡道民政共和者。其抱才鬱屈。及苦於貧困而思亂者。皆相和而煽動人心。勢如滿岸之漲。一時潰堤。不可收拾。欲壅塞之而反動激烈也。其共和黨又分而爲二。一主急進。一主漸進。黨不相容。衆論喧呶。邦內擾擾。國中輿論。遂無可定。人心又不能歸一。乃相與會於議院。議前途之國是。時國相風雷夢者。豪邁果斷。因起以告衆曰。案我國今日之勢。人心相離。黨派大興。二黨合而四派分。一派滅而一派起。上下紛擾。何所底止。是豈激於一時之變使然耶。蓋宿怨相積。私仇相結。不幸以見於今日。故爲今之計。宜卽立英主。以糾合人心。而離散朋黨。今夫普國者。歐洲之强邦。而皇子理烏佛氏。其最賢也。品超貴冑。行冠宗潢。故欲繫宗社於苞桑。奠國家於磐石。則必迎立而奉戴之也。籌計已熟。在會之人。有樂從其議而贊成之者。有不以爲然而排擠之者。民政黨諸人大抗之曰。宰相之謀。是陷於普相卑士麥克氏之策。

畏普王之威而賣國者也。於是痛責排擠。議論如湧。當此時。妾老父徐起而謂諸士曰。廢女皇之事。我實主之。是時我與將士共誓曰。廢暴君而立正統之英主。以從民望。其營私利抱私心之所爲者。非我黨也。又非我國民也。若夫犯此弊者。吾輩當戮力以除之。雖殺身所不顧也。豈可迎歐洲强國之皇子。而委以國政耶。若如相公之言。迎立普之皇子。天下將目我陷於普相術中。必謂我國無人矣。加以普王之雄豪。其相又富於權術。豈可默然而止乎。今也法帝托言於我爲姻戚。屯兵於境上。欲立廢皇之皇子。雖然。凡我人民惡女皇之無道。恨入骨髓。故立廢皇之皇子。以維繫人心。況法帝之心事。亦有不可明言者。頃南方諸州。共推皇兄顚加羅卽王位。贊助立君公議之政。抑皇兄者正統之皇子。而立君公議者。天下之善政也。不若諸士共盡力於此也。於是滿場議論。爲之愈激。有各相搏擊之勢。不知所定。然各人意中與宰相所議、合者過半。其策遂決。於是遣使於普國。以表推戴之意。乞皇子卽位。皇子諾之。既而法之君臣聞有此舉。爲之大憤。直飛書乞皇子以却其請。皇子又許之。而法帝猶多不厭。傲慢不敬。犯普帝。促戰事。蓋法之君臣。平日講求富强之術。欲雄飛於歐洲。因普之羽毛未豐。乘勢挫之。使其不能復振。不料普國光不外爍。養銳蓄精。以待一飛冲天之機。法則君臣乖離。將驕卒怠。是以一敗塗地。遂爲城下盟。法帝降虜。乃流寓他鄉。至是我民迎伊國皇子而立之。先是大宰相風雷夢氏。爲刺客所斃。黨派之爭日甚。皇子憂國步之艱難。被朋黨之分裂。卽欲以定民心。然自風雷夢死後。各黨主領各抱自立之志。互不相下。其智略亦互相匹敵。無俊傑以統結之。而共和黨激烈之論。放談橫議。以建民政。是非混亂。比朝廷紛擾。干戈曳亂。自是政權日傾。王益憤懣。告於衆曰。人生誰不希富貴慕功名耶。初爾衆庶不以寡人不敏。舉國政以委於寡人。寡人漫不自計。不以不敏而肩此重任。庶幾可無大過。於是辭父母。納羣臣之諫。誓以死生榮辱。與國共之。頼爾羣臣之助。倚爾人民之力。垂功業於千載。願爾臣民共受其慶。無如爾衆庶浮薄輕動。以私害公。朋比爲奸。是非不顧。終日嗷嗷。紛爭於政路。以至國勢日傾。寡人憂之。用是不厭誥誡。冀以自新。而爾有衆頑固依然。不悛其行。今也寡人智窮術乏。經國無方。亦奈之何哉。而尸位妨賢。大違民志。是寡人旦夕所不能安也。茲辭王位。將歸故鄉。古人云。衣錦而歸故鄉。是人情之所榮也。而今不敏。抱憾去位。憂心悄悄。其何顏以見故鄉父老耶。其哀情亦不言而喻矣。雖然。與爾臣民。曾有君臣之義。今其去此。猶有故山之思。願爾衆庶解其舊怨。挽回國勢之陵夷。力圖富强。進乎文明之境。固所望也。臨別贈言。灑淚無已。於是皇子退位而歸伊國。自是宗廟無主。民政黨乘機煽動。而國政紊亂。無可如何。妾老父憂之。集衆而言曰。聞我士民厭王政而希民政。其風氣雖佳。然以時局觀之。決非國家之福也。蓋以共和而建民政。文物燦然。富强駸駸。而可證者。其惟北美合衆國而已。此諸君所目擊也。抑北美之人民。本生長於自主自由之俗。沐浴於明教禮義之邦。捨私心。執公議。不泥虛理。而務實業。是所以能建民政。而冠於宇內也。而我民則不然。泥虛理。不務實業。輕佻銳進。忽於挫折。此其所以衰頽也。墨西哥國者。與美國接境。同時所建共和民政之國也。然朋黨相忌。首領相仇。爾來五十三年。一帝一攝政。已更統領五十三人。某政府朝迭暮更。其人民託生斯土者。又安能尋進路於文明。求生路於自由之鄉耶。墨西哥人者。我西班牙之後裔。而風敎人情。無不相同。亦足借以自鑒矣。不知我典章文物。由國民之志操。遠不及美人。而欲驅此輕佻不學之輩。馳騁於民政之界。余祇知其害。不知其利也。設暫奮而爲之。而政黨相鬩。國政迭亂。內外混淆。官民失職。陷於朝令暮改之弊政。其能自立乎。又政權歸於姦雄掌中。開軍人爲政之禍端。干戈紛擾。其終能保久安乎。憶一千八百三十年。法國革命之亂。人民厭其王政。其時將軍羅柄斗氏。被以紫袍。將欲立爲民政之首領。將軍固辭而諭衆曰余十八歲時。見美國獨立之檄文。拜而讀之。不覺髮竪淚下。直揮袂而起。遂誓以孤劍而救兆民。泛孤舟於大洋。陷孤軍於重圍。與將士推衣分食。枕戈共苦。七年於茲。其間美人獨立自治之誠心。確乎不可動。久擬取其風氣以教我民。雖然我民之氣象風教。奈何不適於自治之用。故宜迎賢主。以倡立君公議之明政。是我法國之妙策也。抑亦國民之幸福也。將軍之言可爲殷鑑。意氣懇切。聲淚俱下。嗚呼忠言逆耳。高論難行。此古今之常患也。黨人等却疾視老父爲自由之公敵。而民權之僞黨也。於是固爲誣揑。務使惡聲遠揚。以至一犬吠影。百犬吠聲。爲淸議所不容。詬罵唾斥。使人幾欲食其肉而寢其皮。遂下命誣父兄爲叛逆大罪。將捕以殺之。我父兄聞風逃難。而忠誠之士亦多去國。自是黨人得勢。益無忌憚。迷於民政之空理。夢入自由之鄉。遂以民政布告於天下。其時京城之衆庶。如醉如狂。會於寺院。集於道路。招羣集衆。大唱共和萬歲之歌。旣已棲息於自主自由之樂土。無爲之空想。所在爭殺僧侶。追捕貴族。所謂以暴易暴。不自知其非者也。當其黨領所立之憲法。施行政令。而政黨相軋。首領相忌。其議士徒爭口舌之戰。捨本求末。無益於實用。其人民徒嗷嗷於賦斂之輕。以致政令不行。僅及歲餘。而統領內閣。五易其主。使民迷其途。商厭其令。士惡其行。兵侮其律。變自由樂境之迷夢。作寡人爲政之苦境。各黨軋轢。互弄干戈。以至枉殺無辜。至是老父之言盡驗。人皆服其先見。而父兄在他鄉。不忍傍觀故國之難。乃糾合義族。推皇兄頓加羅爲盟主。以除弊政。去私怨。結合分裂之政黨。退僞黨之首領。建立憲公議之政。以治內亂。而禦外侮。破僧侶貴族之陋習。移其民於自由之眞鄉而後已。日爲經營。誓傳其檄以鼓舞同志。於是天下聞風。慕皇兄之賢名。四方雲集。所至如歸。旌旗蔽空。舳艫相望。歌吹盈耳。兆民悅服。士卒奔馳。相會如林。而兵勢大振。自此黨人每戰皆敗。勢將潰散。當斯時也。普相逞其陰謀。竊贈兵餉以援之。乃死灰復燃。兵鋒頗銳。

於是兩軍再戰。彼我互傷。智勇皆困。時廢皇之子猶在境上。乘機而入國都。利誘士民。士民苦兵卒之剽掠。久望昇平。因共歸之。如流水之就下。而民政黨首領亦變其盟約。獻降於馬前。致賀稱臣。願爲新王前導。新王以其與妾父有舊。命作書以招老父。老父覆書責其變節。其詞曰。

夫士所貴者節義而已。苟士而無節義。亦何足貴哉。當足下提倡共和民政之先也。僕則主持立憲公議之良政。然忠言逆耳。衆口鑠金。視僕爲自由之公敵。誣僕爲國家之反賊。言猶在耳。亦足下所未忘。且足下曾於某日誓衆曰。此身誓與民政共斃。何其壯哉。今也厚顏鐵面。膝行就縛。獻降於馬前。惟恐在後。嗚呼。是果何心耶。苟略解節義。抱廉恥之心者。其忍食言耶。前拿破崙三世。破民政而登帝位。是時法名士威厲士留與飛豪等。慨然揮臂以抗之。自料勢力不敵。莫奈伊何。遂憤然退隱於一島。以行其志。是眞可謂大丈夫哉。夫蹈海之高節者。雖萬乘亦不能屈其志也。今足下不能自潔則已。而又靦然受其封爵。絕無恥色。更欲陷其交友於不義與失節之罪。足下其有何面目以對天下哉。嗚呼、疾風知勁草。世亂識忠臣。古人云蓋棺然後論定。良不誣也。兵馬倥傯。不能盡意。

敵將見之大怒。進兵攻戰。我將士大小百餘戰。多捐命於鋒鏑。前功悉廢。家兄戰沒。老父與皇兄飮泣。誓圖恢復。臨別攜妾逃匿於此地。老父年逾古稀。跋涉歐美萬里之海山。招結有爲之士。其果敢之氣。剛直之節。老而愈堅。況乎妾年尙壯。豈忍以死生窮達之故。而辜負父兄之宿志哉。今也國破家亡。親戚凋殘。望月獨坐。則怨憤兩集。對花行吟。則憂愁交至。東望故國。憤氣如雲。俯念同人。激情風烈。每一念及。寢食俱廢。妾之苦心。諒蒙憐察。言畢聲淚俱下。散士亦爲之感動。眉縐鼻酸。幽蘭漸收淚正襟。更謂散士曰。妾深感知遇。過信紅蓮女史之言。僅以遊逅一會．遂訴盡一生之履歷．語盡終生之大事．交淺言深．實堪愧悔．雖然．此是積年沈鬱．無可與語．恃君見諒．不覺縷陳．然此幽愁之語．恐令郎君厭倦耳．散士答曰．僕雖無似．然聽之靡靡不倦．願再聆其餘．阿姐胸宇快闊．志趣可嘉．所謂青天白日之談也．僕豈不感其情耶．獨惜其語盡而已．顧謂紅蓮曰．阿姐亦西班牙之人歟．紅蓮曰．否．妾愛蘭之產也．散士曰．阿姓幽蘭女史退隱於此．想必有故．願得聞其詳．紅蓮曰．妾父長於奇贏之術．執牙籌而計畫販貨貿易美國．又估貨輸出東洋．需用趨時．計畫超算．富冠一世也．初英王用其詐術．欺我王．愚我民．陽約聯邦相助．陰存吞併之心．名爲聯邦．實使爲臣妾．邇來英蘇相謀．嫉我國繁盛．忌我民富强．苛法虐制．無所不至．窘我工業．蹙我製造．害我貿易．妨我結會．奪我敎法之自由．禁我出版之自若．於是工業頹廢．商業疲弊．以至黎民顚沛疾苦．吏人則乘機掠我良田．急征暴斂．鞭撻下民．貴族務其苛徵．不惜民力．斗升未輸．忽遭酷罰．膏血已竭．擄掠未止．毒逾永野之蛇．猛過泰山之虎．受此之禍．距今僅數十年．於是愛蘭之志士．奮脫英政之羈絆．施行獨立之政策．當是時也．工業振興．士風再盛．兆民皆望四海中興．與羣生來蘇之美政．不圖昊天不弔．大災薦臻．再窘英國之虐政．殺其國權憲法之自由．奪回貴族汚吏所掠之國土．無英王之暴戾殘酷．無英民之奸黠貪婪．想其欺我國孤立無援也．以賤價沽我田地．卒不還其值．或倍息貸於貧民．以罔其利．我民不堪其虐．餓死者超八十萬之數．妾聞刳胎殺夭．則麒麟不至其郊、覆巢破卵．則鳳凰不翔其邑．此何故哉．蓋惡傷其類也．鳥獸於不義者尙且避之．況於人乎．怪矣哉．對岸之英民旁觀不救．則已矣．却欣然喜而相告曰．愛蘭國之窮厄者．人民過多所至也．禍災薦至．生民死亡相續．然後可以圖富强．諺曰．非道行則正理退．旨哉斯言．彼以邪說惑人．自老幼斃於溝瀆．壯者散於四方．每年流離者不知幾萬人矣．自此則內生齒日減．人民結合之力愈衰．生民之艱．年增日加。乃以彼人口過多。禍患誣說邪言證之。蓋足以見其惑衆。蓋英人之外交政略。談笑之間藏以劍。杯酒之中置以鴆。狠似山羊。貪如狠虎。不可親也。若爲彼四海兄弟交通自由之甘言所欺。與彼貿易。招彼干涉。則土耳其印度埃及諸邦。生齒日減。國力日疲。有獨立之名。無獨立之實。年年歲歲。貿易失均。輸出金寶。雖非入貢。實如削國民之膏脂以貢於英廷也。然世人惑彼空理。陷於英人之術中。喝之不醒。可爲浩歎也。英廷遍布其苛政。誰謂英皇仁慈恤愛哉。今英女皇卽位以來。英領印度。其土人餓死者五萬矣。

據英國烈女曉鶯女史言之。女史以公義著名於世。嘗著一書。痛論英領印度慘狀。又苦利美亞之役。軍中惡疫流行。死亡相繼。看護乏人。軍氣沮喪。女史聞之。慨然誓以身報國。供作犧牲。大集烈女。速走戰場。自嘗湯藥。獎勵看護。備極勤勞。士卒感義。軍氣復振。遂奏凱旋之功。天下傳爲美談。

英之窮兵黷武也。計二十五回之軍餉。費金七億五千萬。然戰事未已也。

又據英之賢相武賴士氏言之。一千八百八十二年。英國突起無名之師以伐埃及。氏廷爭其非計。曰抑我自由黨之宗旨也。決非如保守黨喜功名弄威福之比。所欲則在避兵端。盛通商。厚友義而已。悲哉我女皇卽位以來四十五年。我自由黨執政間。動干戈二十四回。而保守黨僅不過五回。豈自省而不恥哉。況如此遠征而又出師無名耶。雖然。不聽吾言。不用吾策。惟有挂冠以退隱而已云。

合觀曉鶯女史與武賴士賢相。可謂異人矣。然其當道。不厭武事。饕食諸邦之餘。又犯日本。再攻清國。揚兵威。封清人。輸入鴉片。清人斃於此毒者以千萬數。其責其罪。果將誰歸。獨怪英之君臣放言曰。敵我者猶愛之。四海皆兄弟。且汝永享天之福祿。何修而得此云。可見其誇文明。教慈愛。如耶穌教國者。亦不足恃。妾聞洪波振壑。川無活鱗。驚飈拂野。林無靜柯。此何故哉。蓋大凌小。衆暴寡者。勢使然也。然亦視其人事何如耳。昔愛蘭之義士。皆奮稱信向之自由。主倡獨立之正理。惜爲讒言解體。屢以少數之故。見敗於大英國議院。於今二百有餘年。嗟乎。權威太峻。而民命何堪。曾遇荒年。而天災莫恤。且助之爲虐。掊克以干衆怒。吾民雖結衆爲仇。惟少有畏死之心。每失機會。今者求生絕路。何暇顧自家也哉。闔國士民。切齒扼腕。痛嗟無策。妾老父自任挽茲厄運。卽以家產分給貧民。傾資以結豪傑。經營愛國以獨立。機謀已熟。垂將成功。不幸爲匪人宣洩其謀。立執我父。憂憤釀病。遂死獄中。妾時尚幼。而家財既盡。親戚亦亡。煢煢無所依。刺史暴留虎者。愛蘭人也。其人乏節操。媚英王。故權勢赫濯。彼乘妾幼而且孤。誘妾以甘言。餌妾以黃金。欲納爲侍妾。妾幽懷憤悶。無所排遣。責彼爲不忠不義之人。罵彼汚行醜狀。以是大觸其怒。誣妾以冤枉大罪。禁住愛蘭之國。逐出四境之外。因憤恨不堪。痛入骨髓。臨去誓曰。妾終身不爲英王之臣民。必謀獨立於愛蘭。以報英國之虐政。遂遯跡飄零於歐洲。今來美國。以待時機。會與同志幽蘭女史。早結斷金之交。又與我義士波甯流之妹姪等密通聲援。糾合在美之同胞。相戒輕舉急成。內則養成威力。外則表明正理。深謀遠慮。以冀他日一舉成功。不料淺謀輕舉之徒。狂暴性成。無知妄作。煽動頑民。妄陳獨立自治之大計。亂其法紀。壞其道義。逞暗殺。試爆裂。遂於迨武林府殺其賢刺史加腕跎。惜哉痛哉。從此天下視愛蘭國爲兇惡之巢穴。爆裂黨之淵藪。常爲波甯流諸志士所痛哭浩歎也。抑愛蘭國志士所期者無他。蓋欲以天假我一國。據大義以脫英人之覊絆。奪回我人民被掠之政權。削去暴斂急征之虐政。援救下民塗炭之疾苦而已。苟能如願以償。妾雖九死猶且不避。何憚蹈水火而畏斧鉞哉。妾曾繙閱史籍。徵之前代。如我國人厄運者。蓋古今所無也。時刻思之。每憤悶憂鬱。不能自禁也。今夫强凌弱。狡欺樸。世人見之。不以爲怪。豈可稱之爲開明之域人文之世哉。此天下慕義之士夙夜所痛恨。而奬勵愛蘭國之獨立也。語語從肺腑中出。聲聲帶憤怨之詞。散士傾聽。爲之扼腕。不覺三歎。既而紅蓮更問散士曰。妾昨閱新報。知有日本三士會於新府之某樓。痛論時事。憤英人之專恣。一士曰愛蘭若舉義兵以抗英人。君其如何。二士曰仗劍直抗助彼獨立。妾聞其義烈。風高曷勝欽佩。郎君與彼同邦。乞以前事爲妾謀之。散士答曰。其一士是不肖也。紅蓮驟起執散士之手。而揮淚曰。今何幸而得見其人。妾惟恨我邦人不知何日舉義旗以行吾志耳。唉乎世事已矣。淒然淚下。至不能言。

第二回

散士具聞幽蘭紅蓮之言。激昂悲痛。如攬其胸臆。默然無語。長太息以掩淚。哀人生之多艱。幽蘭謝曰。郎君幸恕。春風駘蕩。變快樂之陽場。以爲秋風肅殺之陰觀。致郎君怏怏不樂者。妾之罪也。今貴國釐革舊政。取歐美之長而舍其短。摭歐美之實。而去其花。文化月新。富强日進。舊邦維新。守柔執競。見者拭目而駭。聞者傾耳以驚。其時如旭日昇東天。東洋屹立。貴上許與自由之政黨。人民誓以圖報聖明。此事可期。干戈已定。天下太平。士民樂業。且朝鮮通使。琉球內附。方今東洋大有可爲之秋。當執牛耳以爲亞細亞之盟主。解亞東生民倒懸之艱。制英法之跋扈。絕俄人之覬覦。而歐洲諸邦之蔑視東洋干涉內治者。則拒而絕之。然後揚威四海。方駕全球。使五洲億兆衆生。嘗自主獨立之眞味。發文物典章之光輝者。非貴國其誰當之。想郎君夙能涉獵東西之羣籍。熟識古今成敗之數。雖未身歷干戈之慘狀。戰場之苦艱。放謫之辛酸。幽囚之憂憤。引頸之慘痛。然披覽流籍之餘。當亦能設身此境。易地以嘗思也。妾等國亡家破。辛苦萬狀。流寓異域。懷望故鄉。此事不能忘諸寤寐。而今不自忖度。以此言談悲痛之事。冒觸於尊前。可謂不解人意之甚矣。願有以容之。今郎君負笈以從良師。周流以接賢達。且生於有可爲之邦國。年富力强。志高氣盛。功業可期而待也。嗚呼。吉凶禍福。皇天之所命。窮達有運。雖人力亦無如何。設有小挫。亦何足悲。郎君何爲帶悲憤之色。妾等之過實深。幸荷寬容。此時慰諭懇到。情義溢於色。紅蓮亦進而乞罪。時散士涕零滿瞼。欲掩而不能自禁。滴滴偶灑於幽蘭之衣。乃起而謝曰。乞令姊寬恕。因執巾而欲拭之。幽蘭急止之曰。郎君之淚。幸落於賤妾之衣裳。是不啻千金之賜也。譬彼婕妤唾花。不勝感謝。却怪郎君悲哀何太切耳。抑日本之士風。本挫强而助弱。爲人尙義而急難。每有陷於囚牢。猶且撓情抑意所不辭。而今爲此兒女之泣。是豈天下之大丈夫哉。抑忠孝仁義。發自眞情。今郎君之烈義高風。憐妾等之苦節。不禁爲之淒然下淚。妾雖萬死不敢忘也。若夫天道果善。幸而禍福循環。終有達志之時。不幸而時機未到。則死守於道義之鄉。不亦可乎。若命運之所遭。則亦何足悲怨乎哉。自古皆有死。而死者不一。若混濁於一世。與草木同腐。非妾之志也。所願者爲國爲民。灑滿腔之熱血。視身命如犧牲。死而後已耳。聞之功不可以虛成。名不可以僞立。妾嘗深味其言。夫薰以香而自燒。翠以羽而見殺。志士之處世。甯爲玉碎。恥爲瓦全。願蘭桂之被摧。厭蕭艾以自存。夫生而無益於世。死何以聞於後。設使與天地同壽。亦復何益。是以蹈前聖之禍機而不顧。犯災害而不悔也。夫道足以濟天下而貴得其人。言足以經萬世而有時不見用。其不能救陳蔡間之餓者。闕里之孔聖是也。德行應於神明。風敎垂於萬世。至今王公大人稱道不衰。猶逢羣小之慍。終不能免於慘酷之磔戮。我救世主是也。立言正大。卓邁千古。與聖賢齊驅並駕。視俗人爲異端。誣言邪構。遂遇鴆毒之禍。希臘之名儒叟虞刺鐵其人是也。故知負獨行之行。必不爲流俗所容。是猶林木挺秀。風必摧之。抱道自高。衆必非之。前鑒不遠。覆轍可尋。而志士仁人猶犯之而不悔者何耶蓋欲行其志達其道以成功名也欲行其志故敢蹈險阻之風波欲達其道故不避當世之謗議晨興夜寐勉精勵神豈忍飽食暖衣載歌載舞獨耽安樂哉噫彼希世苟合之士俯仰尊貴之顏逶迤勢利之間心無是非惟思媚勢言無可否一意趨炎戴得勢者如玉冠之尊棄失權者若敝屣之易其言曰名與身孰親得與失孰賢榮與辱孰貴飽與飢孰重故燁其衣服矜其車馬冒其貨賄淫其聲色詡詡然自以爲得志者豈可與談天下之大計同天下之憂樂耶幽蘭對散士議論縱橫義憤節烈散士初慕幽蘭風采閑雅容色秀麗不圖節義高才言之足以感動人如是由是敬慕之念愈切散士熟視幽蘭曰今日是何日耶明良相遇實千載一時聞令姊之義烈高風頑夫廉懦夫有立志況讀書解理者敢以散士之淚爲婦女之泣者耶幸勿以爲怪散士亦亡國之遺臣起臥彈雨炮煙之間偷生孤城重圍之中國破家亡窮厄萬狀盡嘗酸辛何讓令姊輩耶不料今日天涯萬里參商隔絕之人邂逅于他鄉客舍經歷之難前途之苦殆如一轍因懷往事以慨時艱萬感攢心悲喜交集淚墮不能禁遂至穢令姊之衣裳言尚未終二人齊驚歎曰郎君之言信乎若果然眞可謂奇中之奇遇矣其事可得聞乎散士慨然曰僕本日本良族子也當二十年前我國之與歐美締盟也尊王攘夷之說紛紛而起慷慨悲歌之士憤幕府之專橫慨俗吏之偷安當其欲以一死報國揮臂呼號也抱恨幕府之士好亂之徒乘機煽動良民誘惑公卿無有深謀遠識不知宇內大勢徒欲以螳螂之臂攘歐美之兵乃於深夜放火而襲西人之館極其剽掠甚至白日殺洋人於路以自誇匹夫之勇其兒戲輕佻怯弱殘暴有不忍言者井伊大老斃於前安藤侯傷於後倡開港者人視之爲秦檜主鎖港者自比於韓岳於是外人憤怒以兵威相劫寇我海岸亂我藩籬種種跋扈強梁至於不可復制神州陸沈命脈不絕如千鈞之懸於一線焉然尋厥原始雖起自幕府之失體而實當時

慷慨自任之士。親自招者居多。其瘡也深。其痍也大。瘡痍未全愈。國辱未全雪。是慷慨有志之士。所深爲浩歎於當年也。當時我主君護衛京師。蒙先帝之殊遇。納佐久間象山橫井沼山諸名士之言。上諫攘夷之非計。下戒狂暴之輕舉。然朝臣□□□□□□□□□□□□□□□□而外者。各國恃其兵威。責其盟約。其事亦嚴於秋霜也。當時英人包藏禍心。最爲叵測。設無美公使巴理斯君。出以公平無私之心。周旋彌縫於其間。則我神州不爲印度。亦如安南而已。外虞如此。其殷內難亦如此。其薦。而幕府享受三百年承平之禍。凡百政治積於苟且。兵勢不振。財政大亂。大勢已去。至於不能挽回。是國家存亡之秋。豈遑顧毀譽成敗哉。故我公決意以京師定爲墳墓之地。欲上以調和公武之軋轢。下以撲滅內亂之禍機。然雖奮而當之。以弱臂不堪負重。且州人有勇而無謀。剛直而鮮通。孤忠介立於公武之間。志與事違。徒爲天下所笑。可勝慨哉。先帝崩殂。大樹亦繼而薨逝。將軍慶喜公以英才當國步之艱難。與侯伯解舊怨。除弊政。復國權。欲以大有所爲。然病入膏肓。復不能如之何。遂奉還大政。繼我公亦失職而退於京師。而當時世人。却責我保庇霸府。妨維新之帝業。朝廷罪我爲包藏禍心抗帝命者。哀懇之途絕。愬訴之計窮。於是錦旗東征。大軍壓於我境。時有一二兇奸之輩。掠我家財。殘我婦女。屠戮降人。殆失王師弔民之意。於是我君臣皆以爲此一二雄藩。陽擁幼主。陰報弘怨而已。闔國捍禦。自春至秋。孤軍百戰。刀折矢盡。敵兵遂迫於城下。我將士枕藉而死者如麻。其瘡者揮空拳抗敵兵。瞋目切齒遮敵兵之進路。至於身首異處。血流漂杵。猶爲抗敵之狀。當時有年少一隊。名爲白虎隊。年約十六七。皆良家之子弟也。此日初臨於陣。與驕勝之兵戰。衆寡不敵。死傷略盡。所餘僅十六人。奔上一邱。裹瘡歠血而憩。少焉城市火光四起。礮丸焚其櫓樓。皆以爲城陷。大事去矣。乃向西而再拜曰。今也刀折絃絕。臣等事終不苟偷生以背其君。相與訣別引刃自殺。眞可憐也。然大丈夫裹尸於馬革。伏波之壯語。亦壯士之常而已。何足嗟哉。惟酸鼻刺心。目見不忍。耳聞不堪。婦女之操烈。與國家共亡者。不可具數也。今或懷其慘狀。茫然如夢。恍然若幻。時不覺淚下沾襟也。紅蓮在傍。聞而惻然。勉發悲聲而問曰。郎君之家。幸免其慘禍歟。散士飲淚欲語而不能語。如是者數回。胸結臆塞。漸揮淚告曰。其年八月廿二日。勝軍山之敗報到。士民呼曰。敵軍飛來。迫於城下。時散士有三兄一弟。慈母託幼弟於一僕。揮淚遠去。蓋有深意之存。大兄監軍。戰於越之後州。遂被傷。仲兄戰沒於野州。小兄督兵而拒於境上。家翁勵疲兵而戰。被創於郭門。叔父亦督客兵。裹其瘡痍。猶激戰不休。時曉雨濛濛。日色無光。礮聲轟轟。呼聲震天。散士時尚幼也。猶放一矢於敵。欲與俱死。不覺跪而訣別於家人。顏色淒愴。慈母叱而罵曰。汝雖幼。實武門之子也。宜一斬敵將。尸暴戰場。勿損其家聲。散士蹶起。家人送至門外。祖母呼曰。待汝於泉下。姊妹掩淚而呼曰。顧努力。嗚呼痛哉。百年之恩情。永訣言盡於茲矣。家人聚於神前。燒香而告於祖先之靈曰。事已至此。無復可言。與其偷餘生於亂離之間。甯潔身以死殉於國家。而絕父兄之顧慮。且以表明三百年來養成之士風。此其時矣。只恨我公夙秉孤忠。同於泡影。而尤負反賊之惡名。是終天之憾。雖海枯山飜。難消此恨。妹時五歲也。慈母謂曰。敵兵已迫我家。聞地下有樂土。與汝速赴泉下。以待父兄。今我一族皆亡。又無人爲供香火。汝相抱持。而勿迷離於其途。遂放火從容就義。噫悲哉。座人皆爲之歔欷嗚咽。散士續言曰。孤軍陷於重圍之中。硝燄覆空。日月無色。糧餉已盡。風雪刺膚。士卒日以傷亡。軍兵又無外援。以孤城抗天下之大軍。經三旬。至不得已。遂降之。是役也。婦女之竊從軍而死傷者甚多。有一婦。聞其良人與父兄皆戰沒。乃手刃其母及子。詠辭世一首。而放火自殺。有一姬。聞一藩降。憂憤嚙指。血書於壁上曰。君王城上建降旗。妾在深宮何得知。因縊於宮前之松樹。又有一婦。乘月明以笄刻國歌於城中之白壁。因薙髮爲死者祈冥福。士卒亦有憤恚自殺者。主將因下令曰。與其空死滅名。不若忍恥全生。一旦有外患之日。誓爲神州委生命於鋒鏑。而是非正邪任之死後也。於是一藩吞淚忍恨降於轅門。我公檻車送京師。將士虜於東西。幽囚數歲。受罵於俗吏。見辱於獄卒。後又放謫於極北之荒野。悲風肅殺。牧馬夜嘶。飢則掘蕨薇於山下。窮而拾海藻於海濱。以保其餘生。迍邅竄斥。猶且不悔。何哉。欲他日爲我帝國鞠躬致命。伸往年之志於天下後世。謝死者於泉下而已。今也外人包藏禍心。蔑視神州。淸則猥自尊大。以輕我。而無信於鄰交。俄德則恃其威勢而驕傲。英法則老於狡智而蕩逸。飮我以美酒。贈我以翠羽。而其酒其羽。往往用鴆毒所製。我士民受之而不疑。所謂甘餐其毒藥。戲於猛獸之爪牙者也。是自取侮也。且彼口誦仁義。實有桀虜之行。外說天道之懿。內懷豺狼之慾。亞細亞北部爲强俄所幷。南方印度爲英王之臣妾。安南爲法國之隸屬。土耳其與淸國亦同萎靡。既已傾於城亡之運。嗚呼。鯨鯢蹴浪。縱横於東洋。豺狼求食。仰窺於戶外。覽彼殷鑑。不堪千歲之憂。加之我人民愛開明之域。慕自由之理。欲達之而迷道。腐言邪說。無所取捨。矯枉過於却直。破毀祖宗百年之良法。撲滅農工數世之積累。無所顧慮。輕佻浮薄。僞辯而能言。摹美擬歐。徒奔於理論。不務其實業。抗拒政令。以誤自由之發暢。横議罵詈。以誇民權之朋黨。投世俗之好。求譽於當世。惟此是務。不顧後世識者之譏。吠影逐臭之徒。靡然響應。士風頹壞。德義掃地。朝則主倡民權。夕乃呼號官權。竟甘作轅下之駒。士無常操。議無確論。甚矣哉。士人之失節義也。爲名利以變其往日之貞操。詐術權謀。互相中傷。徒相仇視。陷於善惡成敗。脅於毀譽勢利。於是輕薄干紀之輩役姦智以乘之。自此良民困頓。姦徒宕逸。禮教彫衰。士民失所。卑利是務。而無救生之策。廉恥之心日消。貪婪之欲日增。遂忘護國之大義。毀體傷身。以避兵役。數百年來薰陶埋輪之士氣。不數年而掃地矣。爲王門之伶人者比比皆然。於是風氣愈薄。賄賂成風。富者買妾納媵。貧者子女不愧醜行。鄙情贅行。壞其世教。汚其家聲。志士見之而傷心。老大聞之而流涕。賦稅年加。而民力未伸。中央集權過重。地方失其鈞。非帝京則不能起事舉名。悠悠奔競之士。覺政府場外。別無名利可圖。乃皆狂奔於官途。而欲衣食於租稅。百弊益從此生矣。饕餮之徒。哮望於有限之官途而不已。無恆產之民。怨泣窮路。無所適從。禍機陰伏。病入肺腑。浮言相動。漸遺大計。殊不知日本固有之國權。爲歐人之所奪。吾人幸有之利福。亦爲外商之所占。以散士觀之。方今急務。與其伸十尺之自由於內。不如暢一尺之國權於外也。噫□□□□□□□□□□□□若悠悠不斷。虛度歲月。則舊幕之末路。必將復見於今日。嗚呼。救濟大難之策果如何。宜上下棄小怨。捨舊惡。去私心。從公議。去游員。減冗費。勵內結外競之志操。各以國權恢復爲自任。以國家盛運而自期。獎勵外人之移住。利用外國之資本。破古來國人重官爵而輕天爵。傲清貧而賤商利之陋習。課農桑。起工商。隆盛海運。以保護沿海之航權。縱橫鐵路。以便內地之交通。四民一心。耐久努力。厄運漸去。自由始伸。則國家之富强文明。可期而待也。雖然看今日之城中。我國之士人。志不遠大。多安小成。歌舞遊蕩。耽於圍棋點茶。玩好書畫骨董。以偷一日之富貴。惟得一二州人之歡心是務。爲私怨而忘公道。爲情面而任庸人。若美人則不然。能捨私心。據公義。肝膽相照。保護國家。與吾人之所爲不啻天淵。吾儕實不堪其忸怩也。是散士日夜積於胸臆。爲國家前途之大計。所以悁悒憤懣也。大道而果是耶非耶。散士不能無深疑之矣。一座歎息者久之。

時金烏既沈。新月在樹。夜色朦朧。少焉有皓彩照庭。清光入戶。幽蘭靜起。開窗曰。光景如畫。郎君幸臨。欄外風清。花香襲人。良夜難以空度。盛會不可再期。徒相對而泣。亦何益之有哉。今宜鼓氣奮勇。歌舞吟咏。以爲自寬之時也。顧而謂紅蓮曰。汝奏小琴。我彈大琴。散士曰。法人麥須兒報國之詩。咏之可使人氣躍心激。今試歌之可乎。妃曰。可哉。願郎君歌之。散士於是按其詩而歌曰。

法國榮光自民著。爰舉義旗宏建樹。母號妻啼家不完。淚盡詞窮何處訴。吁王虐政猛於虎。烏合爪牙廣招募。豈能復覩太平年。四出搜羅困奸蠹。奮勇興師一世豪。報仇寶劍已離鞘。進兵須結同心誓。不勝捐軀義並高。

惟今暴風已四播。孱王相繼民悲咤。荒郊犬吠戰聲哀。田野蒼涼城闕破。惡物安能著眼中。募兵來往同相佐。禍流遠近惡貫盈。罪參在上何從赦。奮勇興師一世豪。報仇寶劍已離鞘。進兵須結同心誓。不勝捐軀義並高。

維王泰侈弗可說。貪婪不足爲殘賊。攬權怙勢慾壑張。如納象軀入鼠穴。驅使我民若牛馬。瞻仰我王逾日月。維人含靈齒髮儔。詎可鞭笞日摧缺。奮勇興師一世豪。報仇寶劍已離鞘。進兵須結同心誓。不勝捐軀義並高。

我民秉政貴自主。相聯肢體結心膂。脫身束縛在此時。奮發英靈振威武。天下久已厭亂離。欺詐相承徒自苦。自立刀鋒正犀利。安得智驅而術取。奮勇興師一世豪。報仇寶劍已離鞘。進兵須結同心誓。不勝捐軀義並高。

妙音發於丹脣。哀聲激其皓齒。二人迭奏。心激手敏。飛纖指以馳鶩。琴聲瀏亮。如怨如訴。清響忽變而寥落淒厲。逸氣奮湧。繽紛交錯。四坐唱和數回。幽蘭更朗吟古詩。散士和之曰。

今日良宴會。歡樂難具陳。彈箏奮逸響。新聲妙入神。令德唱高言。識曲聽其眞。齊心同所願。含意俱未伸。人生寄一世。奄忽若飆塵。何不策高足。先據要路津。無爲守窮賤。轗軻長苦辛。

其詩義氣紛紛。雄心四滿。幽蘭止彈。執散士之手而起舞。歌舞既罷。各舉玉觴。以祝成功爲壽。悲愴之念稍散。豪慨之情溢於眉宇。散士曰。古人云。良辰佳景。賞心樂事。四者難並。今不期偕至。可謂意氣初壯。胸襟豁如也。幽蘭曰。肝膽相照。氣概相投。各新製一賦。以歌所懷。以寫其懷抱如何。皆曰善。於是籌思移時。幽蘭先賦成。徐撫琴歌曰。

春風吹兮水潺潺。白雲散兮月團圓。室有賓兮臭如蘭。座有朋兮吐心丹。五弦彈兮中情歡。怨歌唱兮髮衝冠。乘風雲兮冲九天。潛龍躍兮還胡淵。

紅蓮亦彈琴而歌曰。

清夜會良友。花下酌芳罇。春雁向北翔。遙遙烟樹昏。落花隨風摧。翩翩歎庭園。殘春看將盡。難挽日月奔。臂弱不堪戈。幽憤空含冤。國仇未全雪。甘心思喪元。情悲絃聲急。和我慷慨言。

散士在於坐隅。擊花瓶而歌曰。

賦閒棹滄浪。飄然入仙鄉。幽蘭秀空谷。清香引鳳凰。紅蓮映綠池。淡影鎖鴛鴦。仙妃撫鳴琴。餘音空斷腸。客擊漸離筑。哀響淚霑裳。意氣談平生。慷慨說興亡。功業未及建。雄心轉悲傷。好取萬斛憂。清酌付一觴。

紅蓮舉杯謂散士曰。此佳作也。至情顯於詩賦。更賀郎君以雙杯。散士敢問其故。紅蓮微笑指壁上之扁額曰。幽蘭之清香。能引鳳凰。妾則如鎖於空虛淡影之中。而無顧者。散士欲有所辯。紅蓮僞爲不聞。急奏大琴以亂散士之語。而高歌終命之詩。

俄國大學之諸生。奉書於俄帝。促立憲公議之政。俄之君相。以其事託之左右。禁壓書生妄談政事。於是彼言語激昂。頗犯其俄帝。被囚於獄中。僅以二十三年之星霜。空消如朝露。於其臨刑場之前。血書終命之長篇於牢壁。今錄其一。

夜靜漏聲響。窗暗月色淸。是非蓋棺定。笑爲自由瞑。

當其歌也。初如鶯聲之出自幽谷。終若秋雁之叫於北沙。宮商響切。而悲徹雲際。舒蓄思之悱憤。奮久結之纏綿。幽蘭急止之曰。紅蓮詠此感慨之歌。令人再起悲愴之情。請勿終其曲矣。回首遙指費府而謂散士曰。如一灣描如萬家烟。風淸月白。庭柯帶霜。恰若秋夜觀月之景色矣。散士微吟一詩曰。

據邱臨水一層樓。中有東人學楚囚。夜冷蟲聲聲斷續。月高費府萬家秋。

歌畢。乃曰。是僕昨秋所作也。時僕僑居費府外之一江村。避世俗之風塵。汲汲於讀書。一夜風靜霜寒。明月淸冷。與江水相掩映。旅寓荒涼。實不堪於秋感。此詩固寫當時之狀。亦賦此以述懷也。坐人遂感歎而唱和之。逸興愈加。夜色殊靜。湘妃漢女。交相勸杯。於是散士鼓風箏。紅蓮吹玉簫。幽蘭起舞。翩兮若驚鴻。矯兮如游龍。鳳鬟參差。情態嫵媚。顏赤耳熱。醉眼生花。紅蓮亦微醉。笑語情調殊濃。秋波斜送。既而幽蘭收其亂髮。搴其華裳。與紅蓮相攜。散士扶翼下階。徐步園囿。紅露沾衣。芳香襲人。落花狼籍。柳絮如茵。月白風淸。天水澄明。漢皇傾城。楚王無靈。愛戀之情。其惱人何其深也。散士仰窺雲漢。俯視世間。感於天地盈虧之數。人生盛衰之理。顧謂二妃曰。鈞天之廣樂難再聞。試看茫茫宇宙之大。煌煌星辰之衆。造化之妙。懸於空中。聞光線之速。一時可奔數萬萬里。亦猶星光之達於地。有經三歲而始到者。漫漫南溟八千里。天高地厚。垂億萬千年。亦猶此世界之命數。以彼茫茫無限比於宇宙。猶滄海之一滴。以吾人比天地之大。其數果如何哉。故窮天文之數。講玄玄之理。使吾人茫然而有所失。況從造化見之者耶。各國搆兵相競功名。無異蝸牛角上之爭也。老子之玄道。釋氏之寂滅。至微玄妙。使吾人迷之。亦非無故。古人秉燭夜遊。良有以也。幽蘭曰。悲極而樂生。樂極而悲生。今歡樂將盡。亦勿生悲哀歟。且夜將五更。郎君須就寢可也因導散士登西樓曰。是卽郎君結好夢處也。明朝復相見。握手行禮。微笑而別。散士乃獨入臥房。輕衾覆榻。殘月入窗。久不成寐。恍惚入夢。忽見羽檄之馳。如星馳電掣。又聞鼙鼓如雷聲若兩軍交鋒之狀。烽火列於邊亭。旗幟連於原野。千軍萬馬。奔走馳驅。礮烟漲天。劍光閃地。槍銃交接。叫喊大振。既而一軍失利。敵軍乘勢迫近京城。呼聲撼山。旌旗搖動。全軍大亂。忽有流彈飛來。散士被其洞中心胸。流血淋漓。昏仆於地。氣息奄奄。求救不得。須臾而有美人揮博愛之旗。衝犯於矢石之間。急下車抱起散士而呼曰。郎君安心。敵軍敗矣。散士忽開目。而見幽蘭侍於側。乃驚悟此一場怪夢。冷汗濕背。胸中激動不止。舉頭則朝日已高。乃整衣與幽蘭相對語。忽有從後連呼曰。郎君勿捨妾去。驚顧之則籠中之白鸚鵡也。時紅蓮適來。各相視而笑。紅蓮曰。誰人竊教鸚鵡爲此語者。幽蘭俯頭不語。滿靨潮紅。眉帶羞狀。流波一轉。如露花之惱風。躑躅而不安焉。紅蓮撫銀瓶煮茶捧茗而祝曰。茗花有吉兆。可爲兩賢賀之。散士曰。昨夜結惡夢。今朝逢吉祥。不知孰是孰非。人間萬事。蓋如塞翁之失馬也。幽蘭聞散士所言。於邑嗟嘆。有沈默不樂之色。散士辭曰。今者桃源仙姬。不期而會洛川神女。不約而逢。古人高會桃園。知己談心。胸懷洒落。殆不是過。夫知己之難。昔人之所歎息也。今也萍水相逢。盡他鄉流離之客。一朝傾蓋。如弟姊兄妹之情。豈非奇遇哉。假令世路多艱。天涯離別。音耗久絕。死生難知。此交情正不可泯也。豈同富貴輕薄之徒。其結交也。初則慷慨誓生死。及黃金已盡。卽爲反目之人。其事主也。始則委質稱臣。及大難已臨。又爲背君賣國之賊。幸際清時。貪縻爵祿。有事則相捨而背去者哉。人情之所尊。在於信義。苟無其實其孰信之。重相見。幸珍重。幽蘭漸改愁顏曰。聞郎君昨夜夢有凶兆。恐無復相見之期。說至此。紅淚滿睫。幾不能自禁。急强笑而謂紅蓮曰。我心慘而悲傷。惕而憂鬱。何爲其如此耶。紅蓮拊其背而笑曰。歐人有諺曰。溺於愛者心神迷。今以兩賢之才。說癡人之夢。足測他日之吉凶。與兩情相投之深淺矣。散士語不知所出。幽蘭亦含笑而不答。紅蓮曰。郎君幸速臨。今日之交。以風流契合。以義氣相投。所談論者。非聖賢遺訓。則忠臣義士之遺行也。所吟咏者。非慷慨悲歌。則古賢往哲之遺音也。淑女君子。樂而不淫。有遺訓矣。願常往來。敍懷抱。勿使吾人抱別離之歎。則幸甚。散士曰。過承獎譽。深自愧赧。雖然時相過從。得以接淸誨。厚交義。正僕之所願也。由是慇懃握手而別。將出門。幽蘭折白薔薇一朶。插於散士之襟。而呼曰。郎君此花雖凋殘。勿相棄而去。散士對而笑曰。僕固惜花人也。但解語之花。不知欲飛向誰家耳。幽蘭掉頭微笑。目送散士者久之。范卿者。支那志士也。憤世嫉俗。遁跡江湖。與散士交最契。過從甚密。久耳幽蘭紅蓮之名。散士此行。早約其艤舟相待。至則范卿已久待河邊。一見各相行禮。散士登舟。二妃呼曰。郎君珍重。散士脫帽答曰。必重相見。由是遂別。散士回顧者數次。遙見二妃立於柳樹之下。揮白巾以相招。饒有眷戀不釋之情。范卿休棹任流。舟下蹄水。與散士慷慨談時事。范卿曰。僕曾有一良朋。夙負經濟。慨然以天下自任。悲支那之不振。憤朝廷之弊政。不憚大聲疾呼。倡言改革。蓋隱然爲改進之首倡焉。遂爲朝吏所忌。脫險而避難美國。曾爲賢武律地大學之博士。惜其一朝抱病。遂以不起。今長爲泉下客矣。散士曰。戈彥先生歟。僕亦數接其謦欬。約其結交。誓他日戮力同心。共爲興亞之舉。今若此。可哀也已。夫支那之在大地。統四百餘洲。實爲宇內一大邦域。徒以內政不修。外交不講。致累受挫辱。莫克自振。果能禁絶鴉片之鴆毒。振起國民之精神。是可爲興亞之第一策。范卿曰。是僕之素志也。不期胸中積蘊。與君相合。噫。世豈無臥龍鳳雛哉。只難遇顧廬之先主耳。兩人計謀奇策。歷歷可聽。討論密議。亹亹不倦。時已不覺日輪西下矣。因泊舟於費府之東岸。相約他日而別。

第三回

至於期日。散士盛服飾妝。驅車至於蹄水之濱。時輕雲帶雨。西風拂面。河伯躍。馮夷叫。波浪飄蕩。舟無可渡。怏怏而徘徊岸上。忽而黑雲四布大雨如覆盆轉瞬之間衣裳盡濕。乃回轅而歸於寓居。夜間感病終宵弗能寐。因咨嗟太息。偏怨昊天之無情。客舍寂寥。獨苦長夜。懷人之感。如一日三秋。將託魚腹以先通眷戀之情乎。越十有七日病少間。即勉病疴而臨於蹄水。不覺水鏡照顏色之枯槁。歎曰。爲他憔悴至於此。豈羞再相見乎。已而舟達前岸。乃至幽蘭之居。門戶蕭條。百花零落。而兎麥燕葵。叢叢滿目。門徑之青草。亂無人除。復無應門者。嗚呼。昨夕之游跡。果成夢幻。傷後會之莫續。悵前事之難追。鎖楊柳春風之院。閉梨花夜雨之門。音容杳而靡接。心緒亂而紛紜。欲去而不忍去。徒盤踞於柳陰。嗟嘆而已。忽見白柳樹有書一行。春蚓秋蛇。幾不能卒讀。其詞云。

昔聶政殉嚴遂之難。荊軻慕燕丹之義。意氣之間。糜軀不悔。雖非達節。其庶幾乎。

散士既觀畢。心疑范卿所爲之書。然不詳其何故。疑念交集。彷徨久之。有一傖父年七十許。肩竿傍於岸而來。揖曰。郎君非東海之遊子乎。老奴守此屋者。以二妃有故。倉皇束裝而去。臨行留一書曰。他日劉郎來訪。幸呈之。乃將尺素呈散士。復負竿而去。散士披讀之。其文曰。

慘莫慘於亂離。悲莫悲於生別。昊天不弔。災厄再臨。昨有飛鴻告予曰。老父就縛。檻車送於西都。妾聞之。胸中如割。情懷何可堪乎。今單身赴於虎狼之秦。將與老父共生死。欲一見郎君。以敍其懷抱。而時不我延。郎君其憐察焉。哀哀鴻雁。垂翼北行。嗟余命薄。事與願違。悵良會之永絕。傷素懷之難通。歐雲美水。萬里異鄉。萍蹤無定。彼參此商離夢躑躅。別魂飛揚。風流雨散。一別堪傷。蘭摧鳳去。祗攪妾腸。命運也夫。夫大丈夫志在四方。五洲若比鄰。苟恩愛不虧。雖萬里猶然覿面。何必區區共朝夕同衾裯。乃爲親愛哉。郎君立功馬革。垂名汗青。良時在茲。千萬勿失。異日者聞東洋之男子。仗正義。倡自由。樹獨立之旗。以與歐人爭國權。斯時單身赴難。馳驅戎馬之間。侍湯藥於郎君之側者。必賤妾也。郎君凱旋。迎于馬前。握手而祝功業者。亦必賤妾也。若當年郎君不見妾。則妾身命早供國家之犧牲。知非現世之人。已成道義之鬼矣。嗚呼。惡夢成讖。懷君而淚滂沱。攜手之期邈。而如夢思心如結。誰與解之。揮淚謹告別離。願郎君爲邦家努力自愛。

封中又有一書。寄波甯流女史者。紅蓮介散士之書也。散士讀幽蘭書數回。黯然失聲。久之乃悵然曰。幽蘭能以伶俜弱質之姿。奮身而赴父難。余感其一見之知遇。與訂終世之交約。此書慷慨悲歌。言言忠憤。表今世之永訣。獎散士之前途。豈所謂一世之女丈夫者耶。嗚呼。節烈如是。才德如是。尙於時不會。流離飄徙。皇天后土。何其酷耶。蓋聞梅蕾魁春。必經霜雪而香始妙。豪傑冠世。必歷災厄而名始成。天道至微。眞不可測。而思紅蓮范卿之前途。皆不顧一身之榮辱。懷恢復國家之大志。其任也重。其道也遠。今幽蘭以老父之故。慘遭厄運。豈昊天別有深意存耶。抑其妙齡弱質。奮不顧身。而交情不忍相離。與俱赴死耶。獨問獨語。憂愁幽思。疑團愈難以解。而舉首四顧。山河如舊。麥秀草亂。人去時移。落暉搗西山。晚風揚水波。杜鵑牽離情。極目蕭條。不堪景況。散士當此。不益動其離情哉。乃回棹而歸於費府。

自是之後。怏怏不樂。憂溢眉宇。旁人皆不知其故。以爲其病痾再發。享以保養。加餐相勸勉。而散士竊藏幽蘭之書於篋裏。時取而讀之。忽而麗容遮眼。溫語來耳。忽而憤恨交集。憂鬱不解。至廢書忘餐焉。於是日傲放於山水之間。欲以寫其幽懷。攄其胸臆。不覺年流水逝。春去夏來。一日引杖而步于景山之公園。過春園橋。下凱旋街。凱旋街者在於費府之中當美國革命之役法將羅柄斗年尙少感美人之義舉傾産不顧身盡力助美國獨立奮戰勇鬪見者爲奮聞者爲起戰功亦多美人感其義凱旋之後造凱旋形以饗將軍後人想慕將軍之功欲其垂於不朽因取以名街焉芙蘭麒麟之墓亦在於此。散士深慕芙公之爲人。因謁公之祠堂。入門跪而拜之。微見一苔石孤立於青草之中而已。嗚呼。公者自由之泰斗。而學術之先進也。兒童走卒。無不知公之名。當國家艱難之時。公年過五旬。能超萬里之山海。伏英闕而諫英主之非。歸而揮淚。戒美人之輕舉。或欲說法王。使解兩國之紛亂。英王漫容之先以兵威抑壓之時。勢至此。知不可爲。乃奮誓與美國獨立。當斯時也。間關奔走。席不暇暖。遊說歐洲强國之君王。感激法西兩邦之君相。以結合從之盟。成獨立之舉。惟公之力居多。而墓碑僅刻有芙蘭麒麟數字而已。嗟乎。夫富貴之徒。驕侈逸樂。無益於國。有害於世。或擅弄威權。以凌轢下民。或文飾碑銘。以欺瞞後世。或建立寺院。以祈死後之冥福者。方之於公。眞不可同日而語也。且公學貫天人。數侵危險。立于霹靂之下。遂悟電氣之理。當時世人皆嘲曰。腐儒空談。無補實用。公聞之曰。衆人顧目前之利。忘遠大之志。志士慮永久之策。輕須臾之名。百年之後。必有知我者。今也電線如織。萬里海外。瞬息可通。陸馳鐵路。海蕩汽船。至用以陷城。用以療病。電氣之功。其利溥哉。公之言不其驗歟。夫布衣韋帶之士。能傾動王公將相。一國興廢。決於片言者。何也。爲道存學博也。孔子云。吾聞其容體不足觀。其勇力不足憚。其祖先不足道。而終有令名。以顯於四方。芳聲流於後世者。豈非學之效乎。所以君子黽勉修學也。散士既近臥龍出廬之年。猶負笈而漂零海外者。慨文章之未著。功業之未成也。故竊比韓昌黎祭田橫之志。獨自解曰。我志不迷。雖流離顚沛。亦何悲乎。低徊墓前。不忍去者久之。瞥有一士吸煙而過。逍遙墓邊。揖散士曰。君何國人哉。散士曰。東海之遊子也。士問以東洋之形勢。散士具語其狀。且曰。歐人貪慾無厭。蠶食日甚。東洋之勢殆日危矣。士復問曰。貴國北接强俄。僅隔一葦之水。其北門鎖鑰之狀如何。散士曰。俄人以一騎渡江。無一兵之防也。士憤歎不已。少焉指一楡樹曰。是高節公之所手植。以供芙公之靈者也。散士問曰。高節公何如人哉。士厲聲曰。君不聞乎。波蘭之名士也。散士曰。余夙聞其名。然未詳其所爲。希爲吾語之。士乃踞草間談曰。昔者波蘭威名震動歐洲。執牛耳而朝四鄰。物換星移。國勢萎瘁。遂至滅亡。而追溯其源。則因國無常主。互相搆鬩。蓋波蘭雖名爲王國。實無異於民政。惟其所以異者。在選貴族爲王而已。故當選王之期。每弄權術。造蜚語。放刺客。二三州人獨專擅政權。力持偏見。汲汲互保權位。其弊也至於不顧國家之名譽。不問下民之疾苦。其致敗亡。豈無故哉。散士曰。往者我大使過波蘭。當曉會有角聲破夢。開窗視之。貧民成羣。如林如鯽。慘狀可掬。乞憐旅客。時木戶孝允從行。見之深感國家末路之慘。扼腕咨嗟。憤歎不置。歸於朝廷。告廟堂諸老以爲炯戒。雖然。是固波蘭人自取之過。而俄普奧三國之暴戾無道。豈以文明自許。深信西教者之所爲哉。士曰。眞如君所謂。世人皆以救世主之心爲心。推友義教會之誠以及於人。（友義教會者英國之高僧北駒邈之所創新教之一派也如美國之芙蘭麒麟英之武頓士諸傑皆爲其會徒其宗旨則博愛衆厚友義重隱德最戒戰爭防亂人之侵掠不許攻擊之行一據耶穌之本旨而又不建寺院不置僧侶不行洗禮其說曰幼蒙之時心思未定雖受洗禮不能遽分別善惡也是故不設洗禮世人各有善惡其所願望亦各異也然而僧侶以一人之身而誦同一之經欲使遂各異之願望其可得哉是故不敢置僧侶以祈冥福也）則天下之亂。干戈之慘。期日可絕。而大進於文明矣。惜乎季世澆漓。趨於勢利。奸雄僞僧。營營以教法爲餌。豈得不慨然哉。且夫波蘭今日之禍。試詳細論之。其故亦非一朝一夕也。一千七百六十四年。波蘭貴族陷於俄女皇峨嵯嶙第二之術中。信其甘言。納其賄賂。選希臘之王子使卽王位。希臘教者。戴俄帝爲神。一意遵奉。是非善惡。皆聽其命。以是爲教法之大本。故俄人每假之爲吞噬之器。侵掠之具。天下之所共知也。當時俄帝煽助希臘教徒。使起內亂。而後遣大兵援之。大敗波蘭之軍。至割地爲城下盟。嗚呼。沈溺於敎法之害如是。豈可不深鑒哉。波蘭之兵。雖既大敗。彼都人士。尚懷敵愾之氣。不忘戴天之讎。臥薪嘗膽。謀恢復者所在多有。四海之志士亦多援之。普奧亦大悔向日之暴行。普國乃至更獎勵其獨立。於是波蘭人新創起憲法。廢共和之政。設立憲公議之制。選皇子而奉戴之。飛檄告之文明諸邦。歐美各邦亦皆承認之。而俄獨執拗不可。雖然。波蘭之民。固守不動。上下一心。誓死以恢復國權。若其是非。則待天下之公判而已。倘得一二强國之助。以脅俄國。則光復舊物。固不難也。惜哉波蘭之貴族。見舊法之有利於己。遺國家獨立之大計。掣獨立黨之肘。而拒之不與同盟。俄帝因揚言曰。波蘭之獨立。非全國人民之志意。乃學士書生之奢望。欲以報私怨洩不平而已。非鎮壓此輩。難保歐洲和平之局。於是發大軍而伐獨立黨。貴族乃簞食壺漿迎之。舉兵相應。貴族專横之害。豈不可深鑒哉。至是普國變所締之約。而與俄合。三軍來攻。獨立黨推高節公爲大元帥以拒之。公者波蘭之名將。以高義聞於天下。當美國獨立之日。召集同志。參華盛頓之帷幄。多所獻替。而與芙蘭麒麟最親善。美國獨立之後。美人大嘉公之戰功。欲以高位待公。公固辭曰。烈士趨難。不謀其報。忠臣慮國。不顧其身。余所以爲美國冒萬死。櫛風沐雨。馳騁於矢石之間者。恐天下自由之消滅也。豈爲貪功名慕富貴哉。今也愴懷故都。慷慨太息。欲以血淚誓脫俄人之羈絆。罰貴族之不忠。鼓舞人民。興復國家。我之素願也。加以貴邦人獨立不羈之風。百折不撓之氣。獎勵於余者亦復不少。余若貪榮官。留此土。世人將謂我藉口美國之獨立。不顧本國之危急。捨難就安者也。大丈夫豈忍棲戀於樂土哉。決然揮袂。卒歸故國。天下聞之。皆高公之節。無不稱譽者。一千七百九十二年七月十七日。公將孤軍邀擊俄之大軍於治閡加而不勝。波蘭皇子聞之。魂落魄褫。貽書請俄人。乞止兵。公大怒。讓其反覆怯弱。皇子夜逃歸於貴族黨。時雖有謀臣。而民無匡合之志。遠積屈於詐術。雄圖挫於昏主。烈士扼腕。委寇讎之手中。人變節。助虐國之桀。事至於此。雖有善者。無如之何。公亦揮血淚遁逃他邦。以待時機之至矣。明年波蘭忠義之士等。計欲再舉。高節公之諸將亦紛紛來集。輒傳檄舉兵。攻假王而擒之。大刑戮反國之貴族。普王聞之。直遣兵來攻。公邀擊又破之。驅敵兵於境外。遂至不見敵之一騎。兵勢大振。波蘭之獨立。期日可待。俄帝峨嵯嶙聞報。集諸軍議曰。朕不征服波蘭。不復見爾等。命名將數和老付兵十萬。與普軍合而來攻。高節公奮勇盡智。抗俄普兩國之大軍。十月十日募死士與將士訣別。與俄之大軍血戰。吶喊之聲動山谷。鼓鼙之響震天地。尸積爲陵。血湧成浪。俄之援軍益加。波蘭之軍遂以不支。高節公取旄指揮殘兵。縱橫馳突。遂蒙重傷落馬。疾呼曰。波蘭國命盡於今日。遂被擒。俄將頻勸降。高節公曰。自古謀軍者師敗則死之。謀國者邑危則殉之。士之常道也。僕又有何面目再見天下之士耶。遂不降。波國風落華之守兵感公之高節。城陷之日。男女一萬二千人奮戰勇鬬。死傷殆盡。餘悉投於水火而死。曾無一人降者云。嗚呼。報國之赤心。至死不挫。遺芳餘烈。流於百世。感人之深如是。此豈非眞大丈夫乎。彼楡樹者。公辭美國之日所手植者也。夫表墓推善。思人愛士。甘棠且勿翦。矧名士之遺愛乎。散士聞之。感歎不置。士舉首曰。談話入於佳境。不覺移晷。若有嘉會。更圖相見。請自是辭。遂昂昂而去。散士獨徘徊樹邊。悲英雄之晚節。傷强國之末路。他日遊於歐洲。欲訪波蘭之邱墟。弔高節公之英魂。又慕芙蘭麒麟功成身退之榮。感時會之變化。慨天命之無常。再拜芙公之墓而去。時陰雲含雨。電光閃空。霖雨達地。散士奔避之於春園橋下。又有五六輩避雨於此處者。相指曰。此百年前芙公飛紙鳶以捉雷之地也。既而雨過晴放。暑熱漸去。晚凉殊清。散士沈吟得短古一首。

凱旋門上白日淪。春園橋下涼味新。孤杖來弔芙公墓。追懷往年感歎頻。自由棲處是我鄉。千古格言掃俗塵報國心肝堅於鐵。手奉檄書訴蒼旻。孤身乞援三萬里。國家存亡聚一身八寸之筆三寸舌。誠忠凜烈泣鬼神。合從盟成巴黎夕。錦帆直還北美晨。愁雲籠光龍京月。羣芳添色華府春。欽君天邊巧擒雷能驅電霆代郵傳。一線通處坐可語。不論乾端與坤垠。雷也猶能聽君命。何況濟濟四海人。君不見如今自由光八表。英魂當遊東海濱。

其後欲訪波甯流女史。復羅微恙。未果。一日閱新報。載西班牙之電報曰。頃加羅黨之將被囚於西都者。越獄而逃。未知所之。散士拍節曰。莫非幽蘭女史之老父耶。竊思見波甯流女史問之。必得知其狀。於是懷介紹之書渡蹄水。投汽車。向於紐瀨流州。女史者愛蘭獨立黨之魁首波甯流氏之妹也。其姪亦在本國與父共獎勵貧民。招集義士。抗英人之暴政。欲脫羈絆。而女史與其老母留於美國。激勵寓美之愛蘭人。募資積糧。以恤贈本邦貧乏。以救濟爲己任。隱然爲在美愛蘭獨立黨之首領。嘗作一長歌。述愛蘭人之困阨。英人之虐政。其歌慷慨淋漓。使聞者流涕滂沱。不能自禁。世雖或有尤其輕佻過激者。然以一女子之身。棄生取死。據天道之大義。志國家之回復。驅一瘠土之饑民。欲與濟濟多士相搏。亦可謂一世之女丈夫矣。且躬行高潔。赤心許國。不顧一身之歡娛。綽約華年。未結良偶。視彼之牽於癡情。忘身忘家者何如哉。既而下汽車。敲女史之門。絕無應者。散士佇立稍久。一婢開扉。顯其半面。赤髮攣耳。低鼻厚唇。歷齒吃聲。黴糟滿面。見散士意色甚惡。傲然詰來意。散士慇懃答曰。僕東海之游士。乞謁令娘者也。婢掉頭曰。女史臥病。不能接賓客。況新來如足下者乎。散士心憤其不敬。欲唾其面。又以爲是固無知之賤婢耳。且愛蘭人常惡支那人之無利於己。今彼殆誤認予爲支那人也。乃更取紅箋之書。挾刺而託曰。僕所以不遠千里而來者。欲得一見令娘。表一片之冰心也。他日若有期。更圖相訪。望令娘自愛。怏怏遂去。至停車場。倚階長嘯。以待汽車之發。時有愛蘭人數輩亦在焉。敝衣垢顏。年皆二十五六。相共指目散士而嘲笑。或高呼爲辮髮之賤奴。散士故爲不知。眺望遠近。忽有一少年疾行來前。敬揖曰。足下非東海之士人乎。散士曰。然。少年曰。僕波甯流女史之家人也。前枉足下之高步。賤婢不知有失唐突。今女史令僕急追足下。乞再辱臨。望足下勿惜玉步。散士曰。僕今日再受愛蘭人之侮辱。一婢一傖。無學之徒。雖固不足怪。僕豈快之耶。但僕歸心既決。請更約他日。少年曰。女史病在牀褥。殆有月餘。杜門謝客。以養心神。今喜足下之遠至。扶病求一相見。欲以開胸懷。賤婢遇足下之如何。女史所未知也。願足下勿移怒。婢之不敬。僕乞當其罪。且女史氣鋭性豪。精神易敝。自罹病痾。喜怒無常。聞足下憤賤婢亡狀而捨去。其病再發。亦不可知。僕將何辭以對女史哉。賤婢不敬。已聽命矣。足下又云再受侮辱。敢聞之。言未終。傍有愛蘭人脫帽進曰。侮郎君者奴輩也。奴輩不通事理。又不知爲波甯流女史之客。以爲支那人。誤失敬禮。蓋非有他意也。小君爲奴輩幸謝郎君。靦面汗顏。彷徨失措。散士憐其質樸。悔過之速。又知波甯流女史之眞病。疑團冰解。怒氣漸消。乃與少年再至波甯流女史之家。待於客堂。有頒白之老媼來迎曰。妾波甯流之母也。曾寄書紅蓮女史。告以郎君爲人。勸結交焉。賤兒聞之。日待郎君之至。眞不惟一日三秋。既而罹病。輾轉牀上。將一月矣。醫士恐兒見客。爲悲壯之談。精神激昂。釀身體之瘦弱。禁使勿接客。且小婢亦不知郎君遠來。以爲常客。誤而失禮。至使再勞玉趾。雖是小婢無智所至。抑亦妾等之罪也。海量容宥。賤兒所切祈也。散士曰。是何足以爲罪耶。惟得見令娘。僕不勝喜幸。老媼曰。賤兒病臥於牀。久不妝飾。固不可以見高賓。郎君察其不得已。請勿尤之。得相見而辱一言。幸甚幸甚。散士曰。令娘若不棄。豈敢辭之乎。少焉女史徐步而入。散士鞠躬而立。女史促散士使坐。親安坐榻。年二十七八。肌膚欺白雪。皓齒如連珠。兩頰肉寒。雙眼光冷。結綠鬢而垂於後。眉宇如有憂者。女史徐語曰。妾曾見新報。知日本人有義氣。又因紅蓮之書。聞郎君高風。久願一相見。郎君不棄。不遠千里而枉玉趾。妾喜罔極也。散士曰。僕聆令娘之高操卓節。心竊慕之茲有年矣。今忽得接謦欬。僕喜可知也。聞令娘久染病痾。今少間否。女史曰。妾之病原。乃不自量力。憂國慨時。心鬱氣結所使然也。昨來少間。願假郎君半日之暇。爲我說卓偉之高論。談風流之韻事。又話東洋之奇談。使得以散幽情。散士曰。僕惟欲聆令娘之卓說而已。女士微笑。暫不言。時郊外之製造廠汽笛已報四點。日輪西匿。微風捲窗。女史命婢解窗則平疇崇田。參錯目下。青山翠靄。出沒雲間。禽鳥則弄音於叢林之上。鷺鷥則刷羽於青草之濱。執鋤者翁。曳牛者童。皆足添登臨之興。闤垣有一川焉。流于枯巖瓏石之間。聲響潺潺。如奏笙瑟。凡茲景物。莫不令人樂而忘憂。女史指而示散士曰。彼山謂何邱。彼水爲何川。昔爲用武之場。今爲掘礦之地。村落在於彼處。墓碑隱於彼邊。散士稱歎不止。女史曰。妾常愛好景。卜居得此。朝之出也。而說正理。論大道。鋤暴援弱。斥貪利之徒。而救罹厄之窮民。夕之歸也。繙書清風之中。鉤深極奧。窮覽妙旨。時踏月歌風。欲以排終日之鬱悶。是妾無上之樂。而芙公所謂自由棲處。是吾鄉之意。其在斯乎。散士曰。僕生平之望。亦不外此。既而女史更指前川曰。妾又有綸釣之痼疾。彼水者妾日夕所垂竿之處也。郎君亦好之乎。散士曰。奇哉。令娘所嗜。何其與僕相同哉。僕在鄉之日。投綸東江之涯。垂竿西水之上。概無虛日。其後丁國難。南轅北轍。席不暇煖。況西遊以來。書窗之日易傾。以是不試者又數年矣。僕好之實深。女史曰。然則請俱釣於前川。投塵事於一竿。以散除憂鬱。乃命婢裝綸絲。步至川岸。沿水而下。百餘步。流忽止。洄而爲潭。廣十二三弓。兩岸之垂楊覆空。一二奇石橫於潭中。藉氍毹而共垂綸。先相約曰。請以釣魚決雌雄。少焉潑剌上竿者數尾。至於薄暮。各算所釣。散士輸一尾。女史大笑之。且欲歸去。散士尙未止。依然注目於竿頭。女史嘲笑不措。乍見一鱗活活躍水。與綸共上。大二尺許。女史大驚。啞啞之聲未終。忽爲嗚呼之聲。散士顧而曰。失於東隅。收於桑榆。諺曰工業觀其終。令娘以爲如何。女史曰。郎君何傲之甚。所得非相同乎。散士曰。無如僕之所釣。其大殆倍於令娘。女史曰。始約豈以大小乎。惟在其數之如何耳。且妾所得者雖小。色鮮而味美也。郎君所得。容體大矣。而色味俱不及。請譬之於人物可乎。夫不知戎驪鞍乎。一鞭躍馬。所向無前。旬日而糾合羅馬帝國。卽帝位。進而蹂躪亞西亞諸州。又不見若遜乎。驅市民而指揮之。與英國雄軍三戰大破之。遂爲大統領。拿破崙者。自一孤島起。卽法國帝位。其用兵如神。席捲歐洲。威震四海。歐之君相納降。惟恐後。智亞者抱經濟之才。雖貴不驕。雖賤不怨。許國之志。白髮不渝。回已顛之國勢。復既覆之宗社。遂昇法國大統領之位。和通士之爲人。雖多病薄弱。然其爲事則百折不屈。且能探物理之奧。遂驅蒸氣而代人力。海則浮巨艦。陸則奔鐵車。自生民以來。有益於世者。殆無及也。是數人皆蓋世英雄。智豐才高。而其長皆不及中人。所異者腦裏而已。豈可以身體之大小。決雌雄哉。今十九世紀者。才藝競爭之世也。豈若往古野蠻徒以單騎勇鬬。誇身體筋骨之强。凌弱壓寡。優勝劣敗者哉。嗚呼。如郎君之說。則將謂八尺農叟南方黑奴貴國角觝無敵於天下歟。可謂不通今日之事情者矣。散士哂曰。豈非以僕矮小故。欲婉折之耶。但所得大魚甚多。其小者乞再放之。女史曰。妾聞男子之情變易如秋氣。信哉言乎。郎君以後得之大。忘先釣之樂。得無謂憐新疎舊者哉。散士曰。令娘言語抑揚。殆使僕不能啓齒。今恨不使令娘得大魚。女史大笑。時已黃昏。乃收竿而歸。導至客堂。謂散士曰。今日之樂。實近來所無。憂鬱全消。樂不可言。然少覺身疲神慵。郎君幸恕之。徐起。憑於長椅。母氏推闥來顧女史曰。心神果如何。女史曰。二豎已退。蓋郎君之賜也。三人團欒。縱橫談笑。興亦漸酣。倏而耀以華燈。羞以晩飱。良肉鮮魚。雜陳案上。粲然如玉。所鈞之魚。味最甘美共賞不止。散士置箸問曰。聞英人獎勵己國人之航海。妨害愛蘭人之富强。令曰。愛蘭人非乘英船者禁漁於海。眞有此事乎。女史張眉曰。有之。其他可推矣。百世之國讎。不可不報。聲漸激。語將烈。母止之。更移語而談及東洋婦人情態。女史笑曰。東洋甚多美人。想有閉月羞花之孃。倚窗望南來之雁。傍門看入岫之雲。眷眷然遲郎君之歸者。散士莞爾答曰。僕少狂狷不檢。其後舊邦喪亂。飄零東西。殆無甯日。且性不好歌舞游蕩。乏灑灑落落之風。穿紈袴衣輕裘。喔咿嚅唲以事婦人。生平所恥爲。以故絕無顧僕者。僕亦以是爲自得。將於鰥衾孤燈之下。虛度一生。未可知也。女史曰。聞君之言。妾有感焉。抑婦女欲揮柔輭之臂。有爲一世。勢不能。迎夫以諧偕老。盡生產則動輒掣肘。子女則屢多累心。遂有不能如意者。男子則不然。婦護於內。敎子育孫。無所不至。但勉其外以求志之所欲爲。何累之有哉。惟在女子憐窈窕而不淫其色而已。觀歐美古時義婦烈女。終身不嫁者甚多。而男子畢生孤獨者甚尠。嗚呼。人非枯木頑石。孰無懷春之情哉。惟天下事有更重于此者。遂不遑顧耳。散士曰。令娘之言。可謂有理。然僕所聞。如哲學大家之威堵。理學泰斗之紐頓。大史厤浩冷。詞家華聖頓。于留賓之數人者。終身不娶妻。美之大統領婉美倫。舞雲河南亦然。男子豈特無累哉。且夫歌樓舞館。固多腰細身輕。水郭山村。豈乏明眸皓齒哉。但欲得契心者。難如冀北之駒。是所以有美人薄命。才子難配佳人之歎也。若男子一誤娶姦婦。溺於淫女。大而失國。小而破家。汚名玷節。其實不尠。古人有言。皓齒蛾眉。伐性之斧。豈得謂無累哉。語未終。女史笑曰。然。苟有才豐容麗。大事足與共謀。小事不足爲累。而諧伉儷者。將如之何。散士曰。石橋朽於雨。羝羊孕於風。得如此好事。斷非易遇。斯僕之所夢見者耳。令娘非癡人。何須說夢耶。女史忍笑曰。何說夢耶。近取之郎君之身而已。雖謂郎君知之。無如妾業已知之。既而掩口曰。妾所謂者幽蘭女史之事也。郎君猶謂無情乎。將謂不知之乎。散士含笑而不答。女史輒曰。噫。情義是天之所命。商參萬里之客。一見如舊交。不能相棄。豈非奇遇哉。散士漸得機問曰。紅蓮女史一去之後情狀如何。僕未詳知。竊以爲念。昨見新報揭電音曰。西國頓加羅黨之將越獄而逃。是僕爲紅蓮諸娘所留意也。令娘若有所聞。幸告之。女史含笑曰。郎君所問之人無少失當耶。散士曰。欲聞一知十也。女史曰。自彼投書去後。未嘗一接音翰。妾實夙夜不安。然兩二娘雖年少。而才智並豐。謀略亦富。顧爲豎兒之戲。危千金之身哉。且食且談。少焉散士將辭去。女史乃止曰。人生如朝露。今日之我焉知不爲來日之鬼耶。今年美士之君。安知非爲明年東海之人耶。若無要事。請永今夕。乃導登南樓。時天月明淨。絕無纖翳。江山千里。落於掌中。散士謂女史曰。僕敢有請令娘者。若無關於病。幸許之。女史曰。郎君若有所命。雖不知爲何事。妾可能者。豈敢辭之。散士曰。僕性甚好音。曾聞有人吟報國詞者。其音悲壯。其節激越。即知爲令娘所作。其後行於南邦。去而來北。所至之處。膾炙人口。里童牧卒。猶歌令娘報國詞。僕尤愛之。今令娘爲僕撫鳴琴。奏一曲。其喜豈有加哉。女史顧母氏曰。兒自罹病。未嘗弄琴。我心亦覺寥寂。幸今有郎君之命。且今夕病亦已愈。請奏拙技。以慰嘉客。母氏曰。亦甚可也。但勿大聲。女史乃起。操琴揚和顏。啓皓齒。飛纖指而彈之。徐歌報國詞。其詞曰。

海可翻兮山可移。亡國怨兮永難遺。請看故鄉衰弊狀。滿目風光堪悽欷。昔日豪華王侯家。臺榭一空委茅茨。
羅織場荒爐灰冷。龍骨車朽水聲微。古城夜靜老梟啼。廢寺晝暗蝙蝠飛。落落殘村秋草死。處處寒墟蟲聲滋。
國亡王孫無人問。徒跣驅羊迷路歧。最憐矮屋羣居者。數固山薯纔充飢。一自版圖入暴英。先世國力頓委靡。
戾王奸吏繼世出。牧御又非昔時治。重歛虐民膏血枯。前有鐵鎖後鞭笞。苛政如虎極暴威。貪婪無厭事奢侈。
細民苦租賣田土。一家離散又何歸。子別慈親妻別夫。年年流落向天涯。宗祀不祭鬼神哭。餓殍橫途雞犬稀。

雲黯淡兮山川愁。風凄颯兮草木悲。嗚呼。鄉國之慘既如是。殺身成仁是丈夫。甯爲玉碎忠義鬼。不願瓦全亡國奴。好除鄙夫與新政。凱歌與衆還舊都。

英聲奮逸。風駭雲亂。或曲而不屈。或直而不倨。時劫掎以慷慨。或怨嗟而躊躇。散士聆畢不覺慨然曰。悲哉令娘所賦也。昔時師曠調律。以知南風之不競。季札聞樂。以知諸侯之存亡。令娘忠義之誠。悲憤之念。自溢于彈琴歌曲間。能使人感動而不能已。散士雖不能音。豈得不感觸哉。女史歇彈而愴然曰。妾非歌之悲。其實出於境遇耳。嗚呼。國之獨立。天理之當然。地球之通義。他人不可壓者也。而英人屢壓之。遇我愛蘭人不啻禽獸。請觀我南方民人之慘狀。壁落屋破。莫蔽風雨。露繁無衣以禦寒。霜隕無履以裹足。子孫不能就學。弟妹不能結婚。終身勞於田野。披星而出。戴月而歸。冬夜苦寒。縫織弗息。地主暴斂。莫救飢餓。欲革制令之苛。除民人之害。併使英蘇二國之全力而壓抑之。又不能爲也。且彼倨傲無憚。向外人則曰。愛蘭之人無教無學。雖誘掖猶弗識。魯鈍過於支那。愚陋匹於印度。妨大英國之文明。且傷榮名者。愛蘭人民也。噫。何其不思之甚耶。政治家則有威怒門士。幕留駒。雄辨則有于古甯留。將略則有于甯留。乞林頓。法之大統領若馬奔。美之大統領若遜等之數氏者。皆自愛蘭所出。英雄學士之多。蓋更僕難數哉。今也國弊民瘁。困苦極矣。猶謂人種使然。何其冤耶。方今英國軍士之威耀於五洲。通商貿易之盛冠於宇內。人恐之惑之。而眞驟愛蘭古今之成敗。憐我窮阨。助我黨之忠誠者。寥寥若晨星。徒目爲兇殘之邪境。抑又悲矣。嗚呼。夫霜雪可以殺柔柔蒲柳之質。而不可以奪亭亭松柏之操。英國之苛令虐刑。可以鈐印度無氣之民。不可以壓愛蘭必死之士。夫蓋棺而論始定。人生之所願。即後世之所恥。妾何顧當世之毀譽耶。議論風發。辨如奔馬。更謂散士曰。夫億兆之生靈。其所願各有異也。發憤不顧身。爲天下勸善除害。扶弱挫强。使大奸不能容身。志士仁人也。探茫茫空天。測漫漫滄海。尋至微之奥。窮玄妙之理。理學者也。意如湧泉。論如燎火。人以爲文壇老將。讀之者擱筆。對之者拑口。文學者也。馬上叱咤三軍。殺人如草芥。尸積爲山。血流漂杵。以爲自得者。將士者也。以徒手空拳。自布衣蹶起。際會時運。掌握生殺與奪之權。而以爲樂者。英雄者也。不顧下民愁苦。急征暴斂。食前方丈。侍妾數百。自以爲得志者。暴君者也。終日終夜。造次顛沛。決輸贏。爲黃金苦慮焦思。以有無相通。不知謀國家人民之福祉者。守錢奴也。重一諾。信片言。爲情人辛酸萬狀。而猶不悔者。多情者也。巧言令色。俯仰權貴之顏色。汲汲以保終世之生命者。佞倖者也。餓無一飯之食。寒無一袍之布。流離疾病。遂斃溝瀆。猶不逢救者。薄命者也。嗚呼。人生禍福之差。如此之甚。其所以然者何耶。宿世之因緣之不得已耶。抑其所受之性。雖相同。而所志有殊耶。或教育所使然耶。抑感觸交遊使然耶。果天之賦與。命運有不可奪耶。然則生不足樂。死亦不足悲。任之天運。或我所信。施於社會。爲生民而棄身命。終始不違道義也。散士曰。漢國之碩儒司馬遷有言曰。古者富貴泯滅無名者。不可勝紀。惟稱倜儻非常之人。志士生世。百折不撓。在流芳千載而已。女史曰。人生之幸福。果存於何處乎。妾有惑焉。願郎君爲妾語之。散士曰。史云有人從容問於希臘古聖楚倫曰。以先生之所見聞。人生受最上之快樂者。抑何人耶。楚倫答曰。亞天之士。貞流士其人哉。正直義烈。聞善若渴。視惡如仇。常營獨立之策。有餘力則救無賴之孤兒。貧弱之衰老。後與貞節佳人結婚。產數子。皆俊秀有令名。事親孝。交友信。貞流士當老年。鄰國起兵來伐。貞流士攘臂荷戈。奮舉義兵。血戰勇鬬。將士爲之振。民心爲之起。大破敵兵。京師賴以全。自由之義。可再興也。而貞流士已蒙重傷。遂隕於鋒鏑。舉國之人。無論知與不知。皆爲流涕。舉國家之大典。以祭忠魂。建芳碑。以垂功業於不朽。嗚呼。如此男兒。生無恨於世。死亦可瞑於地下矣。女史聞而愾然曰。男兒則甚可羨，婦女則死無處所，其奈之何。時案頭之自鳴鐘報十一點。散士驚起謝曰，請爲逍遙之遊，以散幽鬱，發淸亮之音，以樂心神，次以遒快之論，使更奮起散士之心。散士惟終夜侍於令娘之側，問其所未知，雖然，時更已深，請自是辭。令娘之身，一國興廢之所關，幸自愛。女史曰，郎君不棄妾之不才，遠路來顧，無辭可謝。惟祈重枉玉趾，開妾胸懷。散士曰，是僕所願也。慇懃握手而別，又投汽車歸費州。時夜既深，萬響俱寂矣。

第四回

越六日，散士閱新報，揭一報曰，愛蘭獨立黨之首魁波甯流女史，革於病急，昨日已逝幽冥之鄉，年二十八。嗚呼，哀矣哉。散士一讀，愕然而驚，默然低首，憮然太息者久之。既而喟然嘆曰，幽蘭紅蓮之二妃，瀕遭殃禍，蹤跡生死，亦未可知。今波甯流女史，亦棄世遠逝黃泉。嗚呼，天常阨非常絕特之人，助殘暴無智之輩。顏回之夭，盜跖之壽，造物豈妬才忌智者耶。抑前世之夙因有不得已耶。古人有言曰，天道福善禍惡，余不能無疑也。自此夕散士復感病，疴時國中聞女史之訃音，無不悼惜者。及其葬也，皆欲相與送之，雲集霧合，擁棺不去。於是旅櫬自新府回於慕士頓，亦還來費府，到處送葬者數萬人。散士獨以二豎之故，遂不能弔唁。嗚呼，以妙齡一女之身，爲一世所景慕如此，非至誠感人，焉能如是哉。女史嘗謂是非至蓋棺而後論定，可謂所期大而不違者。斜暉已收，暝煙全散，長空皦然，未見雲翳，翹首而望，如一冰輪懸於松間。散士時開窗倚樓，四面臨眺，遙懷故鄉，追想舊交，良友半流離於四方，半化朽於黃土。懷彼想此，百感交集，殊覺難堪。忽而又感波甯流女史之事，時遺尸未及葬，旅櫬尙在費府北邙，乃親往弔之。欲全舊交，直步趨向之，過邱樹之間，行小水之涯，乍而木葉蔽月，路暗影冷，乍而玉兔落水潺湲成響漸焉達北邙之上萬籟寂然四無人影已而近旅櫬之邊見似一塊人影屈身凝視之忽纖雲隱月茫不可分惟見白衣蓬髮腰下朦朧如烟如霧如行如止而已尖風一陣葉鳴枝震倏焉影消鬼氣襲人散士幼未通事理於時世間有幽鬼者雖素不信之然少時習染於腦裏不無感觸胸惕然而悸肌忽爾而戰寒栗殆洽於體自顧輾然而笑是精神惑迷所致所謂疑心生暗鬼耳卽進至旅櫬之前旅櫬在一土室之中廣五六弓散士開其面膝跪下而發微聲祭波甯流女史之靈曰

維一千八百八十二年月日愛蘭之烈女波甯流女史卒不幸短命春秋僅二十八嗚呼哀矣哉父爲海軍名將母爲獨立黨領袖兄愛蘭之名士皆名高一世姪亦獨立黨梁柱嗟乎厥姓斯民世奮芳烈揚聲四海會遭陽九舊都隕顚外人專政生民悲咤君乃羈旅隔此阻艱忠肝如鐵力圖恢復忘身磨節扶弱挫强以爲己任無如命運偃蹇自天降殃嗚呼哀矣哉神柩發新府迄北慕士頓經歷山河又至南費府送葬者雲集途次號慟之聲滿天地路人爲之灑淚征馬爲之哀鳴悲風慘悽愁雲黯淡嗚呼哀矣哉君少負志節不輕以身許人至孝至誠勵行清潔整躬率物馭下有方文如春花思如涌泉下筆成章發言可咏又深於韶樂歌音遏雲昊天何心奪此烈女嗚呼哀矣哉君嘗戲謂散士曰天命無常不謀朝夕今年西土之士安知明年不爲東海之人今夕同歡之友焉知明朝不爲黃泉之客何意諧語成讖遂有今日吁嗟神柩將返故鄉長已矣音容其莫接矣君又嘗語散士曰爲是爲非蓋棺論定在無愧于後世耳嗚呼人誰不有死身沒名稱先哲之所偉也君亦可以瞑目矣嗚呼哀矣哉孤雲結而日慘澹中泉寂而夜深沈白露滴而征衫冷悲風起而邱樹驚幽蘭摧而鳳凰去紅蓮折而鴛鴦離生年淺而逝日長憂患多而歡樂尠昔同志今異世憶舊歡增新感心悲鬱而誰

解。淚滂沱而莫掩。嗚呼哀矣哉。尙饗。

弔畢。低首不語者久之。時雲開月明。四面如畫。有一女露半面于苔碑之後。癯然面白。凄然眼冷。散士遽起見之。瞿然失容。毛髮森竪。女徐起曰。君非東海之郎君耶。妾愛蘭之紅蓮也。散士熟視久之。徐謂之曰。嗚呼。紅蓮女史。何來至此乎。使僕一見之。猶疑夢中之夢。眞可謂奇中之奇遇也。寸心彷彿。夫復何言。紅蓮曰。妾亦悲喜交集。一語一話。不知所出也。散士更問曰。幽蘭范卿今在何處。別後之狀。願詳聞之。紅蓮悄然曰。此非一朝一夕所能盡也。蓋妾等自與郎君話別。雖未至半載。而世運之隆替。人事之變遷。妾等困躓迍邅。其情事殆如隔世。散士驚聞其言。急問曰。二氏究何如乎。紅蓮依違而不能答。既而曰。郎君若欲聞之。亦徒增悲哀耳。散士意愈不安。又將有問。紅蓮顧指士室曰。嗚呼。斷金之友。既如此。不其悲耶。散士曰。僕以一面之交。且南北異國。及聞其死。猶悲悼不能堪。況生同國。志同方者。其情當如何耶。紅蓮曰。妾今夕自歐洲至裝未及卸。早聞波甯流女史之逝。驚愕失措。知旅櫬尙滯在此處。故匆匆踏月而來。手折花枝。欲以供弔其遺靈。忽聞人聲之近。乃于碑陰隱避。其人亦至櫬前。永留而不去。妾數擧首窺之。時癡雲掩光。樹下影暗。無由認識其面。既而聞其所語。或引幽蘭之名。或呼賤妾之名。憤恨悲歌。繼之以淚。妾疑念愈滋。更翹首瞻望。忽而玉兎出雲。始識郎君之面。竊怪郎君亦何事乘夜來此。散士曰。對月懷人。情之常也。今僕之來弔者。亦出于情之不能已耳。夫山寂夜靜。四無人影。照我雙影者。天上之明月。聞我談話者。一堆之士室。乞自是語別後之狀可乎。紅蓮曰。妾所願也。乃席草相對而坐。散士曰。溯自踄水相見。僕心蓋不能忘。晝之所思。夜之所夢。雖七日如七月矣。紅蓮曰。妾等猶有甚焉。相待之切。直不啻七年之久也。散士曰。溯當時既及期日。至踄水濱。風雲俄起。水波忽興。大雨淋漓。衣裳盡溼。舟不能渡而歸。自是感於小痾。

輾轉牀褥矣。紅蓮曰妾等日屈指以待郎君之至。到期日幽蘭更喜溢於色。范卿割雞烹魚。妾拂室淨席。以爲大駕即臨。何期風雨無常人事多左郎君竟爾不來。次日又有飛報曰幽蘭女史之父入於西國爲間諜所知縛送西都。女史聞之痛哭徹骨。乃告妾等曰嘗聞樹欲靜而風不停子欲養而親不存往而不來者年也再不可見者親也今老父被難妾豈忍坐視不救乎。妾欲明朝入西都。以救父難事若不成相與俱死而已。抑此行極危險揮手一別後會難期惟祈得聞妾死即各分家財以供興國之用。則妾雖死之日猶生之年也妾斯時輒答曰令娘何爲出此言乎。妾自與令娘結交心腹相傾絕無崖岸死生榮辱誓與相俱今令娘以弱質妙齡懷匕首而入虎狼之國。其死生固不可知。然妾亦豈忍見令娘之危而袖手燕居哉。且虎窟狼棲令娘既不畏避夫何有於妾哉。惟范卿相交之深。不如令娘與妾。留以管家財可耳。語未畢范卿勃然而怒進謂妾曰異哉紅蓮女史之言也僕與令娘等。名雖主僕。一自肝膽互傾。交情豈間深淺哉今也或欲捨生而盡孝道或欲取死而全交誼。其志氣節義。足令聞者興起孔子曰見義不爲無勇也孟子曰捨生取義。今僕若不隨令娘等而行。將平生所讀何書。能無愧死。又何以見齊魯奇節之儒。燕趙悲歌之士哉。況他日東海散士再訪之日。必以僕爲怯懦之夫貪佞之輩。與尋常支那人無異。僕有何面目再見散士乎。乞幽蘭女史姑從僕請。僕雖無能。亦樂從令娘等之後耳。窺其意色。似甚決者。於是幽蘭女史曰兩君所言皆非無理。雖然兩君皆負天下重望。一身之安危。繫國家之存亡。豈可以螻蟻之信。挫大鵬之志哉。私情與公義何重。皆兩君之所常稱也。抑妾之去國在十歲時。地勢人情皆不甚曉。倘得良友之力援一臂之勞。固妾所願。況妾自與紅蓮結交。曾經三載。自與范卿論志。亦過兩年。遽爾分手河梁。情何能忍。無怪君等負一片之公義而不能捨也。雖然妾若攜兩君去。人將笑妾之不明。嘲兩君之淺謀矣。孰若留於此地。守身待時。以冀達夙昔之志。垂功竹帛耶。天運未盡。吾等豈無握手之日哉。惟兩君酌之。范卿掉頭曰。否否。昔者荊軻好俠。輕身而入秦庭。聶政重交。仗劍而刺韓相。是雖不合於大義。然交情之厚。意氣之剛。足令懦夫聞風興起。故天感其誠。白虹貫日。太史公亦記之。以傳於萬世。且夫事之成否。固關天運。人之生死。亦有命數。苟天命不與。一朝染病而死。雖留此地。亦奚補矣。語云。死或重於泰山。或輕於鴻毛。苟問於吾心而安。雖漂流於怒濤之中。陷溺於水澤之下。夫何懼耶。此行或有補於萬一。亦未可知。吾意已決。乞令娘勿復言。於是妾亦助其言。頻勸女史整束行裝。以明朝將航於海。女史乃允之曰。今夜已深。前途之計略。俟船中相議可矣。乃各散就寢。女史猶對燈沈思。依依而未能去。妾怪問其故。女史曰。吾有一片愚誠。終不得達。臨此大難。欲忘而不能忘。且後日郎君若再來訪。見妾等之不在。且疑且怪。將如之何耶。妾苦無策以通其情。故不能寢也。妾因問曰。令娘知郎君之所在乎。曰否。實深憾也。然卽知之。而時已迫。亦不能親訪。投書則恐事之洩漏。事勢至此。亦無如何矣。妾對曰。然則令娘何不留尺素於家僕。使其達於郎君耶。女史乃沈思移晷。卽執筆而成一書。不覺晨星寥寥。東方漸白。乃託後事於老僕而行。范卿至河濱時。在白柳樹題以文字。妾不知其意所在也。紅蓮說至此。因仰天曰。河漢旣傾。月落西山。夜短話長。語不可盡。請共赴蹄水舊家。然後徐語可乎。散士曰。攜美人而同行。此事在東洋難免譏刺。今在美國。幸無之乎。然只恐爲令娘之累也。紅蓮曰。何爲累哉。特蕙蘭不引鳳皇。而泥土蓮花。反錯悟之誠所愧也。若使幽蘭女史知之。其以妾言爲何如乎。兩人且語且行。旣下北邙。紫山孕旭日。萬象漸明矣。乃下川岸。僦小舟。向蹄水。舟過絕景山之間。（絕景山者費府之遊園也地勢高爽境域廣大風光之美眺望之奇稱五洲第一）時兩岸樹木鬱茂。禽鳥和鳴。紅蓮右手指林頭之一樓曰。郎君知彼古屋乎。散士曰。咄。叛將阿能奴之舊居耶。（阿能奴者美國之將以才略顯革命之役美軍不振兵勢日蹙時英國以重利餌之阿能奴心動約擒元帥華盛頓降於英被覺投於英軍乃將英兵數犯美之北境及英軍敗歸住於英京後美國獨立天下皆稱華盛頓之略芙蘭麒麟之功阿能奴獨以叛將降敵雖英人猶恥笑之遂慚愧幽鬱發病而死後其舊宅屬於軍陸以爲不忠者戒既而舟至踰水。同赴舊家。楊柳垂堤。蔓草迷路。壁掛茸茸之葛。屋見喔喔之烏至門呼僕。僕應聲而出。仰紅蓮之面。且驚且喜。相與入於內室。少焉紅蓮呼僕曰。能得一杯鵝黃乎。曰令娘等去後。所餘葡萄美酒若干。僕性不嗜飲。故至今尙存。散士曰。酒肴非所望。惟令娘等行後之狀。欲速聞之耳。紅蓮喟然歎曰。妾豈不欲急告之乎。無如胸塞舌結。實不能言。且恐郎君聞之。又將不禁悲哀也。故欲假醇酒以鼓其氣。而後娓娓言之耳。散士愈促之。紅蓮乃正襟曰。幽蘭女史與范卿已葬魚腹。妾獨偸生。今日再見郎君。豈不恥哉。乃取白巾掩面痛哭。散士聞之愕然。愈生悲哀之念。至手足不知所措。既而曰。令娘何哭泣之哀也。人誰不死乎。紅蓮漸舉首窺散士。復痛哭。散士曰。令娘雖痛哭。幽蘭范卿豈可再生。毋甯縱談往事。得以慰烈女節士之英魂矣。時僕持酒瓶來。置於桌上。紅蓮强傾一杯曰。自是可語妾等之履歷也。乃言曰。

旅裝既成。出於費府。直搭汽船。鐵纜一解。船行漸疾。女史攜妾上甲板。相指點而語妾曰。雲樹迷離。此非費府耶。費府者。是東海郎君之所在。嗚呼何日再相遇乎。非於踰水之邊。則在九泉之下也。因相對流涕。散士曰。果其如此。何與僕別後之情相似乎。紅蓮乃繼言曰。三人在船中相與計議。以爲幽蘭女史之去故國。在十年以前。西國人鮮知之者。以是假名漫遊歐洲。有誰疑之。從此乘機應變。圖之可也。船去益遠。至大西洋中。三人在甲板上。時月明星稀。四望無際。水波萬里。渾不見雲端一物。妾乃謂女史曰。自出家既經三載。想今東海之郎君。當可到於踰水。籬邊之蘭蕙。既散於疾風。後池之紅蓮。亦碎於驟雨。天時人事。轉眼皆非。諒郎君撫物懷人。必有不能去者。女史曰。妾昨夜夢與郎君遊於蓬萊。情緒方酣。忽爲浪聲所攪破。今又對此明月。思昔日之樂。懷舊日之情。殆不能堪也。立於船頭。沈吟稍久。既而顧謂妾曰。余頃得一長行。請爲爾歌之。乃歌我所思行。慷慨淋漓。聲出金石。及今妾猶憶當時景況也。散士曰。令娘若記之。何不爲僕歌之。紅蓮乃彈琴而歌曰。

我所思兮在故山。欲往從之行路難。人生百事易蹉跎。幾使逋臣長浩歎。國家衰廢日已遠。君王蒙塵何處遯。舊廬雙燕歸無家。滿目晝陰草菀菀。老父春秋超古稀。繁霜埋頭雪印盾。鐵石之肝磨不磷。松柏之心死不移。常秉正義排邪說。數提干戈除妖孽。經營如此誰不感。底事一朝罹縲紲。月橫太空千里明。風搖金波遠有聲。夜寂寂兮望茫茫。船頭何堪今夜情。

我所思兮老父身。欲往從之天造屯。萬斛深悲奈難遣。星河西落未成眠。懷中匕首霜氣冷。腰間佩環風聲靜。自知此行難生還。情似荊軻辭燕境。勿謂裙釵料事危。陽氣向處山可摧。勿謂妙齡不堪戈。至誠固有鬼神知。去國匆匆十裘葛。孀戚半散半枯骨。談志俱是異鄉人。照心惟有一輪月。月橫太空千里明。風搖金波遠有聲。夜寂寂兮望茫茫。船頭何堪今夜情。

我所思兮東海端。欲往從之水路難。海端有國名扶桑。俗與風光皆雅嫺。綿綿皇統垂萬世。昭昭威名及遐裔。士重信義輕末利。小心翼翼仰聖帝。孤棹嘯風琶湖舟。萬古含雪芙峯頭。花香一目千樹春。月高八百八島秋。此地眞箇桃源洞。隔天夜夜入吾夢。仙槎欲探猶未探。風塵之中至秋仲。月橫太空千里明。風搖金波遠有聲。夜寂寂兮望茫茫。船頭何堪今夜情。

我所思兮東海人。欲往從之關山難。羨君錦衣歸鄉日。悲妾虎窟探兒辰。妾今一去何日復。歐雨美煙夢相逐。妾今一去何處會。青雲黃壤豫難卜。想昔踄水乘輿船。東西奇遇殘春天。月下攜手花落處。清風拾翠水流邊。

嗚呼。曩昔之日無此歡。今宵豈又有此歎。千行淚沾紅綃袖。一雙影映亞字欄。月橫太空千里明。風搖金波遠有聲。夜寂寂兮望茫茫。船頭何堪今夜情。

歌詞慷慨。紅蓮述之。亦聲聲入破。秋角帶霜。如號古戍。風泉和月。似瀉寒灘。彈希爾。散士曰。瞻懷往日。徒增悲傷。嗟乎。舟遭蹄水。花會鼈谿。高談娛心。哀音順耳。白日已匿。繼以朗月。歌舞漸止。攜手共步庭園。花香馥郁。山河如煙。當時吾顧曰。此樂難再。咸以爲然。今果天涯離散。幽蘭范卿化爲異物。節同時異。物是人非。我勞如何。紅蓮曰。當時船中又有使妾等疑者。有一婦人屢見妾等於甲板上。後與之語。辭氣慷慨。頻悲國家之傾覆。又能詳東洋之形勢。談笑間涉及貴國之風光。該婦更豔稱日本之志士某。妾詢以志士之容貌行事。極像郎君。妾心有所憚。不敢問其姓名。郎君知之乎。散士傾首曰。僕素不識此等婦人。豈非變身託事。探三君之形跡者乎。紅蓮曰。妾等亦疑之。故不敢明其實。又曰。自是羈旅之孤客。軟弱之婦女。宜策奇謀。以欺西國之君臣。而語奪幽蘭將軍之事也。

經八日。船抵西國加亞律。直入西都。投一逆旅。猶恐國人有知女史者。託病不出。妾獨步城邊。窺牢獄之規制。探囚徒之形狀。歸而共議計略。既而聞幽蘭將軍在城西之獄。而此獄環深濠。築高壁。雖雲梯不能渡。飛鳥不可越。古來王公將士死於此中者。不知幾千。幽蘭將軍以名高爲怨之府。故守衞警嚴。國人尚且不能近。是以百計千慮。亦無良策可救之。已而荏苒數日。巷說街談。所聞不一。或謂將軍病於獄中。或謂將臨死刑。女史聞之。憂愁愈切。一日范卿出市。詳探守城長之人。歸告妾等。妾因擬往古之小說。策一奇計。而謀於二人。女史曰。此兒戲耳。雖然今親戚故舊。半羅陷於干戈之慘酷。半放謫於萬里之山海。無可與謀者。且夫如法將羅柄斗逃澳國之獄。拿破崙三世遁破燕之城。其策固非天下之奇。以識者觀之。不免類於兒戲。雖然。及陷於穽中。勢積威約之漸。僥倖萬一之外。無可爲者。范卿曰。曠日彌久。常易釀變。變故一生。智者難施其策。不若速試之。至其成敗。則聽於天矣。且聞守城長好色貪財。往年喪妻。今求伉儷。乘其驅車而過城邊。紅蓮女史之策。可以行乎。

翌日妾遂紅粉盛服。乘涼城邊。時行人漸稀。見有一二車馬往來而已。少焉有一雕車。轔轔蹴塵而至。則守城長之所乘也。心竊喜之。及車漸近。徐仰其顏。時秋波一轉。亦少顧如笑者。妾故爲迷途相失之狀。其車亦行差緩。於是妾疾步先之。或顧或近。行五六町。白日已沒。景物模糊。妾乃揖更近之。執其綏留其車。慇懃告之曰。妾美國之產。頃者遊貴都。舍東街之逆旅。今攜友乘涼城邊。偶相失。數問路人以歸路。以言語不通。莫能解者。而日暮途窮。進退兩難。焦苦萬狀。且婦人夜行。君子之所戒。文明社會之所禁也。妾敢以無半面之識。冒瀆尊嚴。爲行路之妨罪無可逭。雖然。幸憐異鄉之困厄。指敎歸路。則銘感實深矣。守城長曰。僕守城長王羅也。令娘乃此薄暮彷徨道左。僕心已竊怪之。使令娘早告之。何至疲勞至此乎。若不妨令娘之事。乞同車。引至貴寓。妾深謝其厚意。直上其側。輒使御者疾馳。而故爲媚態。以試其心。似甚易交者。既而車至逆旅。彼執妾手曰。他日更相訪。幸自愛。卽欲回轅而去。妾知其尙有眷戀之情。止之曰。閣下。賤妾之恩人也。若無閣下。妾不知如何困厄矣。深恩厚義。銘肝莫忘。夫豈可徒勞而歸哉。乃導之客房。迎意裝情。更招幽蘭女史曰。此葡萄牙之人。久在美國。與妾最相善。今攜手同來者也。爾來得淡水之交。蒙淸明之敎。是妾等所願也。又厚勞其御者。散士曰。以令娘之色。行此計略。誰不入于陷穽中乎。紅蓮忽然紅潮上頰曰。郎君勿弄妾。且忍笑而聽妾所談。既而守城長辭旅館去。翌日折簡深謝其厚意。陳繫戀不忘之情。且答以葡萄美酒與珠玉錦繡。彼復表眷慕之意。以明日再來訪。三人喜計之得行。頻對時表。待晷陰之移。漸至次日薄暮。守城長策肥馬衣輕裘來訪旅館。妾亦輕羅長繡極裝姿態。迎之客房恭應敬對。如接王公者。而又絕不置眄睚于其間。守城長熙熙而語。怡怡而笑。盡傾腹心。情濃不竭。妾仍設言曰。希期明日黃昏。共與令閨攜手杖駕。敝廬使妾得拜花顏。接玉姿可乎。守城長掀長髯曰。僕實隻身無耦。妾曰。閣下勿欺余哉。守城長曰。僕非虛言也。不幸妻喪已經三載矣。妾更謂曰。以閣下有如此之丰采。有如此之仁慈。且有如此之尊位高爵。欲求伉儷於美人才女。惟其所望。故雖未行六合之禮。兩情已誓偕老矣。守城長曰。如令娘所言。令娘之事耳。僕何足欽羨哉。妾曰。閣下未知之耳。且語妾之往事。妾原生美國之富家。父曾爲汴州刺史。頗有令名。有一兄。夙潛心於博物學。及長其志愈堅。有友某。其父西國之人也。學識深遠。高出儕輩。至今想之。容貌言語。頗肖閣下。年齡亦與閣下相伯仲。常相往來。頗鍾愛於妾。妾亦漸相親。心私許之。遂納幣帛。收羔雁。不日結婚媾之義。雖然。未及移輿。偶老父罹病。未幾而死。自是吾兄大結四方豪傑之士。欲周游五洲。以擴博物之學。探北洋之極。以圖千載之名。雖然以父老而未果。於是將欲縱其志。妾與母危之。力止之不可。某固贊兄之志。其告母曰。不入虎穴焉得虎子。吾輩豈可與市中少年爲伍。徒樂太平無事。送一世於悠悠之間哉。鞭勁風。叱怒濤。遂超北洋。當時天下之人。皆高其志。藉藉稱譽。且悲且喜。惟翹足待其衣錦歸故鄉耳。無如自船一去。既至一年。而無片音之報。世人惟傳云。船破北洋之堅冰。驚北海之鯤鯨。既近北極。後又經北海。更不接音問。母憂之病發。骨肉日瘦。心神共疲。時新報報曰。瑞典北洋巡船。過北極一島。見美國北洋巡船。其船爲積冰所封也。器破食盡。人畜悉死。及母聞此報。病革。奄歸黃土。妾喪兄別良人。而又失母。悲哀痛悼。不能堪。漸此身亦罹於病。病在蓐殆一年。至今春。身始覺快。交友親戚勸遠游歐洲。踰秀山。渡明水。以清敍幽鬱。妾乃航英國。游法國。自瑞士至意大利。遂來貴國。

貴國之風光。實使妾悅目。寒溫亦適妾身。漸有忘歸之思。但妾今受父母與兄之遺產。以婦女一人之力。不能管理之。欲得雄才高風之君子。以託一生。而素願未達。天下之廣。丈夫之多。妾無適意者。彼慰曰。若使令娘之言眞。僕乞盡畢生之力。以護令娘之身。使安一生可耳。雖天荒地老。此心仍不渝也。妾陽爲喜悅之色。飾言搆事。百媚千阿。惟恐有失其意之狀。於是彼意氣飛揚。喜不可言。其後每夕馳車來訪。至必有繡羅之贈。妾等見熟於機業。知計略之可行。一日相與同車過城西下。妾仰望城壁。問曰。壯哉金城湯池。是國王之居乎。守城長曰。否。我所典之圜堵也。古來侯伯之命捐生此中者。不遑僂指。今亦有大逆無道之徒。待命其間。一二百人。妾故驚曰。噫。果然乎。雖身乘鶴翼。人架雲梯。想難飛越。獄中堅牢莊嚴。復無可比。恨不能一見城中。以爲談柄。守城長曰。僕司其管鑰。令娘欲見之。何難之有乎。將卜吉日。攜手而遊。與令娘同行之女史。亦與俱往。如何。約次二日而去。三人仰天祝曰。昊天未棄我。好運漸循環。妾曰。好運如此。爾後之計略。如何乃可。欲償宿望。在此一舉。妾不知其奇謀之所出也。幽蘭女史曰。妾有一計。想必能行。紅蓮女史與守城長攜手。飾情巧言。以攪彼心。使妾尋認老父。得行密計。彼信妾等爲美人。又侮妾等爲婦女。必無介意。乃語其妙計。皆曰。妙計可行。至於期日。守城長來迎。勳章聯於胸前。寶劍掛於腰際。燦爛奪目。煌煌與日光相映。殆斯謂金玉其外。敗絮其中。而胸無一物之賤丈夫哉。妾特止范卿。託之後事。且告曰。若不幸計洩。而事不成。亦生無相會之期。范卿厲聲曰。誠心一到。何事不成。今臨大事。勿抱不祥之念。發不吉之言。令娘之妙計。必可適中。若不成。老奴別有一計存。無以爲念。相分到城門下車。妾與守城長攜手。或巧言令色。使喜彼心。或怨言於嗟。以牽彼情。又思他事之無遑。幽蘭女史尾其後。務爲談笑之態。已而入於牢獄。囚人慘狀。誠不忍見。於時不覺悽然傷懷。泫然流涕。問於城長曰。想此中不乏鼠竊狗盜之徒乎。守城長曰然。乃指南隅一室曰。在彼處者。頓加羅之愛將。幽蘭將軍是也。彼與皇兄舉兵。不勝而遁。遊歷歐洲諸邦。與意大利之俄馬治及法國之巖鷲跎相結託。竊自法境入我國都。欲募同志以舉兵。僕幸捕之。得以鎮國亂於未萌也。妾聞之意飛氣躍。且喜且憤。目指幽蘭女史。女史亦漸首肯。到於南隅。守城長隔窗與將軍一揖。將軍容貌魁偉。肉落骨立。白髮皎髯蓬蓬如雪。雖年既老。猶有馬上顧盼之風。妾時有薔薇花插於襟。執與將軍曰。妾美國之人也。謹祈將軍自重。將軍僅出手於鐵窗外。爲握手之禮以謝。妾回首謂幽蘭女史曰。令娘亦且慰將軍。急執守城長之手。不顧而過。嘵乎。幽蘭女史臨大事。矯情抑意。見父於狴犴之中。顏色不變。言語如常。有從容而行密計之狀。深沈勇邁。雖古烈女不能遠過。更欲語。又拭淚少焉。又謂曰。至於日暮出城門。還旅亭。范卿迎之。撫胸忙問曰。成否如何。成否如何。老奴今日消過一刻。恰如半歲之長。見路人之疾行。疑令娘之凶事。兒童之遊戲。亦爲驚心。婢僕剝啄之聲。訏警吏之闖入。幾至銷魂。幽蘭女史止之曰。范老勿高言。諺曰。窗隙壁空。猶有耳目。蓋計以洩而破。可不謹乎。徐曰。奇計如意。宿願可償。雖然。悲喜交集。攪妾胸臆。憤歎之念。結而不解也。先見妾之老父。無由通一言。老父亦驚駭茫然。惟見老眼浮淚而已。至於此。幽蘭女史情不能禁。涕淚如雨。嗚咽久之。妾慰之曰。時運如此。成功可期也。然何爲痛哭之甚乎。范老備杯酒曰。令娘開愁眉之期。亦不在遠。謹舉杯而祝成功。時皓月初出。明光入戶。幽蘭女史徐起開窗曰。明月如晝。柳影如織。使人不勝懷舊之念。妾乃吟郎君之詩曰。好取萬斛憂。淸酌付一觴。舉杯與女史。女史微笑傾一杯。吟我所思行。於是三人共語踰水之舊遊。數旬之鬱憂。散於一席之小宴。淸興大加。不覺夜之既深矣。自是後如守城長之再來時。則務爲阿容媚態以誘之。若不來時。則亦折簡寄信以贈之。冀以牽動其情。覘其動靜。後經數日。彼偶不來。明日詰之。彼曰。有朝議。夜深始退。以故不能來見。隔一日又不來詰之答如初妾以爲彼所謂朝議者無非妾等之密計乎命范卿窺守城長之擧動果爾范卿歸告曰今日守城長密從數輩之警吏驅車馬而到城南移時而還復入城門此夕守城長來見妾卒爾問曰何來之遲乎彼又答如初妾乃向隅久無語者彼問妾曰今日令娘如甚有不樂之情者得無染於病疴乎妾直答曰妾死生憂苦於公何涉彼漸呈憂愁之色又不敢仰見徐曰僕自奇遇令娘慕令娘之才學愛令娘之姿容祈月下之神待六合之禮驅車於花月攜手於山水欲以慰令娘之思又安我懷然令娘今夕遇僕非同昔日冷眼帶怨言語含鍼此何爲乎是僕所竊惑也妾顧他而獨語曰人情所貴在於信義苟無其實人誰信之彼顏色少變進謂妾曰令娘之言僕愈不解也或恐讒間之易入人心之易疑敢問其故妾因責彼曰頃者閣下之動止有可疑者蓋閣下不來兩日妾乃使人探之曰閣下今朝與佳人同車乘涼城南山水之隈妾聞之胸臆固結不能解猶望閣下思舊交履前言而以實告乎乃猶恬然欺妾曰爲君王使於城南閣下豈非侮妾羈旅之一女欺負嘲弄至於此乎嗟乎妾自一慕閣下而萌春風心緒加以夏時漸熱欲留不可留今閣下與以秋風之扇妾得其惠賜覺三冬有寒冷乞閣下去矣無以妾爲念守城長初撫胸曰誰爲此語者僕豈有此事哉若其有之乃出於公事之不得已耳妾猶掉頭曰否否是亦所謂飾非者矣果然何必驅車於城南三里外寂寞無人之鄉乎妾恥對薄情之人閣下去矣將開戶入奧守城長急牽妾衣低聲耳語曰僕乞告以實事以解令娘之疑念急顧四邊而說曰令娘先所見城中之幽蘭將軍累日臥病飲食日減衰弱殊甚彼今雖爲朝廷反臣雖然先國家之元老皇兄之愛將其才略顯世名譽驚人何可無禮乎因問彼所欲以慰不永之餘命彼曰老夫之病久閉居密室不觸新鮮之氣又無山林草木足以怡情者因此之故欲請出遊郊外俾得保延餘年生前之恩惠無以過之僕曰今國

內叛逆之徒。亦未全治。慕皇兄思幽蘭將軍。動則蜂起。欲成夙志者。所在多有。若許幽蘭將軍之請乎。其所奪也。更作一敵國。固知不可然不許乎。又顯國王之狹隘。示政府之怯弱。故君王密與近臣謀。使僕隔日與將軍同車。警吏數騎護之。以逍遙城南無人之山間水隈。欲以保養其殘命也。此乃國家之機密。出自僕之口。入於令娘之耳。千萬勿洩。至此猶疑僕乎。時妾不覺喜溢於色。急執守城長之手謝曰。賤妾不明。不知閣下之厚情。漫言妄語以辱閣下。死有餘罪。雖然。是妾思公之深。神心迷亂。至此極也。幸閣下憐賤妾之眞心。鍾愛勿異昔日。閣下不以妾鄙陋。告以國家之機密。以表見至誠之丹心。疑團冰消。惑念澌盡。雖山顚海覆。此心猶不渝也。於時兩情相和。交歡如始。妾更謂曰。妾亦久不遊於野外。閣下若以今日之事。無介于意。明日與妾驅車。以拾翠山野之間。釣魚流水之涯可乎。守城長曰。此僕所願也。旣而妾招幽蘭范卿二人曰。妾明日詳觀地理。可以行大事。幽蘭女史曰。機會之來。間不容髮。古人所謂出萬死得一生者。將在此時。皇天不棄。我大事可就。若事不成。妾惟有與老父俱死耳。妾辭寵谿之日。亦以此爲誓者也。意色已如決者。妾與范卿贊之。以待期日之至。

第五回

翌朝。守城長從僕御驅雕車來迎曰。乞履昨日之約。妾乃單衣輕裳。絕去時世風流之態。肩懸遠鏡。手執蒲鞭。出揖守城長。守城長怪問曰。令娘何爲輕裝若此。妾答曰。屢從僕御驅雕車。易觸人之耳目。且不能左顧右盼。開襟與閣下暢談。興味甚爲索然。今日者千載之一時。而猶爲僕御所煩累。不得娛情。豈不可憾哉。故不若捨雕車。去僕御。惟與閣下相攜。隨意所欲。履雲折花。藉青草。嘯香風。庶能盡其樂耳。守城長喜形于色曰。是僕日夜所願。惟恐忤令娘之意。未敢言耳。高意眞如此。豈不好輕裝之遊哉。嗚呼。彼迷于色溺于愁。遺國家之大事。不覺妾等之計策。自進墮于陷阱中。語至此。忽而低首沈思紆慮。如不能語者。既而曰。說至于此。妾聊向郎君而有愧者。蓋彼本齷齪斗筲之才。貪財好色。忌忠害能之一賤丈夫。妾亦以一處女之身。做妝花柳之色。飾狹邪之情。騙之欺之。安得快心哉。今郎君聞妾所言。恐萌賤妾疏妾之念也。惟是交友之誼。出于不得已。冀郎君察之。散士曰。凡浮世之事。由時與世而變。若令娘爲私欲。爲色情。行此欺人陷人之計策。余惡令娘。疏令娘。不欲與令娘相見也。若夫不然。令娘果爲天下欺小人。爲國家陷奸臣。以爲懲戒之鑑。以爲勸導之階。則令娘之僞言也。余助之。令娘之欺計也。余亦贊之。大可互相盡力。如今令娘重幽蘭女史忠孝之囑託。爲正義屈身而陷奸徒。豈如澆季浮薄之流。或見利忘義。或臨危變志。或不知時。不察勢。偷安弄筆。兀坐鼓舌。徒貶議他人者乎。余則憐令娘之志。感令娘之行。但憾不能同力而已。蓋有人吐露其胸襟。請余救援者。義氣之所激。精神之所感。碎骨殺身。猶不可悔。瑣瑣僞言詐術。豈足問哉。紅蓮聞之曰。郎君之志果如此。妾可不詳語之哉。既而悉去雕車與僕御。妾與守城長乘一小車。出城市南去。有一里許。妾莞爾謂曰。今日之遊樂哉。守城長曰。昨夕與反臣同車。今朝與仙妃共駕。眞可謂昨非今是矣。妾故笑曰。前者閣下忘妾疎妾。不與同車攜手。今者怡情樂心。又何處是靜閒幽邃。無妨塵客之至。可容吾兩人私語之地乎。守城長緩緩笑指曰。那處實蕭岑也。眞如令娘所言。今日亦欲憇于此以相語。聞我情話者。翠梢之孤鳥而已。嫉我豔語者。綠柯之殘蟬而已。清流之潺潺。無心而寫我雙影。涼風之習習。無情而吹我衣裳。眞不易得之勝地也。且笑且語。漸入山。橫水流之邊。妾出遠鏡而望。指點東西之村落。下瞰遠邇之森林。問其山名。詢其水性。陽賞風光之淑美。陰探地勢之險夷。執鉛筆。展白紙。以寫其奇景。辨山徑。析支川。以製一地圖。又行數武。遙見石橋。橫架溪流。時青天湛然。炎暑熏赫。熱氣特甚。守城長留車橋下。繫馬綠陰。回首指橫一巨石之水涯曰。僕始與幽蘭將軍遊于此地。憩彼石上。當時僕負警衛之大任。伴反逆之大囚。入此無人之境。若有人來奪。不獨僕受其禍。卽國家之安危。亦繫于此。以是見深林則恐有伏兵之潛。逢嶺石則慮有刺客之匿。身雖在淸幽之佳境。而常苦心焦慮。恨不能與令娘相見。以敍一日之歡娛。孤鳥之喃喃。爲悽怨之聲。流水之潺潺。爲惆悵之音。其情何以堪哉。雖然。今日卒然得與令娘攜手遊于此地。昨日苦心焦慮之境。頓轉爲娛目怡神之處也。昨日悽怨惆悵之音。忽轉爲適情悅耳之聲也。惟恨明日復與彼老餘之囚徒同車。又不能見令娘耳。鄙語曰。月欲明而浮雲掩之。花漸發而風雨散之。人事不能如意。眞可歎哉。妾愀然下車。秋波凝情。斜視守城長曰。月有浮雲。花有風雨。如閣下之言。妾亦感今日之行樂。思明日之感情。無如怨恨。恆自笑悅中生。蓋妾雖非敢疑閣下。而幽情之所結。未如閣下果與將軍同驅車于此間否乎。將如妾所聞。與佳人攜手乘凉于彼處否乎。妾明日欲騎馬逍遙此地。冀邂逅閣下。以證閣下之言。而決其虛實也。守城長愕然曰。僕所語者。實國家之祕事。雖父子之間。不可洩也。令娘如信我言。明日勿來會。不然。見之者誰不疑僕洩漏機密哉。不特僕終世沈淪。實誤國家之大事也。願令娘勿來。後日重相遊耳。妾掉頭曰。閣下以此拒妾者。是使妾疑也。而妾既欲以終身託於閣下。豈可不明閣下之行爲哉。守城長且慰且說。辨解甚曲。妾少作色厲聲曰。此地爲靜幽之佳境。來遊者固不獨妾等。且妾羈旅之一女子耳。雖有知與閣下相逢者。安敢深怪哉。然而閣下痛拒不許來見。豈更得不疑哉。妾心非石。不可轉也。妾心非席。不可卷也。妾不見閣下與將軍共車。誓不止也。斯時或如疑。或如怨。或如戀。或如憤。以攪亂彼之心思。守城長恐失妾歡心。增妾憤怨。漸和聲曰。令娘之眞意如此。則宜如令娘所欲。惟勿爲警吏所怪耳。妾心竊喜。轉語移步。又乘車鞭馬。更入幽邃之中。更逢幽逸之境。施施而行。漫漫而遊。終就歸路。妾喜計策之可行。又慮前途之難測。胸中紛擾。欲語而不能語。欲笑而不能笑。又恐爲彼所疑。曲作笑容。務以掩之。遂相伴還于旅館。時日已西沈。街上之電燈。燦然耀目。又以事機已迫。心緒忙亂。忡忡不安。欲守城長之速返。乃得與幽蘭范老二人共議計策。而守城長猶留旅館而不去。晚餐既畢。遂呼幽蘭女史語當日之遊。興狎居忘迹。諧謔之語。不可聽聞。妾獨憂悶愁思。如刺肺肝。如碎頭腦。郎君憾妾當日之苦心否乎。言畢。倒酒傾杯。撫胸太息。已而又語曰。妾謂守城長曰。閣下今日爲妾攜綏執鞭。親當僕御之任。其疲勞如何哉。守城長笑曰。僕在令娘之側。恍如遊于蓬萊。何暇辭苦艱耶。惟恐爲令娘之累耳。漸起身辭去。吾三人直入密房。妾不覺爲聲曰。咄。彼癡漢。消我黃金之光陰。幽蘭女史慰問曰。且柔聲怡色。而語今日之吉凶。妾乃探懷出所寫之小地圖。示曰。密計殆中于竅。是妾今日談笑行步所作也。雖不甚分明。亦足以講計策。乃相與語其山勢水態。計其行裝準備。時夜既深。四面閴寂。幽蘭女史曰。今更已闌。市店皆已就寢。不能購器械以爲明旦之備。如之何則可。范老曰。吾亦以是爲慮。嗚呼。吾畢生大事。勞生盡智。漸欲其成。而以深宵之故。不能達其志。妾嘆曰。使彼賤丈夫早去。我豈有此憾哉。聲未了。窗外聞滴滴之響。范老開戶。一陣之涼風吹雨。颯颯入裏。翠簾飄。彩燈消。范老急掩戶。妾大喜曰。噫。皇天未棄我。惠以今朝之雨。我計策必成矣。此際無庸悲嘆。幽蘭女史曰。何故。妾曰。王羅守城長之遊郊外也。在欲將軍之保養。第冒風雨。凌泥濘想必不行。應待新晴。乃命駕耳。妾等因得一二日間。徐得計畫密議。風雨益甚。簷滴之聲愈喧。妾等前途之計畫。亦知非於明旦。胸懷僅得綽然。妾又把地圖覆說其計策。且曰。此事若成。妾于何地而可乎。法國雖便。而境界嚴肅。電線無處不通。追迹亦必急激。戴皐兒慕將軍遁于南方。是亦人所最注意處。而政府之警察。亦無如彼處之密。妾不得不甚惑之。幽蘭女史曰。妾始迷之。雖然漸得其計。蓋幸得奪老父。直取路于東北。出其不備。力晦蹤跡。渡伊武浪河。航意大利。有峨馬治者。歐洲之俠勇。自由之泰斗也。得其一諾。而決去就。雖天下之强國。亦不能奈何者。想老父所見。或亦同之。范老拍案曰。此計最妙。孫子曰。水之形。避高而趨下。兵之形。避實而擊虛。又曰。行千里而不勞者。入無人之地也。今日之事。雖非兵事。鑑之以決謀。可無大過。妾亦贊之。此議遂決。時案頭之自鳴鐘。鏗鏗報第四點。明早風漸收。雨未歇。范老稱英船之水手。購三枝之短銃。與二襲之男裝。妾等在房中。整行李。火書冊。各爲明日準備。日既過午。煙霏雨散。清涼似初秋。幽蘭女史曰。王羅亦是姦滑多智之老漢也。尚宜詳其動靜。飾情迎意。使彼更無所疑。妾乃遣人招之。幽蘭女史故裝嫺雅愉悅之狀。諧謔怨言。以試其動止。彼既心骨蕩然。悠悠歓語。又不見怪訝之態。談笑良久。彼將歸去。妾握其手。微笑曰。夜雨多情。實導今朝之握手。而東風無賴。恐誤明朝之把臂也。雖然若幸得晴時。必逍遙于翠野碧溪之間。遠認玉姿。以慰妾相思之念。彼乃回首笑曰。是亦僕之所望也。但令娘必勿爲他人所疑。遂出門而去。此夜妾呼館主。託曰。妾等明日欲聯騎遊于郊外。願爲備二頭之駿馬。性柔順而疾足者。又展地圖示范老曰。先至松林。待妾等。范老即夜負行李。僞扮農裝而去。至于翌日。妾等亦素飾輕妝而出。幽蘭女史騎白馬。妾鞭驪駒。馳至郭門。有二警吏。夾道而立。一人進遮馬前。止幽蘭女史。將有所問。他有一人急來。撲其肩。暫耳語。相視而笑。徐開路曰。貴娘行矣。行矣。並無有所問。蓋彼守城長之家奴。能知妾等者。不敢怪也。一夜之雨。半日之晴。泥路新乾。馬蹄颺塵。既而見松林蓊鬱。妾乃入於其中。范老猶踞樹根。側置行李。妾等至。紅蓮尚欲有言。時老僕有數顆果實。盛入於竹籃來曰。邸後之萍果漸熟。何不試其甘酸。紅蓮直把小刀。切一顆。而爲兩片。以一片與散士。自喫一片曰。嗚呼是勝仙掌之甘露。妾僅得浥于喉舌。請吏語其後之狀。於時范老乃開行李使變妝束妾等直脫衣而穿男裝。頭戴烏黑之高帽。目掛鴨綠之眼鏡。假髯掩于鼻下。短銃在于腰間。自遠望之堂堂焉偉丈夫也相見不覺一笑。笑聲未終。前頭有四馬嘶鳴。我馬亦欹耳而欲相和。范老急取木枝銜于馬口更以一條麻索固結其上。使不能鳴。暫有二騎並轡。左視右顧而過。范老自林間見之。拍節曰皇天未棄我今日之事既成矣。妾問曰何爲出此言。范老曰彼卽警吏斥候于路上者也。使彼遲來一刻乎。使我早去一刻乎。若我策爲彼所覺積日之苦心轉瞬之間徒歸畫餅而已。誠哉機會之來間不容髮歟。乃疾奔至于橋邊。妾與幽蘭女史望之。范老屈身運轉數團大石極力亂列于路上。礌落崎嶇。使車馬不可通。既還來曰雖造父舉鞭而御八龍。亦留于彼處耳。況王羅之車哉。老奴伏於其側。發銃爲號。以刦彼兩娘直驅馬大聲叱呼而來迫再轉身而去。妾等年猶壯。意氣最雄。然以其成否未可知。骨柔肱弱。似不能制。如范老其人。經歷已多。老成練達。臨事而懼。好謀而成者。眞不易得之才也。今妾等得此人。亦是旻天之憐忠誠耳。時幽蘭女史上于小邱。直下忙告曰一輛之馬車向橋邊來。妾聞之心胸鼓動。脈脈如波瀾。乃鼓氣振勇。躍而跨馬。隔草葉木枝覩之。歷歷可辨。御者執鞭坐于車前。警吏帶劍倚于其左。守城長與幽蘭將軍相語。並坐其中。馬車方漸近橋邊。砲聲忽轟于樹間。守城長大驚。放聲曰有賊有賊。鞭馬速走。語未終。乍又轟然一聲。射警吏傷之。警吏倒墮路側。妾等乘機提短銃鞭馬迫之。守城長與御者魂散魄褫。不知所出。惟極力輪鞭。亂撻馬背。馬亦大駭。振鬣揚蹄。向橋畔而走。忽逢巨石橫于路間。狹隘崎嶇。又追騎在後。欲進不能進。欲退不能退。周章狼狽之狀。可想而知也。幽蘭女史急以西語疾呼曰。伏兵速出。誅姦賊。救忠良在此一舉。御者聞之。捨鞭自投水中。守城長亦欲跳身而遁。范老認之大怒。一拳擊倒于車下。直進而擬以短銃。妾止之曰。彼姦惡雖已貫盈。豈忍漫殺乎。時幽蘭女史下馬在于其傍。乃解馬口之麻索與范老。使縛守城長。自向車上。執將軍之手。自車扶下。揮涙告曰。此二人者兒刎頸之友。皆捨身而救阿爺危急者也。先遯此處。而後詳語顛末。范老縛守城長。且以白巾裹其面。引至林中。固繫于樹根。又攜前所脱之女裝來。與妾等。妾卽與幽蘭女史相扶而去。男裝使將軍與范老著之。再變身而跨馬上。范老亦變服。直毀車轅。斷馬絏。解其二馬。右手執纓轡。左手麾將軍。呼曰。請閣下先騎之。更執舊衣投于河流。自跨一馬。幽蘭女史問將軍曰。將欲遁何地。將軍曰。委命于皇天。取路于東北。向于意大利而已。女史曰。老父所見亦與兒同。於是四人並轡鳴鞭。飈塵捲沙。將軍先導。取路于無人之境。向于東北而馳。約十餘里。飢渴交迫。將軍勇壯矍鑠。雖本有意氣蓋世之風。然久在囹圄之中。肉癯神衰。加以當日所騎之馬。無鞍無鐙。最勞四肢。困憊殊甚。既而日暮。馬疲。雖牽之不動。雖鞭之不進。四人不得已。棄馬步行。時雲暗而星河無光。風起而山雨欲降。路上闇闇不辨險夷。一步一息。惟任足行。夜漸深而疲饑亦極。回首有一歧路。茅屋在其旁。相行甚近。皆私喜冀可求一飽。行近見之。乃路上之馬廐也。荒寥闃寂。並無人跡。皆大失望。然以疲倦而不能再去。乃相攜登于樓上。蛛網縱横。塵埃寸積。而不以爲陋。轉身直臥其中。范老舉首遥見窗外狐燈掩映。隱於林間。起身曰。老奴請去求食。直下樓。循途而去。妾等積勞之餘。不覺入眠。忽而霹靂一聲。驚破吾夢。開目視之。金蛇閃閃。穿壁而入。雷聲隱隱。破山而來。狂風欲捲茅檐。驟雨似傾江海。未久。又有人馬之聲。雨響雷轟相混而至。妾急起身而語幽蘭女史曰。彼聲豈非追兵之迫乎。語未終。戸外喧騷。或呼曰。發見發見。妾聞之。以爲命運極于茲矣。心胸惕惕而悸。怒氣勃勃而發。乍而十數士卒。排戸而入。一人持火曰。幸甚幸甚。薪炭在此。火爐在彼。相集然火于樓下。喧嘩談笑。各解濕衣而烘之。妾等意少不安。士卒然火益熾。烟焰充于樓上。掩袖防之。亦不可避。呼吸出入于鼻口之間。欲喚不能喚。

欲起不能起。艱苦煩悶。眞不可堪。妾潛聲曰。空失命于煙焰之中。不若決鬬而潔死。幽蘭女史止之曰。是所謂血氣之勇。何輕身死于賤兵弱卒之手乎。可忍而忍之。尋常之人耳。不可忍而忍之。非妾等之所望乎。忍死於此。愼勿妄動。且彼不知妾等匿于樓上。惟來避風雨而已。不久必去。妾不得已。俯首而待其去。樓下燎火。或緩或猛。煙焰猶昇騰不止。氣息欲絶者數次。將軍卒然發苦聲而咳息。樓下一卒聞之。告衆曰。樓上有人。似爲咳息之聲。一卒曰。否。小鼠之響耳。廐舍何得有人。或怪或笑。談論決行。一人曰。登而探之。欲動身。乃曰。無階梯不能登。一人曰。既無階梯。安得有人。曷足怪乎。一笑而止。既而士卒等相語曰。東方漸白。雨聲亦微。賊徒自是必奔南方。寄於頓加羅黨。雖然。彼徒步而已。追捕固自不難。遂整頓卒裝。步騎相間而去。夫妾等脫虎口之難如此。伊時心神少定。然猶餘煙漠漠。室內如布餘霞。乃欲啓窗散之。支兩手而半起。忽爲殘煙所薰灼。目炫魂迷。撲然而臥樓下。范老有聲曰。將軍與兩娘無恙乎。敵兵已去南方矣。妾聞之。發微聲曰。范老速啓窗戶。並求與一杯之水。范老盛水于馬槽。登來與妾。開窗振巾。掃去煙焰。妾一飲而蘇。引手而揮幽蘭女史。又欲進水。女史俯臥而不應。視之。則與將軍互相保持。氣息如欲絶者。惟幸血脈之微動而已。妾與范老驚愕殊甚。乃開其口注水。擁背而呼。既而二人豁目。精神稍定。女史顧謂范老曰。范老去後。追卒沓至。妾以爲范老途中被捕。妾等潛蹤之被發覺。既而知其不然。又以爲范老雖未就縛。歸來之困苦。眞不可量。戰戰如履薄冰。兢兢如臨深淵。如以煙焰充于樓上。氣息難通。妾等之愁苦。亦可想見。雖然。今衆皆得無恙。豈非天哉。范老曰。老奴先至林下。認一農家。敲戶述情。求食而還。時雷雨驟至。不能移步。因暫避樹下。遙聞人馬之聲。自西方來。心大訝之。而大雨淋漓。追卒忽然而至。相率而入于屋內。老奴見之。撫胸曰。嗚呼已矣。乃取短銃佩于腰間。欲進而與決死。潛自壁間窺之。人人蹲踞。燎火烘衣。於是神魂始安。潛匿屋後。以待其去。言畢。四人握手相慶無事。相攜下樓。饑疲既極。跟蹌而不能步。范老出饅頭以供妾等。妾等得以療饑。氣力乃少加焉。將軍顧謂范老與妾曰。卿等出萬死以救老夫。今得至此。若躊躇不速去。倘再逢危險。其如之何。宜速出國境。庶少避危機也。三人乃出茅屋。潛自歧路迤邐而走。西方行經險路。深山峭壁萬重。懸崖千仞。雲淡淡兮遙聞孤猿之嘯。風寂寂兮四無飛鳥之聲。漸至一高山。登其絕頂。放目伊武浪河。蜿蜒而流。翠崖之下。出沒隱見。如銀蛇之奔草間。又有一道汽車。向北而過山巖之側。風馳電掣。如蜈蚣之渡孤繩。將軍欹足巖角。指告妾等曰。彼鐵路。卽通北境者也。此間僻陋。警衞頗緩。又無有疑吾輩者。何不下而乘之。范老曰。吾心已奔於百里之外。惟足軟而不能步。將假大鵬之翼而搏青穹乎。抑借長房之術而縮地脈乎。是皆不能得者。今幸有彼鐵路。請從將軍之言。乃排荊棘下峻阪。既出鐵路上。更傍鐵路而西行里餘。至一車站。入待良久。至夜十下點。汽車既發。妾等以跋涉之故。身疲神倦。不覺熟睡車中。直至天曉。忽聞汽笛一聲。則車已至矣。相攜下車。入一酒店。來往之客。充斥室內。妾等佇立一傍。左顧右盼者久之。有一老翁。狀貌醜惡。額上有一創痕。熟視將軍。進前揖曰。敝廬別有小室。敢以屈駕。遂導至一樓。裝致麗清。又無別客。暫而主翁獨自往來。每來皆饜以酒食。必注目將軍。妾心疑之。及主翁去。幽蘭女史謂將軍曰。主翁之舉動異常。言語亦有可疑者。得無偵吏之徒歟。范老變色曰。若然則計宜何出。斯時戶外似作聲。低呼將軍者。四人忽起立。相視未發一言。戶外又忙語曰。果然果然。排戶直入。主翁伴一壯士也。范老瞋目舉短銃射之。妾亦執短銃以指主翁。主翁與壯士大驚。揮手呼曰。勿誤勿誤。某等非不利於將軍者。將軍與妾顧止范老曰。暫聽彼所言。壯士乃跪下。諦視將軍。涔涔然流淚曰。不拜尊容於茲數載。顧將軍既不記某。某請言之。某伊黎也。將軍曰。然則武羅之役。足下非在賤兒之軍乎。伊黎曰。然。回憶一千八百七十四年。從將軍之賢息衝共和黨大將魂沙之中堅。以先登第一之功。擢爲軍長。將軍曰。嗚呼。彼魂沙年過八旬。壯勇無雙。叱咤奔馳。以當我軍。我軍將披靡不支。時揮劍躍馬入於彼陳。遂殪魂沙於鋒鏑者。眞足下也。老眼無識。幾不認非常之勇士。愧赧實甚焉。伊黎曰。當時某蒙重傷。家居養病。更無所爲。其後啞奔象王卽位。皇兄之軍不利。賢息又戰沒。聞將軍遠遁。憤恨徹於骨髓。說至此。以巾拭淚。更指主翁曰。此卽某老父也。主翁接言曰。老奴亦從皇兄之軍者。卽以手指額上之創痕曰。此卽當時之負傷者。皇兄既敗。某遂匿跡北方。與豚兒營此生計。昨相傳謂三勇士奪將軍於山野。未知蹤跡。何期將軍光臨敝廬。某一見之。容貌憔悴。異於昔時。所伴亦非三勇士。心竊疑之。然而眉目非常。宛似將軍。且疑且怪。而不能決。故私招豚兒自戶隙以窺尊容也。范老聽之。仰天嘆曰。嗚呼天也。嗚呼天也。使我銃隨手而發。則徒傷斃志士。且無容身之地。幸射而不發。得免此禍。少焉伊黎問曰。將軍自此將欲何之。將軍曰。航意大利。伊黎曰。諺曰白龍魚服。絓豫且之網。今將軍從者甚少。而前路之戒備甚嚴。豈不危哉。將軍不若傳檄募壯士。向京城揚言返旗東入法境。此地仰慕皇兄及將軍者不乏其人。某父子雖不才。亦願荷戈以應。不出半日。數百鄉勇必可召集。勢如飈風之捲沙礫。使敵疾雷不及掩耳。得志何難哉。將軍曰。某敗軍之將。死不足惜。豈忍使有國之壯士委身鋒鏑之下。無辜之百姓罹陷兵馬之慘哉。主翁曰。此非爲將軍計。實爲社稷計也。大行不顧細謹。獨斷而行。鬼神亦避之。若遲遲不舉。再受不虞之辱。兩黨之興復不可期也。將軍曰。若起兵而不能成功。徒以輕舉妄動。招天下之議。遺後世之笑。今取路伊武浪河。渡意大利。是入無人之境。曷足危乎。乃皆穿麤服。易爲農裝。僦一輛村車。將軍伏於車中。覆以氍毹。伊黎父子。倚於左側。幽蘭女史。坐於右側。范老爲御。薄暮至於奇洲河。伊黎父子。東西周旋。急僦一小舟。使妾等乘之。遂握手涕泣而別。

白帆孕西風。舟行如矢。翌日正午。始泊河港。更轉櫓入於多島海。西國之山髣髴見於白煙之中。意國之船。縹渺出於蒼波之上。如青螺之浮者。羣島之横也。如白鶴之翔者。布帆之走也。奇觀佳景。迎面而來。斯時既無追躡之憂。捕獲之慮。精神亦不覺疲倦。胸懷亦頗得自如。談往計來。悲喜交集。將軍曰。憶余之被捕也。竊以爲事已至此。惟待死期耳。何期卿等救出。喜何如乎。且夫薔薇花之計。實出人意表。余密破花蕾得片紙藏其中。披而讀之。乃從其計。絕飲食。陽稱病。請逍遥郊外。故有今日。卿等之大恩。實再世而不能忘也。妾曰。此策原出於令娘。妾等不過遵行之耳。女史曰。全賴令娘與范老之力也。將軍曰。兩君各抱曠世之才。不顧利害死生。輕身而蹈於虎狼之下。天下之人之知者。誰不感歎者哉。范老曰。僕聞君子樂奮節以顯義。烈士甘殺身以成仁。以是英傑之徒。重義輕命。故田光伏劍於北燕。公叔畢命於西秦。果毅輕斷。虎步谷風。威慴萬乘。華夏稱雄。奴輩雖老。豈無志氣哉。故人慷慨悲憤。扼腕而談。既而舟近意國之華風麗島。將軍舉首而望港灣。大驚曰。吾事已矣。言畢憮然者久之。妾等怪問其故。將軍曰。不見夫檣頭之旗幟乎。又遥指市街曰。所見皆半旗。以表凶禮也。豈非峨馬治之死乎。急泊舟上岸。叩之路人。果然峨馬治之死也。

峨馬治者。意大利之人。一千八百七年。生於内須島之貧家。自幼卓犖不羈。好談兵説劍。及長講航海之術。周遊四方。察視五洲之形勢。大有所悟。與意國之名士馬說難諸士交深。惡當時歐洲專横之暴政。誓擴張自由。以革法王之世權。斷與國之干涉。一統意大利。爲終世之事業。方善能和之民。舉自由之兵。加奮其軍事。破而去國。後經二歲。復謀繼前圖。被捕將處死刑。越獄遁奔於法國。千八百三十六年。航於南美。明年宇流愚威國亂起。峨馬治杖策赴之。助共和之政。得舉爲海陸之將。建内亂平定之功。千八百四十八年。歸意大利。先是意大利頻爲奧大利所淩轢邦域日縮峨馬治見之慷慨不能自禁卽率手兵以伐奧軍遂敗降於軍門明年意大利之民與羅馬人通謀紛然蠢動揭竿競起皆以逐君自主爲辭邦內洶洶峨馬治蹶然揮袂曰時不再來機不可失直入羅馬將義勇兵數破法奧之兵逐法王據城堅守時那不流人與法兵合勢來攻峨馬治自馳驅矢石間而戰前後三十日衆寡不敵孤城陷於重圍知不能守勸衆議降獨擕貞節勇敢之妻衝圍乘漁船將欲逃於他邦奧之海軍覺之追躡甚急乃捨舟登陸潛踰山谷寢食共廢者數日而敵之追探益嚴其妻飢餓困憊寸步難行至掬飲流水語峨馬治曰妾今爲國家人民犧牲生命死亦無恨惟憾自不見丈夫之成功耳丈夫宜不屈不撓期青雲於後日留英名於千載笑枕峨馬治之手自縊而死嗚呼眞可謂不愧峨馬治之妻也峨馬治其後得免再航南美千八百五十六年左流濡亞與法國連合而與奧國戰及峨馬治歸募義勇兵自爲先鋒屢奏奇功割其一郡爲己版圖當時那不流王暴戾無所不至獅子利之人怒之相與謀叛善能和之人亦應之將舉兵乃推峨馬治爲元帥峨馬治將其兵渡獅子利傳意大利一統之檄遠近響應來投幕下者不勝其數所向無敵勢如破竹諸城皆下四鄰震慴乘勢直侵入那不流府民逐守兵歡然逢迎倡自由萬歲峨馬治以爲救生之魁首自由之泰斗奉爲三軍之首並立左流濡亞王馬甯流爲意大利王峨馬治因解兵權自歸卒伍實一千八百六十年也於是意大利遂兼併諸洲得爲一統王賞其功授以大將之印綬峨馬治辭之飄然歸於海島意大利雖一統境內法奧之橫恣猶不異昔日峨馬治見之悲憤之情自不能禁千八百六十二年呈書政府勸與奧國絕不報峨馬治怒之千八百六十年募義勇兵將襲羅馬追法之戍兵政府大驚遣兵止之不肯因大遣兵討之峨馬治蒙重傷被擒明年集義勇兵事未成而被幽於風麗島既而又

脫。入於羅馬。驅國民以破法王之兵。會法國之援軍來攻。軍敗。又被生擒。會有哀請赦者。是以得歸海島。千八百七十年。聞普法搆隙。法軍連敗不振。慨然募兵。赴於法國。將以一木支大廈之傾。和成之後。法人待以高位。峨馬治笑曰。助難望賞。志士之所恥也。乃解兵權而退隱故園。蓋峨馬治者。魯仲連之徒也。爲人赴艱難。爲世除禍害。挫强扶弱。高位重爵。視之不啻敝屣。而其自奉極薄。褐布敝衣。與士卒同食。七擒而大志不變。百折而素意不屈。終始一統意大利全國。以恢復墮地之國威。使與歐洲雄邦。連鑣馳騁。以爲己任。其舉兵每曰。事成歸於王。不成自當其罪而已。其能一統全土。革法王之世權。使競立於强國之間者。蓋峨馬治之力居多。至峨馬治一舉一動。爲歐美君相所注目。一言一行。關於歐美自由之消長。豈非曠世之豪傑哉。

將軍茫然自失者久之。既而曰。余自少遊諸國。於一國人傑。無不結交。而世以爲雄俊英傑者。非詭辯之徒。則權謀詐術之輩。勇於義而好道。不以盛衰改節。存亡易志者。未嘗有之也。夫天下之廣。人物之多。意之峨馬治。法之巖龍跎。其庶幾乎。故余常曰。足與言志謀事者。惟獨此二子耳。而今峨馬治則亡矣。豈不悲哉。敗殘潛伏者。固不可以會葬儀。既不能圖事。亦不能得會喪。永留此地。亦無所成。不若速赴法國。見巖龍跎。以決去就。乃投一逆旅。經一日。乘汽船而往法國。

說至此。紅蓮低首。若有所思者。散士曰。令娘胡不言之。紅蓮曰。請自是談死別之話也。散士曰。速語速語。如不語則令娘悲哀之情。永無能解。且僕悼惜之念。亦不能抒。紅蓮揮淚吞聲。漸舉首曰。然則自是將語將軍父子及范老死沒之狀耶。乃語曰。此際四人對坐船中。快快不樂。憂形於色。妾乃促幽蘭女史散步於甲板上。女史曰。方初出竈谿。航太平洋。精神激昂。意氣發越。奮然有拔山之概。今壯心挫折。志力衰疲。眞不堪鬱鬱之情也。妾曰。妾亦無異令娘。本無所思。而如重有思者。實不知何故。今天霽氣爽。光景極佳。且眺望以娛神而已。既而風雲倏起。大雨驟至。迅雷霹靂。海潮沸騰。妾等大驚。匍匐而入於艙內。怒濤洶湧。勢愈鞺鞳。忽如升於九天。忽如入於九地。乘客惶怖。或支抱柱楹。或輾轉牀上。已而浪破窗牖。驚波滾滾入於船中。時船夫號叫之聲。器物破碎之響。悽悽慘慘。耳不忍聞。未幾有大聲疾呼曰。船觸暗礁。今將沈沒。乘客速上甲板。妾等亦攀援而上。惟見滿天暗黑。逆浪如山。求救乞援者。與激浪之聲相和。眞有地爲之裂。天爲之覆之狀。時船長拚死以救衆人。急下數小艇。使乘客移渡上岸。而浪勢益甚。相爭飛渡。失足沈溺波間者。不可勝數。妾亦以爲萬死無一生矣。轉眼又與將軍女史范老相失。忽又見女史與將軍已在小艇之中。妾乃決意將欲飛下。誰知漫天之巨浪卒然而至。小艇竟被沈沒。女史與將軍忽不見人影。范老又不知所之。妾時倉皇失措。必死之心已決。茫然立在飛沫之中。忽耳邊有聲曰。可速逃去。何故躊躇在此。直將妾扶移於小艇。至一小島登岸時。回首汽船則已覆沒矣。嗟嗟。三友既葬魚腹。娘獨偷生。生同其志者。死不能同其處。今日再逢郎君。豈不愧哉。夫天下之人。吟春花弄秋月。坐瑤臺飽太牢。安富尊榮。不知艱難迍邅。以了一生者。正復不少。妾等何獨轗軻偃蹇。慘遭厄運。曾不能享人生之幸福哉。愀然太息。不知所云。

第六回

散士既聞紅蓮所言。慨然歎息者久之。既而厲聲謂紅蓮曰。令娘遭逢不偶。屢遇艱危。勞骨焦心。可云至矣。今日悲哀。亦固其所。雖然。欲爲正義排難亂。爲交友解患難。奚得辭辛酸哉。且如幽蘭女史之死。雖最可哀。然亦不必深悲者。以余始相遇於蹄水也。女史告曰。甯爲蘭桂而摧。愧爲蕭艾而存。今女史爲國爲民。與父投海而死。所謂爲蘭桂而摧者。亦可以瞑目無恨矣。至令娘則不然。有不與戴天之深讎。而未能遂其志。豈可不自重乎。紅蓮擧首答曰。妾感喟交集。心緒忙亂。遂爲郎君所疑。雖然妾心如莫邪之劍。歷鍛鍊而愈銳。妾情如卞和之璧。經琢磨而益潔。請郎君勿以爲念。散士曰。令娘其後逃於何處。願聞其詳。紅蓮曰。妾既與數人登岸。相伴入一漁家。休養數日。心神復舊。竊以爲航於法國。見巖髏跎。告幽將軍之死。而後徐決去就。適方出美國之時。幽蘭女史分金券三千。藏之三人懷中。使以備不虞之用。故遇有此厄。妾亦得無囊橐之慮。因附船赴法國。入巴黎。見巖髏跎。具告其顚末。巖公深惜將軍之死。慨然曰。仇讎未報。老將既逝。人生幾何。眞如草上朝露。欲爲己所欲爲。以垂功業於不朽。亦難矣哉。更告妾曰。敝邦與英國締交甚久。故民情國俗。互相蹈襲。而余最愛愛蘭人。蓋愛蘭人雖有輕擧暴動之跡。而蹶輒愈奮。倒輒益興。處屯蹇坎壈之間。常晏如也。其敢爲之氣象。萬國或無有及者。闔島一心戮力。借美法人民之輿論。以乘英國之隙。施自治之政。復獨立之權。拯黎民於水火之中。顧當不遠也。散士曰。聞巖公識見深遠。近復注意東洋之形勢。就如我日本。巖公曾有所論議否乎。紅蓮依違如不能言者。既而曰。貴國之事。非無所論。散士曰。希爲我言之。紅蓮猶未言。散士頻叩之。紅蓮乃曰。請郎君恕妾。妾且告其實。妾問於巖公曰。頃傳日本革除宿弊。文化大開。民心振興。無不倡自主自由之論。公如深感其義。航海而東赴扶桑。爲自由之聲援。是妾所尸祝者也。且以貴邦之人重義敢爲。昔贊襄美國之義擧。近奬勵敝邦之獨立。如今日復有此擧。日本自是脫歐人之覊絆。免强暴抑壓。廢治外法權。國民漸得自由。妾知法國之高義。吾公之義擧。共發揚於五洲也。語未畢。巖公瞋眼喝聲曰。咄。是齊東野人之語耳。先吾國與普國戰。拿破崙三世敗於師丹。身降爲虜。巴黎亦受圍。

國家滅亡。朝不保夕。當是時吾輩倡主戰。一民心。欲粉身碎骨以雪國辱。乃單身乘氣球。脫重圍。至浪華河上。招募兵勇。勵以克復國家之大義。將進而破新勝之普軍。復阿連都城。與蔑士之軍相應。三軍合擊普軍於堅城之下。擬進屠其都城。安吾社稷於磐石。以傳威名於萬世。誰料巴彥輩怯懦無爲。首鼠兩端。愛身賣國。率十五萬之雄兵。甘爲降虜。使我民氣挫折。愛惜生命。失重義之丹心。曉曉然而倡和議。割地償款。甘爲城下盟。遂使普國逞雄於歐洲。遺憾何堪哉。此余所以臥薪嘗膽。日夜而不能忘也。今則內有王政黨之思故主。而惡共和之政。社會黨與虛無黨相結。欲斷行過激之改革。外有普之禿姦。陰與奧意西三國連衡。以窺伺我。馬島埃及安南三國亦抗制我。實國家多事之秋也。余雖不肖。負此大任。何暇趨貧弱之小邦。擲光陰於虛牝乎。雖然日本人民上下一心。憤外人之專橫。慨國權之不振。眞有如昔時美國之義舉。如聖士奴民嗷之獨立。如愛蘭人之抗拒英國。民心之固。士氣之振。雖經百折而不屈。余感其孤忠。誠欲助一臂之勞也。

聖士奴民嗷者。西印度中之一島。法國殖民地之一也。一千八百一年。拿破崙第一世布實施奴隸之令於此島。島民憤其暴戾殘虐。所在蜂起。推名將東山黨老亞智勇爲盟主。歃血仰天。相共誓曰。死雖爲自由之鬼。生不爲奴隸之民。遂舉兵而叛。老亞智勇者。亞非利加賣奴之子也。一千七百四十三年。生於此島。及法國革命之亂起。立共和之政。令全島解放奴隸。與以自主之權。使人人得就其業。既而英人見法國內亂。乘隙欲奪此島。遣大兵來圍。以甘言誘之。以兵威脅之。殆略其半。時老亞智勇屬於法之提督勵武禮麾下。屢與英軍戰。建奇功。累遷爲偏將。會有部下將士。竊通諜於英軍者。賣提督而降其軍。於是島兵狼狽。不知所爲。皆將棄干戈而降。老亞智勇在外聞之。大驚。星馳歸來。督勵士卒。一戰而破英軍。奪還提督。振作士氣。以挽既覆之狂瀾。乃舉爲大元帥。老亞智勇奮然以克復全島爲己任。與士卒同甘苦。頻破英軍。急追圍英將。殲英全軍。於是一島皆定。島民推尊其功。奉爲首領。使攝島政。然老亞智勇爲人謙退遜讓。不伐其功。自奉極薄。最惡華侈。量民情而施政策。執法公斷。事敏。民皆感其德。服其智。敬之如父。慕之如母。商工之業由之振興。島民漸富。一千八百年。安眠之和議成。歐洲之平和可得而望。會拿破崙再施奴隸之政。敕令下於此島。老亞智勇不奉敕命。上書諫曰。天下之人久苦貴族僧侶之暴政。陛下提三尺之劍。建自由之基。內則救我民於亂離之中。外則拒强敵於千里之外。南征北怨。四海欽仰。皆以陛下爲自由之眞主。今干戈僅定。瘡痍未愈。敵國猶有窺伺者。正宜收人心。協民望。臥薪嘗膽。與民更始。賣買奴隸之制。乃人間無上之惡習。竊爲陛下不取也。且其無道。陛下旣所知悉。天下旣所厭惡。固不待微臣喋喋。今陛下欲强施之。臣恐不能免天下後世之誹謗。爲盛德之累焉。豈不大可惜哉。我全島人民。先依政府之恩命。初脫奴隸之苦厄。得拜自主之天日。嘗自由之眞味。豈肯再入禽獸之羣。與牛馬爲伍乎。陛下若强逆天命。不顧天心。斷行此惡俗。微臣雖死不敢奉命。臣非爲一身一家計。實憂國愛民之情所不能已也。忠言逆耳。良藥苦口。敢冒觸天威。罪當萬死。伏待斧鉞。書上。拿破崙見之大怒。罵曰。豎子何爲饒舌。乃授義弟區令貝以精兵三萬五千。戰艦五十四艘。欲一擊而屠聖士奴民嗷。老亞智勇聞之。大修戰備。誓告人民。勵以自由之正義。激以奴隸之殘虐。全島之民不滿三萬。皆感奮振起。勇氣百倍。雖積骨爲山。流血成濠。舉全島歸於赤土。猶不顧。老亞智勇固善用兵。臨機應變。拒戰累日。拿破崙親任之名將。再率精兵三萬五千。艨艟五十餘艘以攻之。又無如何。會法之軍中多病疫者。法將知不可爲。乃佯遣使以議和曰。公忠勇深得士卒之心。百戰不屈。誠可壯矣。雖然以孤島之衆。抗天下之雄。孰難孰易。公必審也。孰若速講和以改舊約。俾救蒼生於干戈之中乎。老亞智勇大喜曰。是臣之志也。臣豈好弄干戈貪功名哉。乃與法將議和。法人預伏兵於圍幕之中。議次伏兵起。捕老亞智勇縛以鐵鎖。送至法京。幽於獄舍。論以大逆無道。老亞智勇怒其不法。辨論法庭曰。臣於陛下。固非有私怨。又非欲營私利。逞私慾。其所以交干戈者。乃人生之權利。國家之大計。蓋陛下欲再施奴隸之惡法。使牛馬人民。臣欲棄奴隸之惡德。而伸張大義。是非曲直。瞭如觀火。今雖不能爭於口舌之間。天若有靈。當鑒臣之愚誠。人若有心。當感臣之孤憤。陛下獨不審其是非。辨其曲直。悍然欲以兵力相凌。可謂暴甚矣。事既如此。惟從其所欲爲。男兒所不能忍。而相見以干戈者。乃戰國之常事。固不足怪。臣原奴隸之子也。惟爲衆推爲謀主。僅驅黑人數千。以爲守備之計而已。陛下之軍。勇猛無匹。前既蹂躪歐洲之雄邦。因是驅乘勝之大兵以相臨。固非臣之孤軍所能抗。然而攻守累月。勝敗不決者。豈在兵之多寡力之强弱哉。陛下如眞有勇。盍更親率大軍。再決勝敗耶。前之正論不能服。兵威不能勝。徒誘以和議。捕縛軍中。世之聞之者。皆將笑陛下之無能之怯懦也。豈大丈夫之所爲哉。聞之天網恢恢。疏而不漏。出爾者反爾。他日者陛下亦必受楚囚之辱。客死於他鄉萬里之外。臣死之後。魂魄猶護故鄉。鼓舞我人民。使脫法之羈絆。爲獨立自主之國。陛下在囚聞之。亦徒喚奈何而已。老亞智勇詞色壯厲。目光如炬。聲音如雷。座上之人。無不震慄。法官復不能論詰之。惟曰大逆無道。大逆無道。在獄十月。不見天日。遂憂憤成病。仰天痛歎曰。嗚呼天道是耶非耶。眞使我孤忠無所伸耶。一叫僵地而絕。四海之志士聞之。皆感歎其義勇。深惡拿破崙一世之無道。未幾拿破崙一世。果被謫荒島。聖士奴民嗷。遂舉兵獨立。一如老亞智勇之言。

雖然舉國夢夢。不聞其人有憤條約之不能改正。而慷慨以迫政府之發議者。政府課苛稅。斂重租。以汲汲於無用之軍艦兵備。徒思鎮壓內亂。不聞廣增礮壘於海疆。作攘外計也。無故干涉外事損破鄰交。使人疑有蔑視弱邦之志。未聞上下一致。出全力企恢復國權。斷然保持獨立之國體。不獨此也。在野之名士。問有慨然航於歐美。歷足於各國君相之庭。訴明條約之偏重者乎。無有也。論思之士。問有來此土揚筆投書於新聞。掉舌演說於公衆。圖傾動輿論者乎。無有也。全國之民。問有擇才選能。遣使奉書於各國議院。以請求條約之改正者乎。無有也。如此傷國家獨立之實力。失己國自治之大能。遺安內攘外之大計。徒仰外人之鼻息。受他邦之虛喝。三千餘萬之衆。恬然不知所愧。猶互相語曰。爲自由斃耳。不擴張國權。死且不已耳。嗚呼。世稱小蛙躍井底。不知天日之高大。非此類乎。顧妾乃薄告巖公曰。世雖或有鄙屑日本男兒者。是觀其皮相耳。未知其肺腑也。今日之務。更有大者。區區小島。是非曲直。豈足累乃公之心哉。散士聞之。冷汗沾背。低首太息。紅蓮曰。妾聞巖公極責貴邦人民。方欲更進一言闖之。適有他客來。不果而歸。蓋妾所言。無偏無黨。郎君勿尤其冒瀆也。散士曰。巖公之論。鑿鑿皆中肯綮。眞我邦人頂門之一鍼也。令娘不諱不文。以實相告。僕豈不服膺哉

紅蓮更語曰。妾既與諸人相失。漂零異鄉。不堪寂寞無聊之感。時寄寓之店。鄰房有談笑之聲。爭評戲曲曰。意大利之各妓。演妓於教坊。姿體輕妙。聲音流麗。眞古來所希見也。妾聞之。竊欲解其憂悶。乃偕逆旅之小娘。往觀演劇。嬌喉嘹喨。如黃鳥之囀春花。雅韻輕淸。若金鳳之歌慶雲。腰妝細柳。裾曳流霞。蹁躚而體擬飛燕。曲折而形效回鸞。妾聞之見之。歡樂無極。小娘忽近旁耳語曰。請觀南樓一雄偉丈夫哉。妾舉首一望。宛然守城長王羅也。乃大驚不知所爲。惟假意問於小娘曰。丰采溫雅。衣裝都麗。眞風流可愛之人。但不知何處高士耳。小娘笑曰。是西班牙之人。宿吾樓而在令娘之上房者也。妾愈知其爲王羅。且愕且恐。幸以翠羅覆面。彼無從認妾。觀劇未畢。急

稱病而歸。夜來又不能成寐。千思萬慮。無可如何。既達天曉。小娘來見曰。令娘顏色憔悴。得無夜間染病乎。妾曰。否。勿以爲念。惟昨夜之高士。今猶在樓上乎。妾自一相見。耿耿不忘。欲詳知其人也。希爲妾語之。小娘曰。兒惟知其西班牙之人而已。妾取數金與之曰。佳娘子幸憐微意。爲我探之。小娘嫣然笑曰。諾。請暫待之。既而來告妾曰。聞之阿爺曰。彼西班牙之守城長也。因頓加羅黨之名。將越獄而逃。不知所之。或謂潛蹤法國。今彼來此者。實欲探其蹤跡也。且兒剛遇彼於樓下。彼揖兒曰。昨夜阿娘伴一娘子於劇場。是何人乎。兒以實告。彼語其伍曰。或然或然。風姿丰采。眞不容疑。恨有翠羅遮面。當時無從認識耳。觀其情形。於令娘似有眷戀之狀者。妾既聞小娘之言。竊計妾等非盜財殺人者。所謂爲國爲民而遭忌者也。況既遁迹異邦。萬國自有公法。彼必不敢逞其兇威。肆行無忌。惟彼既怨入骨髓。其禍難測。且鬱鬱久居此。亦爲非計。不如舍地爲良也。適閱案頭新報。此夕有汽船往美國。乃搦筆遺書。封紙幣於其中。留與旅舍主人。更草一書遺巖公。薄暮匆匆。急僦馬車。馳往汽船。未久汽笛一聲。吐煙蹴波。駛出港灣。妾出首窗隙。回望陸上。時王羅已率數警吏。馳馬至河邊矣。聞其大聲呼曰。駛還我船。時送行者亦充塞岸上。揮巾惜別者甚多。而船行迅速。轉瞬萬里。王羅其後之狀。誠不知若何矣。散士曰。令娘所言。可驚可喜。雖讀絕妙之稗史。觀奇巧之新劇。無以過之。惟是吾人所經歷。可哀者恆多。可樂者恆少。我既如此。況令娘乎。嗚呼。當舟會蹄水。未免有情。誰能遣此。方其吟咏花間。又豈料後日之風雨乎。夫至赴歐洲。又有今日之會。皇天神明。眞不可測。人事者如一場演戲。聚散無常。悲喜靡定。一世者如莊周之夢。昨夕之歡會是夢。今朝之愁苦是既覺者乎。今朝之愁苦是夢。昨夕之歡會是未覺者乎。茫茫寞寞。我與人皆不能知也。令娘令娘。既備嘗酸辛。徒結愁容。亦何爲乎。且請散步前庭。以少慰精神耳。乃相攜至於樹間。散士踞草而坐。仰紅蓮曰。古人有言。

身窮詩始工。幽蘭女史之咏既已聞之。令娘豈亦無所得哉。紅蓮曰歸舟至大西洋之中。恰値月明。徘徊船樓上。追懷往事。俯念來今。情不能禁。乃朗誦幽蘭女史之我所思行。既而和以一作。今請爲郎君歌之。曰

我所思兮在回天。鴻業固期照千年。一心據義又取仁。平生推易惟居難。曾聞皇天不與惡。却疑天賦有厚薄。世有汚隆時或否。蓬艾塞路蘭凋落。請觀喬松爲風摧。百花羣芳被雨猜。無賴鷙鳥逞搏擊。燕雀何處訴餘哀。死生富貴豈足恃。靑紫軒冕曷須喜。好以世事付一夢。不問天道非與是。月橫太空千里明。風搖金波遠有聲。

夜寂寂兮望茫茫。船頭何堪今夜情。

我所思兮在故鄉。煙水迢迢天一方。萬里異鄉三年客。秋風揮淚賦短章。吾田正爲虎狼蹂。吾廬亦奈風雨漏。瑤臺悉頹瓊園荒。麥秀黍離狐兎走。竈底已冷甑生塵。何堪貪吏催科頻。此際何以救吾兒。此時何以暖吾親。悲慘知誰使如此。非天非神怨在彼。一躍直欲屠鯨鯢。豈圖坎壈殆瀕死。月橫太空千里明。風搖金波遠有聲。

夜寂寂兮望茫茫。船頭何堪今夜情。

我所思兮在故人。離羣索居慼轉頻。晨星零落人不見。獨弔形影淚沾巾。或以巾幗脂粉態。慷慨要除生民害。或以黃耇垂死身。泣浂永日圜堵內。如夫蘭氏希世賢。其義其節誰不憐。意氣投合吐心膽。共誓微軀爲國捐。天降之殃不與惠。大功未成身先斃。思之念之恨無窮。黯然擧首問蒼帝。月橫太空千里明。風搖金波遠有聲。

夜寂寂兮望茫茫。船頭何堪今夜情。

我所思兮在斯身。蟠屈却期一朝伸。預知成敗自有數。豈爲屯蹇失性眞。天步艱難如怒浪。世途嶮巇似列嶂。排之蕩之是吾任。區區辛酸不用愴。自古英雄出僕奴。異才往往隱狗屠。果知溷亂紛爭世。或出奇偉俊傑徒。

寶刀在匣氣勃勃。何時能刺奸佞骨。海若眠時天地靜。枉把哀琴嘯皓月。月横太空千里明。風搖金波遠有聲。

夜寂寂兮望茫茫。船頭何堪今夜情。

散士曰。佳作妙不可言。壯如屠長鯨。險似排崢嶸。高攀天根。深照牛渚。攄其妙意則可通鬼神。繪其佳景則可奪江山。比之幽蘭女史之咏。有過而無不及矣。相笑相語。聲入樹間。已而又相攜入室。散士曰。僕自昨宵出旅舍。今尚未歸。舍主或怪之。請自是辭。紅蓮曰。妾留此地。暫待時機之至。郎君不棄。請螢雪之餘。枉駕草廬。勿吝高趾。散士曰。學程甚繁。七日僅有半日之暇耳。正卜土曜（禮拜六日）重來相訪。乃分袂而歸。

散士歸於寓舍。家人咸集。且喜且怪曰。郎君昨宵自此而出。至於何處。今觀郎君容貌。有枯槁之色。裳衣又有塵礫之痕。是果何故乎。衆交詰問。然踄水之祕事。散士難以語人。匆卒之際。又不能搆虛作談。乃茫然回顧者良久。曰。昨夜讀書疲倦。獨對明月。忽有所感。徘徊庭園。乘興所之。遂入山水之隈。淸嘯微吟。迷天道之有無。感人身之生死。愈思愈迷。漠然茫然。如在夢寐恍惚之中。及今追思。果遊何處。又爲何事。確不自知也。衆聞之相對嘿然。既而舍主告曰。近者郎君兀兀勉學。至廢寢食。得無神經懽病乎。此後惟當靜坐加餐。以恬養精神可也。

至於期日。散士至踄水之居。紅蓮移榻於綠陰。欹身而繙書卷。散士潛至。立於榻後。忽拊其背。紅蓮愕然棄書而起。顧而笑曰。郎君曷爲嬉戲乎。乃相攜入室。評山品水。雜談數刻。至晚而歸。自是禮拜六日。必訪踄水。訪則棹流攀險。賦詩酌酒。無不盡歡。相別則情益悶。相逢則意愈濃也。散士既與幽蘭遠別。而與紅蓮久親。愛慕之情。綿綿蘊結。然而紅蓮深謀遠略。其志固別有在者。在報父母之仇讎。使愛蘭獨立而已。雖與散士情好日密。而一時之癡情。恐爲後日之遺患。乃戒惑狐於鄭子。倣斷蛇於孫生。相親不至相狎。加以使兩人斷情者。埃及之戰爭是也。

蓋一日閱新誌。有埃及元帥亞刺飛侯飛檄於四方。其文曰。

蓋聞有非常之事。然後有非常之功。我先王威士明。流憤外人之専恣。憫生民之困厄。絕他邦之干涉。欲復國權。輕賦稅。以救蒼生。創業未就。中道爲英法脅迫。飲恨去位。蒙塵他鄉。前宰相征戒駒侯。果斷不屈。亦遂爲英法讒陷。放謫炎熱萬里之沙漠。嗚呼。我賢王蒙塵他國。我忠臣飄零沙漠。吾輩思之。每肝腸寸斷。血淚如雨。今外人內握政柄。外斷萬機。我立憲公議之論定。彼所拒也。我闔國人民之哀願。彼所不顧也。堂堂國權。於今何在。我王孱弱。受制外臣。先王播遷之後。徒擁虛器而已。天下之事。既已如此。國步艱難。天日失明。當此之時。夷凶竊亂。欲救國家之將覆者。豈不謂處非常之事。乃立非常之功哉。嗚呼。英法之干涉我財政。自營私利。賦稅數倍。十三幼童。尚不免人口之苛稅。講學究理之士。人口之稅。至增三倍。急征暴斂。其如此極。天下之所未聞。載籍之所未記也。桀紂之暴。猶狠羅馬之暴君之惡。亦何以及之乎。於是九州解體。海內紛擾。灘江千里之沃野。不足以養父老半日之饑。南地五百里之棗林。亦不能救汝妻子之餒。夙興夜寐。終歲暴露於赤道熱沙之中。手足胼胝。汗流骨折。猶且不能保其室家。外吏日迫。嚴責賦稅。若稍遷延。沒滅家財。嗚呼嗚呼。我之膏血。空供毒蛇之渴。我之粒粟。徒充豺狼之飢。猶以爲未飽。解我禁衛之兵。散我護國之士。銷我劍。盜我糧。而充己無厭之欲。竊殺我羽翼。暗縛我手足。然後使我父母之鄉國。隸其版圖。欲我同胞之兄妹。爲彼臣妾而已。試張目觀今日之域中。果是誰家之天下乎。今天怒人怨。憤恨盈懷。裂眦扼腕。如劍之出匣。如矢之離弦。亦上慰先王之幽憤。下報同胞之仇讎。皇天照臨。宗祖垂威。以是制敵。何敵不摧。以此圖功。何功不就。英法者天下之强國。雄兵百萬。戰艦如林。我以孤軍當之。任重道遠。事難禍速也。雖然。與其生爲外人奴隸。求奄奄之餘喘於鞭撻之苦界。孰若死爲忠義之鬼。留芳竹帛。垂名後昆乎。此役也。忠臣肝腦塗地之秋。烈士立功之會。所謂有非常之事。而後有非常之功也。勗哉將士。發憤以脫牛馬之軛哉。

散士朗誦再三。拍案曰。壯快之文也。駱賓王討僞周武氏之檄。無以過之。明日懷之而趨蹄水。紅蓮倚窗呼曰。妾侍郎君久矣。請速來。散士入裏。紅蓮乃曰。昨有飛報曰。先英國起遠征之軍。欲一擊而服埃及。大干涉其內政。而埃及之民激昂奮起。拒之境外。歲月彌久。成敗未判。是豈非吾黨之一大吉報哉。蓋妾侔本國之有外患。雖似甚可怪者。無如英國之於吾黨。有怨無恩。故暴英傾覆吾黨所祈也。散士曰。聞英之自由黨據義從道。以平和爲主義者也。近頃英國政權。自由黨所掌握。豈漫起無名之師。干涉友邦之內治乎。今日之事。豈非出於不得已者哉。紅蓮曰。是徒迷其名。而未察其實者耳。今考女皇卽位以來之政蹟。與友邦交干戈者二十五次。而其二十四次。皆自由黨政府所爲也。豈可以名而推其實哉。蓋英人於外交。以利己爲主義。無有保守自由之別。散士曰。以令娘所見。計英埃向後之大勢。果如何乎。紅蓮起取一小册子於几上。顧曰。郎君未讀英國之志士擕茂流惠之埃及慘狀史乎。散士受而出於樓廊。倚長欄讀之。其大略曰。

我大英國以立憲公議之始祖。常誇視宇內。宇內各國亦皆稱贊不已。而埃及人民方組織立憲公議之政體。大英國以權謀詐術。盡力欲破壞之。何哉。蓋埃及國組織立憲公議之政體。至以公議輿論施行政令。英人嫉之忌之。强施專橫不正之條約。恐其不服從也。是悖戾暴逆之最甚者。其臭名千載留於青史。永無消滅之期。請試論之。

埃及王大心醉歐風。百事顧問歐人。自文物典章。以至衣服飲食。棄舊慣而摹擬歐風。費用日卽浩大。國庫漸告空乏。英國無賴之徒見之。竊有所計。乃貸與一億萬金於埃及王。抑土耳其政府有干涉埃及內政之權者。曾陷歐人之詐術經歷多少艱難。始自懍覆車之誡。當時見埃及之國步漸覺衰頹。豫知其不可救。發嚴令而禁私募國債時。西歐資金充溢。無使用之事業。欲求佳市場於海外。如餓者之於肉。如渴者之於水。於是英法無賴之徒。又案一策曰。苞苴哉苞苴哉。乃以黃金五百萬賂土廷執政之大臣及帝之左右。遂使土帝外債特許之證印與埃及王。自是未及數年。英法之民運輸遊金三億六千萬。悉供射利之用。其息至有三分之高利者。嗚呼姦商之所爲。固屬可惡。雖然是市井小人而已。彼上流之歐人。身爲埃及王之顧問。蒙其恩寵。受其俸祿。旁觀坐視。非獨不匡救之而已。更煽動誘惑。起此大債。使沈淪莫救之窮途者。是所謂報恩以怨。以人之苦爲自樂者。縱令向人恬然。亦豈自無所省愧哉。今算埃及每歲之財政。歲入僅不過四千萬。而外債之息。至三千萬之巨額。嗚呼古往今來。財政紛亂。有如此之國乎。租稅日酷。而民愈疲。地益荒蕪。歲入却減。較之往歲之租稅。至減一千萬。而外自埃及政府攫取利息外之金額。四年間至六千餘萬。國庫之空乏如此。財政之困難如此。外債之息何時能償。歐人又見外債之期迫。祝曰。時漸來矣。自是後惟我所欲而已。日迫政府急償息金。政府無如之何。惟俯首乞延期而已。於是歐人連衡。迫埃及政府曰。國庫之告空乏。在有司自營私利。財政不得其當也。若使歐人監督料理之。百事整頓。轉禍爲福矣。雖然埃及人拒而不允。英國遣大臣。嗾嗔促之宰相征戒駒。固執不動。答曰。古人有言。惟名與器不可假人。若一以財政之全權。委之外人。租稅之輕重。國庫之開閉。至歸其掌中。是國家之大權。概非我有者也。近者貴國有此要求。國內之志士激動奮起。訛言百出。警報頻至。僕苟當今日之大任。假令雖死。難以此大權與於外人。其後未及數日。有警吏圍征戒駒之邸。叫曰。聞足下煽動人民起亂。欲以掃蕩歐人。縛而下於獄舍。更誣曰竊與外人通計專營私斷。濫消國用。惡逆不敬。天地所不容也。卽日放謫於炎熱萬里之沙漠。又不使出於法廷。爲一言之辨明。嗚呼。誰行此毒計者哉。諺曰牧羊畜豺。養魚縱獺。雖欲其勿犯焉可得乎。既而英法奪財政之大權。又無所憚。恣徵苛稅。妄課酷賦。鞭撻在前。劍戟在後。人民弊頹。財政至是全歸廢壞。嗚呼法作於治。其弊猶亂。法作於亂。誰能救之哉。

英人猶以爲不足。使總領事責埃及王曰。聘外人而遲滯其俸祿。何哉。埃及王答曰。今士卒貧困。商民流離。慘澹之狀。實目不忍見。耳不堪聞。欲傾一國之力汲汲賑恤之。亦計之無可出。是非卿等之所親見聞乎。然而卿等託事飾詞。必强無用之歐人。求無飽之高祿。果何心哉。如少遲滯。自甘可耳。領事曰。陛下謂歐人貪高祿者非也。料理財政。徵集租稅。改築道路。開鑿運河。築鐵路。架橋梁。使事務整整進步者。是非癡鈍陋劣之埃及人之所能。歐人之功。豈鮮少哉。如貴邦之貧窮困厄。非我英人之所預知。貴邦之陷於貧弱。亦非我英國之所預料也。我大英國女皇陛下之臣民。不因埃及人民貧富如何。而有傷自己之權利。甘自己之損害之責任也。埃及王聞之憤怒曰。汝歐人常謂無論政體之如何。苟居留而受保護者。當納賦稅於其政府。萬國公法所不能免也。而汝歐人之在我境內者。共數十萬有餘。言行相反。邪說佞辨。抗納賦稅。曾無一人負擔國費者。加之異議警察。誹謗道路。專恣橫行。無所不至。且奇貨治外法權。而行不正。蹈非理。知我民無如之何。常事密賣。破我海關之定法。以使歸於無功。而全國之歲入。皆汝歐人所代收。歐人又逞其欲。制限我政費。非僅使咸殺五百萬乎。窮乏困難。財政之所以至此者。是皆使汝歐人之監督施行政策耳。又汝歐人欺予誤國之結果耳。嗚呼。汝英人始則懇表厚意。而今則反目如仇者何哉。切齒揮涕。不顧而入於內。

於是英人雖獨不能奈何。仍僭稱萬國會議之決案。要脅埃及政府曰。歐人遠來萬里殊域。鞠躬盡力於公務者。非自好徒爲也。而埃及政府往往遲滯俸祿。藉口國庫之缺乏。至有減俸之論。是欲奴隸我歐人乎。我歐人與東洋諸邦之人民異也。無報酬而徒使役。是奴隸也。聞王室猶有私財巨萬。宜散之以塞國債之責。上下怒其妄慢不允之。曰國財私財。固判然有別。未聞以王室私財供外國公債之義務也。歐人因訴之法廷。法廷之高官皆是歐人。遂舞文枉法。使埃及王歸於敗衄。嗚呼。歐人雖暴戾。豈不知私產公產之別哉。豈不解正邪理否之分哉。惟見其衰弊之餘。又無能爲。徒任私慾。忘公道而已。又假使埃及國富兵强。豈拱手服歐人之非道哉。豈箝口從歐人之殘逆哉。雖有國而無財。雖有兵而無力。空屈於豺狼之恣。自王室財產宮殿器物。迄至土地牛羊。皆爲其所掠奪。歐人之悖戾苛逆。亦甚矣哉。一千八百七十九年。更强政府任用歐人。致增二百五十人。就於公職。政費遂增三十餘萬。明年又增百十二人。政費又加十餘萬。其後歐人之入官職者。陸續不絕。至一千八百八十二年。歐人之仕於埃及政府衣食租稅者。其數一千二百五十人。縻其財俸。至踰二百餘萬。是皆忘義射利之徒。起無用之事業。務作冗費遊員而已。鄙語有云。取則是利。不取則是愚。當日歐人之心。蓋不外此語矣。

歐人猶憚埃及之將士。密相議曰。宜託事而汰兵員。以減其將士之俸。是一殺其羽翼。得以高枕。一分取其餘貲。得以自利。乃大撤兵員。又半減將士之俸。告曰國用不給。下民泣饑。暫可爲國家忍。而歐人之俸給依然如故。其後貪婪愈甚。更退有司千餘人。曰國用不給。下民泣饑。暫可爲國家忍。而歐人之俸給。依然如故。又課苛稅於土地。曰國用不給。下民泣饑。暫可爲國家忍。而歐人之俸給。依然如故。歐人猶以爲不足。更矯法枉律。沒入土地一億萬頃曰國用不給下民泣饑暫可爲國家忍而歐人之俸給依然如故時勢至此誰不奮起哉四方志士扼腕憤慨闔國人民揮涕嘯集宣言曰退權臣除奸人宜鏖殺敎徒如蘇丹者倡爲獨立自治之政推亞剌飛將軍爲盟主歃血誓不與歐人共立於朝更會紳士僧侶六十人文武之官職七十人紳商四十人人民之代理者六十人而議國是上書於埃及王曰

歐人之包藏禍心也久矣面示慈愛腹抱鴆毒浸潤之計漸漬之術以至今日今政府既任其左右財政之權工商之利皆歸其專有將欲奪兵權舉邦土握之於掌中今天下人民萬衆一心斥財政監督之英人與工部經理之法人無不欲食其肉燒其骨蓋是積惡之所致衆怨之所集又不可免者也陛下今退彼二人以從民望建立憲公議之良政謀於公衆而課國費廢不急之土木停無用之工業倘不然則禍必起於蕭牆之中陷於不忍言之慘境矣希陛下裁之

王納之即日退彼二人國內之民聞之欣然雀躍而祝曰吾輩自是始得蘇息也歐人不然不勝憤激英之總領事直奔至王宮讓王妄黜陟大臣之非且曰聞陛下密鼓舞人民獎勵立憲公議之政體抑主倡立憲之政體者一二失意之徒欲營私利洩不平之所致也陛下何不覺耶及事悔之噬臍無及陛下速復彼二人之官爵使停止立憲之政體勿爲妖雲所蔽而失日月光也王曰是全國之輿論也予所甚望非諸臣之陰謀也若夫黜陟大臣其權朕之所有曷足怪乎抑汝歐人非常贊立憲之美乎非誇公議之政乎又非以之誘導他國乎今朕從億兆之望欲組織立憲公議之美政必要障礙之非難之以逞己之私欲朕不欲復見汝也於是英人與諸歐人議曰王憤怒殊甚使久在王位吾輩歐人之禍殆不可測各搆陰謀交讒其政府曰埃及王妄信

邪敎。蔑視聖敎。不顧歐洲各邦之友義。報恩以仇。將欲驅逐歐人歸之境外。其形跡已著。既而英法二國之總領事。率兵迫王宮。脅王曰。自子卽王位。課苛稅。徵酷租。不恤百姓。不愛士卒。田圃荒蕪。財帑空乏。內來臣民之嗟怨。外失歐洲諸國之歡心。若不速去王位。埃及之衰亡必至也。王痛憤深慨。但事起匆猝。無可與謀。邦小力弱。又不能與抗。衮冕龍衣。皆爲歐人所褫奪。潸然飲涕。出王宮九重之門。棄祖先墳墓之地。遂至流寓他鄉。英法之民。立王子卽位。擅弄政柄。急征暴斂。日益加甚。國人以新王爲外人所立。無歸心愛戴者。於是民心離散。國勢陵夷。盜賊蠭起。萬姓思亂。乃選陸軍之軍隊。大佐三人使至王宮請曰。免外人之職權。可以挽回國威。歐人勸王直拘捕之。然恐軍隊之暴怒難犯。遂卽止之。課至八月九日。數千將士圍迫王宮。亞剌飛侯請於王曰。第一宜解散賣國之大臣。第二宜設立國會。萬機決於公議。第三宜嚴兵制以備危急。英人聞之。卽飛報本邦曰。埃及之人民脅王欲建公議之政。雖然。是非人民之興望。由亞剌飛之煽動而已。亞剌飛者。桀猾梟雄。深信外敎。而最惡聖敎者也。故使彼一握政權。必撲滅聖敎。凌歐人之權利。蹂躪生命財產。又無所顧。宜急遣兵馬。挫折其勢。時埃及全國之新報。日鳴歐人之專橫暴戾。盛倡國權恢復。民心無不鼓舞。歐人恐之。迫於政府。使禁止新報之發行。嗚呼。英法重言論自由之邦國也。而今如此專橫。不亦甚哉。既而埃及開國會。廣選人才。討議百事。英人又抗曰。不謀於我國。恣施行制令。妄增減賦稅。是越權而蔑吾政府者也。直遣兵艦向歷山港。嗚呼。吾英國自由議院。凌弱遂非。摹倣禽獸野蠻之世。恬然不知所愧。傲然自以爲得。何其無道之甚哉。羣羊蠢蠢。難與虎搏。不久英人必能討平之。得逞其意之所欲。嗚呼。埃及之人民有何罪乎。欲守衛國家。殺身於礮煙雨彈之中。暴尸於沙漠風煙之下。空爲餓鳶之食乎。嗚呼。埃及之子弟有何罪乎。雖幸全身於兵亂之中。而貪婪無飽之歐人恣横其肉吾恐膏血既盡餓死於山谷之間空爲豺狼之食乎嗚呼大英國仁慈叡聖女皇陛下之政府果如此者哉嗚呼自由黨之政略果如此者哉

散士讀畢悲憤之情鬱於胸中不覺掩卷太息紅蓮更手一新報以示散士曰請郎君觀此一章散士改容讀之曰埃及軍中有一老將齡七十許攜一娘子常參亞剌飛侯之帷幄最富軍略人無知其來歷者或謂西國之人頓加羅黨之殘將也兩人相對茫然無語者久之

第七回

既而紅蓮問散士曰郎君之與幽蘭女史相遇也僅不過一二面妾之於郎君則交遊甚久互傾肺腑郎君固知妾之爲人妾又詳郎君之爲人也竊以爲意氣相投誰能若我二人者而妾熟察郎君之意慕幽蘭女史比妾尤深若非分鏡則封髮而爲期者嗚呼郎君上帝有靈天命未盡幽蘭女史如再生於今日重來相會則郎君於女史如何又於妾如何哉原夫散士之欽愛幽蘭非紅蓮之比雖然亦不過落花流水一時癡情所結未可斷言既聞紅蓮此言乃躊躇而不能答忽聞門外有推敲之聲出而望之有一女子衣冠俱白翠羅覆面緩步入來散士不覺發聲曰幽蘭女史歸來紅蓮斜見散士不覺變色既而女子至於階前紅蓮熟視少時卽呼曰夫人非嘗與妾等同船之人哉夫人嘿嘿首肯步至階上紅蓮則出迎之延於客堂坐定夫人獨語曰老父之言果有驗果有驗散士不知其何意惟目注其容貌年姿三十四五脣紅齒白清潔如玉意氣自有卓犖之風顧散士曰郎君非東海散士哉散士驚謝曰僕性質闇淡未知夫人之姓名夫人何由而知僕之姓名乎夫人笑曰郎君不知妾者

以名賤而容醜耳。更謂紅蓮曰。阿娘眞可羨。又眞可謂過分之人也。獨占山水之樂。靜居幽閑之室。出遊則蘭橈桂楫之舟。結交則英豪秀逸之士。嗚呼阿娘眞幸福之人哉。抑亦過分之人哉。紅娘艴然而答曰。夫人之入此室也。徒欲詰妾弄妾乎。妾雖不敏。亦是營自由獨立之生者也。吟花嘯月。棲遊娛樂。惟我意之所欲爲。豈又要他人之干涉哉。夫人作色曰。果然乎。果然乎。令娘營自由獨立之生計者歟。固非妾等之所可容喙也。且容顏之婉。才智之優。辭辯之敏。皆非衆人所企及者。雖然巧於飾非。交友無信。其亦能免此謗乎。方令娘與幽蘭女史之航於西班牙也。時妾曾於船中吐露胸懷。以表信義。令娘則以冷語待之。若不介意者。至談及東洋之事。令娘又顧而他語。如復不知者。令娘豈不記憶乎。令娘與幽蘭女史非仰天歃血而盟刎頸之交哉。至一相失。則獨歸隱居。悠悠然與意中之人優游消日。而幽蘭女史之生死。又不置於胸中。嗚呼是非巧於飾非耶。非交友無信耶。紅蓮怒氣隱於眉間。不敢發一言。散士亦默然相對而視耳。座上寂然。寥若無人。夫人忽振衣而起曰。妾所以不遠千里而來者。欲表信述志。大有所謀。何圖兩君卑妾。疎妾。疑妾。惡妾。冷遇寒待。向隅而不欲相語。妾請自是辭。散士曰。夫人責僕等之不敬。此罪固不能辭。雖然夫人亦傲言慢語。侮辱太甚。方之良家子女之所爲。豈無愧哉。夫人冷笑曰。毋多言。豈又煩足下之饒舌哉。左手推戶將出。紅蓮攬袂厲聲曰。婦女之爲偵吏。近世多有。夫人若非告以姓名。述其來意。以解我等之疑。妾誓不使出此家一步也。夫人曰。目人爲間牒。不明亦甚矣。若內省不疚。雖千百偵吏出入其門。豈足恐哉。今令娘見妾。頗有所恐。而疑爲偵吏。其俯仰天地。而有暗昧可知也。妾惟欲訪高明之士。交正大之人。全此大任耳。汚耳之言。瀆心之語。妾雖少時不欲聞也。紅蓮怒氣如火。目視散士。以示決意。夫人覺之。支手徐曰。勇氣可嘉。勇氣可嘉。雖然是匹夫之勇耳。士君子所不取也。妾雖不肖。亦非徒死此處者。輕忽之行。勿招後日之悔。再憑椅子。顏色自若。旁如無人。執新報默讀少時。忽愕然曰。嗚呼。兩君既知幽蘭女史之事乎。妾以兩君未詳其生死。晏然遊樂。故心不能平。口出惡聲以相試耳。乃出金環於懷中。進示紅蓮。紅蓮一見。駭且問曰。是幽蘭女史沈沒海中時。小指所穿也。何爲落於夫人之手哉。願宥妾無禮。幸告顛末。散士亦進而近前。夫人曰。今請爲兩君語別後之狀。使明晰幽蘭女史之事。妾自與令娘等分袂西國。歸而省親。未幾而有岷馬治病重之報。妾父以深交之故。攜妾馳赴華風麗島。不及而父使妾先歸。航路未半。風雨大起。電閃雷鳴。海濤湍激。檣折舵斷。忽轟然如百雷之齊落。乃船之觸暗礁破汽機也。妾蹶起出甲板。見一小舟。躍身投之。舟小人多。衆皆戰慄。魂爲之失。氣爲之喪。左倒右顛而不能起。忽有一道逆浪。衝天而來。舟半覆沒。人悉沈溺。舟再起時。止於船底者僅三人。妾注視二人。轉瞬之間。巨浪一聲。倏然擊背。妾身將墮舷外。兩人執妾裾極力援之。時水已果腹。昏絕無覩。既而開目。雲行風斂。赤日麗空。白浪遠平。身困臥於舟底。見上有一老人與一女子。相對危坐。兩人見妾大喜慰曰。夫人亦得蘇生。幸甚幸甚。妾聞其語。追懷傾覆之際。救援之事。皆恍兮惚兮。如長夢初覺。乃謝曰。若非得兩君拯救。妾身已葬魚腹矣。一姬更熟視驚問曰。昔夫人自美國往西班牙。非嘗與妾等同船乎。妾聞之。注目觀其容貌。則是與他二人同行。談論於大西洋之中者也。因不覺相感奇遇。潸然出涕。其後此船漂流海中。逾一晝夜。風靜浪平。茫茫天海。船影山色。絕不相見。孤舟漂搖。不知所向。妾愀然謂二人曰。嗚呼。舵工水手。皆既葬鯨鯢腹中。今飢渴交迫。疲勞尤甚。漂流任浪。進退無定。如之何哉。二人亦默默無言。暫見黑煙遠起。皆大喜叫曰。是汽船之過也。可求救助。於是振衣放聲而呼。汽船似略近者。三人愈喜。咸作蘇生之想。既而幽蘭女史翹首曰。彼船非來者。乃去者也。妾曰。否否。是進來者也。凝眸遠眺。果如女史之言。船去益遠。其影迷濛。祇有一片殘煙留於模糊之外而已。老人曰。盛者必有衰。生者誰不死。若果命運終窮。從容就義。昇遊天上自由之鄉而已。今我三人。所謂運極命窮者乎。若徒悲泣歎息。怨天尤人。是不知命之小人也。悠然危坐舟中。瞑目禱天以求安身立命之地可耳。於是三人瞑目而坐。危懼之心。釋然而去。欲生之念。寂然不生。放目而觀。但見白日西匿。海風颯颯。動搖星宿之天外而已。其後腹飢體疲。不覺倚舷困睡。忽有暴風再起。波濤澎湃。覆於我舟。藐藐一身。沈溺於海波。幾死。忽有天女飛來。相攜而同遊月殿。忽而管絃絲竹。相奏而響遏雲間。噪噪而湧盈於耳邊。於是愕然驚。欣然喜。俄而舉首。則皆是小舟一夢矣。汽笛一聲。汽船駛來。夢初醒兮未能分明。心神漸定。熟而視之。曉月濛濛。景色依稀。惟見船旗飄風之影。但聞翼輪切水之音。三人鼓勇勵氣。大聲呼救。汽船認之。即下小艇來相救。嗚呼。死期既迫。俄然遇此救援。其僥倖何如哉。既而小艇牽引我舟。至於彼船。蓋彼船者希臘之郵船。往埃及之歷山港者也。船長導至一室。優相待遇。船中貴女紳士。憫妾等之困厄。相餽以金錢衣服。女史謂妾曰。妾猶有多金。因返之。惟受其衣服。如是三人始作再生之想。安臥船牀。一晝夜間。漸忘疲勞。神氣復舊。乃訪女史於寢室。慶天運之未盡。且猝遭患難以來。未暇問令娘等之行止。曩日與令娘自美國同行之兩氏。今果何如。女史悽然曰。先航大西洋所以不敢告心事於夫人者。恐計略易洩。大事難成。今不期再遇於艱難之中。共死生於危急之間。是蓋天假之緣者。可謂奇遇矣。豈能不披肝瀝膽以相告哉。乃諄諄詳述。不覺太息曰。兩友助妾。失身於黃泉之下。救父之喜未慰胸懷。喪友之悲忽驚肝膽。妾今日憶友之感。豈異昨夕待死於扁舟之情哉。妾聞之。始詳其顚末。感慨殊深。既而船至一海港。船長告曰。是埃及之歷山港也。三君可至旅亭。暫爲保養心神焉。妾謝曰。得全一生於萬死之中者。皆足下之厚誼。今何以報足下之恩乎。但船破之時。所攜之物。悉沒海中。今竟無一物可呈貴覽。奈之何哉。船長笑曰。余英人也。英國船長之職。有殺身救人之義務。何況難船漂舟乎。三人乃投於逆旅。療養數日。心神全復。是時埃及與英法交涉。日趣困難。漸覺棘手。埃及之士民。激昂奮起。禍機將垂破裂。蓋英法專橫跋扈之所致也。先是英國駛兵艦於埃及。宣言曰。埃及之亂民。梗塞蘇彝士運河。以杜絕世界之交通。妨礙我國印度之連絡。是我所以嚴兵備以禦不逞之暴徒也。嗚呼。蘇彝士河者。埃及國之富源。有益其國家。實不鮮少。且其國都與運河。隔百五十里之遙。其間有人馬難行之沙漠。埃及人民何苦犯此不可越之艱險。勞民傷財。塞閉此富源。以結怨於歐洲之强國乎。誣妄亦甚哉。英人又曰。埃及政府之改革。非一國之輿論。埃及大臣之更易。非萬民之願望。軍人煽動之所致。其變亂有不可測者。是我出兵艦所以保護歐人之生命財產也。嗚呼。一國自有一國之權。如政府之改革。大臣之更易。是一國之內事而已。豈他國之所可干涉哉。然而英人以兵馬之力。悍然欲干與於其間。是蓋因欲掌握財政工商之全權。如昔日而已。何其虎貪狼慾。逞暴威之甚哉。一日妾等談論一堂。窗外忽騷然有兒女號泣。兵馬馳騁之聲。既而銃礮之響震天。吶喊之音四起。妾大驚。乃與女史共開窗而望。見戶外樓下之羣衆。直發短銃。投瓦礫。揮刀相叫曰。攘虎狼之外人。回復國權。在此一舉。幽將軍止妾等曰。是大亂之潰裂者。當此際也。宜審形勢。以決一身之進退。狼狽周章者。所以危身而已。時破窗戶之聲。壞器物之音。戞戞落落。囂於近鄰。女史曰。想是暴徒乘機闖入歐人之居宅者也。語未畢。一羣之衆。入於逆旅。提刀揮槍。叩戶叱咤。將亂入室內。忽有數騎過門前。連呼曰。元帥來。元帥來。不可有粗暴之舉動。若有侵掠他人家財。傷害無辜之外人者。必處以嚴刑。暴徒聞之。悉皆散去。一路肅然。妾等志意少安。既而聞元帥萬歲之聲。叫號盈街。因探頭窗外。見將士羣集。刀槍駢列。光彩陸離。似冰霜之映白日。將軍又止安臥於室中。忽聞跫音戞然。有敲我室者。幽將軍徐起倚戶呼曰。是何人歟。答曰。埃及之將士也。將軍啓戶。將士數人。佩劍直立於戶外。中有一人進入室內。戎裝之美。粲然奪目。身體長大。容貌奇偉。眼光燦如電閃。熟視幽將軍而慇懃謂曰。謹賀將軍無恙。又視其老而益壯。幽將軍故爲驚怖之狀。答曰。老奴南美之一商賈也。攜二女而遊意大利希臘。尋勝景之名區。探往古之遺蹟。將航法國。途遇颶風。僅以得免。今到貴國。偶遭騷擾。親子三人。恐不能全生。胸中戰慄無已。忽遇閣下等之來。得免萬死於矛戟之下。是老奴之所深謝也。然閣下目老奴爲將軍云云之語。老奴不勝怪訝。惟冷汗沾背而已。將士掉首笑曰。勿欺余哉。將軍者西國之名將。富於韜略。勇於戰鬬。誰不知之。誰不聞之。欺他人尙可。未可以欺僕也。幽將軍仍執前言。更辨其所言之謬誤。將士更進曰。今日實國家存亡之時。寸陰之間。且不可得。僕所以殷殷來訪者。蓋以爲得雄才偉略之人。如將軍者。主我帷幄。撥亂反正之業。唾手可成耳。惟昔日天涯地角。生死之信。渺然不知。是眞可恨。昨適有突然相告者。謂將軍來寓於此。余聞之喜不能禁。故來相訪。將軍何不深察予情乎。且將軍千言萬語。欲以掩其姓名。不知余嘗投將軍之麾下。從役於西都。將軍或亦忘余。余豈忘將軍哉。雖然。余未先通姓名者。其罪實多。予乃埃及國兵部卿亞刺飛也。幽將軍聞之。起謝曰。老奴有罪。明侯既知老奴。而老奴未知明侯。是玉石不辨者也。老奴嘗越西國之獄。歷盡艱難困苦。以至於此。今不知明侯欲以何事相委。亞刺飛侯曰。欲延將軍爲軍師耳。幽將軍曰。是果何言乎。古人有言曰。敗軍之將。不可以言勇。亡國大夫。不可與謀存。老奴豈可應明侯之求哉。亞刺飛侯曰。予今不忍坐視國家傾覆之形勢。人民塗炭之慘狀。爲衆所推。舉兵倡義。將與歐人相見於戎馬之間。惟彼船堅礮利。國富兵强。我則衰弱困弊。帷幄無謀議之士。戰陣無精銳之兵。難卜必勝於今日。雖然。英法埃及之曲直。將軍必能辨之。其曲在我。予亦不敢乞勞於將軍。否則不忍使公明正大之君子。而與無名之暴舉。汚節辱名也。幽將軍歎曰。明侯之舉兵。在救國家之危急。僕雖疲老。豈忍見義不爲哉。且老奴久呻吟於囹圄之中。不跨征鞍者。於玆歲餘。今也髀肉有日生之歎。幸遇明侯之義舉。少效馳驅。豈不甚善。亞刺飛侯大喜。進握將軍之手曰。得雄邦十萬之援軍。不若得將軍之一諾。旣而又問幽將軍曰。人心未固。兵甲未整。當是時計宜何出。幽將軍對曰。先興起人心。使堅義烈之氣。明大義之所存。國是之所向。無若檄文者。亞刺飛侯卽請幽將軍起草。將軍搦筆。瞬息而成。以示亞刺飛侯。朗誦一過。拍案曰。拔地倚天。正聲勁氣。溢於紙上。讀之者誰不踊躍哉。更推敲二三字句。直出交之士官。使朗聲宣讀。此檄文傳播五洲。想兩君旣經傳誦矣。散士曰。嗚呼。此檄文成於幽將軍之手乎。宜其使人感激不止也。夫人又繼言曰。一日幽將軍自軍議歸。慨然長太息曰。老奴莫知死所也。妾等怪問其故。卽徐說曰。埃及王孱弱。不能剛勇果斷。內聽近侍之言。而忌忠良。外信敵人之反間。而疑謀士。不知陷歐人之詐術。亞刺飛侯忠義之心雖有餘。而乏深謀遠慮之才智。無忍小恥。排衆議。斷然畫鴻業之策。是以我爲埃及所畫之策。皆不能用。徒爲庸衆誤大事而已。夫英將宇流盛老於兵略。富於武術。不易得之名將也。欲驅羸弱之卒與之對敵。豈可不運非常之策略哉。然今乃如此。埃及之敗亡。不待識者而知。我輩亦無死所也。女史與妾更進膝問曰。妾等願聞其事實。否則又有甚難解者。請詳告之。將軍又愀然曰。將士相會。而議軍事。一將曰。先倡回敎以攘耶穌敎。爲舉兵之名。以煽起回敎人民。鼓舞我兵勢。英法人民。可一掃而空矣。予排斥之曰。誰爲此言者。是未知天下之大勢。未明軍事之虛實者。否則迂僧腐儒。心醉迷溺於敎法者之所說也。抑出師必要有名。無名者敗。雖然。假敎法而爲攻守之名。往昔之事。非今十九世紀之事。且今日國會之決議。爲歐人所廢。人民之輿論。爲歐人所壓。一國之權利。爲歐人所蹂躪剝奪。萬機之政務。爲歐人所左右陟黜。任意之所欲。欲忍不能忍。欲堪不能堪。忠膽義肝。因此可以發洩。所謂據自由之公義者。豈又須假敎法之名哉。惟是明大義。據公理。歐美亦不乏志士仁人。或仗劍來救。或募金銀輸兵器。或振舌於演壇。或放筆於新誌。種種皆可以救援我。而阻彼之軍氣者乎。若大計不出於此。而取名於敎法之爭。可謂引一髮千鈞。馭朽索六馬者。不特國運之不可挽回而已。愈益招滅亡之運者也。蓋以恢復回敎起兵爲名。印度以西。或有應之者。而招歐美人民之憤怒亦實甚。且縱令印度以西有能擧兵執干戈。以當歐人。爲我聲援。亦萬不可望也。又假土耳其以同敎之故。欲救援我。而南下以扼土耳其之喉咽。逞吞噬之慾者。俄國之宿志也。故事至此。俄則得啓兵之名。以拊其背。不使出雷池一步。無俟智者而知也。於是歐美諸侯。男女老幼。皆惡我怨我。萬國無一人助我。此是利敵兵之術耳。所謂假寇兵資盜糧者也。勢至於此。雖名將復生。豈復可爲哉。請觀諸希臘國。其邦土之大。不及我半。衰弱困弊之狀。亦與我國無異。猶能拒雄邦之强兵。而成今日之獨立。是雖由闔國人民之力。抑賴歐人救援之功。亦最大也。歐人之所以救援希臘獨立者。何也。一因曠古之自由國。而古聖賢人之所出。文學技藝之所起。而今服從於殘戾之治下。離羣索居。流離困弊之狀。眞不忍見。觀往古之歷史。慷慨之感。無不勃然而起。一因希臘之人民憤然激發。樹自由之牙纛。主倡獨立之大義。以寡當衆。不屈不撓。其義其勇。足使聞者奮起。一因奉耶穌敎而與回敎人民戰也。有此三因。故歐洲之志士。翕然贊稱。或晴助兵器彈藥。或仗劍赴援。如英國之名士詩宗梅崙侯。亦奮至其國。致身於希臘。明大義於八表。遂至奏獨立之大功。雖然。若使希臘國據回敎。而掃耶穌敎爲名。雖爲世界最古之國。而依大義棄生命。歐洲不特無一人援之者而已。皆負干戈而討之。不出旬日。而社稷之顚滅可知也。嗚呼。我擧兵何異於希臘哉。如今老奴依亞侯之顧託。爲大義棄生命。馳驅於兵馬之間。誓死而後已。雖然。諸士爲敎法開戰端。傳掃蕩耶穌敎之檄。老奴原耶穌敎之信者。非回敎之信徒。豈忍與同胞交干戈哉。豈忍爲上帝之罪人哉。請自是辭耳亞剌飛侯納余言。大諭諸士。遂停其議。雖妄信回敎者目余爲奉邪敎。包藏禍心。誤國家者也。讒謗罵詈。無所不至。嗚呼時之不祥。鴟梟翱翔。讒訣得志。騰駕罷牛。莫驂良馬。余亦無奈之何。妾等驚其事之出意外。翌日將軍稱病在客舍。作一書。贈亞剌飛侯論戰備之計略。乃取日記於懷裏。以示散士。紅蓮曰。是則其草稿也。散士匆忙披而讀之。其文曰。

蓋聞百戰百勝。非善之善者。不戰而屈人之兵。善之善者也。故上兵則伐謀。凡用兵之要。在先詳敵情。知其編制。察其計略。卜其强弱。明其地理。衡其空隙。所謂知彼知己者。百戰不殆。不知彼而知己者。一勝一負。不知己者。每戰必敗。故先欲戰者預詳彼我之勢。而不可不運其謀。夫英國者歐之雄邦。國富兵强。稱霸海上。旌旗飜於四海。勇威輝於八表。且其將士訓練之久。經歷之多。服於號令。勇於戰鬬。運轉鐵艦。宛若四支。運用巨礮。宛如小銃。鋒之所向。碎石破巖。又目無强敵。如破拿破崙之兵於亞武邱港。鏖法西二國之艦隊於士羅波苛港。戮士埃之軍艦於希臘海。强敵無前。可推知也。我埃及國力疲弊。財枯民散。長謀之將寡。慣軍之兵少。銃礮之利。船艦之牢。不及英國之十一。海戰之器具未成。陸戰之堡壘未備。四鄰之國。無與我同盟。緩急相助。攻守相救者。實危急存亡之勢。嗚呼。敵之國勢如彼。我之國勢如此。然欲交干戈而與相戰。不亦危哉。蓋今日之論戰略者曰。樹牙纛於海樓府。據沿海之礮臺。以禦襲擊。又曰。固守城壘。待敵平野。一戰以決勝敗。某竊慮之。是則陷於敵之術中者。知難期勝算之萬一也。若輕動而邀正正之旗。擊堂堂之陣。余恐其一敗塗地。部伍散亂。不可收拾也。然則我兵終不可以與英軍抗乎。我國終不可以復國權乎。曰否。在戰略之如何耳。夫兵詭道也。因勢制利。以弱拒强。可以怯敵勇。可以寡破衆。可以小挫大。以逸待勞者勝。以勞當逸者敗。水之形避高而趨下。兵之形避實而擊虛。我拒英軍之術。亦不可不慮於此。蓋明侯卒然率將士棄海樓歷山之諸都。退保西南之內地。右帶灘江之長流。左控砂原之沙漠。背懷羣蠻之士民。據蘇丹之糧食。傳檄四方。招愛國之義兵。以激軍氣之震起。是非以逸待勞之策乎。請更細論之。夫善戰者立於不敗之地。而不失勝算。今夫我兵遠退西南。英兵必尾其後。欲以衝我險要。雖然。彼暗於地勢。不知水利。乏於糧食。不慣氣候風土。熱風之酷。瘴氣之烈。挫折勇氣。遂招邪瘴之流行。萬里之沙漠。瀰漫於前。人病馬瘦。未布陣接刃。必失其大半。然而我軍則不出旬月。精兵七萬。突騎三萬。應檄而羣臻於我麾下。明也。因結壘千里。樹旗江原。以待其來。放輕騎而襲敵之不意。使士兵出沒。劫其輜重。以乘彼之衰勢。元帥雖富於謀略。器械雖極精練。又曷足恐乎。縱使我軍小有挫折。更退而避之。不戰而屈英兵。凡興師十萬。出征千里。百姓之費。公家之奉。日費千金。且其爲戰也。雖能勝之。久則兵鈍銳挫矣。攻城久則力必屈。暴師久則國用不足。敵國乘其弊而起。雖有智者。不能善其後。夫我兵屯於國內。糧食不仰於境外。不過取於內。散於外。以拒外敵。其力能支數年。實易易耳。雖然。英軍則懸軍萬里。深入敵地。雖陷空城。不可以求財貨。雖佔土地。不可以得禾穀。徒往來於沙漠之間。更無所得。兵器糧食。皆求之萬里之外。其所費豈止一日萬金而已哉。歐人之興兵。原出自利慾。且十九世紀之勝敗。非失兵之多寡。而決費財之如何。英人焉能日費萬金。失千人。曠日彌久。久留師於我國哉。夫鈍兵挫銳。屈力殫貨。四面乘其弊而起。故海外之藩屏謀叛。愛蘭則思獨立。反對之政黨。排之於內。宿恨之鄰邦。刦之於外。遂使費用不足。援軍不至。進無所據。退無所守。失氣喪膽。自土崩瓦壞。我軍即莞然乘其弊。一舉而覆全軍。收大業也。夫期大業者。不可思小果。

運大謀者。不可無非常之決斷。用兵之害。猶豫最大。三軍之災。無過狐疑。知兵之將。民之司命。國家安危之主也。願明侯裁之。

夫人又繼語曰。亞刺飛侯一日會議諸軍。吐露意見。參謀如安似倭者。瑞士人也。爲人度量褊淺。規模狹隘。自驕其勇。暗於大計。以幽將軍得上下之信任。彼知謀略不能及。乃謂諸將曰。英人何足懼乎。彼外示威强。內極衰弊。船艦概屬朽腐。士卒亦皆懦弱。我若據險邀擊。一舉可破也。今幽將軍耄耋昏憒。不詳彼我之形勢。惟見敵軍之可畏。不知我兵之可恃。倡彼猖獗。破我軍氣。其言固不足用也。埃及王原無意去海樓府。聽奸倭之言。令將士守京城。諸將士亦共語曰。未交一兵。未放一矢。棄歷山海樓之都城。班師而退。壯士之所愧也。僧侶輩在側。因進讒言曰。幽將軍乃奉西教之人。故願邪教之勝。爲敵兵之間諜。欲舉兩都以賣於英軍者也。於是亞刺飛侯心忙緒亂。仍固守海樓府以抗敵軍。散士曰。僕一介書生。素不通韜略。惟好談劍說兵。以取一時之快耳。雖然今案埃及防戰之策略。若用幽將軍之言。英軍久必退去。然卒不見用。惜哉。英雄常爲羣小所嫉。長策多爲長袖所阻。自古爲然。眞可歎也。但不知幽將軍如何處此耳。昔者范增爲項羽之將。其策不用。知稍有嫌疑。則大怒曰。天下大事定矣。君王自爲之。願乞骸骨歸故里。傑士之不能得志。固當如是。幽將軍豈計不出此乎。夫人曰否。將軍曾謂妾曰。願阿娘與蘭兒共航海密赴歐洲。以免干戈之禍。余今爲衆所疑。余之去就也。萬人注目。一舉一動。皆有偵吏探訪。欲去而無術。欲逃而無路。却何忍蒙羞受辱。期僥倖於萬一哉。惟有決生死於一戰耳。更顧謂幽蘭女史曰。汝可從夫人速去此地。女史流涕曰。妾之出美國而航歐洲也。在救阿爺於萬死之中。若不能救。誓同生死。今日阿爺之遭危疑。臨急難。妾豈忍獨生哉。惟有從阿爺於礮煙彈雨之間。共嘗艱苦而已。惟夫人之與妾。非有宿緣。

且金玉之身。當留以有待。不可以不去也。夫人曰。情之所結。不忍別離。妾亦欲同其生死也。幽將軍曰。然則兒與余可留於此。若夫人者則決不可也。蓋夫人有父兄之存。前途所期正自遠大。今留此地有何益哉。可速決意。勿貽後悔云云。妾心雖實不忍。然再三思維。不得已而服其言。幽將軍大喜。手裁一書。囑寄皇兄。頗加羅。且臨別贈言慇懃。而說後來之事。幽蘭女史又謂妾曰。紅蓮范卿二氏。因交友之誼。爲妾等棄百年之身。爲萬世不歸之鬼。妾哀恨傷惋。往來於懷。寤寐而不能忘也。欲建一碑。以慰彼之靈。表妾之意。自哲學者觀之。碑文弔祭。雖屬不急之務。而人情之感。有不得不然者。第事既至之。妾之生死。又不可期。焉能再返歐洲。得親建碑乎。願夫人憐妾此情。萬幸代勞。是妾畢生之願也。妾曰。建碑之事。實易易耳。妾必不負令娘之託。毋以爲念。女史大喜。更取左指之金環與妾曰。聊以表餞意耳。若於天涯地角。萍逢東海散士。則以是爲證。告妾流離窮厄之狀可也。語畢。涕淚滂沱而下。妾亦低首飲泣。既而整理行裝。辭別而歸意國。既歸。家人且喜且駭曰。予以爾爲死矣。今何其幸乎。殷勤握手。歡樂無極。妾乃將經歷之大略。告於父兄。又送幽將軍之書於皇兄。其後顧慮幽蘭女史之事。憂鬱之狀。自爲老父所疑。老父曰。邇來汝之容貌。甚有憂色。此何故者。妾因詳語幽蘭女史之來歷。又告以建碑之事。更問其法。老父沈思良久曰。幽蘭女史悼其親友。建碑海岸。情義實足稱。汝爲代勞。有何不可。雖然。予熟思之。紅蓮范卿果爲長逝之客乎。皇天有明。擁護仁人志士。得生今日。猶未可知。遽欲建碑以弔其魂。豈不太早乎。妾曰。否否。風雨如此。波濤如此。船艦之覆沒如此。豈有全生命於今日之理哉。如妾者可謂僥倖中之僥倖耳。老父曰。汝既僥倖中之僥倖。焉知彼亦非僥倖中之僥倖者乎。妾反覆爭之。老父更以溫言諭曰。愛兒且靜心而聽我言。夫世事人事。支離錯雜。最爲無定。有見落花流水。凄然傷懷。不堪無情悲哀之歎者。有見落花流水。莞然悅意。不勝色舞神飛之樂者。各有所觀。祇在心境之如何耳。豈能相同哉。然則自哲學上推究。亦頗難斷定。抑自憂哀主義而觀。世界者艱危之穢土。社會者牢獄之人生。泡沫也。夢幻也。何異草上之露。風前之燈乎。且或有生未見白日。忽然而夭折者。或有生即罹天刑。目不能見。手不能操。足不能步者。或有行百善而不能脫一生於坎壈杌隉之外。遑遑餓槁於路側者。或有無罪過而擊於雷霆之上。崩於地震之下。遇覆溺於波濤。陷衝突於鐵路者。嗚呼生命之短促脆弱。人生之險阻患難。思愈深則憂愈長。慮益遠則哀益增。感觸直無常也。天下豈有無憂哀之種哉。雖然。若自康樂主義而觀世界者。幸福之樂土。人生者萬物之主宰也。故擒電捉風。玩水使火。可以搖山岳。可以動鐵艦。可以碎石城。衝波踏浪。宛如平地。御風渡雲。宛如飛鳥。宇內之事物。耳目之所觸。悉爲吾有。一念之所動。無一不可爲。豈不亦一大愉快乎。且如人之生命。以短促脆弱觀。則短促脆弱也。以長壽强健觀。則長壽强健也。或有陷虎穴而獲生全者。或有斷截四支。解破身體而不死者。又或有破船於大洋之中。永日繫於一片之板。而遭救濟者。何有短促哉。何有脆弱哉。且不見峨馬治乎。南船北馬。起兵進軍。不知凡幾。出入於萬死之途。而被生擒者。前後十餘次。傷創遍身體無完膚。終能建樹大業。得完天年於自由之鄉。風月之里。又不見普國之三傑乎。馳騁於礮煙彈雨之間。掃蕩內國之禍亂。免刺客奸黨之襲擊。挫精銳無前之强敵。當統一德意志之聯邦。今也張國威於五洲。良將賢相。與名君鼎立。其遇合也。如魚得水。浸潤之譖。膚受之愬。無得入焉。其一言一行。一舉一動。皆能寒萬國君相之膽。又不見法之鑼柄斗乎。際國步艱難之時。或勝或敗。或被幽於囹圄之中。或被逐於父母之國。流離困厄。猶能全八十餘年之長壽。故人間之喜悲也。生死也。自有天運宿因之使然。而非人智之可窺測者也。由是推之。紅蓮范卿二人焉知非今日之無恙乎。汝且詳探二人之蹤跡。果知爲長逝之人。然後建碑海角。以慰幽魂猶未晚也妾退而反覆思之覺老父之言頗當於理即以爲二人之中有全生命者必歸蹄水之隱家若不歸亦得聞其音信不幸而無返者又無通音信者則尋訪東海散士語幽蘭女史之境遇是亦可以通女史之志也即日自家而出昨夜始至費府紅蓮起謝曰嗚呼夫人之厚誼如此妾輩曚昧不覺其罪難辭請恕之散士歎曰嗚呼彼蒼有靈未棄忠孝之人幽蘭女史猶得生存今日然則范老亦全身於天涯而再有相遇之期乎雖然埃及之慘狀不可挽回奈之何哉語未終自鳴鐘鏘鏘然報六點矣

第八回

紅蓮顧二人曰談論歡暢忽忘日逝兩君想必饑餓也妾聊備麤糲以娛嘉賓乃自行入廚整理殺饌散士進前問夫人曰聞夫人初航大西洋時既已認識僕名僕究未識夫人願詳聞之夫人曰郎君曾弔芙蘭麒麟之墓邂逅一士人能記憶否散士曰記之當時有一士人談高節公之偉業說波蘭之盛衰使僕感慨而不能禁也夫人曰是則妾之家嚴也時妾亦在墓邊避暑樹陰雖未面郎君然談論竊聞之矣散士曰當時僕不特未問其姓名又不知爲何國之人後常以爲憾孰意即夫人之尊君乎夫人曰然父名骨數斗妾名滿梨原匈牙利之人也散士且驚且怪曰僕素聞骨數斗其人雄略震歐美義烈泣鬼神經濟之才高潔之風萬人瞻仰四海欽羨尊君乃其同族之人乎夫人答曰郎君所謂骨數斗者匈國中捨我父外豈復更有二人耶曩日與郎君邂逅於芙公墓畔痛論波蘭之形勢慨歎東洋之情狀者即郎君之所謂骨數斗是即吾父也散士蹴然改容起席謝曰嗚呼果然乎嗚呼是乃予素所欽慕之骨數斗公乎僕見識黯昧不別英雄一見以爲流俗之人不勝愧赧謹賴夫人敬

謝其罪。時紅蓮閉戶入告曰。夕飧已成。請進餐房。舉杯以祝今日之吉報。將來之事。雖未可知。若天運未盡。豈無與幽蘭女史握手一堂之時乎。散士與夫人隨紅蓮入食堂。各把玉杯斟酌暢飲。襟懷陶然。時秋月皓皓。出於前邱之上。掛於松竹之梢。餘光掩映。射入紗窗。散士見之。謂二人曰。何不觀窗外之好景乎。自今須艤小舟。隨波棹月。浮於蹄水之流。更吐露胸懷。以永今夕。夫人笑曰。妾之願也。雖然。妾紅謝芳殘。嬌姿已減。羞入兩君芳豔競春之間耳。且郎君攜落花傷春之妾。昔日羣芳呈笑之遊。不亦甚難追想乎。紅蓮微笑曰。歐人有諺曰。二八之芳蕾。豔麗悅目。妖媚攄情者。粲開滿發。乃在五五之後。夫人何自棄之早乎。夫人亦含笑曰。此說之當否。婦女豈能專決乎。是男子之任也。注眼散士。散士舉杯融然曰。日本美人。以十七八為最愛之佳期。故諺曰。土茶新烹猶堪飲。醜魔十七猶可愛。雖然。人各有志。好惡自不相同。情愛者因境遇之如何。豈可概論之乎。夫人曰。然則試以郎君之意。斷之美人芳期。究在何歲。郎君之言模糊。而含兩竭之意。使春花秋月。疑皆有兼愛之思可也。散士曰。奇哉怪哉。夫人之問乎。僕與婦人交遊甚少。豈能決此難題哉。紅蓮曰。郎君又何所憚耶。亦各言其志耳。散士停杯莞爾笑曰。以散士觀之。美人決非有限年齡者。紅蓮忙問曰。奇語奇語。妾所未聞。想必有說。散士答曰。所謂美人者。非容色秀麗之謂。蓋謂熟於社會人情。粗達文學技藝。與夫男女之交際。風流之韻事。詩歌音樂。無所不曉。無所不通。而後始可謂之美人也。世人以二八為美人之芳期。豈其然乎。抑往古希臘。有絕代美人。望月而月失光。觀花而花羞豔。上帝見之。忽生戀慕。化為白鳥。相與戲謔。遂產一女。名曰妃蓮。秀麗絕倫。負過其母。既而為斯破流多王之皇妃。年踰四十。其嬋娟之容。嬌娜之色。猶使見者心醉魂惑。後與土魯韋侯巴禮斯親狎。癡情所結。不能相棄。相攜出奔。入於土魯韋國。諸侯聞之。憤其無禮無義。舉兵而伐土魯韋。攻圍屢年。乃陷其城。奪妃蓮而歸。時年五十。其美婉更無異於昔日云。此美人之不限以年齡一也。羅馬之普禮驅須娶宮女阿志波斯彌時阿志波斯彌年三十餘歲。才貌秀麗。傾絶一世。其後美麗日加。六十有餘。猶使見者驚目迷魂。道路相逢。無不回首云。此美人之不限以年齡二也。埃及女王久麗王葩都羅。曠世之美人也。爲其弟簒奪王位。及見羅馬之名將獅威挫。潸然垂涕。苦乞救援。以獅威挫之雄略。猶迷其容色。忘前途之大業。出師救援。親犯矢石。困厄圍城而不悔。不顧名聲之損。遂相攜歸於羅馬。既而獅威挫敗。後勇將安斗乳怒女王從叛將。欲處以嚴刑。召之。久麗王葩都羅聞之盛修妝飾。光彩陸離。絃歌棹舟而往。安斗乳一見。神魂傾倒。勇氣挫折。不問其罪。捨家不顧其妻。相與適埃及而不還。時年既踰三十。其後十年。麗色艷情。兩俱不衰。迄至其自殺。猶不見嬌妍之萎云。此美人之不限以年齡三也。至近世之美人。亦無不皆然。留婀玖娘者。花顏玉貌。美冠一時。有一高僧頓忘衰老。竟背教法。戀戀不捨。遂爲他人指斥。時留婀玖娘齡已七十。聞其名者魂馳。見其容者腸斷。至死之日。歐洲多情男子。無不長太息云。此美人之不限以年齡四也。俄之女帝峨嵯嶙者。三十三而即帝位。秋波一轉。即猛勇之將如阿流怒留夫。亦被其籠絡。其後三十三年間。惱幾多之勇士。迷幾多之少年。當崩之日。下情淚者不知幾人。此美人之不限以年齡五也。夫人笑曰。何其引證之賅博乎。果如郎君所言。如妾者亦未足恨落花紅葉歟。散士曰。是非歐美諸國爲然。雖在東洋諸國亦然。唐人之詩曰。霜葉紅於二月花。世傳有西王母者。年百餘歲。常食桃果。顏色如玉。浴於西池。肌如白雪。楚襄王西遊。渡弱水。會於雲夢。雲也雨也。使千載之後。多情之王公。猶追懷想慕而不置。唐之則天武氏者。麗容嬋妍。楚楚動人。謝絶塵世。削髮隱於寺院。高宗一見。竟不能忘。不顧恥辱。納於後宮。厚迷深溺。遂廢王皇后及蕭良娣。及高宗崩。武氏即號天聖帝。或寵浮屠僧懷義。或愛御醫沈南璆。至死而色不衰。故唐書曰。太后春秋雖高善自塗澤．雖左右不認其容色之衰．妖冶猶可惱人．諸豪傑皆爭聽命．且時年已八十餘云．此美人之不限以年齡六也．鶯谷判官之妻西臺者．早田宮之女也．其未嫁也．世人皆謂其兼有百花之美．曰梅花者其香悅鼻．使人樂聞．然樹無婀娜之態．櫻花者其色悅目．使人樂觀．然花無馥郁之臭．楊柳青青．舞風戲水．姿雖可愛．又無香無色．使梅花之香．移於櫻花．又開之於柳樹．始可與西臺競美．高師直見其風姿婀娜．芳容奪目．麗影縈懷．豔書千百．莫能牽動．僅得一歌．煩惱之情．燃不得熄．遂譏殺判官．以奪西臺．時西臺年亦已越三十五云．此美人之不限以年齡七也．紅蓮曰．然則如幽蘭紅蓮二人者．且暫待時．以讓步於夫人乎．時興味甜酣．笑樂之聲不絕．秋夜之間．別起一團春意．於是相伴而至河岸．放舟浮於蹄水．滿林白露．映於月光．數點燈光．明於水外．微風時起．瀾漪碎流月影．秋樹蕭條．落葉漂於舟畔．縱一葦之所之．漸至流中．夫人徐吟曰．

微月懸西方．依稀吐素光．下階步前庭．白露霑我裳．攜手出籠谿．放舟自由鄉．俯視蹄水流．仰觀浮雲翔．蟋蟀鳴郊野．疎鐘響山椒．良時無限景．歡樂猶未央．金風中夜起．北斗忽低昂．佳人今何處．山海阻且長．只恐寒節到．凝氣結爲霜．

聲音瀏亮．如玉笛之響關山．如黃鶯之歌幽谷．紅蓮曰．何其風韻之悽惋．而音調之悲慘乎．散士顧紅蓮曰．夫人者曠世之名士骨數斗公之令娘也．阿翁出入生死之途．履徧艱險．嘗盡辛酸．雖大業垂成．中道而敗．而忠勇義烈．冠蓋一世．夫人亦冒世途之險．素願未償．事竟不濟．非慷慨痛切．發爲悲壯之音者乎．紅蓮危坐船中．謂夫人曰．夫人者匈牙利之名士骨數斗公之令娘乎．嗚呼．何吐露丹心．開拓素懷之遲乎．尊親今居何處．故鄉今果何狀乎．夫人聞之沈思．默然．既而又吟一詩曰．

勿問故鄉事。故鄉夢一場。親友多零落。舊齒悉凋喪。墳墓亂衰草。城闕亦邱荒。力征吞九鼎。苛慝暴三殤。家國傾廢久。何日收散亡。子弟事文弱。角弓無由張。感物悼遷斥。舒憤訴彼蒼。

紅蓮曰。初四人邂逅於此地。皆亡國遺臣。因相感奇遇。語來歷。吐肝膽。誓結斷金之交。今且多一亡國忠臣。不又奇遇哉。願夫人爲妾等談往事而勿吝也。於是夫人正襟曰。妾先祖亞細亞之豪傑。亞鬼羅之猛將也。亞鬼羅以豪邁不世出之大勇。席卷歐亞大陸。先祖雄猛無比。陷陣搴旗。戰功最偉。因得封於匈國。世保侯位。不料世移時易。盛衰遞嬗。後爲土耳其回敎人蹂躪。遂歸日耳曼帝國領屬。日耳曼帝國以我人種與己國不同。見我强盛日進。忌之惡之。百方苦我。施撓我之策。發愚我之謀。廢我建國之大法。殺我自由之大權。苛虐壓制。無所不至。我人民不堪其暴戾。舉兵而謀獨立者。不知凡幾。雖衆寡不敵。莫能遂志。屈伏鐵血之暴政。空吞憤淚者百有餘年。及一千七百四十年。普之布烈帝歷大王。率乘勝之精兵。犯日耳曼帝國之南境。馬和利王亦得法國之聲援而爭帝位。攻我西境。奧國連戰不利。諸城悉陷。奧都亦爲敵兵所攻略。女帝麻利亞帝列佐幸脫虎口。來逃匈國。親抱幼帝。步臨議院。揮淚涓涕。訴法曼之暴略。且曰。如有仗義而恢復我國者。功成之日。厚予報酬。且予人民以自由之權利。我民見之聞之。感泣憤興。起勤王之兵。集於女帝之旗下。奮戰激鬭。遂破歐洲之强兵。救奧國於將覆。回帝位於既墜。女帝大嘉其功。報其功勞。悉皆如約。而皇子內勢夫者。生於深宮之中。長於婦人之手。不知母皇中興之艱難。忘人民勤王之忠義。陷於驕奢。躭於淫逸。容固陋之說。信宵小之言。背盟約。失民心。奪地方自治之權利。變人民公選之官制。陪審之法。既已停止。言論自由。亦所禁抑。甚至聽狂生浪子之空談。一二外人之邪說。至邦家獨立之骨髓。概不保存。又布廢本國語而用德國語之令。嗚呼。數百年來。國家前途之經濟。人民生計之程度。以至風俗習慣衣服飲食居處諸事。女皇皆欲徐徐改良斟酌妥善者。不及數年。悉爲所廢。人民不堪其弊。怨嗟載道。將起而爲革命之舉。國之志士恐之。乃赴京師上書而諫曰。

我祖宗建國之法。天皇陛下公明正大。一視同仁。以收攬紀綱。以撫愛億兆。以是德風下洽。萬民安堵。蓋國家者。祖宗相傳之國家。非陛下一人之國家。人民者國家之人民。非陛下一人之人民。人民賴國家而生存。國家賴人民而成立。陛下更賴國家人民而後得臨御。所謂國者以民而成。王者以國與民而成。是實天之則也。此其義銘於萬衆之肝膽。千世不可磨滅者也。陛下宜服膺此法典。以與天地長久。若誤於奸臣。背此天則。恐下民不堪虐政。將有不利於陛下也。近者人心搖動。不安其堵。妖雲殺氣。密閉四面。潰裂之狀。即在目前。是果何故乎。由臣民背陛下乎。抑由陛下戾臣民乎。臣度決非臣民之背陛下。亦非陛下之戾臣民。惟左右近習。以媚陛下諂陛下者。背陛下。卽背臣民耳。蓋其壅蔽聖明。動矯帝敕。凌人民。恣私利。弄威福之故也。夫先皇以雄偉之才。戡定大亂。播博濟之仁風。登萬姓於袵席。賞功履約。與民誓曰。噫爾有衆。助朕艱難。以除暴逆。爾績實多。朕大嘉之。茲從前約。依公議。許自治之政。休養民力。朕百年之後。或有敢背此約者。非朕之子孫。非朕之臣民。於是我三千餘萬之同胞兄弟。皆感泣聖恩之優渥。日望善政之舉行。其後先皇崩御。權臣矯命。前約歸於水泡。陛下至仁至孝。而今竟悖先皇之聖詔。其何以見先皇於地下乎。古聖有言曰。民無信不立。陛下至仁至孝。而左右之臣。以陛下之名。失信臣民。何以統御萬衆乎。臣等素非有怨於陛下者。惟見左右執政之權臣。有壅蔽聖明之跡。區區愛國之情。所不能緘默也。夫聖詔之寶典。上下一意。必須奉戴者。戾之悖之者。非宗廟之子孫。非國家之臣民。若夫明時勢之變遷。審氣運之轉移。知寶典必當改革。亦必詳議其利病得失。與國家之隆彝社會之秩序。財產之安甯。而後始可改革。若不然。一二權臣。矯帝命以自便私圖。人民不信其法。不堪其律。無遵奉之誠心。憲法之實果何在乎。夫猝然背盟約。悖聖詔。奪自由之權利。施壓抑之苛政。容狂生浪子之妄言。毀國家獨立之骨髓。言語文字。舍己國而用他國。臣等不知政府之意何在也。政府如固守今日之弊政。徒恃兵力以壓制下民。自以爲安據泰山。高臥堅城之得計。可謂燕巢於飛幕者。豈不誤哉。豈不危哉。然而左右之臣。執拗頑陋。爲私欲傷帝德。爲私利忘國家。不舉行先王之聖詔。當此時也。十九世紀之人民。欲維持國權。保存人所同有之權利。恢復被人掠奪之自由。吾知必出於强力。而不假於柔順。國家之前途。概可知矣。希陛下上對祖宗。下思人民。毅然英斷。勿爲奸臣等傷蠧聖明。如遲一刻。則有一刻之悔。延一日。則有一日之災。陛下如鑒愚忠。有所採擇。則幸甚。

書上。政府覽之。知內亂之不可已。乃召集議員。發布憲法。釐革弊政。許地方自治。未幾法帝拿破崙討平四鄰。併呑歐洲。奥國亦罹其鋒。連戰不利。都城悉陷。奥帝因復出奔匈國。邦家存亡。迫於旦夕。我人民因再生敵愾之心。出師救援。以抗拒法兵。使奥國存而不亡。皆我人民之力也。當時法國革命之亂。其禍浸被全歐。流血盈野。殍骨載道。人民流離顚沛。不得安堵。不得營業。莫不有厭亂思治之心矣。而彼誤以自由爲國家紛亂之階梯。民權爲人民窘困之門戶者。卽言論之急激。舉動之粗暴。本爲自由民權之本色。亦且指摘而壓制之。却不思爲自由脫奴隸之苦海。爲民權得自主之樂地。以至呻吟叫號於鞭箠之下。其慘苦豈不可歎息哉。

其後奥國有滅廷日苦者。任外務大臣十餘年。陞宰相之位。掌柄政權。施愚民之術。以致政體腐敗。人心委靡。挫折國民之精神。消滅改進之氣運。使十九世紀之奥國。將士不奮。民心不競。學術不進。工藝不興。商業不振。國運之進步。比鄰國瞠乎其後者數十年。皆滅廷日苦之所致也。西被普國之辱。見斥日耳曼聯邦之盟主。南爲意國所敗。失去祖宗數百里之土地。東招匈牙利屏藩之怨。北受俄羅斯強暴之加。數歐洲衰弱之國。首屈一指者。舍奧國莫與屬。亦滅廷日苦之所致也。凡此者皆滅廷日苦汲汲以保祿位。便身圖。措制志士之口。沮喪人民之氣之所致也。政治家豈可不深鑒乎。（案滅廷日苦一譯作梅特涅）

滅廷日苦之爲人。少有才。無節操。巧辨佞黠大計。一旦掌握政柄。布施抑壓暴制之令。斷絕自由自主之根。議院則以貴族僧侶組織而成。議員則以威權全權籠絡而得。政府之提出議案也。不說是非與得失。滿場常贊成原案。而無駁議。議院之開閉。皆終於一日。故世謂之爲一日議院。自是賄賂公行。諂諛佞倖者。則漫享富貴。節操忠義者。則皆被退黜。商工之大業。悉握於滅廷日苦黨與之手。貪曖昧之利。謀不義之財。而又好博貪花。耽酒役色。日嬉游於風流之地。迷溺於花柳之場。狐假虎威。恐嚇流輩。傷風壞俗。醜行萬狀。至不忍言。

且滅廷日苦巧於修容。嫻於辭令。常以甘言結帝之左右。以固信任。於宮中每出入後宮。而醜聲漏外。且彼自知其學問見識。不能及人。故務作容儀。修飾言語。一據籠絡主義。剛直之士。則籠絡以情實。流俗之人。則籠絡以財色。以榮官籠絡不平之士。以諂諛籠絡外國之人。美宮殿。麗衣服。以籠絡庸夫俗子。於是費用日加。俸祿不給。因假外交名締結。更稱探偵費。稱帝室費。濫用百萬之金於模稜之中。彈劾無御史之官。議院無糾彈之士。三千餘萬之生靈。納酷租苦苛斂。傾家破產者。每年以數萬計。官府強爲之說曰。人民奢侈與怠惰之所致也。甚至路有乞食者則拘之。家有求助者則追之。有以賑救貧人之故。而受嚴責者。嗚呼國勢陷於此。又何恃而不恐哉。時國家中興之老將猶多。滅廷日苦原無汗馬之勞。知威望難爭。且以奸佞之才。盤踞上位。懼一朝有事。全失政柄。乃案一策名外交以諂諛主義依賴强國警察嚴偵探外交主祕密徒冀幸無事粉飾太平雖傷國權損國威亦所不顧老將眞無用之人哉於是奬勵舞蹈遊樂惟使元氣消磨於歌舞之場使將士昏倒於醉夢之間使人民沉埋於貧苦之境而莫之或恤己則徒與黨與共積萬金以了一生於安樂放逸之域天其許之乎人其許之乎自三帝約神聖同盟歐之大陸皆被其强迫連合蓋同盟之意欲撲滅自由民權若其國有倡革命之舉布公議之政者以同盟軍征討之以故除英美之外皆呻吟於抑壓非道之治下其不諱直言而被追捕繫獄斷首於刀下者不知其幾千人滅廷日苦欣然曰善哉善哉可以送我餘年於優遊之中矣焉知熱望自由改進者形跡雖未發泄於當時黨與却已布結於各處韜蹤匿跡以待時機既而會法京革命之軍起促柏林之改革全歐人心紛如亂麻激昂如堤水之決滅廷日苦既不能以詐術巧言籠絡之於是倚賴武力施鎮壓之令國中人民見之俄然勃發憤激有志者不期悉集於京師伏九闕上書以展自由請內閣改革者日益月多就中奧都大學博士諸生先衆大呼曰不許出版之自由不能訴人民之寃屈不與立憲之政體不能殺奸臣之專横不與人民參政之權不能圖一國之獨立於是全國士民憤激殊甚推老父爲魁首奉書宮闕請除弊政一千八百四十六年正月十五日進維也納民人歡喜奏樂燒篝火先導者數萬人咸唱萬歲呼救主蓋此日爲救主開議院之日也議院猶未開傍聽者已數千人充塞四旁一士立於石階朗誦老父告天下之檄衆皆異口同詞咸翼贊之必要議員人民隨進王宮痛陳國勢之危急以上達帝聽於是尾而進者千百爲羣滅廷日苦大恐與黨羽數人倉皇懷財寶遠出奔於英國嗚呼身爲國家大臣既不能竭忠盡誠以報君國及事之已至又不能盡力以鎮大亂引罪以謝天下一誤再誤至於背君捨國偷生潛逃絕無氣節權臣末路往往如此可勝慨哉紅蓮曰自古奸臣柄國

貪戀祿位。擅弄威福。諂媚强鄰。以至損辱國體。猶恬然而無所顧。或恐志士暴露之。則束縛言論之自由。欲以蒙蔽當世。嗚呼。如滅廷日苦者是也。有志如尊父。亦被挫折。不能置身父母之國。而落魄於他邦。不亦悲乎。散士問於夫人曰。僕聞尊父大名久矣。雖然其卓行偉業。僕知之未審者甚多。希爲僕詳說之。夫人曰。老父年三十而中代議士之選。充匈國之議員。當時名聞未著。演說未熟。經驗未積。世務未練。辨論才識。未動輿望。以不能盡議員之職。竊自歎息曰。吾不自省。擔荷參政之寄託。雖欲伸民之枉屈。增其福慶。奈力微才薄。不能副其望。有負故鄉老父者多矣。然若蹶然辭職。奈代議士之分未盡。何惟誓以身報國耳。區區他人之毀謗。焉用避之。當時議員爲政府所籠絡。議員忘代議士之本分。徒迎合政府之意。議事專斷。多不洩之於外。議員亦不敢明告於人民。人民慣受抑壓。漸染之久。亦恬不爲怪。以是官吏濫用國帑。議員之汚行。多有不堪言者。老父目擊之。慨然曰。膏粱之徒。忘公圖私。以虐政愚民。欲以永保祿位。風教之壞亂。可謂極矣。國勢之陵夷。可謂至矣。乃刊議事實錄。以頒布於公衆。人民初讀之。憤其縱橫專恣。人心漸醒。政府大懼。定出版條例。欲以禁遏之。老父密使諸生數十人謄寫。以徧頒各處。有爲之士。蜂起援之。遂迫內閣及議院。請公布議事實錄。輿論鼎沸。吏人復無如之何。而恨爲老父所暴露。使人說老父曰。公列淸華。而位高顯。年少而抱卓犖之才。徒爲客氣所使。漫抗爭政府。以忘禍害及身。竊爲公所不取也。若少自抑省。安身宦途。永享富貴。不亦善乎。公之才智。將來必有重用之日也。老父聞之冷笑曰。僕祖先以來。世列貴族。家頗富贍。若爲一身計。亦復何望乎。但下民瀕於困頓。國勢趨於陵夷。敗亡之機。日危一日。僕挽頹波蘇民困之外。復無他意。今政府貴族。專擅政權。橫征暴斂。朘削貧民之膏血。以擲諸無用之地。焉有民力之不凋衰乎。是非獨細民而已。雖中等以上之人。亦無不歎息叫號於苛政之下者。抑政者安民之具也。而今乃爲虐民之器。反不如無政之爲愈矣。夫汚吏之利慾無窮。而生民之脂膏有限。以有限之膏血。而供無窮之利慾。欲其不困鬱。何可得乎。是非愛國志士袖手旁觀之秋也。吾豈忍爲富貴榮達。欺我良心哉。於是政府益忌之。遺捕吏以逮我老父。投之獄中。法官逢迎上意。羅織其罪曰。骨數斗身在華胄。心實叵測。擅以議事實錄。公布於世。以煽惑民心。圖謀不軌。因定獄四年。既出獄。身體衰弱。足不能步。乃隱於海濱。暫避塵世。以休養銳氣。既而歸於奧都。發行新報。凡政治之腐敗。風俗之猥靡。貴族僧侶之專橫。皆大聲疾呼而思救正之。又痛論國語爲國家之元氣。人民之骨髓。必要恢復。因使議院議定廢德國語。而復用本國語。於是輿論翕然。老父以爲欲濟世救民。使國家富强。與文物典章。衒美於外。莫如先養一國之實力。以固其基礎。於是銳意講經濟之策。以爲工商之權。落外人之手。則獨立之國體不成。乃執保護政略。外國輸入之貨。則重稅之。己國輸出之物。則輕稅之。由是工商之業大振。老父猶以爲未足。與愛國志士。誓不使用外品。國人望風奮從。風氣爲之一變云。老父爲人勇敢沈著。胸襟豁達。以天下爲己任。處患難而如夷。豪俠不羈。傾產以結四方豪傑。名聲藉藉。震於一世。其在議院也。侃侃而談。訴生民之苦疾。論國家之大計。沛然而不可禦。人無敢當其鋒者。皆靡然從之。其勢力之大。人望之歸。列國議員中。曾無其匹。敵黨常相語曰。於議場與骨數斗舌戰。如驅羣羊而搏猛虎。其爲人所敬憚如此。當是時政府黨以貴族爲魁首。其倚賴權臣。無節操。求榮達者。發行新聞。無廉恥。受貨賄者。戇直之士。闇當時之事情者。又相集爲一黨。其所倡道曰。古來聖君賢辟。其功德所以垂於今日者。皆無非專制之政體也。曰立憲政體。曰共和政體。皆亂國家之秩序。削帝王之主權者也。曰責任內閣。曰更迭內閣。皆動搖國本之萌。擾亂國是之漸也。一意逢迎政府。撲滅國民之義務。指立會演說爲處士橫議。目新聞出版爲斯文敗類。且杜爲之辭曰。現內閣雖處事失當。謬誤甚多。然今之大臣之外。可託任天下之大政者。實無一人。然則情實（情實者親族相率故舊相引不問人之賢否也）組織之內閣。比主義結合之組織。尤為鞏固也。輕減人民之負擔者。流於放逸奢侈矣。其僻論浮說。固無足論。時一千八百四十七年。老父將補奧匈獨立黨代議士之職。政府大恐之。有吏人某頗黠。賂言官。使改為政府黨候補府知事派吏員而作流言。以讒老父。警吏戶說家喻。貴族則集舊臣以陳情實。勸助政府。獨立黨亦正正堂堂演說。盡全力於新報以援老父。紛紛囂囂。物論如沸。是實不止政黨之勝負。一國之盛衰存亡。實集於老父一身之時也。時匈都之佳人。雖以婀娜之姿。往往立於衢巷間。囀其嬌音。縱橫論議。以作老父聲援。至今猶傳為政海佳話。既至選舉之日。果為衆所推。而入議院。敵黨一敗。無復顏色。我黨之喜可知矣。老父自入議院。為釐革弊政之魁首。指摘政費年增。人民流離。財政失當。毫無所遺。時忽有一急報。如霹靂一聲。落於議院者。乃巴黎府有人民倡改革之舉也。衆聞之皆駭愕失色。老父徐起曰。方今危急存亡之秋。徒論財政一事。安得救禍亂乎。抑我國承大亂之後。民心思治之餘。竟為奸臣誤國。上乘之而恣專橫。下為之而趨卑屈。是所以致今日國勢之陵夷也。當是時非決然施一刀兩斷之策。豈能截其毒骨而蘇死者乎。其策首在截除禍根之毒也。而其事蓋有數端焉。第一可清君側。今宰相滅廷日苦。擁仁聖之帝。而握大權於私門。陽號帝勅。陰占政柄。功績則收之於己。過誤則歸之帝室。夫大臣者。奉命於皇帝。而負望於人民。躬荷大任。而責在一身。古人不言乎。功成則歸王。不成則自受其罪。今滅廷日苦之所為。上之不忠於陛下。下之不信於人民。是果可稱國家之大臣乎。是不可不代以剛直大度之名臣也。第二可責任組織內閣。夫內閣者。萬機之所出。政事之過誤。皆不可不任其責。自滅廷日苦作宰相以迄今日。國事叢脞。時則或掩以帝勅。或使當局之吏員代罪。恬然引退。若已不與知其事者。是可謂內閣組織之得宜哉。

宜削除積弊而更革一新也。第三都下維也納之官邸。壯麗眩目。瑰琦驚魂。退察地方慘狀。苦於苛征。疲弊困難。災厄頻臻。租稅山積。盡賣田宅。難塡慾壑。妻子分散。流離飄零。不能安其堵者。不知幾千萬人。是破地方自治之制。積中央集權之弊之所致。宜蕩滌流弊。以圖休養生息之道。第四財政不得當。徒朘削下民之膏血。設方法以計財庫之便宜。故利少數之人民。而苦天下之衆庶。且先導富人驕奢之風。輸入超過於輸出。金貨日減。再蹈前年之覆轍。宜計畫公明鞏固之財政。先在一掃除無用之政費。第五施政之方針一定。情實之政日加。朝令暮改。弊竇百出。煩民苛斂。民心之厭日甚。夫爲政之要。非爲人官設。爲官舉人也。今紀綱敗壞。爲人設官。賣私恩以官。解私怨以官。殆不異以官爲朋黨遊戲之具。天下之公租。一如權臣之私物。無用之貴族日加。吾輩當困弊艱危之際。所以減衣食以奉公家者。非以上則祈圖皇室之長久。下則冀望人民之幸福之故哉。今既如此。生民之疾苦。憑誰託也。嗚呼。廟堂諸公。歌謳舞蹈。粉飾太平。日又一日。苟且偷安。外招鄰邦之輕侮。國威漸替。內弄威柄。破郵便之公權。擅開私信。疑忌忠臣。追放志士。抑壓論客。蒼生塗炭。無由自達。而國本亦從茲而蠹矣。當此之時。非拾私心。主公明。訴公議。以公議輿論。一變內閣組織。掃滌無用之官吏。廢不急之土木。減政費而薄稅斂。以休養生民。興復國勢。萬不可望也。衆皆憤然曰。然哉然哉。今日之內閣。成於情實者也。雖傷國權。損國威。專爲保守祿位。而徒倡平和者也。現時之大宰相。巧言令色。反覆表裏。而無大臣之風。弊政更革之責。在於吾輩。宜一變內閣組織。糾彈官吏之權。握於議院。許自由出版。寬集會演說之條例。輕賦稅。以謀休養。外禦敵國之侮。內防蕭牆之禍。議遂決。老父代衆赴於奧都。請於奧帝。奧帝不得已。許出版言論之自由。公裁判之實記。置陪審官。建眞正立憲之政體。初貴族邪維鬼苦匈國頑固黨之首領也。與滅廷日苦結託。以恣私利。煽動崇信舊敎者。抗文運之進路。誓撲滅志士。一朝聞滅廷日苦出奔。聞建立憲眞政之詔出。譻曰。我豈忍與奴隸議政哉。遂舉兵而反。虛誕誣罔。煽動亂民。而逞强暴。占奪良民之田宅。虐殺屠戮。無所底止。燒家刈麥。野無青草。奧帝竊送兵食援之。俄國亦煽動希臘教徒而作亂。旁觀坐視。殆如不知者。匈都之議院訴之奧帝。奧帝陽納之。召邪羅鬼苦而正罪。陰賜斧鉞以爲匈北之管領。人民聞之。憤激益甚。老父立於議院告衆曰。奧帝忘國家人民。破約助暴而煽虐。奪我自由。欲以我爲奴隸。事已至此。亦何言哉。宜募一國之義勇。以講自衞之策。然非募兵二十萬。金一千萬。則不可也。諸公以爲如何。滿場人不覺起而贊曰。不得自由。有死而已。豈能屈於强暴非道哉。速徵集之。老父見其義氣烈烈。不覺潸然泣下。跪曰。代議院謝匈國人民愛國之心。衆遂推老父爲護國黨之盟主。歃血俱盟。既而邪羅鬼苦合奧國之援兵步騎五萬來犯。匈國之志士。迎戰於斯可洛。命維也納大破之。殆擒敵之全軍。邪羅鬼苦乘夜逃竄。僅以身免。奔於維也納。追獲甚多。政府鎭臺。進助邪羅鬼苦伐匈國。皆曰。不忍伐報國忠義之同胞也。今日之事。曲在政府。吾輩雖死。不能奉命。政府由是令騎兵伐之。戰起於街衢之間。勝敗久不決。維也納之學士。及大學之諸生見之。慨然揭竿而起。市民翕然應之。相與夾擊。而大敗騎兵。生擒陸軍卿羅刀。數罪而誅之。梟於街燈之上。奧帝出奔。奧都歸於革命黨之掌中。雖然。烏合之兵。議論紛紛。學士諸生。不知兵略。最暗權變之術。遂失兵機。奧帝再蒐兵選將。與邪羅鬼苦之敗兵合而來攻時。城中之形勢。恰如水夫怒船主之不法而殺之。雖得握全船之權。不知運用之妙。惟任風飄浪泊。號令百出。惟自己之動作而已。波蘭之老將辨武。嘗在拿破崙麾下。勇略蓋一世。常憤國家爲俄奧普三國所滅。欲一報仇敵國而死。屈伏待時久矣。今聞奧之亂。挺孤劍來救匈國之名將。苦樂武荷亦入城助之。於是城中鼓氣。高壘深溝。大議守備。既而奧軍大舉圍城。奮戰累日。城兵日夜翹首而待匈國之援軍。時匈之謀議分爲二途。一曰事既至此。直長驅而救城兵。一舉而衝敵窟。以絕生民艱難之根。清君側之惡。組織立憲公議之良政。一曰我之舉兵。實出於防禦之不得已。今已退敵兵於境外。若越境動兵。徒負叛名而已。且烏合之兵。刀鈍銃寡。難以敵奧之大軍。論議經數日。漸決前議。老父將兵二萬而赴援。敵將分兵步騎六萬。大戰於城外。我兵敵愾之氣雖有餘。兵器脆弱。陣無巨砲。敵彈飛射。我軍猶不顧而進。奮戰半日。殺傷過半而交退。城中見之。氣沮食盡。而乞降會邪羅鬼苦再來攻。老父逆戰。復大破之。生擒數千士卒。以老父待遇優渥。感激欲留戰者甚多。未幾。敵軍二十萬自四道來攻。時匈國之精兵僅不過二萬。其餘烏合之衆而已。兵甲不完。糧食不足。老父奔馳國中。途說家喻。奬勵士民。鑄銃礮。製硝藥。內定國是。而外當勁敵。鞠躬盡瘁。義氣動人。士民皆無不感激。原來舊教之僧侶。常忌改進之政。與守舊黨人。亦會於匈都。痛論被外邦蹂躪鄉國。至有荷戈而陷敵陣者。雖然衆寡之勢不敵。訓練之效不精。不能以刀槍弓矢當巨礮良銃。外援未至。匈都既陷。老父麾衆灑淚而勵曰。諸方勤王之師。皆在途次。救援不遠。美國革命之日。三都已陷。士氣益堅。吾輩勿使爲美人所笑也。將士鼓勇。瘡痍皆起。名將辨武召募義勇。驅逐奧兵。進至東境。豪流勁者又率精兵而據險塞。以扼奧爲大軍。二將用兵迅速。朝衝其前銳。夕襲其後陣。敵疲於奔命而退。電將軍亦波蘭之名將也。將勇來救。伐敗奧之北軍。連戰皆勝進而大戰於夷閔絕區。奧軍敗走。我兵斬首六千級。生擒二千。匈軍之威大振。邪羅鬼苦聞風而遁。奧軍又無戰色。初歐洲列國之君將相笑曰。匈國烏合之民。安得當雄邦訓練之勁卒哉。至是。列國稱匈國之義勇。約公認匈國之獨立。奧之威勢全衰。奧之君臣昧後世之大患。陷於俄國辨士之遊說。忘國家之恥辱。借敵國之兵馬。欲以征服同盟兄弟。遣使者乞俄國之援。初俄國挾富强苦於無事。將士撫劍而歎髀肉之生。今又聞奧國之敗。每見專制之政。爲公議迫蹙。不能無憤激之感。且救鄰邦爲名。征擊匈國。使不能再振。策他日併吞歐之南方。亦復不難。相機已久。及奧之乞援。大喜諾之。直出大兵。約衝匈之背後。宣言曰。匈國反賊也。匈之人民倡道自由改進者也。自由改進者。俄奧帝室之深仇也。匈若制勝。雖保全歐之平和。故戡定匈亂。誅首謀。復獨裁之政。破自由改進之迷夢。上報天帝。下盡人民之義務也。匈國之人民聞之。移書歐洲列國。以訴俄之强暴。匈之枉屈。列國聞俄奧同盟。旁觀不救。既而俄奧大軍五十萬。壓境而來。犯匈國。志士憤激泣下。誓以身殉國。遂鳴奧國苛殘之罪。傳匈國獨立之檄。實一千八百四十九年四月十四日也。諸將相議。先克復都城。期日進戰。決圍奧之老將片勢於匈都佛陀城。血戰苦攻。自夜達旦。　兵善拒。翌朝更鼓勇進擊。刀槍相接。城壁蟻附。遂竟陷之。獲片勢。擒全軍。軍氣大振。雖然。此役也。將士傷亡過半。而俄奧之援軍日加。四方之敗報頻至。大將豪流勁爲人勇敢果斷。善於用兵。無如薄於忠義之心。久蓄異志。忌老父之有民望。屢不奉命。俄軍偵知之。以重賞誘之。豪流勁遂竊約率麾下精銳之兵。而降麾下之將士無覺之者。會敵之大兵圍繞四面。豪流勁出於不意。而降。宣言曰。忍恥抑憤。以救將士之死。濟生民塗炭之苦也。麾下之士。或忿恚自殺。或不忍委其愛馬於敵。有親斬之者。或折劍裂旗。悲憤號咷之聲。於軍門前。終夜不絕。時名將苦樂武。荷固守胡蒙崙之堅城。諜知敵之暴將平能之軍。竊出匈軍背後。夜半銜枚襲擊。掩破之。敵軍狼狽。伏尸滿野。所獲之銃礮糧食。可支半年。進戰又破敵軍。將越奧境。士兵集於旗下者日多。兵勢大振。因會將士而議進戰。衆皆奮曰。機不可失。宜長驅直進。而乘敵兵之無備。直衝奧都。結城下之盟。眞在今日。士卒聞之。踴躍振奮。勇氣十倍。卽日徒行而進。復大破奧軍。屯兵於武羅天湖畔。檢閱軍容。將士意高氣揚。妖氛消散。匈國獨立之薰風。自由之祥雲。靉靆半天。奧都維也納震動非常。乃與將士張宴。說明朝之戰勝時。

有一農夫狀貌憔悴形容枯槁踉蹌而進苦將軍之前見之則下議院長也戰栗無言漸揮淚曰大事去矣大事去矣豪流勁旣賣士卒甘爲降虜骨數斗率殘兵而奔保東境諸將士聞之慷慨泣下仰天憤然

第九回

骨數斗夫人又繼語曰於是苦樂武苟慨然告衆曰吾輩爲國家興事已等身命於鴻毛與其面縛而爲囚徒甯不若以馬革裹屍也一息猶存豈忍棄伐賊之旗斬敵之劍哉雖然今日大勢旣已非矣諸子欲去則竟去予亦決不恨之也衆聞之皆曰吾儕小人辭故鄉捐妻子從於將軍麾下旣以一身奉國家豈以事之成敗渝其志哉死死生生惟將軍之所命耳幸而天心悔禍佑我正義存我社稷庶幾以隻手回狂瀾若不幸而潔身與國俱亡爲匈國忠義之鬼以振後昆之義氣尤可望也苦樂武苟聞之大喜輒率其衆沿道集糧負芻退胡蒙崙城直修堞壁浚陽池駕礮壘上自巡視諸營撫循士卒壯者勵之創者恤之以死固守其城復檄將士曰夫古有以一旅一成與國者如往者士耳其自亞細亞起而西向也輕騎不過四百而能破羅馬東都國威赫然震動歐亞又嚮者拿破崙以乘勝之兵而東向也陷入奧都使女帝蒙塵當時我匈國忠義之士振敵愾之志躍然奮起遂挽回國運今我有忠義之士數千快健之馬數百投間抵隙以主對客以一當百大事尚可爲也諸子其各厲乃忠誠勉乃心力效死斯城而勿去則化逆境而爲坦途振疲兵而爲勁旅何難之有哉衆聞之憤激歃血指天而誓願以死從事旣而奧軍大集來圍四面環攻連十五日礮聲如雷彈丸如雨雉堞盡摧墮兵營半被焚煙燄四塞上亙霄漢敵兵乘之欲攀上城壁如是者三幸城兵能作防每戰皆破之絕無餒怯之狀雖然內則將士日見傷亡

彈丸糧食亦已告乏。外則援軍耗杳。敵兵愈加攻圍益急。大勢幾不可收拾矣。奥軍圍攻以來。頻相勸降。至是又遣使入城說苦樂武荷曰。將軍提疲散之孤軍。屢破大軍。今雖陷墜重圍。而將士用命。視死如歸。將軍又意氣自若。泰然不動。其忠勇義烈。天下既無不感者。雖然。闔國盡降。援兵不至。所餘者一孤城耳。大事去矣。人之云亡。而將軍獨嬰危城固守俟死者。其用心不可爲不忠也。然要無所裨補於國家。願將軍少留意焉。無以一身殃一城。以一城毒兆姓。其速速講和。而全兩軍之命哉。苦樂武荷卽應曰。謹謝來諭之辱。雖然。議和投戈。本屬甚善。請先立約者。曰屬我麾下將士。所謂名譽之降。不得據戰俘之例。其一行一止。任其自由。又所有軍器行李。悉給與之。昔雖犯罪。今無容問。又許開城之前。執行弔祭。祭戰士之忠魂於城中。若此數事。得奥帝之勅許。則收兵出城。儻無許約。惟與城共亡耳。奥軍知其難下。請之奥帝。帝不得已許之。於是苦樂武荷慷慨登壇。告別將士曰。咨爾有衆。忠勇節烈。所向無敵。以寡破衆。未曾挫衄。以孤立之一城。支四十萬虎狼之大軍。欲救國脈於既絕。期全土之恢復。無如皇天降禍。厄我生民。諸道之敗報接踵而臻。大勢既去。力竭計窮。孤軍不敵。陷於重圍。元帥豪流勁無志無節。甘爲降虜。望東境之殘援。遠如萬里。嗚呼。我儕遭此時艱。際此凶禍。智勇俱困。心力交瘁。天時人事。非戰之罪也。卽使炊骨爨骸。嬰城堅守。不過延旬日之餘命耳。然則逞憤而徒殞命於疆場。孰若含垢於今。朝期功於異日乎。但願不忘此境。嘗膽臥薪。誓雪國讎也。嗚呼。戎馬久勞。雄心尚在。相見有期。爲國家前途自愛。三軍聞之。率皆流涕。翌日築壇城上。以祭殉節之士。厚加殯殮。而後嚴明旗鼓。整勒戎馬。開門出城。奥軍見之。不覺動容驚歎。於時國內報國之兵。悉爲奥俄所討平。奥俄竟背前約。斬親王侯伯大臣上下兩院之議長以下十餘人。銃殺上將官十二人。將校數十人。暴掠殘虐。無所不至。捕良家之子女。則曰汝奬父兄而使戰。視富家之老母。則曰汝出軍資助自由之賊何哉亂入農商之家則曰探賊徒之潛伏或鞭笞或跳踢辱其婦女奪其家財遂又嘲笑曰自由之民何狂愚乎獨立之師何怯弱乎士民切齒無不痛憤雖然手無寸兵士氣解散其奈彼何也且當其時匈國高名之士或被戮或被刑或漂泊他國瑣尾流離死亡相繼其得晏然全體歸國者獨有豪流勁及其黨與耳國人聞之憤怨益甚無不欲食其肉炊其骨嗚呼如美之阿能奴法之朦老今之豪流勁其才略名望皆卓絕人羣卒不能全節盡忠而背義賣國爲貪數年之富貴而遺千載之臭名眞可歎也先是老父率敗殘孤軍僅保國之東南兵僅不過五千敵軍叱咤襲來號二十萬老父且戰且退跋涉卑濕之地草行露宿無暇解甲憩馬士卒之疲憊愈甚邪熱瘴氛日夕發作重以饑餓而死者十之七八而敵兵追躡愈急乃僅逃入土耳其之國境哀哀乞救土人曰匈國者我祖宗之舊讎且敎門之敵也雖然窮鳥入懷豈忍殺乎况骨數斗提孤軍當強暴莫禦之大軍百折不撓數盡運窮不渝其志眞不易得之豪傑哉遂乃保護慇懃待遇亦厚奧俄之君臣聞之必欲得老父而甘心以百萬之黃金而賄土帝且強迫曰請速出我逆賊若欲強爲保護二國之兵馬既合從事干戈何難遂吾大欲也土廷赫然怒曰骨數斗者愛國忠義之士豈可以囚賊目之乎夫於政治上犯罪而逃入他邦非其本邦可干涉之者是實萬國公法之所許也然二國之橫恣目無公法蔑視我國權徒逞暴虐之威我國雖微猶足相對豈肯束手付國權於不顧哉遂峻拒之自是奧土之交幾絕將以干戈相見而屍山血川之慘劇又欲再演於歐東矣駐紮土京之各國公使憂之或往慰俄奧或說土廷或勸老父欲以結平和之局策畫無所不至土之大臣從容告老父曰我國實欲保護公等然各邦之星使等揚言曰土國之保護骨數斗永留此地是爲二國伏敵養虎者也其意不外破三國平和之交若以三國之交際爲重可驅亡國之敗將於國外不然則爲包藏

禍心之證耳。是我君臣夙夜慨憤所不措也。雖然。今日我國勢衰微。乏拒各國勸告之力。是實自憂。且對公等實不勝慚愧也。但於茲有一策。使彼等不能藉口者無他。公等改宗回回教是也。入回回教住於土國者與我臣民同他邦不能干涉我國法所明記條約所公認也。公等能無欲免此難而棄基督教之意乎。吾今千思萬慮。舍此無策也。老父灑淚謝曰。國亡身死。是男兒之志。所以不卽引決者。微息猶存。亦欲爲國家盡心力。一洗歐洲專橫之原點。俄奧暴虐之敝政。窮歸以來。貴國之優遇。無辭可謝。雖然。變教一事。難從高諭。死固不足恐。名教獨可惜。今若爲避難入回回教。後人白爲貪生怖死。枉心自欺者也。是實予所不忍言。又良心最所不許也。數盡道窮。將託命於滄海之外而已。說諭再三。畢竟不聽。於是老父之身命危如纍卵。初匈國之傳檄各國也。北美合衆國民嘉其義。救助之議。紛紛不絕。以國是不許。未敢出師。今聞老父之危急。憐之之情。救之之論。蔓延於國中。暢論於報紙。一國之輿論。無不贊揚其義。舉決之於國會之議。上下同心。全國一致。於是派軍艦於土國。載老父數人歸美國。此義舉實宇內各國之所稱贊。而俄奧之殘暴。亦不能難之。老父自是來居於美國。歲餘。所至款待優隆。皆稱其高節大義。勸永留此土。老父以有愧於高節公之高風。乃辭美國。又航英邦。遊說各方。述故國之慘狀。痛論俄奧之殘虐。以求同志於天下。迄至於今。更不渝其素志。散士曰。尊翁之經歷其如此乎。其崎嶇間關之蹟。其宿志蹉跎之情。思之猶令人毛髮悚豎。紅蓮曰。閗往年奇形之帽。歐美間青年人士皆倣用之。今猶稱之爲骨數斗帽。當時有不戴此等帽者。謂爲不知邪正忠奸之別者云。又可以知尊翁忠勇義烈感動天下之人心也。時山鴉噪樹。東方既白。諦視衣袖。曉露既深。三人始驚夜盡。登岸入室。相對而喫朝膳。背上有聲連呼曰。勿棄妾去。勿棄妾去。驚而回首。則是往日之白鸚鵡也。散士起撫其頭曰。嗚呼。汝猶且記憶舊時。見吾三人之會食。然汝能服膺女史之教。無敢失却乎。嗚呼。何其多情乎。余再閲汝有情之詞。深自愧赧。昔有賦汝者曰。挺自然之奇姿。體金精之妙質。含火德之明彈。性辨慧而能言。才聰明以識機。采采麗容。交交好音。雖同族於羽毛。固殊智而異心。配鳳凰而等美。焉比德於衆禽乎。容止閑暇。守植安停。雖逼之不懼。雖撫之不驚。甯從順而遠言。不逾忤以喪生。窮歸委命。離羣喪侶。閉以彫籠。翦其翅羽。飄流萬里。崎嶇重阻。彼賢哲之逢患兮。猶棲遲以羈旅。矧禽鳥之微物兮。能馴擾以安處。眷西路而長懷兮。望故鄉而延佇。嗟祿命之衰薄兮。奚遭時之險巇。豈以言語而階亂兮。將不密而致危。痛母子之永隔。哀伉儷之生離。長吟遠慕。哀鳴感類。音聲悽以激揚。容貌慘而憔悴。聞之者悲傷。見之者淚墜。放臣爲之屢歎。棄妻爲之歔欷。感平生之遊處。若壎篪之相須。何今日之兩隔。何胡越之異區。順櫳檻以俯仰，窺戶牖以踟躕。想崑山之高嶽。思鄧林之扶疏。顧六翮之殘毀。雖奮迅其焉如。懷歸心而不果。徒怨毒於一隅。苟竭心於所事。敢背惠而忘初。託輕鄙之微命。委陋賤之薄軀。期守死以報德。甘盡職以効愚。恃隆恩於既往。庶彌久而不渝。嗚呼。汝之心情。亦可憐察。今女史全命於征鞍矢石之間。保生於亂離間關之裏。況又無由知之也耶，鸚鵡振翼悲鳴。紅蓮蹶起曰。妾百感交集。胸中如裂。既知女史迍邅逆境。豈忍安居樂坐哉。妾志已決。將赴埃及。與女史同生死艱難。蓋英國從事遠征。師出無名。當深入其間。視察其舉動形勢。報之同志。未必無恢復故國之助。然則是千載一時之好機也。苟躊躇瞬間。便誤報友之期。失報國之道。妾直起身。言未畢。彷徨室內。修理旅裝。且告夫人曰。夫人昨來此土。覓尋旅舍。想未得佳者。頼有此隱家之處。請暫起臥於此。以解長路之鬱。夫人作色曰。妾所以千里航此土者。重恩人之依託。在探令娘與范老之消息。逹幽蘭女史之眞意耳。范老生死。雖未明知，既見令娘郎君。妾行事已畢。豈又留戀於此土哉。且老父在堂。速歸歐洲。盡一臂之力。是妾志也。令娘今去救女史於陽九。妾焉得不相與偕行乎。紅蓮喜諾之。更握散士之手曰。事急而心惶。欲言而口却不能道。郎君珍重自愛。妾當再會郎君於此地。以結今日之交也。蓋不能無羞於幽蘭女史矣。雖然。反之我心微纖之疚。女史諒亦無怪。我二人妾此行以死救女史於鋒鏑之下。庶幾攜手再渡大西洋。使郎君重得相見。其於花開鳥鳴之晨。秋風明月之夜。艤小舟俟妾還來乎。散士知紅蓮稟性勁直。臨事勇決。斷不可羈絆。惟任其意之所欲之而已。雖然。今聽其言。見其去。心盪氣激。欲與紅蓮共入危邦。一救幽蘭於萬死之中。一助埃及於衰廢之餘。其念遂勃然而不可禁。且感紅蓮以荏弱之姿。特重交情。竟投身於彈雨瘴煙之上。而散士東洋一男兒。若徒思保此落落五尺之軀。不敢說赴援之策。是豈無缺於氣節哉。是豈無愧於柔姿女子哉。既而念曰。今之不能偕行者。則以百事叢身誠不能捐棄。雖然吾亦一潦倒書生耳。孑身萬里遊學。此土何事不可拚命為之。無如資斧缺乏。不能從於遠征。且老父在故園。白髮頻添。倚門待散士東歸者。惟日為歲。此身猶未輕以許人也。如是心神徊徨。一奮一抑。蒸蒸焉如夏雲之沸。日蜷蜷焉如老馬之在絆。既而心低氣下。與紅蓮作訣。期再會於他日。慰撫二人。徐使裝身。紅蓮行裝既成。乃與骨數斗。夫人握散士手。目眶含淚。曲作笑容。悠然而去。散士倚欄目送。二人亦顧望數次。遂失其影。於此悲哀之情。始混混而生。舉首則夏木蒼蒼。河水潺湲。四無人聲。但聞樹梢蟬語之響。更遙望南山。惟見孤雲出岫。絕無景物可慰我懷。水帶離聲。山牽別緒。凝眸灞岸。何年逢驛使之梅。握手河梁。何日折臺城之柳。乃悁悁而歸寓舍。胸中悲哀。無人可訴。惟讀東西之新聞。討埃及之近狀。知亞刺飛侯用幽將軍之策。早退內地。據沙漠之險。絕灘江之水。期久持與英軍交鋒。但願埃及軍能多支一歲。牽制英軍。以助成愛蘭獨立之機會。有此音耗。散士閱之。百感交集。胸臆間如雨露之繁。如堅冰之結。一日讀新聞。有異報曰。海樓之埃及營中。有西班牙一佳人。年齡十八九。能英語。志操貞潔。氣宇軒昂。自入病院。親把湯藥。激勵傷者。看護瘡痍。情深愛厚。款接病者慇懃。如待兄弟。以是將士得其一顧。皆忘病苦。蓋曉鶯女史之流亞也。散士不覺恍然。炎暑日烈。宛坐甑中。心身倦怠。日益加厲。憂患纏綿於胸間。居留旅寓。亦無繙書之意。乃下蹄水。赴於五月岬。日浴海水。以避炎威。五月岬者。在蹄水之下流。白沙如雪。海波如藍。風光明媚。都人士多來避暑處也。當時散士之知友來居者甚多。瀟灑之士。嬋妍之女。訪問不絕。或有勸驅車迎涼於海濱。或有勸棹舟垂釣於江上。或有誘舞蹈。或有招會食。雖然散士概謝絕之。惟倚窗獨坐。對萬重之碧波。欷歔長嘯而已。一日於窗前有大呼者。見之則新報之賣傳單者也。曰亞刺飛將軍敗衂。埃及全定。忽友朋排戶而來。示新報弔曰。埃軍遂敗。亞剌飛降虜。散士曰。今聞之街上。想誤報耳。埃亂以來。流言風說。既及十餘次。今日之報。僕又未能輕信。翌朝悉閱新報。皆載亞刺飛敗北之事。事理確鑿。非若往者之虛傳。散士乃悵然自失。遂不覺大呼曰。嗚呼豎子。何不用亞父之大法。失此千歲一遇之好機乎。誤國家。苦人民。恣歐人强梁跋扈之慾。至使東洋諸國。盡將沮喪者。豈非此一敗哉。自是謝客稱病。怏怏橫臥者數日。忽有一書自歐洲來。則紅蓮之手書也。慌忙拆封。其文曰。

山海阻絕。道路不通。宿望悉蹉跎。女史之存亡。且無由知。空斷他鄉之魂而已。妾渡歐以來。爲王羅所窘者數次。實不堪窮苦。加之使郎君而駭。使妾而憤者。在巖鼈跎之言語舉動。初妾見彼論英國出師之無名。法國同盟之非計。說埃及國民黨之不可不救。然彼卒然答曰。我法人欲馳威名於地球上。克復名譽之外。其他不知也。英國之專橫跋扈。制之易易耳。方今正使埃及及我國人橫行地中海岸之好機也。我豈以兵馬干涉此國。若鎮平烏合之亂民。卽所謂國民黨。可不使彼震慴乎。妾反覆爭之。彼冷笑而不顧。妾痛憤無極。情長紙短。不復多言。

散士誦讀再四。惟語簡而意急。寓千萬無限之感。亦意有不詳者。巖鼈跎之言論。果出其眞心乎。抑有所爲乎。又所謂被困厄於王羅者。在於嚮日乎。今尙在於厄難之中乎。千憂萬慮之外。又啓新愁。眺覽明月窺窗之夜。細雨鳴簷之時。空夢幽蘭於胡沙千里之中。徒懷紅蓮於海雲萬里之外而已。

日往月來。忽而風葉振落。四海皆秋。風折枯荷。露滴幽竹。殘紅觸目。鄉思頻縈。明月牽情。覊愁如織。實不堪感慨也。時忽有飛報自故國來者。曰。阿爺逝矣。散士驚愕。如夢如醉。眼不滴淚。茫然自失者久之。嗚呼。散士幼遭家國之喪敗。父與兄弟各久被幽囚。得侍其父之側者。惟在戊辰之後。被檻車放謫之時而已。又不一歲。旋即飄零東西。落魄南北。從未盡一日之孝養。西遊以來。倏更四歲。惟期業就之日。東歸几杖之旁。效古人千里負米。容前奉檄。以償畢生之願。不意試闈既撤。游棹久淹。歸家之期。徒勞夢想。今接此凶報。慈母已斃於劍花彈雨之中。嚴父又逝於遠遊萬里之日。嗚呼。何散士於二親如此其遭遇不幸哉。風樹之憾愈深。蓼莪之情益切。悲嘆數日。憂愁之極。此身亦罹於病。漸自奮自慰曰。逝者不可歸。嘆者亦何益。今一身孤立。無父母。無妻子。無家無財。更無累此生者。又無掣我肘者。眞所謂不羈獨立。一言一行。惟我所欲耳。況盡其身於國家社會。或亦遠優於世俗乎。

當時徐察東西之形勢。知歐洲諸强國平和對峙之利。競爭侵掠之非。列國汲汲維持平和。惟將其餘威洩之東南遠洋。欲恣蠶食鯨吞之慾。乘日清二國之未大振。欲擴張版圖。即英國者其首自埃及延於南洋。法國則自馬島迄東京。德國自南美至南洋。俄國由己之北境。迫清之西域。窺朝鮮之北界。瞭然如觀火。然則今日東洋之形勢。眞如坐積薪之上。不覺火機已陰伏其下。而顧東洋諸國之所爲。忘脣齒相依之利。互相猜忌。互相媢嫉。將陷假道自伐之拙謀。散士觀之感之痛慨不能已。乃有杖策遊說東洋列國之志。偶遊新府。邂逅一釋師。相與痛論天下之大勢及列國遊說之事。師拍案曰。僕久有其志。欲歷歐洲。航東印度。請足下與僕同舟車相攜而巡遊列國可乎。散士遊意愈動。雖然。猶有不能去此土者。祇期他日相會。遂一握而別。後數日裁一書寄釋師曰。

前日初相見。草草分袂。遂無暇開胸懷而語將來。遺憾無量。當時僕有學業之累。不能攜手而與遠征。請尊師諒之。自還費府以來。茫然如有所失。徒增惆悵而已。人生在世。意之不如。概皆如此。良可歎也。故今又陳懷抱。以補向者之缺疎。大狂簡。如賜採擇。幸甚幸甚。聞明達之士。能視於未形。遠識之儒。能聽於無聲。明經綸之道。詳人心之所向。察其必然之勢。乘其必至之機。以之能有功。今埃及之忠臣亞刺飛將軍爲楚囚之身。被遠謫於錫倫島。僕常慕其行。爲憐其心事。一通慇懃。深結交誼。欲爲將來東洋諸邦大有所謀乎。雖然。僕一介書生。相見必難期。而獨先生以緇衣之身。想相遇亦未必難。夫能連衡東洋列國。欲以頡頏西洋諸邦。以埃及爲其鎖鑰。使坐拒地峽。以印度爲其藩屏。進奪亞典之要害。使土耳其奮而北向。自黑海窺强俄之横。使英俄猜忌相爭。以歐人攻歐人。而我國與清國相合。率小邦拊其背。先生何不一見將軍。明吐心丹。具說東洋之形勢。與談湔除國辱之計。僕不勝感其情也。埃及雖國小力薄。而將軍義氣之所激。忠義之所感。獨能驅疲散之卒。以抗歐人之暴戾。雖一朝兵破而功不成。報國之精神。實有可愛者。僕誠憐將軍之心。豈忍以成敗論其人哉。我日本人口三千七百萬。疆土十六萬方里。較之英法。不爲人寡。不爲地狹。士馬精强。沃野千里。自古稱尚武之國。未曾見一人之蹶起。憤論歐人之横恣。慨念國權之毀損。鳴進正理於宇內者。況飜義旗。麾忠士。誓與歐人爭國權於兵馬之間哉。此豈足與圖天下之大計哉。思至於此。每慷慨激昂。不覺淚下也。今我國之士人徒溺空理、漫泥文墨。筆雖能辨口雖能議。若夫報國之精神。凜乎不拔。死且不悔者。果有幾何。嗚呼口雖喋喋稱神州稱日本男兒。豈不愧於心哉。僕西遊以來接本邦人士。亦復不尠雖然。眞憂國家之將來注意於東洋政略。熱心於我國權之擴張者。殆甚稀也。間能知字解文。優柔不斷。如木偶之無精神。獨先生年紀六旬。氣豪心雄。周游東西諸邦。通覽宇內之大勢。將有所爲。何其壯哉。僕等少壯。見之豈不激勵哉。今我日本有三千七百萬。支那四億萬朝鮮一千萬印度二億五千萬士耳其埃及四千萬之生靈皆低首下心甘受外人之輕侮恬然不愧。循循焉偷安苟且無敢蹶起大呼震動天下。誅暴平亂夷險除穢。蕩濁爲淸助危爲寧。嗟乎東洋之衰一何至於斯極哉。古稱印度者文物之淵藪。教法之本源也。而一與歐人交通及陷其干涉之術共被制於狡佞之計。亂亡相繼。風敗俗頹。二千年釋氏之政教至與國家共歸滅絕。今先生足踏其墟目觀其跡。察興廢之所由。盛衰之所致。必有惻然而悲。憤然而怒。釋然而悟者。蹂躪破亡。如彼其甚。二億五千萬之衆豈無忠義之士哉。又焉知正氣之所凝。天數之使然。不無英雄如亞駒馬大王其人奮然唾手而起。恢復二百餘年間所失祖宗之山河乎。聞印度之士人晚近益發獨立自治之氣象。竊脫英國之羈絆者。所在多有。宜哉英之名士武賴士近者語人曰。印度人建獨立自治之政府我英人去印度之期。必非遠也。況今國中獨有五千萬人民依然各奉其主親其政全不屬英之旗下。竊有待國家克復之時機者乎。一千八百五十七年之亂亦足以見其一斑矣。然則使他日東洋列國連衡助印度之獨立。使埃及馬島絕英法之干涉。保護朝鮮之獨立。與淸國連合。遠退俄人。使亞細亞洲中無納歐人之鼻息。屹然三分宇內。亞歐美鼎立。偃武仗道建人生安樂四海平和之基。豈挾泰山超北海之類哉。雖然。其爲之宜深謀遠慮。豫審其必然之勢以乘其必至之機。而今先生幸游印度結其豪傑交其俊秀以圖後效惟此時爲然也已且夫自佛法之入我朝於茲殆一千餘年其間高僧偉人亦復不少而未聞有身親至其國討教法之本源弔釋氏之遺跡者然則先生今日之行直千載一時東洋之佛法之盛否予於此行卜之僕亦將徧遊諸洲以大有所圖他年相見之日暢伸談論叩先生之所蘊南北千里氣候寒暑各相殊異請爲國家自愛

是後散士辭發府南入墨西哥察其風土人情氣候溫和土地肥沃惟其山林荒廢田野未開盜賊橫行蕭條滿目國勢之頹靡殆不可言居數日遇居民休業遊戲者甚多怪而問之曰敎祭也曰國祭也曰紀念祭也曰弔祭也曰州祭也曰村祭也曰家祭也一年之休日殆居其半者祭日則奔馬鬬雞歌舞淫湎不以家計置於心懷散士追憶幽將軍曾引用墨西哥國之事大戒西班牙人民訪新聞記者散多以叩其國狀散多者此國著名憂國之人也嚬蹙曰我人民多剽悍殺伐之氣好勇鬬狠冒犯流矢踐踏白刃是以五十年間紛擾相繼殘殺無罪因之人民流離饑寒憊斃亦越至今殆無甯歲故夫學術殖產蕪穢不堪種種技術學藝無關於人事之顯榮功名富貴集於獨一之政府其小有節概者縱能悉心於政事然徒馳逐於空理空論以爲借是可以傾覆政府代其政柄不知浮雲幻夢榮華不長其極也殘暴奸詐無所不至在位者攫公財以肥私囊積不義之富欲爲敗後之圖朋比相從互相結託或則稱兵以爭政權僧侶亦有攬復舊權之志其餘國民皆淺智無識附和雷同惟知目前之小利而已故有實益遠大之事業皆歸外人之掌握名雖爲自由民主之國而大事則付諸二三剽狡者流是亂世之危邦豈能與北隣合衆國競馳於文明之界哉更又轉語曰聞歐洲諸邦近來頻執殖民政略傾其志於東南二洋貴邦之現狀今果何如散士曰我國之內憂小黨分裂而相軋人民無確乎不拔之志操流於輕佻

徒心醉外物。失保存國粹之特性。遂消磨獨立自重之風。如是禍延子孫。已不可究詰矣。而舉其外患。卽有條約改正之未成。豈能更放大眼光。建防禦歐人侵掠東南之策。以救濟東洋之沈淪哉。散士曰。條約改正如何。曰。締盟於三十餘年前。而不適於今日之時勢。弊害不少。欲改正條約。在彼我共享其益而已。今據我固有之國。殊若焦眉之急。欲改正海關稅。歐洲列邦競倡非理之異議。未能得好結果。況爲對等條約哉。散士驚且怪曰。何不準據萬國公法而自立。彼若倡不正不理之口實。有拒日本之施政者。斷然排斥之。惟存和親條約。破棄以外之條件。散士曰。方今我士我大夫。殆畏歐人如虎也。散士曰。貴國之人口疆土。可比歐洲一強國。何足畏哉。君不見乎。我邦前有報國有爲之士名射烈者。鎭定內亂。卽大統領之位。力行新法。悉除弊政。制僭侶之跋扈。絕外人之干涉。就中使議會議大增關稅。且以國庫窮乏。財政困難。議決諸外國債二年之間不能償還。歐洲諸邦。百方妨害之。卒賴彼剛强不屈。維持國權。獨斷勇行。排斥羣議。是以英法西三國。互相同盟。遣精兵數萬。兵艦數十艘。來迫海港。我外交官奮當盤根錯節之難局。一抑一揚。右與左奪。遂能使英西之兩國收兵而退。先是三世拿破崙。心懷異志。欲別建立一帝國於美洲。爲之羽翼。以抑制天下民主之說。共和之風。而爲子孫帝王之計。又當時見北美合衆國際南北之大亂。不暇顧鄰邦之休戚。乃與奧之王子謀。拜巴彥爲大將軍。援四萬五千之兵。攻我國都。我前大統領亞流門通款於敵。舉兵內應。陷國都。以保守黨組織政府。廢共和之國憲。迎奧之王子摩機須美利庵而爲帝。射烈率報國忠義之殘兵。僅保東境。國脈之不絕。僅如一髮。當此之時。刀折糧乏。四面皆有敵聲。諸參佐猶有勸降者。射烈以死誓而不聽。遂能挽逆境而爲坦途。回落日於既墜。再驅疲散之兵。奮戰數回。遂擒王子。誅賣國之逆賊。克復國家。是一由憤外人不正之干涉。遂仗敵愾之氣。而全報國之心。一由前日北美合衆國之英雄文老君與歐人立約云。歐大陸之交涉。美人不干涉之。美大陸。美人管領之。不許歐人干涉之。當時謹嚴如此。今敝國遵奉其遺策格言。痛擲檄文於三世拿破崙也。且如我國負英國國債四五千萬。屢釀外交之難局。絕英國數年。堅排斥彼之要脅。遂不足五分之一。發千六百萬之新公債劵。而使彼等屈服。各國遂驚異之。非實在昨年乎。我國猶如此。今貴國之富强卓越敝邦。宇內豈又無救助其正義者哉。散士聞其雄辨。感憤久之。厚謝散士。握手言別。倘期再會。從此回馬於西北。所至黃沙漠漠。衰草離離。土賊恣行劫掠。而乃孑身行數百里。出桑港。十二月。駕樓船而歸故國。錦帆孕風。過金門關。白鷗避舟。海豹狎人。兩岸風景。碧天如拭。回首則遠峰迤邐。淡抹微雲。市樓明滅。出沒於煙樹之間。遊子凴眺。不堪感情。已而日匿西山。旌旗無光。涼飆乍起。海荒天蒼。浪激波蕩。檣傾櫓折。船幾爲覆。天地暝暝。展轉漂流者十有餘日。風波漸平。殘月洩光。乃有復蘇之想。獨倚舵樓。追想幽蘭紅蓮二女史。與船難之慘狀。乃賦一詩曰。

誰驅風雲蔽八紘。星光暗澹天地昏。怒濤如山山嶽倒。孤舟飄蕩一葉輕。東海日出國猶遠。前途從此幾萬程。
意氣昂然睨天外。舵樓鼓勇叱鯢鯨。海龍有靈風雲霽。渺茫始見區宇淸。青山何日歸故國。紅淚又負異鄉盟。
故國青山異鄉友。憶此懷彼一愴情。路悠悠兮海漫漫。遊子胸間感慨縈。起望美人天一方。殘月如眉纖纖明。

再閱一月。海天茫茫。不見涯岸。氣屈心流。無聊莫言。忽有大呼者曰。芙蓉峯現。散士急上船頭。富嶽映於旭日。冠雪帶雲。髣髴天邊。大島橫其前。烟自雲間昇。森森山松。皓皓白壁。遠入我眼。歐美人之諺曰。欲知家鄉之眞味。宜自遠征羈旅歸。噫。實境不欺我乎。登陸浴後。倚窗把杯。以舒積鬱。是日則除夕也。街市之上。行人如織。呼小廝命交換貨幣。一交友在側曰。今銀紙之變動最甚。昨夜京城談判有破裂之報。銀貨頓騰起。今朝有調和之色之報。

又大低下。浮說流言非容易可信。想至明朝。又或昂騰。且暫待之。散士曰。僕久在海外。今在船上。不遑問貨幣之低昂也。抑京城之談判者何乎。客擊節曰。嗚呼君未知朝鮮之變亂乎。今我國與鄰邦開釁。用兵亦未可知。皆延首而望京城之確報而已。

第十回

散士大驚。正襟危坐。問於客曰。僕久淹留異鄉。遙望故國。歸心牽夢。未嘗或絕。自解纜桑港。漸向故山。竊以為故山者。和氣駘蕩。寒梅發香。黃鸝弄音。春色之中。與舊知團欒。談舊話新。暫散長路之鬱。其樂何若之乎。孰意怨結鄰邦。劍花血雨之慘。有不可測者。余未知其紛擾交涉之所由來。請語其概略。客曰。往年征韓之論起。自朝議分裂。諸公掛冠連袂而去朝。為民選議院之奏。佐賀之亂。變為征臺之役。又萩之叛。遂陷西南之大亂。雖然。干戈漸定。鬱屈苦於無事所欲圖功名之士族。屏息潛聲。又無圖非望於戎馬者。於是廟堂內以無敵可患。履行對朝鮮之政略。保持東洋之安和。當歐美之强敵。先圖使朝鮮洗滌鎖港攘夷之舊習。脫猜忌恣懼之疑心。即論我初與美國締盟之事態。及邇來與外邦交通親睦之情形。萬國通義之公法。兵制學術技藝。及風俗之進步改良。其實皆有益於我。無如我失策而溺於弊害。此國力平均之論所以起也。因此均勢。小國之介立大國之間。猶能獨立。若絕交孤立。一時為强國所滅。萬邦傍觀。不為救護。此等之事。近史已反覆而解說之。以我之於彼。亦如美國之於我。期兩國之人心。不挾一點之疑。右提左攜。互相親愛。執輔車相助之義。以誘導彼國。誓斷清國有名無實之空權。欲使與萬國立於平等之位。且日本一國之勢力。對於俄清。恐未足以保護朝鮮之獨立。使介北美合衆國而結條約。純然備獨立王國之實者。我豈可不勉乎哉。方今我國當占掠高麗半島。少通事勢者。亦所能知。若棄而不顧不與共甘苦同憂樂。恐塞外秋高之時。羯笳急響。鐵騎長驅。以圖們之水長白之山未足爲山河之固。黑龍江之藩鎮南遷。雙頭之鷲旗。飛揚於釜山戰艦舳艫相望而蟠於良港。神州百年之命運。雖不欲寒心。豈可得乎。遼東之鐵騎渴飮於鴨綠江。波陵之水師蹴鯨浪而指京城。三韓震動。屬於黃龍之旗下。使自尊驕慢之大國。益生輕侮我之心。乘客氣欲洩征臺之舊恨沖繩之餘憤。亦未可知也。況十數年之後。西比利亞鐵路落成之日。幸能得平和無事於東洋。能免經濟上之大激動乎。故我惟以誠意置彼腹中。使彼堅固獨立。謀彼富强。非獨鄰境相親保庇之德義而已。實慮我將來之長計也。是故孳孳汲汲勉之。或戒我駐紮官員驕慢輕侮之心。或掃除我在留人之惡習。或贈士官使訓練彼將士。或厚遇有爲之士。使目擊開明之風。或獎新報之發行。或發學問之新機。加之十五年之變亂。蒙我屈辱。欲使其不留於心。特返與償金數十萬圓。其懇摯之情。無所不盡。且以强俄外託移居之事。而徐攙邊境。內則巧結人心。作其應援。狡英暴戾奪掠巨文島。清國徒慕虛名。猶主張藩屬。欲控制而掌握之。莫要隆其上下之交。使知我心之無他。棄舊怨。忘新恨。猜嫌疑忌之心漸解。則依賴親睦之情益密矣。又於彼土有志之士。誘引之以歐美文明事物。賴我勢力革其弊政。絕清國之干涉。大定國是。助成一獨立新國於東洋。又常慫慂其官民成一進步黨。又稱獨立黨。先是清人疑忌我與朝鮮親睦。陰搆離間之策。浮說流言。惑亂人心。朝鮮士民有一意奉戴清國。賴以維持國家。成一黨以抗進步黨者。其所倡道曰。見幾而作。周易所貴。小國不事大國。春秋所誅。是則吉凶榮辱之所由興。載籍既記其成敗。古今已著其智愚。周易春秋者聖道也。吾聞從聖道而興國者。未聞背聖賢之敎而不亡者也。世目此輩爲事大黨。又稱守舊黨。清國庇蔭事大黨。日本愛護獨立黨。自然之勢也。散士曰。僕匆匆登陸。未有閱報章。不得其詳。請告客曰。近頃歐洲諸國。取近交遠攻之策。聲言曰。優勝劣敗者。天之數也。東洋人智力財力體力三者。皆遠不及西洋人。今宇內學術技藝之發達進步。縱有東西南北之迢隔。然無人之地。可馳鐵車以通之。絕海之水。可行汽船以達之。強速者勝。弱遲者敗。其機日烈。其徵愈顯。亞非二大洲之舊邦。人種滅亡。繼跡接踵。今日失一地。明日喪一島。清國朝鮮。不久將爲西洋諸邦所分領。當此時於東洋建國。而抱遠大之雄略。卓絕之才識者。豈肯與鄰邦同受傾頹哉。雖然欲蟬脫亞細亞之風氣。進與歐人爲伍。其機緘之巧捷。必當有異人起而持之。前後於合從連衡間。得占其優勝之道也。我邦人士信此說者頗多。散士不覺歎曰。是襲范睢遠交近攻之故智。亦近日歐人雄強之狡計也。方今我國無非常絕特之英雄。剛強不屈之豪傑。不幸一敗塗地。膽落氣挫。其將周章狼狽。大損名聲乎。客曰。先畢余言。夫當此時朝鮮兩黨之軋轢。殆甚激烈。當十二月某日。其國舉行郵局創開之典。當道大臣無不會集。進步黨放刺客。擊事大黨之首領。或傷或死。事出不意。京城大亂。人心皇皇。朝鮮國王使言於我公使。欲借我駐韓之兵。守護王宮。以鎮人心。我兵應之。直入守護宮城。未幾清兵與事大黨連合。而攻闉宮城。我兵防戰破之。雖然號令不一。衆寡不敵。遂棄王潰圍而走仁川。敵黨屠斬忠臣洪英植朴泳敎以下數十人。餘黨暴虐。乘勢而亂擊我公使館。辱國旗。燒屯營。我國民所由憤不自勝。而日望京城之確報也。散士蹙然曰。吾人與朝鮮國民。一旦破此交情。十餘年來。日本辛苦經營之力。殆歸水泡。不知何日能復昔日之感情也。後數日有報曰。清國已急派艦隊。對我軍艦。大有挑戰之狀。又曰清兵拘致我良民於營中。凌辱我婦女。我日本之名聲日隕矣。然內顧上流者。耽溺於歌舞遊樂。恬然若不知。散士見之慨然。訪一縉紳謂曰。僕雖一介書生。近日之事。有目不忍見。耳不忍聞者。諸公猶醉月眠花。焉能投機應變建善後之策定東洋之大勢乎縉紳冷然笑曰海外留學諸生志氣雖高徒偏信虛理常借歐美之形勢以論我國事是所謂膠柱鼓瑟耳夫朝鮮之民人不量其力屢加不敬於我我數容許之度量亦可謂宏大矣彼誠不伏謝舉兵征之而已至與清國交涉和戰之妙算我胸中自有成竹無復待諸生輩之容喙白面書生安知兵乎散士曰史稱趙匡胤之事周世宗功業初未大顯將征淮南至清流關驍將皇甫暉提十萬之兵逆擊險隘周師大敗歸路全絕將士震恐會村人告曰鎮洲有趙學究在村中敎育子弟智計甚多爭訟者則問之以決曲直匡胤微服往訪之詢其計策因敗爲勝轉禍爲福一戰擒皇甫暉遂王天下又曰岳飛欲克復中原每戰皆勝王師北行百姓焚香豪傑響應兀朮棄汴而去時有書生叩兀朮之馬而諫曰太子勿去岳少保且退耳兀朮怪曰岳飛以十五騎破五十萬京城日夜待其來何可守乎生曰自古權臣在內而大將無能立功於外者岳少保且不免況成功乎飛一日奉十二金牌憤惋泣下東向再拜曰十年之功廢於一旦班師歸朝遂被陷害諸生之言何得輕侮乎夫朝鮮士民之暴舉我輩亦所深惡雖然自顧內無所疚乎聞朝鮮有兩黨一親日本一賴清國今我所親之朋黨襲擊敵黨之首領殺之傷之假令憂憤外國之干涉絕然出於希望獨立之心誠是也然其行事則文明世界之惡德實可嫌忌者及京城大亂欲僅以百餘寡兵守一王國之首都保護國中之安寧鎮定民心其難不俟智者而知矣我豈得免他之疑哉且我兵非爲朝鮮國之守護也特爲保護我一國國旗欽使及居留人民耳不然我焉得駐屯於獨立國中乎抑曾豫受我政府密旨命遭非常之事機則提兵助彼之獨立乎或出於我居留將士不忍傍觀鄰國之王侯爲亂臣窘迫不憚提寡兵以赴其急欲鎮定彼禍亂於未發支彼國命於將絕乎杲然重義輕命發揚日本男兒之心膽使奏請於王而下伐賊之詔抱兩端以定國民之方向平定

國亂。奉護王於宮中。使無反顧之憂。以宣揚我國光。垂芳名於竹帛可也。卽衆寡不敵。不能守城。勇戰奮鬬。開一條之血路。保護王而退京城。傳悲痛之檄。募集忠義之士。共起勤王。死生存亡。與王共之。不以成敗渝心抑可也。且夫易地而觀。未嘗不可見事之理也。如我國德川氏之末路。倡鎖港者阻文明而背天道。論攘夷者說決不可行。當朝廷及薩長諸藩抗議幕府之時。幕臣有憤慨之者。暗殺朝臣及諸藩之有力者。常依賴最所親之法國公使。借小兵屯營於橫濱。來警守江戶城。果如何乎。天下之士民。切齒扼腕。不期而羣起伐之必矣。且自當時之勢觀之。至薩長亦借所親之英國之力乎。英國亦見法國之小兵占守江戶城而默然不可已。夫如此。法國提寡兵奮突干涉於攘夷鎖港之詭激國論沸騰中。內受國民多數之敵。外蒙各國之猜疑。果能償其素願乎。今日我國之於朝鮮。何以異是。散士深爲東洋慨歎之。雖然。既往不可追。今日本之將士。爲清韓兵所襲擊。朝鮮國王之苦戰於目前。碧血染城堞。彈丸破宮壁。互有死傷。是非開戰之宣布而何乎。然猶悠悠不斷。左顧右支。苟祈於無事。何初勇而後怯乎。諺曰。果決而行。鬼神避之。方今國是。惟有果斷勇往而已。驅此激昂國民而指揮之。使蹈水火。將轉禍而爲福。回敗而爲勝。挽逆境而爲坦途。復譏訾而爲讚美。聲振嶺素功濟日南。曷難之有乎。公何不示天下以果敢必爲之意。若不能斷行之。何憚早罰誤國奸臣。明責任之所歸。改過而謝天下乎。縉紳帶不滿之色。惟苦笑而已。

天下之人心日益激昂。或有刊主戰論於報章者。或有講平和策於演說壇上者。紛紛擾擾。不知所決。雖然。如國民之輿論則專主開戰。既而政府派遣辦理大臣於清國。使治交涉。散士見一畏友。問以大局如何。曰。辦理大臣。有才之人也。其學貫東西。敏於事務。鎮率羣僚。於網羅百事之伎倆。方今未見有出其右者。雖然。獨負國家之重任以身許國。毅然不動。自令敵之敬憚我。未窺顏色。能察機先。握和戰之實權。使於强國。不辱國威。宣揚我國光。至能使我國民滿其願望否。吾則不知矣。當解往時征臺之紛議乎。我既以海陸之兵。略取半島。內苦於無事。嗜功名歎髀肉之將士。如雲如林。而淸國則兵勢不振。軍艦不整。加之我全權大臣之豪膽不撓。以忠勇純正許國之鐵肝。非猶智勇共困。心力盡瘁。漸得不損國威乎。客在側曰。吾子知其一。未知其二。大使實方今第一之才也。此人不足當此任。誰能當此任者。自布衣而起。無披堅執銳之勞。歷遷淸要。以昇高位。至今日可以見其才識之豐富。且數航歐美。或握英雄之手。或聞碩學之說。孰知歐美之大勢。文明之風潮者。非其他老臣之可及。最所長者在調停。在彌縫。甲東死後。調停薩長二藩爭難之間。平其權衡。其間處理。最爲妥善。不失時望。不損勢力。隱然負重任者。豈凡庸之才所能乎。想將來掌握我政權。位極人臣者。必此人也。既長於調停之才。彌縫之智。當外難。治交涉者所最宜也。當今之任。必能折衝樽俎之間。結圓滑平和之局。明若觀火也。古人不言乎。兵者凶器。戰者危事。又曰好戰自焚。佳兵不祥。今夫若開戰端。則散數十萬之壯者。暴露於海外。數十萬之老幼。疲於徵發。倒於飢寒。當此時歐之强國有乘間隙者。將如之何。豈不危哉。畏友曰。子惟知平和之可貴。未知用武之便利也。夫淸國於我有脣齒相依之勢。當持平和相親交。固不俟論。雖然。頻年淸國之猜忌我。嫉妬我。既非一日。如琉球廢藩。如朝鮮締盟。皆不平其意。觸事應物。皆欲洩宿怨。而其猜忌嫉妬之念。深入心腸。非以尋常之計可醫。蓋良醫之治大疾也。時用毒藥。用毒藥者。爲欲去其病也。今欲驅除淸國凝結之痼疾。能絕其病根。使無再起之憂。不得不倚劇藥之力者。無他。在劍戰而已。在彈丸而已。爆然一發。流血積骨。慘則慘矣。雖然。欲得今日眞正之平和。不得不用此劇藥。古聖不言乎。若藥不瞑眩。厥疾弗瘳。試開放活眼。觀彼普奧二國。宿怨固結。而敵視數十年。遂潰裂而動干戈。呼聲動雷霆。流血被山野。而積怨全消。遂忘往日之仇讎。爲今日之交誼。結攻守同盟之約。以禦俄法之强梁。是非劇藥之結果乎。又甲子之變。薩長大戰於宮闕。大罵呼逆臣奸賊。今薩長連衡。爲情實難離之政府於薩州之莊內憤怨殊甚。互食其肉。炊其骨。誓不與共生存。戊辰之變。據干戈而決雌雄。往年之怨盡消。其親交非他藩所能及。是亦非以戰爭之毒藥。醫難醫之痼疾之效乎。當大氣鬱結。連日濛濛之時。積極消極之二氣。遂相拂鬱而激觸。風雨起則爲電爲雷。乾坤溟溟。日月失明。雖然須臾而雲散風收。碧天忽然如拭者。電雷之力也。戰爭之於國家。亦如此耳。且王者之用兵。非利土壤之廣。非貪金玉之饒。將欲以存亡繼絶。平天下之亂。而除萬民之苦也。今彼苟不應我正當之要求。決以兵馬相見。而後握手開懷。洗滌宿怨。講興亞之策。結同盟之約。北禦强俄。西控英法。不亦可乎。徒望圓滑平和。偸一日之安。汲汲於彌縫之策是務。是非久遠之良圖。外交之祕訣也。夫使者之入敵國而論大事也。隆盛兵威。進入海港。事破則直屠其都市。常備此氣概。猶且難達其志也。若期終始結平和之局。使通曉淸韓事務之星使在彼城處理。亦無不可。何必用子所謂第一流之人物乎。却恐徒費蘇張之口。而我無實力。祇招彼輕侮而已。使第一流人物猶如此言。是余所深爲國家寒心也。

明日接有一書。不知何人所投寄者。其文曰。

夫兵者活機也。神出鬼沒。變化無極。多謀者勝。寡謀者敗。行兵運用之妙。頗難豫料。雖然竊察內外之狀勢。按海陸之形勝。因得三策。敢呈足下。勿棄老奴千慮之一得。得奏達於帷幄之謀臣。則幸甚。兵法曰。兵者貴神速。貴國簡拔精兵。倍道而進。出敵不意。使疾雷不及掩耳。占釜山。進徇東萊府。鼓行北下。嚴禁剽掠。安撫居民。逐彼汚吏。除彼苛政。吾意諸城市將望風而降。不戰而潰耳。而本軍直指仁川。搗京城。與淸兵鏖戰。擒其駐於韓地五營之兵奉國王於宮城說士民以順逆利害能掩要害之山海示以久駐之勢屯堅艦而備襲擊大示兵威聲言與法國成同盟之密約然後與淸韓開和戰之議所費小而所獲大此爲上策老奴遙想日本之謀臣必用此策不戰而制全勝孰意悠悠不斷常以遲鈍被憫笑者使彼先著一鞭而張揚兵氣爲日本男兒所痛惜實不少也中策者何以兵艦封鎖仁川京城迫淸政府破彼護庇藩疆之大夢提出要求彼若不允先使一二巡洋艦出沒廣東福建沿海虛擊市港使彼疲於奔命更遣一隊遡大同河口窺平壤自鴨綠江沿海出牛莊爲襲瀋陽之狀長江之南北動搖沿海之城市震動疑懼內湧智者不能謀勇者不能戰狼狽失措於是驅二十餘年訓練之將士陷大沽之礮臺攻擊天津長驅而進使爲城下之盟眞在此一舉議者或曰夫淸大國也不可狎侮兵勇百萬戰艦如林而日本兵勇不過十萬戰艦不過二十餘艘兵法不云乎倍則攻之今十不及一提挈孤軍裹糧千里深入敵地以客擊主勝敗之數不待智者而後知也然以兵之多寡定勝敗之數者趙括之兵法耳何足論運用之妙哉淸國兵勇雖號稱百萬然稍訓練而有規律者其數不過數萬若相機而投則用力少而奏功大矣今使貴國舉兵出戰與李鴻章鬬智勇於兵馬之間連兵不解人或有所恐者以爲督辦閩浙軍務之老將左宗棠兩江總督曾國荃首尾相應必能率麾下將弁來相救援其他穆圖善楊岳斌程文炳之諸將急提兵北向勝敗之算亦未可和然觀左將軍率大兵南下鎭撫福建之沿江當劉銘傳孫開華久苦戰於雞籠淡水間猶不能趨救且晚年與李鴻章爭權隱相嫉妬不足深憂也曾國荃以伯兄之蔭名望雖高而强弩之末難穿魯縞且李鴻章汲汲然營私植黨欲抑制湖南曾氏之威柄故兩家反目爲讎互窺其瑕隙豈有眞情義氣之救其急難乎惟鮑銃諸輩相與戮力率兵救黑旗軍於西境之外然懸軍萬里豈足

介意乎．議者又曰所顧慮者非清之陸隊．而在海軍．卽陷厥天津．我軍須輸送餉援接濟彈藥．若頻用堅艦困我於大洋中懸軍深入糧乏勢孤．其奈之何．凡能審戰機通事勢者．不爲且不言也．然豈知彭玉麟雖再出西湖草廬戰艦大小雖稱有百餘．僅能防禦廣東諸海灣．其餘河口船艦．皆零星小物．此一路本不足慮．又清國所稱海軍者．福建艦隊．與南北洋兩水師耳．此三師屯似能首尾相應．貴國艦隊．似難與爲敵．然福建水師半沈沒於福建港．其餘船艦．溯江上下．聊備襲擊．且南師無統御之將．空漂泊於吳淞．初受撫臺之命駛至洋中．旋被法船追擊．急逃石浦．僅乃得免．又豈能橫行海表衝鋒陷敵哉．彼二師船若出閩江一步．則爲法艦所擊．是又法國遠征軍隊所日夜苦計而欲誘之出者也．然則所餘北洋丁汝昌一隊．其爲補於戰事幾何．方斯時也．以貴國之艦隊當之．行見雄兵所向．披靡清韓．威名播於五洲．勇武震於四海．然後進而握東洋盟主之實權．建興亞抑歐之大計．惟此時爲然矣．貴國卽棄上策．能無取於中策乎．無已．猶有他策．夫日清本兄弟脣齒之國也．法國之勢愈張．則清人之膽愈怯．此時貴國惟以東洋安危自任．去私心．棄舊怨。披露胸懷．破除畛域．與清國結攻守同盟之約．以歐人爲東洋之公敵．先與同盟軍．解臺灣之封鎖．追擊法之巡洋艦隊．克復東京．徐以保護朝鮮。作防俄之計。再封琉球藩王．清國必德貴國而解其宿怨．釋其猜嫌．是又興亞之大計也．雖然．此可爲豪傑語．未可與俗人言也．抑怪哉．道路有傳言曰．貴國之謀臣．不出此三策．徒欲振三寸之舌．乘清法之奇禍．而以制勝爲謀．是雖道路謠傳．未足信據．使彼言而實．日本之失計愈多．清人之猜疑益甚．其仇怨不知何自而解也．聞昔年清俄在伊犂爭界．乘其國家多難之日．貴國命使臣結琉球之局．清國怒不之應．使臣不得要領．抱羞歸國．老奴已甚慨其謀之拙．而爲日本男兒惜也．計既敗於先．又豈可再辱於後哉．夫使不通天下之大勢者。與觀淸法之交涉。必曰淸非法敵。以爲東京失。福州破。雞籠淡水相繼淪陷。將刻日而艦隊北馳。沿海諸城。且爲粉碎。然想淸之困憊。未至如是之甚。有曾紀澤者。淸國之人豪也。駐於歐土。略能觀其國勢人情。知法國久已勞師遠征。又當備德仇。課戰費於議院。必爲內閣攻擊。內閣頻更。則遠征隨止。可豫決也。當曾紀澤勸淸朝與雄邦搆兵。議者多譏其輕浮。惡其剛愎。彼蓋沈觀既久。曾不顧之。非有過人之識見。而能如是乎。日本再蹈前轍。致淸人所輕侮。僕之所惜也。天涯萬里。交語爲難。語冗意盡。不知所云。書上東海郎君麾下。白雲山下之客頓首。

後數日有電音曰。日淸兩國已結平和之局。其要在日淸皆不能屯兵韓地。大使全使命而歸。妖雲散而祥雲起。於是人皆額手相謂曰。英之名相美公自柏林會盟歸也。市民歡呼。羣集公之門前而不去。請得其一言以爲快。公卽出呼曰。爲大英國攜名譽與利益歸。市民唱萬歲而散。想大使之攜還者。亦必日本之名譽與利益。既而朝臣張宴於濱水之離宮。犒其勳勞。在京之富豪。亦在不忍池畔。爲一盛會。祝其功勳。時散士寓湖畔一小樓。志士三四。倚欄憑眺而樂。畏友淸狂居士後至。叱曰。吾子見柔物而樂。余之意竊有不快。夫我兵之屯在韓城者。無他。緣昔年我朝廷率先宇內。尊朝鮮爲獨立國。置公署。送商估。表親睦之交誼。時彼頑民闇於天下之公道。咸以我爲有覬覦之野心。且疑通商爲失國之富。遂汚我國旗。擄我人民。朝廷欲保我名譽。與在韓人民之生命財產。不得已送兵捍衞之。何異戊辰之前。各藩狂士。加暴行於歐美人哉。乃者韓變內作。百官狼狽。不知所爲。人心洶洶。禁衞軍不足以託國王之信。是以國王手書請我兵使護宮闕。以維持朝廷之威望。乃彼淸兵者。濫弄兵器。射我國旗。擊我將士。攻我公署。窘我商民。辱我婦女。是國家之公敵。人民之大讎也。不雪其羞。不報其仇。漫然惟互結撤兵之約。意義漠然。僕不知其深意奇謀之所在也。熟觀五洲之勢。弱肉強食。瞬息存亡。今淸人之威勢日加。侮我之風益盛。我航海之權。商業之利。關係決非鮮少也。況於韓地勢力拂地而空。數年經營。輒歸水泡乎。其辭氣激昂。座上聞之。無不肅然。

既者獨立黨之領袖朴泳孝金玉均等十有五六人。犯萬死。渡來我國。散士乃訪古筠居士於其寓居。室陋隘。衣服粗野。與六七人踞坐。顏色憔悴。形容枯槁。幾令人目不忍視。散士惻然。於中語未發。居士先言曰。敗殘失意之徒。事業沈頓。不能爲國家死。偸生忍恥。流寓爲貴國之累。深所愧也。散士曰。成敗天耳。人事何足論。惟足下壯圖一蹶。空抱無限之志。去國棄家。沈淪此極。實我邦人有不得不分其責者。大廈之傾覆也。非一木所能支。雖然。足下等幸而不死。以國家之柱石自任。豈無望乎。失意落膽。尋常人耳。足下等皆富於春秋。前途遠大。願努力自愛。居士慨然曰。國君見凌于權臣。壯士死于鋒鏑。忠臣斃于毒手。親戚殲于慘刑。師友繫于牢獄。內艱于弊政。外窘于強鄰。家山之事。概可知耳。然所以不能引決自刃者。豈惜區區餘生哉。以報國家。酬死者之丹心。猶未消磨也。世人雖目之爲懦怯。爲牛馬。原所甘心。散士曰。僕亦亡國敗殘之餘也。其境遇所經歷。雖非盡與足下同。而家人親戚。斃於干戈者。五十有餘人。田園被沒。家資被掠。艱難困厄。轉徙流離。逆境辛酸之味。皆已盡嘗。故悲足下今日遇而特深也。他日東洋有警。遭遇大有爲之時。當與攜手西征。大丈夫冷面熱腸。非敢作欺人之語。足下其勿疑。僕僕嘗遊歷西球。邂逅亡國之義士節女。感激其奇遇。皆吐露心膽。今得足下。欲命之毛穎。以檄四方有志之士。女居士聞未終。急驚起呼曰。使僕而爲奇遇中之人。勿使鄉國一朝淪喪。既而曰。敝邦將來不爲淸之藩屬。亦爲俄所併吞。淸國待我之舉動。世人所目擊。俄之詭謀。世人或未探之。然早已占我權力。籠絡一族。大欲攬北方咸鏡道於其保護之下。夫前車既覆。猶驅後車而向險路。朝鮮命脈。豈不殆哉。思之不勝戰栗。猶憶先臣箕子三諫去國。過殷墟而作麥秀之歌。嗚呼後年麥秀。誰爲和歌而弔亡國之蹤者。言至此嗚咽又不能語。既而曰。僕生巨族之家。幼即不覊。莫事產業。常以爲士之生存此世。抱國家經世之志業者。當知山河之形勢人生之疾苦。歲十八。決意漫遊國境。熟察我風土。知金銀寶鑛非不多。地味非不豐。人民非寡少。河海之運輸非不便。而老者窮死。幼者流離。觸目入耳。皆爲悲憤之媒。而搢紳則又踞位弄權。爲人設官。爲吏擇職。互相結託。收斂貨財。放僻邪侈。無所不至。里巷含冤疾首。呼訴無門。國家遭此累卵之危。瞶瞶者猶同造夢。叩秀士則不知書。察孝廉則濁如泥。十羊九牧。凡我生民。飢不得食。勞不得息。僕觀之不勝奮激。乃以改革弊政挽回國勢自誓。當時國王之生父李昰應大院君。攝政十有餘年。威權震動內外。其爲人寡慾而好詩書。有東洋豪傑之風。雖然性剛愎刻薄。暗宇內之大局。遺國家之前途。徒戀政柄。無寬厚之量。僕等家居韜晦。繙泰西之書。深考富强文明所由來。欲使朝鮮盡習貴國之美政。靜待時機。蓋十有餘年矣。而秕政百出。風敎日壞。國勢凌夷。不可收拾。爰與憂時之彥朴泳孝。朴泳敎。洪英植。徐光範。徐載弼等十餘人。互傾肝膽。誓以改革弊政。伸張國權自任。既而王妃與大院君爭權。援引外戚閔氏與弟奎鎬等。謀分大院君之大權。舉兄閔升鎬代之。升鎬死而無胤。以同族台鎬之子閔泳翊嗣其家。及奎鎬死。泳翊代握政柄。大院君閑居三年。知國中不喜外戚之政。欲再掌政權。時有江華之警報。繼聞與貴邦訂結條約。爲交通和親。不可失之機。竟送絕交之書於朴泳孝。私嗾在官之腹心。使非議交締條約。其議曰。日本者與國家不共戴天之仇也。今又窺我海岸。陷我城市。殺我人民。且彼近者與蠻夷交通。棄聖賢之敎。而慕異邦之政法。自文物典章。迄至衣食什器。莫不心醉而摸擬之。人眩歐風。舉國若狂。遂勸我與彼通。欲我師彼。豈非下喬木而入幽谷者乎。先時國人屢被法國僧徒累誤。彼教者祖宗典法之所深禁也。忍使堂堂聖賢之國。而與犬羊爲伍。聖神文武之國王。而與深仇結交。上與蠻夷之君長同位乎。且往日我國一與對馬人交通。狡暴不可與近。況與日本之全國交通乎。吾力之不勝可知矣。朝野靡然傾向其說。由是締約不成。幾與貴邦罹干戈之禍。幸得國王左袒正義。排百官之邪說。締結和親之約。雖然。百官多抱鎖國之說。羞與貴邦之使臣交結。僕等因其兩情不相通。恐生禍害。竊與親友謀議。遣敎士李東仁於貴邦。奉書於巖倉公。使探貴國論交敝邦情義之厚薄。對俄淸主意之如何。東仁等知貴國上下人心之所在。見開明之風。富强之術。大有所覺。歸而上奏。條陳言當採用貴邦之政治。與泰西之文明爲急務。於是國王之意。漸向改進。尋選朝臣之俊秀者十人。使遊學於貴邦。奮然欲奏開物成務之治。無如朝臣壅閉聖明。女謁公行。閔族弄柄。政事陷於姑息。讒謗紛乘於宮掖。故抱有爲之士。或遭貶竄。或潔身去朝。時僕亦遠流竄於邊亭。內政愈弊。百姓困憊。加以年穀不登。催科之吏。追責倍酷。凍餒之民。哀號路傍。雞犬聲稀。驛程夜冷。孰能耐此荒涼愁慘之狀哉。當其地僻風高。林深露結。放臣行吟於澤畔。逋客浩歎於蘆中。流水嗚咽。落木悲涼。夜不能寐。攬衣而起。徘徊得一長篇。散士乞詠之。居士沈吟而言曰。今忘十之三四。且有所憚。君勿强之。更轉語曰。既而僕蒙赦而歸京。乃與朴徐等大倡改革。諷諫當路大臣。然年少位卑。有所獻替。皆黜不用。於是相謀曰。時機未至也。不如暫時姑待。且所以言之不行。謀之不用者。以經歷信望之未重於天下也。不若相攜而觀海外之風光。因航貴國。僅留半歲。會京城有變。先是大院君抑退外戚閔氏。欲再掌握政權。覬機會之可乘。時諸道禾穀不登。飢民嗷嗷。軍人厭西洋之訓練。且怒俸給不足。飢寒交迫。囂囂倡亂。四處蜂起。大院君得機指縱之。欲殺王妃。幷盡屠閔族及不從己之黨侶。迫宮闕。上殿階。殺大臣閔鎌鎬。王妃易服避亂於忠淸道。軍人與亂民合勢。襲貴國之公署。星使僅以身免。從者死者。亦復不少。大院君乘勢脅制國王。恣行賞罰。邦內大亂。僕聞此警。卽日附舟而歸仁川。時淸之兵艦數艘。旣早泊於仁川港。知魚允中之在艦中。直潛往而議善後之策。乃允中之意在借淸兵之力。拘囚大院君。放謫於天津。僕大非之。雖曰爲救一時目前之急。欲假近鄰大國之力。而鎭內亂。是無異於賣國家也。大院君城狐耳。欲抑制之。豈無策乎。若借淸之力。何殊使豺狼而護雞犬。放獺而守池魚。寧募國內志士。起勤王之師。建立國之策。以戡定禍亂之爲愈也。予力爭一晝夜。允中危懼不從。僕恐其遷延失機。直變服裏面。潛行京城。訪可與談國事者。雖然。我國人傑。半歸黃土。半散四方。寇氛充路。烽火亙天。外國兵師。滿載京邑。黃塵高揚。陰風熾煽。白日無光。妖雲密布。宮城長閉。王威萎靡。君王不知在於何處也。昔日簪纓之地。惟餘殘陽而已。予乃思國家之前途。歎身世之厄遇。不覺涕淚如雨。乃屢草書上國王。無一得達。後數日貴國公使怒議不協。引兵而去仁川。人心洶洶。市民皆荷擔而走。王妃避亂。尙在山中。魚允中金允植等。掌握政權。時朴泳孝心懷密策。調理日韓之紛議。自仁川馳歸京城。盛服直至宮中。見允植允中曰。使淸兵而拘囚大院君者。是傷我國本。並予驕淸將來干涉我國事之口實者也。雖然。今悔之旣晚。抑以淸兵爲我戍衞。是遺後日之大患者也。不若請英美諸國。借同盟之兵艦。暫時託警備之任。如此。假令有一二國。抱不良之志。且無奈我何。不然。以朝鮮一國之形勢。不能抗俄淸日之一邦。借淸之力而不可防俄。倚俄之兵而不可抗淸。非深仗公明之國。如歐之瑞士比利時諸邦。委於各國均勢平權。其曷能有濟也。時泳孝所陳。辭氣激昂。吐露肝膽。列坐莫不感動。獨允中雖覺其非。而恐失其後日之權勢。固執不聽。越日泳孝帶詔傳命。使僕謁見國王。國王謂賤臣曰。今悔不用汝之意見。內災纔靖。而外患迭乘。實國家危急存亡之秋也。汝爲宗祖宗廟建善後之策乎。僕不勝感激。誓以死報國家。後卑見多所建白。雖然。允中等不容僕之說。面從而心違。殆日韓約成。泳孝爲大使。僕託從遊覽。再遊貴國。留而不歸。以待時機之至。雖然。以國王屢賜書召還。遂決意還朝。謁國王上治道之策。又言派俊才於海外使受教育訓練。國王嘉納。直選拔士庶人之子弟四十餘人使遊學貴國及美國。奈閔氏之門。惡僕如蛇蝎。蓋僕之所主者。欲信交貴國與美國而振作國家。彼之所執者。在隸屬淸國而執保守之政。兩不相容。迥如水火。幸以國王之信僕甚厚未遭貶斥。先是魚允中等之黨人。威權漸衰。李祖淵閔泳翊等。代握政柄。秕政倍於前日。賣官鬻爵凌轢縉紳虐待民人。憑權藉勢倒行逆施。無所底止。加以閔泳翊倚賴淸國之迷夢猶未醒覺。延李鴻章之幕賓德人穆麟德者。爲其爪牙。欲藉淸人之力。以刑戮不尊淸朝之忠臣義士。遠流其親戚子弟。斷行刈枝絕根之陰謀。既而其謀稍洩。泳孝等慨其無道。竊勸國王退奸擧忠。斷行改革。以救國步之艱。挽回頹勢。無如國王仁柔不斷。於是英植光範等。定策於禁中。擧大事。遷王於景祐宮。託日本星使。擧其警備兵而使守王宮。除君側之首惡。更革內政外交。欲大有所爲。時淸兵來襲王師將潰。僕等欲死生從王。泳教教諭曰。空死不若立節。滅名不若報恩。國家之前途遠大。少壯有爲者。非可徒死。請汝等爲王家努力。王又頻促之。僕涕泣而訣別。賊兵圍王。矢石如雨。英植泳教以身護王。而奮呼曰。外臣無禮。不知堂堂朝鮮國王。賊兵辱罵曰。斬奸臣。擒逆賊。泳教知不免。正衣冠而仰天曰。皇天若有靈鑒。朴泳教之孤忠。使我宗祖之山河。免外兵之蹂躪。使我王莫受奴輩之辱。予足見嵇侍中李侍郎於地下。語未終。賊兵羣集。斃於亂刃之下。兇徒猶不厭飫。寸斷忠臣之骸體。而棄之路旁。英植以下之忠臣烈女。其死節之慘狀。豈忍言哉。更轉語笑曰。往事茫茫。南柯之一夢耳。嗚呼。歌舞巳爲前日之事。烟霞非是去年之春。敗亡之士。夫何足言。

後月餘。慷慨梗直之徒。不平滿腹。俠氣振腕。欲擁古鈞居士渡海。將有所爲。政府探知之。警羅四張。法網塞道。持滿而不發。欲見機而一舉捕獲。散士聞之。一日從容謂居士曰。古語不云乎。灼灼園中之花。早發還先萎。落落鬱鬱澗畔之松。歲晚猶含蒼翠。賦命有疾徐。躁進徒勞耳。足下年壯氣銳。才智有餘。却恐爲才所使。遂買不測之奇禍。爲世俗嫌厭。爲識者痛惜。昔伍子胥一見公子光。知其他日必有所爲。退而耕野。五年閉口而不談當世之事。拿破崙三世輕舉連敗之後。零落他國數年。深自韜晦。以待風雲之會。歐美近世有爲之英俊。免難去國。不能忍耐涵養以待時。急舉輕動。陷於罪辟。或與無賴之徒謀。或染於妖冶之風。或沈於負債之淵。爲清議所貶。而沈滯坎坷終身者。舉不勝數。可不愼乎。冀足下深戒之。居士曰。謹謝教言。僕自幼遭逢濁世。當朋黨相殺。疑獄怨搆之局。不知凡幾。得一生於萬死。而至今日者。豈非命乎。當此零落流離。不能執耒耜。不忍被僧衣。猶日夜栖栖不遑甯處者。殆因不才而廣結惡緣乎。僕之生命。時比鴻毛之輕。時比泰山之重。惟隨所遇而已。請足下勿復言。先是法之騎兵破於諒山之戰。沿岸虛擊。皆不奏効。懸軍萬里。遂知志望之不達。與清國媾和。清人驕傲之氣益長。乃大言曰。一戰而敗西歐雄邦之法國。再戰而勝東洋强鄰之日本。於朝鮮恢復舊權。宇內又無足恐者。勇氣百倍。病獅再有嘯風之態。而顧我國情。惟見商貨日絀。是生日蹙而已。至能說外事以揚國威爲關心者。寥若晨星。散士本一介之書生。無權無勇。非不知裨益國家社會之難。然欲效歐人殖民政略之熱望。一時未即盡冷。因欲與慷慨有爲之志士。遠航南洋。蹈不毛之島嶼。別開一乾坤。以拾遺利。蓋欲使人人有高騫遠舉之志也。乃與居士等。謀定其策。忽有小人讒之曰。是驅好事不軌之徒。外立基礎也。由是探偵周索。防搜嚴酷。無所不至。於是同志散亡。散士深慨之。仗策欲飄遊東洋諸邦。出行有日。偶病痾再發。乃擇幽靜之境。浴溫泉以恬養之。海南古狂將軍寄書曰。明春將遊歐美。足下無相與西征之意乎。散士固辭以無意於宦遊。友人來說曰。吾子常非議政府爲强暴於內。而弱媚於外。又謂爲苟且之政長今政府新布官制。大行改革。以明責任之所屬。是非足下常所願見者乎。平日徒放空言。而不親任其責。豈非有志經世者之深恥乎。將軍初舉清狂居士。欲與攜手而遊。居士遭小人之讒。罹不測之變。今在疑獄。將軍知足下。足下以義狹自任之志士。豈厭爲知己執鞭乎。散士服其言之有理。又欲徧覽歐洲之形勢。以爲後圖。且幸得遊埃及。探我意中人之生死存亡。遂慨然附舟以遊地球一周。諸友祖道而至橫濱。一縉紳耳語曰。頃聞條約改正。進步更章。亦復不尠。雖然。却非無損國體傷國權者。吾子其深祕。於歐洲探之。果如所聞。待子歸爲祖宗山河爭之。若力不能爲。惟有掛冠而與子浪遊於水濱而已。子其勉之。散士敬諾。乃握手而別。

第十一回

火艦吐烟。征帆破浪。翥然拔錨於香港。時方三月。炎蒸如盛夏。汗流淋漓。氣倦體憊。須臾而金電閃於碧落。霹靂轟於蒼穹。風起雲飛。驟雨如注。散士神蘇氣旺。卽呼快哉。冒雨而上舵樓。口詠小詩曰。樓船破浪叱鯢鯨。鵬翼搏空空有聲。落落雄心與誰語。白雲山下憶范卿。

時背後有人佇立而窺。散士注目視之。則范卿也。散士愕然而呼。范卿進揖曰。郎君萬福。老奴惡緣未盡。猶偷餘命於今日。豈得不愧哉。往歲一書。敢獻鄙策。狂簡之言。幸得邀尊覽乎。散士握范卿於手曰。貴書囊自白雲山下飛來。僕乃懷之。而說廟堂諸老。諸老瞶耄。不能斷行大策。今日徒悔失機而已。雖然。余又祝范老與二妃共免海龍之妬范卿急問曰郎君何以知老奴與二妃溺于地中海乎二妃覆沒於洪波怒浪之中老奴之印心刺目今猶悲痛不堪也今見郎君所以不急述當時之慘禍者欲暫置其哀感耳散士徐語曰范老安心二妃豈空汚于海龍乎雖然今日不詳在於何處況其境遇乎蓋徵之既往推之將來皇天如無情而亦有情范老豈與二妃無再會之期乎請自是從容話既往與將來之事抑范老自是欲至何處依何人乎范卿曰僕將赴東京投於亡明之黑旗軍說彼以繼絕興廢欲大有所爲雖然聞彼等既陷清人之術中欲受其封爵雖未可遽信亦不能無所危懼舟程尙有數日之閑請徐稟教回首遙指香港海水蒼茫之中曰老奴少壯冒萬死欲避難美國放浪徘徊嘗過彼地滿山赭禿所植之榆柳未成拱把今而翠梢覆空鬱然成林昔桓溫自江陵北征行至金城見少時所植之柳皆既十圍而慨然曰木猶如此人何以堪攀枝折條泫然流涕率諸僚屬登平乘樓眺矚中原而歎曰神洲陸沈百年王夷甫諸人不得不任其責乃引兵進伐老奴見彼柳豈得無深愧於桓溫乎此地古來號海賊之巢窟英人畫策遠大要脅而得之爾後出其忍耐之性與其工心大張勢威於東洋猶如附虎以兩翼聞俄人要脅貴邦之唐太亦大移民而採掘仙炭浚築港灣以一新全島之面目是亦何異與爪牙於鷙乎東方日瀕危殆英雄已盡徒留中原之淚而臣主素無北渡之心嗚呼其誰任其責乎時雨過雲散碧空如拭浪靜陸遠明月東升范卿指天而言曰請郎君觀之自朝過午天氣晴朗四無纖雲忽而一片之雲旗動於南方電閃雷轟風馳雨注既而雲消風歇現出此清涼之仙境造化之戲不亦奇乎大丈夫生在此世豈可不勉成震撼乾坤掃蕩天地之手段以永斷奸邪讒佞之跡而彌綸宇宙於清世歟散士曰聞英國一名士曾戒國人曰印度微雲之橫異日震動英國魔風之徵也豈可輕忽乎范老而未死其眇然五尺之軀亦安知非他日東洋呼雲起雨掃淨四百餘

州一陣之魔風乎。范卿笑曰。暮年壯志。雖未盡消磨。奈白髮種種而無情何。夫時之反側間不容息。先之則太過。後之則不逮。投時機者達人之業。故聖人不貴尺璧而重寸陰也。乃扣舷朗吟曰。馬首桓州又懿州。朔風秋冷黑貂裘。可憐吹得頭如雪。更上安南萬里舟。時天宇益澄。星斗爛然。夜色如畫。范卿曰。今對此風色。轉不堪追懷二妃。僕之與二妃相失也。夜色殊晶。意大利之山煙島。依稀在目。惟見暝雲之動搖北方而已。忽而風雨驟來。老奴患船暈。入室蒙酒而睡。既而驚覺。海水浸身。蹴衾出室。暗黑不辨咫尺。踉蹌而上甲板。欲求小艇而不得。激浪淵渤。亂擊甲板。將捲去此身。乃急攀繩梯。纔縛身於檣頭。時船主盛服大呼曰。沈沒迫於瞬間。欲僥倖萬一者。抱浮帶而投海。予不才致君等於死。惟潔身殉職。以受天之照鑑而已。有欲與余共歸天界者。攜手而同來。於是集於船頭者二十餘人。肅然齊列。以俟命終。忽而如山巨浪。翻空撼來。船主大聲下令。共仰天祈禱。遂相與共沒於怒浪盤渦之中。老奴抱檣而下瞰之。見其從容就死之慘狀。故每追懷及之。未嘗不髮豎肌栗也。後余意常念人誰無死。男兒若得死所。不當毅然如此乎。老奴齡踰五旬。惜未若船主之能勇於赴死。是日船體觸碎於暗礁。既深沒於水底。惟檣頭出海面纔數尺。雖然巨浪怒號。幾翻沒此身者屢矣。飢寒交困。至於絕息。既而風浪漸收。朦朧開目。朝暾止出海上。嗚呼茫茫巨浸中。保此殘息於沒檣之上。老奴之餘命。豈啻風前之燈。草上之露哉。凝眸四顧。則屍骸與行李。漂蕩於海磯之間者。殆不勝算。中有妙齡之女子。衣裳破裂。身體半摧。懸垂於巖角者。僕認以爲二妃之一。酸辛之狀。今猶不忍言。適背後有汽笛之響。回首望之。有巨艦一艘。行近里許。特放小舟。救還老奴。保養無所不至。是蓋法國之東洋巡察艦也。老奴請留艦內。供任廚役。當時老奴知法國之窺東京。故竊欲暫忍。而探法人之舉動。毋亦資前途之計畫而已。自是東飄西泊。以至今日。但二妃備絕世之才貌。懷鄉國克復之志。

呑恨而葬魚腹之中。每念及之。未嘗不慨人世之多恨也。然郎君曩言二妃免難。而又不詳言其境遇。豈不令人疑訝乎。散士乃備語以與紅蓮女史遇於波寧流女史之家。前及骨數斗夫人之談話。幽蘭女史與骨數斗夫人臨別時託其建范老之哀悼碑於遭難之海岸諸事。范卿泫然流淚曰。僕數十年來。除感泣於忠孝節義之外。眼中曾不灑一滴之淚。而今之爲一伶傳之佳人而泣。噫。老奴豈無受報之機哉。古人云。情之所至。可死可生。生者可以死之。死者可以生之。自古迄今。蟠天際地之忠孝節義。聖賢仙佛。要皆一情之證果而已。今堂堂六尺老范卿之一泣。其以是乎。其以是乎。

范卿曰。其後法艦至埃及。泊於歷山港。時埃及之內亂已發。歐人之逃來乞救於艦中者數十人。散士曰。是正二妃與幽將軍投於歷山之逆旅。感亞剌飛侯之懇囑。仗義爲其軍師之時也。范卿憮然而歎曰。吁。若當時老奴知二妃在此地。則排難解紛。生死與共。邂逅於萬里。而相失於咫尺。造化小兒之弄人。亦甚哉。後數日法艦僞稱往馬島。急拔錨向洲越。老奴竊謂法國有謀士。想必陽稱察視埃及形勢。陰乘機出其不意。聲言在歷山港上陸。鎮撫內亂。救其危急。而實襲拿破崙第一之雄略。長驅直入。乘海樓府之無備。守其城堡。以壓亞爾是利之堅甲利兵。使英無復措手之術。然法人徒閉於牆內。遂使英國得遊弋於灘江河畔。爲專橫之虜掠。遂失亞爾是利領封擴張之旗。使其據禮節夫之約。持理仗義。奮勇以沮遏英之猛艫。使不能進一步於洲越海峽。則世界萬國。猶將敬憚其義。猶孤竹之二子。叩馬而沮王師。竟不能抗武王八百國之精兵乎。惜哉。計不出此。我艦航於亞非利加之西岸自由國。自由國者。號稱亞非利加大陸。獨一無二之新立自由共和國。介立於蠻夷之中。獨能放文明之光輝者也。乃上陸觀察其施政之得失。人民之習氣。開明之程度。則其接於耳目者。惟歐人之跋扈跳梁而已。早晚不爲法之所蠶食。則爲英之藩屬成獨立之保護國而已。散士曰。僕往年於費府。曾邂逅此自由之總代委員。蓋彼總代者黑人也。雖然。明智憂國之士。而代表一國之餘者也。其言曰。我自由共和國之建立。原發於北美合衆國之奴隸存廢論時。志士仁人如邊利駒驪之徒。以爲獲無辜之黑人。如獵禽獸。老弱者虐殺之。強壯者驅役之。實爲無道之尤。心焉慨之。縱其所由使棲息其山河。教育蒙昧。釋放奴隸。說於富人。醵出義金。建立亞非利加一殖民地。布其新教化。殺伐之陋習。播文明之美風。移自由之風。易專恣之俗。以謀建此新立之自由國。聞風而起者。八十餘人。誓共生死同苦樂。埋骨異域。辟富強快樂之新府。航於暗黑世界。據於瑪須羅陀之邱。而起殖民地。是實六十有餘年前時大統領門羅者。頌表其獎勵保護之功德。以其名冠都府。爾來有志而義勇者。抱才無所用。漸次相集。同心戮力。勵精圖治。雖然。當時士人屢猜忌之。動輒怨懟。襲擊暗殺。窘四方移住之民。又乘英之奸商無一國之主權者。詐譎跳梁。橫暴無所不至。所施之法律。皆爲蹂躪人民之具。遂至全局不能統一。於是移住之人奮然蹶起。以不滿一萬之人民。建爲獨立國。其檄驚悚世界。威勢震於士人。卓然新造此自由之國。時一千八百四十七年。舉世皆稱贊之。認爲平等之國。會英國有博覽會之開設。大統領臨見之。大講平等之感情。皆曰照破亞非利加之幽闇。撥雲霧而使見青天者。則新立自由之力也。而時勢一變。今將沈淪於荒亂之鄉。蓋我自由國者。地味非不肥沃。鑛產非不富饒。寒暖非不適度。建國之士。非不先私利而後公義。而其所以至如此之沈淪者何哉。蓋與二三精誠之士。意氣相投。以籌畫事業。經營於當初。皆能振奮其精神。自信抱負之有素。克受艱難困苦。且能遺私而殉公。雖爲日月逾邁。氣力漸有消磨之虞。以世情之纏綿。勢所不免。況至於子孫。祖宗之志氣漸忘。苟且之氣習日肆焉。有不茅塞於其胸臆者乎。且夫美人者。世世奉華盛頓以來之政策。於開擴屬地經營海外之政略。每排斥之。惟保護奬勵內地之遺利。以期充實內政。不欲使人民冒危險。獲名譽。與僥倖於海外萬里。至英國則全然反之。汲汲焉務擴領地於海外。增設貿易市場。以進其富强。保其威力。以是美人雖自建此新共和國。而逐漸諳其國之情。親愛之念。亦因之而薄。英國則漸漸明我國之情。干涉之念日厚。又如彼法德者。近亦傚其殖民政略。見此自由國之薄弱不振。居爲奇貨。將乘機而有所爲。惟其如此。外則礪爪磨牙。虎視眈眈。負嵎而相睥睨。內則樹黨結侶。軋轢紛擾。有不忍言者。請試擧其慘狀。一千八百七十六年。士人邊統領之卽位也。誤信人言。謂起外債。投殖產之業。則歲入直可增加。遂借英國外債五百萬。雖然。每歲入款總數不及百萬。至今未能償其利息。於是國論沸湧。大呼曰。邊統領陷英國之術中。賣國之奸賊也。遂廢而投之於獄。甚至白晝赤裸。牽之於街市。羣衆唾罵。蹴踢鞭撻。卒乃自斷崖上推陷之而死。其家族無老幼男女嬰孩。僇殺殆盡。慘苦之狀。不忍復聞。次繼位之大統領。亦在位經一月而暴卒。自其始承認獨立。至於今日。僅有二十二年。大統領之更迭。已有十二人。其政權爭奪之紛擾。亦可想見矣。蓋我士人者。無義氣。無敎養。徒信天賦人權之說。喜談過劇之政。慮外人干涉之弊。則士人自欲管領其土地。毫不容干預。懼患則妄意揣摩。合無數野蠻。欲壟斷公私之權。故其流弊之所至。樹黨結朋。紊亂公私。致同室操戈。鄰里反目。且與近鄰之土蠻戰爭相踵。歐洲强國。煽動其間。國內之黨人。則於鄰國互求依援。各期制勝。自英國募外債。自法國借應援之類是也。而美人似茫然不知者。今吾輩所以來華盛頓者。欲將擧自美人初建立自由國以來之情勢。與其變遷至於今日之所由來。及其將來之趨勢之所必至。以說政府。使確定保護我自由國之方鍼也。噫。所謂自由民政者。在進步開化之邦國。猶且不受政權爭奪之紛擾。而況我新立之國乎。吾輩既屈氣於共和政體。銷魂於故國之紛爭。今日反歆羨君權之國爲無事也。散士聞之以爲是東方諸邦他日之殷鑑也。嘗銘心不忘。范卿曰。自由共和國之現狀者實不堪言。又有甚於此者。馬達加斯加島是也。其後余航於馬島。頗詳其狀。散士曰。馬島者。嘗採用歐洲之文物典章。而歐人之所嘖嘖稱歎者也。今日與法國交涉。其事雖未結局。然不久將歸平穩。今謂其國之現狀。比自由共和國尤甚者。噫。皮相之西學。其誤國之原乎。

馬島者世界第三之大島也。土地沃饒。物產極富。土人勇悍。而相愛之情甚深。其先出自馬來國。其教則所謂多神教也。有主宰萬物之大神。有部族各種之衆神。其理論亦不甚高。人多奉祀之。以莊嚴華麗之殿堂。行隆盛淨潔之祭祀。蓋土人者。於神之果有果無。及其靈驗如何。不深留意。而拜父母祖先之事甚渥。故上流社會信教之念甚薄。其政治則諸侯各領封土。一旦有警。則各將領內之士卒赴戰。似日本封建之時代。此國爲希臘人所知。又在一千年以前。與亞拍亞人往來。而歐人之初來此土。則在葡萄牙未尋得東海航路之時也。爾來葡人殖民此地百餘年。雖然。葡國之衰敝也。此島爲法國遠征之軍所掠奪。自是法國謀殖民者。又百餘年。而未得其志。一千七百年代之末。有一豪傑據此大島。掌握其全權者。波蘭之敗將辨耶數奇是也。辨耶數奇本匈國之貴胄。善用兵。讀波蘭獨立之檄。提劍投軍。屢運奇計。而破俄軍。及獨立軍敗。被圍就獲。流於極東東察加之地。飢寒萬狀。艱苦備嘗。曾登山頭。憶家鄉於萬里山海之外。憤楚囚於跼蹐尺地之中。慨然曰。大丈夫豈可輕死哉。遙見水天髣髴之間。與日本島嶼相接。一夜欺監守者。乘漁舟冒危難。渡於唐太。又遁於滿洲。勞筋餓體。始得法人之助。威名大振。惜哉。一千七百八十六年。法人忌而殘殺之。

此國民分爲南北二大部。一曰沙加羅窩。一曰法烏斯。沙加羅窩之人。向占有勢力。擯法烏斯人爲野蠻。不以人視之其凌辱於治下已久矣法烏斯人有一豪傑常憤之乃糾合其部落振威於全島奈大志未成而身已罹病召其子剌多摩詔受遺命使繼其志時剌多摩受學於亞剌伯之鴻儒拜父之遺命而感泣曰吾不能承先志他日何能見大人於地下時年甫十七遂會羣臣卽王位稱法烏斯王剌多摩第一世王爲人剛明沈毅卽位之日四鄰聞風悚動奉父之遺言驅使沙加羅窩人以統一南北爲己任雄心烈烈倣行歐洲之式訓練精兵購入銃礮準備彈藥爲他日之用時一千八百十年也當時英法生釁遍宇內皆有爭競英之海軍陷法之幕理習關新島更結黨援於馬島王於是時投機應變結條約從事於法人之盛禁全島賣買奴隸犯者以死論英人德之每年贈金銀兵器一千八百十八年英國議送宣教師王購販書籍輸入技術興設學校獎勵工商導國民於文明之域於是全島不霑王化者不過三分之一王雖從西敎然亦甚惡之乃欲利用之以爲開導之捷徑公許敎法之自由王磊落不顧細行荒淫之餘遂成疾病未及振鵬翼年僅二十六而薨舉世惜之王有寵姬曰亂摩道當王薨之夕殺王之親戚近臣數十人幽囚王母及姊妹使之餓死自立爲王是爲羅曩波路那第一世女王爲人頑固刻薄忌外人惡外敎如蛇蝎卽位之明年與法國開釁大破法艦於墟岬擒法將斬其首棄之於海岸以與法絕且出兵平定全島先是外敎漸盛國人信者漸多於是先禁官吏之奉外敎繼之乃普及於國民外人憤之物議喧騰女王斷然不顧拒絕如故一千八百三十三年禁國中學校讀外敎之書而改宗外敎者受下等之待遇明年除官吏之外禁讀外國之書籍時女王之壻大元帥總理大臣喇摩尼沙使女王一一執果斷之策聳國中敎徒使訴外敎徒不臣之罪於大法廷女王見之赫然作色曰朕乃代表祖先建立國家之神孫也彼等侮朕是卽侮朕之祖先且彼等目我歷史爲荒誕不稽之僞史故朕與祖

先所信之教義。與神明。皆彼等所不信者。何其不敬之甚乎。一日女王之愛將某謁女王曰。願賜臣一口之利劍。女王問其故。某愾然而泣曰。今外教夷學辱祖宗之靈聖。汚國神之威稜。國事將日非。陛下何不憂念。嗚呼。邪教之蔓延。猶火之燎原。如今不撲滅之。其禍必不忍言。臣生蒙陛下之殊恩。不忍覩國人受女夷凌辱。今將伏劍以先國家之滅絕。意每慷慨。辭色甚決。女王憮然。仰天長歎者久之。已而昂然曰。朕誓攘斯妖氛。以安社稷宗廟。會全國之民於首府之南郊。嚴禁國人奉外教。繼開大會觀兵。而宣言曰。七日以外。不自首復宗外教者。以死論。自是閉學校。禁集會。逐外僧。收沒經典。四放偵探。搜犯禁者。然奉外教者不惟不減。轉見其增加無已。於是女王大怒。決意刑戮千有餘人。而民心愈激。相將就戮者。肩相摩而踵相接。既而與英法二國交涉。五年。遂與法軍戰。大克之。其初畏憚外人者。至此亦生輕侮之心。凡外人無論是非善惡。而盡排之。惟其如越人之射世已變矣。而守其舊。使阻遏文化。衰替國運。曾不多時。外教徒陰乘外患之隙。鼓動上下之人心。女王又大憤之。貴人有奉外教者。共捕得十五人。縶於宮城懸崖十五丈之上。親臨責以不當奉外教。其不從者。直斷其繩。十五人相繼粉齏于崖下。而死於此慘刑。反使外教之勢燄益熾。其有未奉者。密相謂曰。人生莫重乎死。而彼外教徒者。甘受酷刑。從容就死而不悔。豈非冥冥之中有感應者耶。於是奉外教者日益衆。爭蹈水火赴湯鑊而不顧。女王益憤激。施其酷刑。日夜不休。有二王子。亦歸依西教。女王怒而幽囚之。絕其飲食。使之餓死。王子疲困。死不變。遂縶於柱。生烙殺之。嗟乎。宗教之爭亂。其慘如此。古今皆一也。有國者豈可不鑑乎。女王在位三十三年。盡力排除西教二十三年。非惟燎原之不可撲滅而已。轉相激煽。其勢益熾。而固陋其國論使富强文明日退步者。實堪慨也。雖然。王能强國權。杜絕外人。終王之世。使英法之强。不得逞其志。少延國祚。亦女王之力也。太子卽位。是爲剌麾第二世。卽位之初。英法共請王發令大赦。縱敎徒之囚。招聘英國之僧侶。於是西敎之行。如驛傳之速也。且王雖未受洗禮。夙好歐人之風。殆不知自有國家。乃妄信歐人之言。曰全廢海關之稅。而輸入廉價之毒酒。濫出牛羊。使生民流離顚沛。國政紊亂。至不可復理。王有寵人法人杭別者。乘醉顧問。王乃約杭別讓與全島之一。又特許採掘諸鑛山。又愛少年美那麾胥者。任其弄權。一切言論行爲聽其所欲。羣臣諫之不聽。荒淫益甚。於是怨聲充衢。亂民蠭起。王及嬖臣。遂爲行剌島民立剌會部利那。未幾而薨。其姪卽位。是爲羅曩波路那第二世。羅曩波路那之行二世卽位之禮式也。式場設立祖先傳來之神體。揭耶穌之聖言於王座。還宮之後。使外僧祈禱之。次日舉宮中歸依耶穌敎者。設寺院於宮中。設女王總理。與共洗禮。更下令而削奉國敎人之爵。使爲平民而供徭役。於是國敎徒慨然蹶起而諫之。觸王之忌諱。死者甚衆。王迷亂益甚。遂舉宗廟之神主。燬於羣臣之前。派遣四方官僚。使盡毀其國社。人民痛之。以爲此亡國之兆。而歐人稱此日爲大不祥之舉。嗚呼。以當時四十年前祇一人入西敎之國。比現時形勢之轉變。果何如乎。既而法人益肆其暴惡。恐嚇百端。決行嚑別之條約。更舉半紀前之歷史。謂馬島可迫令隸屬於法。遂期於八日。公布宣戰。女王乃拒絕其要求。奉神機國書而泣訴於天曰。聞歐人奉其正敎。信其眞神。尊其誠心。以故寡人亦歸依之。今被凶暴至此。神若有靈。請寡人歸依眞神。燒毀祖先之宗廟。而憐察哀情。明垂照鑑。救此國難。乃派使節於英德美。訴其國情。各國憐之。雖然。出兵於絕島。扶其孤弱。以結怨於强鄰。且如英者。曩占有馬島商業之利權。而眷庇之意更切也。雖然。欲於埃及結法之怨恨。陽勞使節。陰伺法人內情。遂孤立於馬島。使强法不得逞其狠吞。於是女王大會羣衆。與會者十餘萬人。躬臨視之。朗讀法之要求書與談判書。以公布宣戰。語語嚴肅。

言言悲壯。聽者咸憤激感奮。誓爲邦家死。一千八百八十三年。女王薨。臨薨遺命曰。朕旣以一身奉於上帝。死何憾焉。願子孫勿背西敎。但朕受祖宗馬島尺地。亦且勿讓法人。言終而瞑。女王與法交戰二年。屢窘法軍。而內則克整政綱。建軍制法制。解放奴隸。盛行敎育。外則惹歐人之憐情。使馬島優列於文明諸邦。入於耶穌敎國之班。蓋銀盞欲滅。時輝其光歟。先是王會修道路。僅通小徑於諸都府之間。河無舟楫。津無橋梁。商賈皆賴馬背人肩。法人每嘲之曰。夫交通者。文明之母也。馬島豈得閉關絕使乎。王曰。是我防國之策也。後與法構兵。法兵果困道路之梗塞。進退不能自如云云。女王薨之夕。羅囊波路那第三世卽位。乃大戰斃法之將。陷其要塞。初法人輕侮馬島之人。謂一舉可以滅之。旣而惡疫流行。患者十之五六。死者十之三四。且法人欲進兵內地。而叢林深澤之中。每伏兵四起。加以英人暗助馬兵。而訓練之。戰術亦日精。故交鋒四年。而法兵竟不能克。糜財億萬。失精兵一萬二千。而無尺地之得。無一貨之獲。無勇戰之譽。無養軍之名。內閣大臣爲之更迭者已二次。法人見每戰不利。更增軍費。而謂援兵曰。宜陷其首都。可擒女王。英乃居中解和。法軍知大勢之日非。卽容其言。提出媾和條約於馬島政府。其條款之重大者有三。曰良港之讓。曰償金一千萬。曰外交之讓。是也。王不得已許之。時一千八百八十五年也。勢至於此。而邦國之前途可知已。後五月。法人更欲認馬島爲法之保護國。馬島人不允。會議三次不就。法國乃起大軍。擒女王而廢之。於是馬島亡。歸法之版圖。棄其國敎。歸於西敎。噫。乞西人之憐愛。亦遂有亡國之禍。而不可救。可悲也夫。

范卿曰。然。老奴聞之。治國有常。利民爲本。政敎有常。令行爲上。故苟有利於民。不必法古。苟能周於事。不必循舊。夫夏商之衰也。不變法而亡。三代之興也。不相襲而王。故聖人法與時俱變。禮與俗俱化。衣服器械。各因其宜。故變古未必非循俗。亦未足多也。百川異源。終歸於海。百家殊業。皆務於治。文明開化。亦不過醉眼中之華也。若夫採取歐洲之華。如蜂之採蜜。惟取其實。不取其華亦可也。馬島醉於歐風。不知變古之術。拘於國風。不達循俗之道。以故敗花傷葉。竟不獲其蜜。凋萎以至於今日。其亡其亡。繫於苞桑。馬島之謂也。蓋英人者。施其魔藥而漸吮其精血。法人者。放其毒箭而急殪其殘軀。今女王者。縛其手足。惟任法人之所爲。忠憤之士。義烈之徒。據沮洳山澤之險。伏荆棘榛莽之間。以保千有餘年之國脈於奄奄之中。雖然傷弓之鳥。屢驚於響弦。東洋之故國。既屢墮歐人之術中。嗚呼彼自譽爲文明開化之國者。於此十九世紀之終。其豺貪狼饕。風悲月泣之慘景。見之可勝慨哉。老奴剛欲上陸。而弔忠義之士。會拔錨之命下。不果。蓋此艦將急渡東京。赴其國與清戰爭之援也。老奴聞之。大呼快哉。法人嘲笑曰。子爲清國人。己國見伐。何悦之有乎。清人之無愛國心。眞可憫笑也。既而法艦達於東京。然老奴謀欲投於黑旗軍也久矣。而未得其策。至身履其地。而心甚搖搖也。忽艦將與老奴晤談。巡檢戰地。過山澤間。入於兩軍對陣之地。擧首而望山頭。見乎翻翻黑旗。披拂於青嵐黄靄之中。落落於三五堡壘灌木衰草之際。俯臨溪淵。髑髏未乾。枯骨帶肉。亂堆於蒼苔白石之間。腥風時起。扇其青蠅。未嘗不歎英雄之末路之難爲功也。因口奏悲歌。以弔悼乎寃魂焉。

其夜法之幕將召老奴曰。汝若不忘地中海救命之恩。扮爲行商。深入於敵地。以偵察要塞之險易。兵馬之多寡。將士之動靜。若一一具報之。能盡其任。必酬以重賞。幕將如一意依於老奴者。老奴卽以爲彼雖爲我之敵。然以厚意對我。我豈可無一片義俠之相報哉。遵其囑。盡其任。而後敵之。亦大丈夫之所不恥也。既而又幡然悔曰。狐死於首邱。不忘其本也。今淸法構兵。法者是我國讎也。以救命之故。而忘其本。非爲私情而棄公義乎。乃猶豫未決。法將不見老奴之答。而大罵曰。癡奴不知恩。惟知懼死而已。老奴怒氣塡胸。將躍然蹶起。忽而抑怒氣。悄然而答曰。非懼死也。惟無以達尊命耳。無已。請從此行。將軍與以契符曰。是爲法軍間諜者之印章。被捕於法軍。可以此密示之。失則死矣。又以白布裹覆老奴之面。告曰。是我之軍法也。勿恐。更威嚇老奴曰。若齎虛報。貽誤軍機。罪不容於死。語未畢。礮聲響於山澤。吶喊四起。已而劍銃近交於營內。戰丸擦過老奴之肩上。雖然。此時身縛不能動。踉蹌惟俟畢命於風前而已。未及半時。戰聲漸息。華語音聲。充於陣中。時有去老奴之覆巾而檢索之者。始見四面之光景。則黑旗軍既佔領此陣營也。立於死屍狼籍之中。見有貫刀於敵首而舞者。或有踞巨礮而鯨飲葡萄之美酒者。意氣昂昂。如目無法兵者焉。一將糾問老奴在此之故。時余肩上血流浸於腹背。兩手就縛。痛苦不可言。乃欲求免。因速答曰。僕者是明朝之遺臣也。探敵之動靜。欲以報義師。今日急爲敵兵之所擒。而偶會義師之來。何幸如之。願速釋此縛。有一人熟視老奴之面而呼曰。老猾奴。汝昨日非與法軍之嚮導。而爲其前驅乎。余偵察樵路。善知汝之顏。由是再緊縛余兩手。又以白布覆其面。一將聞之。使一卒探老奴之衣冠。契符自襟中出。衆見之大怒。或毆打。或面唾。或揚足蹴頭。一將排衆獨來叱老奴曰。汝服中國之衣冠。解中華之言語。甘爲黠虜之奴。人類之最卑者也。使間諜事情而陷我同胞於死地。以博一己之富貴。何其可憎之甚哉。死有餘辜。我斷汝之首。刀且愧被汝血之汙。雖然。不可不殺之。以爲後人之鑑戒。乃明晃晃地提白刃於老奴眼前。老奴知難以口舌爭辨。乃大罵曰。汝等無眼無識。疑我爲間諜之人。汝自壞汝萬里之長城而已。後悔何及。時有一騎來報曰。法人憤前之敗。合大軍而斷我之背後。將皆進於本營附近之地。諸軍聞之而潰亂。一卒牽僕而走。而法之先鋒既迫於左右之間。追擊甚急。黑旗兵死傷太多。少焉黑旗之援軍來救。會一老將跨馬厲聲。而叱責將士之背令速退。致受敵之反擊。而喪極多之良士。一將乃指老奴問先時大罵彼等之言之故。更叱老奴曰。咄。老奴曰。唯。汝速斬吾頭。以送於謀士顧江甯。渠見吾頭。必能知吾恨大計未成。徒與汝輩死於刀下。老將睨老奴曰。余江甯也。汝欲何爲者。而爲此欺人之事。欲偷寸時之命乎。老奴熟視其顏急呼曰。余者白雲山之范卿也。自美國歸航。而投軍於足下者也。江甯急下馬解余縛曰。范兄無恙乎。幼時屢接音容。不相會者。既三十年。今忘其面貌亦宜也。兄數來書。敎我奇策大計。今日之事。亦多兄之賜也。願自此得聞左軍之大計。乃引而請上座。曰。起朱明者。必斯人也。老奴辭避。而不敢就坐。其夜江甯設宴。大饗老奴。老奴卽翦燭而說於江甯曰。今清法搆兵。兩不可勝。若法人大勝。振戰勝之餘威。根據東京。鐵路縱橫。迫清之西境。其勢不復可支。若清人大勝。驕慢之氣加。頑陋之風長。文明之政不可望。革新之治不可期。吾輩將安施其力。往者當軍敗而西征也。西南開一乾坤。存其明祀。誓不與清朝俱生。雖然。殘敗之餘。自不能保。姑俟和時。今也法人犯我棲處。汚我旗幟。其勢遂出於不能不戰。況近者歐洲諸邦。張皇其殖民政略。而併呑東南洋之危機日熾乎。義當計抗東洋之公敵。而存安南之命脈。雖然。余審法國之形勢。懸軍萬里。糧餉未足。固非可以久戰。然豈可使我相期遠大之倫。而爲徒死之戰乎。諺曰。急轡而數策者。非千里之御。我同志爭盡死力者。在他時。非今日也。聞向者黑旗之軍。死守江北之壘。而襲法之大軍。終日終夜。奮鬬苦戰。死屍枕藉。勢無可爲。及走入武庫。乘敵軍之未備。放火爆烈。彼我共焚。壯烈無比。雖然。是徒死而已。語曰。人之血氣。豈能久煩勞而不逸哉。人之精神。何能旣馳騁而不息哉。血氣者人之華也。五臟者人之精也。今耗散其精華。而不顧何哉。且勇者不輕死。宜時加防禦。據於險要。敵進則退。敵退則進。張常山之蛇勢。擾敵以山澤沮洳瘴氛毒霧而已。況關於法兵之勝敗。而終退其兵。如觀火然。至於此時。將軍將置身於何地。如何而處其同胞。夫狡兔死而走狗烹。飛鳥盡而良弓藏。淸人果賞子之功。爵及侯伯。富如商賈。僅不過爲一偏將。而屈於州督之下而已。吾子有此大功。忌其智而妒其才。遂有功而不能安其身。幸而免於斧鉞之誅。亦至失根據之要津。無容身之地。卽引敗卒而歸淸。淸亦不能犒子之師而已。此三者皆所以自損其勢力也。甯復欲南面稱王。翻其風雲際會。東向明旗。而得爭霸於中原乎。江甯太息曰。余誤爲之如何。老奴曰。頃者日本自採用歐美之利器。頗輕侮淸人。且其軍隊者。乃法人二十年來之所訓練。乘今日之機。而大有構衅於淸國之狀。若勢至於此。則其所謂戰地者。必雞林也。臺灣也。遂釀英俄交鋒之機。亦未可知。故自是余密隱於白雲山。抑憤忍羞。坐以待時。糾合福建之同志。而誅東漢之族。以事其擧。子測時機之來。其間或制法。或控淸。挪揄其兩者。法人大擧而侵其地。使淸之大軍激戰。子提其奇兵。橫劍直立。而全其功。豈不快哉。江甯鼓掌而悅曰。謹奉敎。蓋諒山之大捷。襲此策者也。老奴自是歸福建。察天下之動靜。日本則放火於雞林。勇氣忽挫折。而彷徨於優悠不斷之間。法國則行其溫和之手段。消磨數月。和戰久未得決。淸則廷議紛紜。以姑息之事。遂起兩邦交綏。日淸法三國之宣戰和議。茫茫滅跡矣。事至如此。故老奴今將欲再往說於江甯。彼若墮淸人之術中。受淸朝之封爵。執迷不悟。不足有爲。則惟有與之絕交而已。余則再返福州。然後以孤劍奔於緬甸。或去埃及。探幽將軍。然尚未有所決。夫老奴出入於死生之間。不知幾度。如雪下之竹。河畔之柳。剛柔並用。緩急兼施。遂未至挫折。雖然鐸以聲自毁。燈以明自燃。士以美自斃。老奴復有玉碎之時機哉。時南溟萬里。碧海靑天。惟有冰鏡一輪之橫於太空而已。范卿口占一絕曰。

風吹霜鬢血衣腥。脫落封侯萬里名。南溟今夜無邊月。又仗寶刀賦遠征。

第十二回

船泊錫崙島。直上陸。訪埃及敗將亞刺飛侯於其居路旁之椰樹桂木。如張蒼翠之涼蓋。田圃之奇卉異草。如布絢爛之華氈。中有半歐半亞之衣冠。而跣足裸體荷蕢者。悠悠往來於東西。風致之美。配色之奇。宛然一幅好畫圖也。既而村驛煙絶。鐘磬聲消。神足嶺三千年靈蹤。法音杳杳。無畏山四十丈之高塔。廢址茫茫。誓多林鳳凰宮（二者皆世尊說法之地名）之結構。今已無存。佛佗聖靈之菩提樹。原何可攀。漸至侯門。問訊謁者。謝此時非對客之時。暫逍遙於門外。須臾復訪。門者導入中庭。少焉亞刺飛侯出接。赤冠黑服。溫言謝三顧之勞。海南將軍將禮曰。日本人民。舉侯報國之誠忠。稱爲不世出之沈勇。侯血誠達天。國人忌侯之果斷。連年苦戰。放謫此萬里之敵境。莫不悲之。某今奉命。視察歐美之形勢。途次特以半日之閒。訪高堂。一通殷勤。且欲談東洋之政略。願元帥鎮壓國論之紛擾。驅使疲散之卒。與英之精銳角逐之戰況。及說貴國之遭逢。歐人外交詐術之詳。以使東洋諸邦。未及陰雨。綢繆牖戶。亞刺飛侯聞之。悲喜交集。蹶然而起。瞑目仰天者久之。乃漸坐而對曰。敗軍之將。何敢談兵。楚囚之身。何論經濟。雖然既辱三顧之殷。豈無一言之報。僕謫居於此。見訪之人。亦云多矣。而曾未有憐我故國之敗殘。憤歐人對東洋之政略。有如足下者。請忍垢含恥。以陳前車覆轍之戒。初歐人之對我曰。天帝者。一而已。無私無親。照臨宇內。一視同仁。四海者。皆兄弟而已。文明之世。不問邦國之不同。不論人種之殊異。交換智術者。社會之責任也。交通有無者。人世之通義也。耶穌之行爲者。解衣分食。抑强扶弱也。締盟各國者。免交侵之患。享和平之福也。其說如此。何其堂堂冠冕。公平無私乎。雖然是卽爲隔障而聽鬼女彈琴。可奈之何哉。且最爲巨患者。則在於財幣運用之邪說。其言曰。凡屬財幣者。乃交換品物之量器也。其價格與品物無異。以故物品有需用供給相倚之原則。供給溢則需用減。其價低賤。需用盛則供給增。其價昂貴。而財幣之需用供給亦率此原則而相依倚者。故一國貧富以財幣多寡不足以知之。若欲一國而圖强增富。己國困乏。則需用寡而供給多。可借債外國。且以息微之資本振興全國之產業。此爲天然之數。經濟之理。人世之通義者。是說也。卽以高尚之理義迷東方之人民。而欲人爲開文化。爲張軍備。竭己國之財力。更募外債於其國。此實爲國家隆替一大原因也。凡屬外債未募之邦國。須審其時勢與債權。乃不被陷焉。古來邦國之爲外債而滅亡者。更僕難數哉。若一至愆其償期。則耶穌教國之行爲。反其常面。喋喋然分宗教之異同。嚣嚣然辨種族之分別。而獨以其白晳種人爲獨得天帝所佑。異教異種則爲前世罪業。勢不至剝衣剜食。舉人國土而盡奪之不止。竟盡忘其前說也。夫始則以有無相通爲人世通義。今則保護己國。重稅人國品物。始則以財幣爲共同之通寶。今則力防輸入。越於輸出。强斷財幣之制。而自握其權。始則訂盟和親。準據公法。其背乎此者。則天下共伐之。今則見利忘義。媚强凌弱。始則俄國破黑海之盟。天下無責之者。而希臘一小國與土耳其構兵。則各國以之爲害其和平。居然以軍士封鎖希都。非洲一小國少有疑議於盟約。則各國同盟分割之。卽如予之將舉兵也。歐人莫不稱爲義舉。有約不爲應援者。有約制英國之後者。有勉以善後策者。使者載道。冠蓋相望。及一旦師興。卽趦趄逡巡。曾無一國果如其言者。嗚呼。歐人之言其可聽不可信乎。其可交不可親乎。若歐人而所行如其所言。心口如一。則天下安有亡國破家者哉。關塞一容胡馬之鐵鞭。卽不能拒之矣。我埃及及馬島諸邦。此其前轍者也。抑聞貴邦數千年來屹立東海。近日變法維新。能採歐美之所長。用歐美之所利。若能聽歐言而不溺。聞歐說而不迷。誠可謂完善之國矣。且予更有一言。不得不以忠告貴國者。何則。卽勿聘外人爲顧問。勿與外人以官爵也。此而一誤之。則主權夷替。尾大不掉。爲亂之階梯矣。殷鑒不遠。邇在布哇。其勿復蹈之。嗚呼。予其羨日本之位置佳好。而悲故鄉之處逆境也。其吐談沈痛。悲憤之氣。溢於眉宇。適有三數埃及人入。侯卽指其赤帽白衣者而自爲紹介曰。此將軍某也。指黑衣者曰。此外交家某也。更顧其左右曰。此勇士某也。此豚兒某也。玆數君者。皆負反逆之罪。而減處死一等。以與予流竄於玆者。聞貴客賁臨。特來謁見也。於是共相談論。一酬一答。漸入佳境。時適有不知何物俗漢。遽掃淸興。共有官吏婦女諸生十餘輩。直入庭內。見侯不以禮。見散士等。遽揄揚日本近日急變法維新。盡變衣服飮食。而摸擬歐人。廢繁雜之國語。而代以羅馬文字。法律則倣佛典。法官則用歐人。以英文爲法庭原語。解婦人之束縛。行男女之平權。人種改良之論。壓倒世上。歐風之演劇舞蹈漸盛。實可感歎也。一唱衆和。贊譽不迭。一士聞之。耳語散士曰。亂理之文。修飾之巧。刻刑鏤法。卽所以破我國者也。奈貴邦何復蹈此轍。散士聽之。覥然冷汗浹背。因倉皇告別曰。心所欲問。口所欲語。終宵亦不能盡。僕此告別。願諸君爲國家自愛。順天道以待時機。侯曰。後此再見。知不可復。惟請貴賓他日若過埃及之新戰場。爲予憑弔諸同志之墳墓也。辭而出門。是時日景漸移。晚風送涼。一路迢迢。羣島無聲。其有入耳者。惟有媚人醻春之婦女。不知亡國之恨。而歌唱英皇之德。英政之仁聲而已。西航江海。船達洲越。散士登陸。徘徊於昔日繁華之地。而今則祇見荒寥寂寞。惟餘廢寺破屋而已。回憶古時摩西隨天神默示。率衆徒飄零於海南沙漠中。啜聖泉。抱淸節。懷波斯大王跎雄斯并吞六合之雄圖。沿西征道路。建立摩天大石柱。巍然於平沙漠漠之上。何其壯也。而星換物移。盛衰迭變。千古之雄略。今竟爾銷沈如斯。東方無馬首復西之英主。不幾可感乎。行行而至亞剌飛最後一戰場。祇見邱陵起伏。沼澤平沙。其中殘壘猶存。且多有英人墳墓。碑塔高聳。英兵守之。其埃人之塋域。則祇布散於荒草離離間。無一人影。散士哀之。乃爲弔之。感慨不已。既而乘汽車將行西去。適遇西來汽車。中見有以翠羅覆面一婦人。暗影楚楚。面轉向隅。左執帛。右持枝花。斜支左頰。一若沈有憂思者。方審睇之。而汽車遽行。散士於是心沈氣塞。如有一物纏胸。久不能消。而回首則平沙浩浩。接連天表。戰場邱陵。明滅將沒。惟餘餓鳶瘦牛。散足平地。泥屋三五間。連接道旁。多有乘騾種田者。皆存數千年前之故風舊影也。

明日登三角塔。塔下亂石砌壘。高可參天。誠可謂危如累卵。削如平砥。於石角坎陷之處。祇堪攀援。行行危懼。如跋天巉。如扳鬼口。三步一喘。五步一息。胸膜如擊鼓。流汗滿面。目燃崑岡。髓腦俱沸。同行者不堪其勞。至半而下。其能達巔者。僅餘三人而已。直立絕巔之上。足搖難定。目炫難瞬。日戴頂上。雲浮足下。幾如以人間杳渺之身。逾登天界。遐想不已。於是危坐石上。矚望四野。波羅大沙漠。綿亙數千里。曠蕩冥茫。渺無涯際。少間無一點青一微白入予眼者。惟有紅熱射目。閃爍迷離。其似混沌未分之前乎。將如天破地裂。世界坌隤。而爲刦火洞然之眞象乎。時則坱北熱砂之起。如炎帝之鞭。如龍回飈之倏忽旋轉。如火車之驅罪人入八熱地獄。人若陷墮此境。則生而迷其生。死而魂無歸依。乃黯然回首。則有小三角塔。不卽不離。接連於其間。如沙漠岳陵。或起或伏。其灘江大河。則浩浩汩汩。有如長蛇之蜿蜒。漲天際地。莫知其源。其沿岸則草木青青。原田每每。草野開辟。心目俱豁焉。遙望海樓府。則高閣梵宮。丹堊粲錯。朱碧陸離。壯宏優麗。可追想其肩摩轂擊之盛時焉。牧牛之童。耕野之農。縱衡阡陌。僧衆導羣婦女。歌唱絡繹道路。亦有發數千年前之廢址。以搜求寶貨者。亦有埋沒沙中。僅現半面。如笑如怒之絕大女神像者。左顧右盼。低徊久之。古人曰。欲知天堂地獄之眞景。須立三角塔頂。眺臨其東西前後。信乎古人不我欺也。乃跨石角而歎曰。嗚呼。昔者歷山大王。奠京城于此。朝臨諸侯。執玉帛者萬國。文物典章冠絕一時。歐亞人之遊學於此者年數千輩。蓋爲羣后高會四方儀則之所也。當羅馬之盛時。有久麗王葩都維。以其妖美陷獅威挫於重圍。亦於此地也。有小勁冬者。痛王峨斯多斯之蹂躪自由。浸凌大憲。覬覦天位。舉義不成。亡身全節。亦於此地也。有安敦仁者。以蓋世之勇略。而沈湎於狐媚妖冶。黷武招亡。遺臭千載。亦於此地也。而拿破崙之欲席捲歐亞。亦常率衆勵兵。鏖戰于此塔下。明平明士阿梨大王。以布衣而統一全埃。率生齒五百萬。橫略東歐西亞。威名冠於天下。亦實連兵於此地。誠以其沃野千里。大河浩蕩。物產庶饒。地扼三洲之咽喉。掌四海之管鑰。其爲英雄所垂涎。不亦宜乎。今而熟以望之。則珠簾畫棟。已與三月之灰齊飛。白叟黃童。已化爲泉下異物。如此者。夫豈曰天命哉。亦有人事焉。覩此廢頹之跡。以推滅亡之故。足知驕不可以久處。淫必挫於橫禍。積惡有餘殃。驟雨不終朝也。當威斯明流王時。有權臣摩侫者。曾叨遊學歐洲。得博學士虛名。而稱其才能爲冠絕一時。卽以徒手無功之身。而得官享祿者。生性翻覆無常。或黨與憸人。或獻勤勳舊。孤假虎威。作威作福。權傾朝野。其自常言曰。多藏何如於厚土。放利必能集衆怨。是虐下必媚上。色莊必內柔也。故曰根也慾。焉得剛。彼咿唔嚅唲。如脂如韋。不知恥事婦人。而對歐人如皂隸。雅言夫蹇蹇諤諤者。非正道。其一旦登臺鼎。調鹽梅。卽嘯集權奸。箝制政府。其門下鬬雞走狗之徒。莫不皆張其龍翼。礪其虎牙。以糜爛天下之生靈矣。其笑刀之利。暗箭之毒。中則斃命。且復淫亂無倫。酒色是圖。穢德彰聞。日月爲之色暗。風雲爲之含憤。山裂河溢。妖孼並興。雖然天下旣訴冤無門。釁隙無乘。惟有睊睊胥讒。道路側目。智者必知其禍近。愚者或進以忠告。或效蔡澤之諷。或入趙良之言。彼則或陽納之。或陰拒之。常飾言曰。吾志本在邱壑。所以戀戀于此者。爲國家效賢勞矣。或與婦人共坐帷中。或褻服戲於朝廟。或束稚子以紫綬。而戲爲封爵。竟不知天日可畏。而指浮雲爲久在南山。夫豈知槿花祇一朝之榮哉。上失其道。民懷愁怨。於是草野啾啾之聲。志士唾罵之響。直達天庭。其罪惡之數。刑罰之條。冥府金扎爲之山積。有五百之惡鬼。臨其頭上。厲鬼拊其胸中。怨魂纏帳褥。而猶揚揚自喜。以爲有命有命。不知烽烟起于塞上。鐵火興於牆內。硝風彈雨。塞天閉地。六合之內。惟黯淡有虎牙狼爪野爭之聲。飢民亂徒揮劍之光而已。其寵妾則被亂軍戮辱。愛兒則被餓鳶恣啖。三族六親。至於雞犬。莫不慘遭橫禍。復無噍類。而己身則四分八裂。棄戮街市。是誠不知持盈保泰。以至是也。嗚呼。報施之不爽。涓滴足以穿磐石。誠可爲鑑戒也。顧惟見此亡國之慘。血漲灘江。生靈何罪。骨築高塔。愚民何辜。昔日簪纓之地。白起之坑。溝尚腥。當年棨戟之場。誰復收殘骨于餘燼。散士至此。肝摧膽裂。嗚呼。因思天命如斯。心目俱憯憯焉。於是轉眼而對灘江流水。瀏覽神德之汪洋。眞無所止極。夫埃及人之祭灘江。以其有神之故。神者至德之稱也。又不可測之謂也。若灘江而枯竭。則此國千萬生靈。斃可立待矣。何則。埃及立國。地居熱帶。無雨無露。獨得赤帝炎威。與灘江水氣。陰陽調和。得以化育萬物。此所以廷禮氏以水爲造化之原。老子贊水德爲上等。孔丘之感歎逝者也。雖然。其大不可極。其深不可測。其長無窮。其遠無涯。萬物資以爲生。百事依之而成。大包羣生而無偏倚。澤及螺蟻而不求報。富贍天下而不旣。德施百姓而不費。擊之無創。焚之不燃。淖溺流遁。錯謬糾紛。而不可靡。利貫金石。强濟天下。充塞於無形之域。翺翔於蒼穹之上。磅礴於川谷之間。而奔騰於大荒之野。有餘不足。取於天地。而授與萬民。無所前後。是故無所私。亦無所公。靡濫振盪。與天地而爲鴻洞也。無所左。無所右。蟠委錯紛。與萬物而終始也。是之爲至德。是又不可思議之甚耶。雖然。詩曰。肆皇天弗問。如彼泉流。無淪胥以亡。夙興夜寐。洒掃庭內。惟民之章。修爾車馬。弓矢戎兵。用戒戎作。用逷蠻方。此所以獨恃江神之德。忘大雅之戒。而招埃及之戎乎。日景漸移。靈曜銷匿。乃傴僂而下。回馬首而越一邱。適有一軍隊鐃管嗷噪。旌旄肅肅。叱咤而至。避道望之。則爲鎮撫埃及之英國巡邏隊也。嗚呼。百餘年前。彼埃及赳赳武夫。從名將而馳驅於歐亞者。飆舉霆擊。無有一嬰其鋒。雷震風靡。誇雄宇內。今而以英一軍。被敗塗地。都城降陷。辱盟城下。率至倚賴外兵。撫鎮其國。此皆在治國之不臧也。既而歸海樓府旅次。是夕。館主殷勤相問曰。貴客一行中。有東海之姓者乎。散士曰。僕卽是也。館主色若貳疑。一揖而去。少許復來。見散士而詰難姓氏之異。同坐諸人。證之頗苦。館主意始漸解。乃就其懷中。出一書以與散士曰。客果如其人。則請與以領收之證。受而觀之。則封面祇存日本人東海散士數字之英文。不知爲何人所投。乃拆封讀之。其書曰。

失巢旅燕。託命茅簷。擢楫客舟。零丁孤島。君子高蹤。其逐浪於青萍。騷人遊履。或題風於敗蕉。竊爲悲之。藍橋路隔。花洞津迷。復關咫尺。如阻萬重。株林伊邇。似睽河漢。天塹難飛。飛則恐鷙鳥之搏。孤舟難解。解則覯馮夷之怒。惟僅竄端匿跡。待解閉結。伏訴中情。

散士瀏覽再四。似獲其意。然此固不可以詢人。眞實難定。心緒紛亂。甚難解釋。

明日驅車而遊。明平滅士阿梨之舊宮城。登高望遠。百感交集。細審宮城。則巍峨崔嵬。堅牢無匹。殿閣莊麗。殊駭人目。異卉珍木。寶珠怪石。羅列紛陳。是皆當日諸侯伯所貢獻者也。懸於城樓。有巨大一自鳴鐘。乃當日法王路易非立所贈者。安於閣之中央。則爲殪士豪之梟帥。戮法人之兇雄。而欲帝長歐東。大業垂就。被阻於英俄奧普士聯盟耳。雄圖蹉跎。飲恨未瞑之英雄靈柩也。散士感而弔之。乃辭而遊於舊海樓府。則見市廛寂寥。雞犬聲稀。城壁半墮。梁柱俱弛。山羊散臥頑石。黃花亂落敗池。又見到處停有白玉棺槨。彫鏤精巧。紋繪日輪。酷肖我國之菊花章傳云。乃五千年王公之墓。（身葬土中飾棺於寺院）或云。乃古將之遺骸。今則寺主已去。燕雀重巢。嗚呼。迴首舊日何其盛耶。今如此。昨耶今耶。豈非如一夢哉。行到處所見所聞。無一非傷心慘目者。乃去而遊於椰朶島（椰朶島者。居海樓府之上流。風景絕佳。韻事多傳之地也）百花亂笑。江魚游泳。帆檣與水鳥共浮。絳霄寂而無纖雲。胸中乃頗開豁。曳杖信步。逍遙江上。忽有小樓現於面前。瓦石玲瓏。園籬疏落。樓上有婦女彈琴聲。唱歌聲。聲低樓高。聽不分明。然瀏亮之音。亦有足感。乃欲窺其內。而窗深簾密。依稀人影。而像其音容。則恍如我所思之佳人者。佇足多時。恐被人窺見。移步遙立。躊躇逡巡。深冀江妃之解環佩。嫦娥之稅雲中。以相招待也。同遊促歸。依依難捨。强而就路。而繫思細纜。難通尺素。意緒匆忙。心情撩亂。歸館之後。蒙被就寢。輾轉反思。殊難瞑目。夜已三更。乃密出旅館。步上灘江沿岸。到椰朶島對岸。尋問渡頭。不通言語。行人以爲外客迷路。有指歸海樓府者。率以應之。漸行而見一渡頭。空舟無人。祇見河流汩汩。迴繞椰朶島。綠水迢迢。寂無客渡。氣屈足痛。四顧茫茫。人聲滅絕。其竟如王獻之興盡返棹。阮籍之途窮迴車耶。則好機特失。良宵空負。其奈之何也。況以一腔熱血而來。而踉蹌失志以歸。則曷其傷心者。若早知舟無夜渡。何如先忍投梭之恥。而懸秦鏡。燃溫犀。以消絕百疑哉。而情癡所凝。莫能解釋。心神向往。不避艱險。乃自行艤舟。蕩漾水上。或前或後。或擱淺沙。或旋中流。龍吟鱷笑。腕疲體憊。不知幾經艱苦。而方誕登彼岸。繫舟桄榔樹下。暗中摸索。隱約道路。乃達樓下。四顧闃寂。窗隙微透燈光。惟見大江洗岸。風動蘆葦。仰觀河漢。則見星象隱映。雲靄蔽空。是成藍橋路隔。仙女難尋。花洞津迷。漁郎虛度。室邇人遐。如何如何。乃隱身芭蕉樹下。屏氣以窺。而樓上覺彈琴響音微韻遠。鏘鏘琅琅。塘水爲亂。俄而琴聲至遏。萬籟俱寂。樓上撲然有聲。則美人推窗而四望也。既而聞微吟曰。懷君半夜未成眠。明月睊睊水一天。妾淚化爲江上水。駕風和雨到君邊。散士不覺續而高吟曰。據立臨水一層樓。中有東人學楚囚。吟未完而審睇美人。則果爲幽蘭也。散士至此。不覺恍然曰。其在夢中乎。乃登樓呼見。執手欷歔。熟視幽蘭。則睫邊漸紅。淚痕掛面。顏色蒼白。髮亂氣沈。幽蘭曰。蹄水一別。杳無音耗。君如東流之水。妾似路旁之花。金鍼沒海。現出無期。消息難通。惟祝安祥。不期而相遇於此地也。散士乃慰幽蘭曰。別來深知令娘良苦。往年閱報。謂令娘於此地抗曉鶯女史之高節。祇知其略。既而埃軍敗衂。報至心愈難安。而令娘善翻身於旗影劍光之內。得全生於礮烟彈雨之間。天之報施善人。可爲非偶然也。幽蘭漸仰首曰。老父馳驅於大漠千里之外。生死未知。惟妾脫身於叢刃之中。得竄匿至此。而郎君何以能見妾於此孤島也。散士曰。僕辭美還鄉。寤寐佳人。不能忘懷。故暫託身爲刀筆吏。以探令娘蹤跡。入國之日。卽欲通以尺素。以無門而止。今至此。夫豈月下彩線繫僕之足耶。幽蘭悲喜交集。默坐無語。少許斂容而言曰。埃軍之大戰於蹄留猗流計米留。老父以阿武蹄留侯慓悍之黑兵編遊擊軍。乘戰酣時。橫衝英之中堅。英軍被動覆者幾矣。後爲援軍接應。且猛擊我軍。中軍爲敗。卽馳使報侯曰。大事去矣。且事急矣。侯先行。僕爲君殿。乃收兵且戰且退。英軍亦不敢追。卒得以全軍回海樓府。老父見亞剌飛侯曰。僕嚮感君知遇。以身許君久矣。今全軍悉潰。而仍見君者。蓋欲重申前議也。夫僕徃者嘗謂據灘江上流蘇丹之地。招納士蠻。行曠日持久之計。欲以不戰而屈敵兵。雖然。今欲復行前議。已覺其遲。惟驅此疲散之卒。猶得數萬。若說之以立耐久之策。則四方勤王之師必能聞風雲集。然則國家克復之途。未必遂謂窮此一戰也。時國王適投入英艦。而傳勅征討亞剌飛侯。於是軍氣沮喪。異說沸騰。亞剌飛侯亦心懷狐疑。無能決斷。路議降英。而阿武蹄留侯則憤然罵亞剌飛侯曰。天下大事爲豎子誤矣。卽引刀自殺。而老父亦見大事難成。乃率部下殘兵。直赴大漠之外。當時妾則在海樓府病院。老父語妾以遠征之事。且謂曰。余年已七十。豈復忍面縛以對歐人哉。今聞僞聖魔治。將有士蠻三十萬。將與自由軍。予此往扶之成敗難定。然亦得一快戰也。妾聞之不禁悽然。請與同行。老父慰妾曰。夫蘇丹距此八千里。中有沙漠之險。非婦人所能到者。且彼士蠻之所嘯聚。鬼魅之所蠭屯。好惡不同。性情互異。汝與予偕行。深防不測。即幸而安全。亦爲予所累也。汝曷若姑去此地。歸還費府。徐觀予動靜焉。但去此地。須投歐軍以求保全。蓋以埃人素性殘暴。今軍務匆惶。恐被其乘機凌辱。究不如投歐軍以求保全也。言未盡。而士卒頻到。催促老父曰。密謀將泄。不行禍至。老父乃決然致聲自愛。不顧而行。妾追至門外。則見蹄塵如煙。瞬息滅影。悽惶欲絕。父子生別之感。豈語言所能罄哉。既而妾亦欲離海樓府。匆匆欲行。遷延之間。忽聞闔院騷然。喊聲徹耳。見有亂徒數百人擁前門而入。妾驚逸犀後。則亂首已至。執妾。妾不覺大言曰。願毋苦病者。妾死不難。而衆亦不敢加以非禮。竊思此國法官。半爲歐人。其裁判權非屬埃有。遂冀可以辨脫。後三日有獄卒三人護妾至門外一家。主人則相貌猙惡。衣冠華麗。稍解英語。見妾以禮。引入密室。詰問妾曰。汝父何之。汝必知之。妾答之曰。此地非法庭。足下非法官。而於暗室之中詰責無辜之歐洲婦人。將欲何爲。妾若有罪。何不詰責於法庭也。主人厲聲曰。汝父有大罪。今避匿遠竄。故囚汝以爲質。憤然鎖戶而去。妾憤其不法。亦無奈之何。復不能辨訟於法庭。妾此時之悲。果勝言哉。自茲以後。朝夕僅得羊乳及殘羹。窗戶深鎖。日光不漏。言語不通。世事隔絕。殆爲幽鬼焉。氣結心鬱。度日如年。如此者二旬有餘。乃得出由馬車而抵一大城邸之後門。則見臺樹華麗。苑囿宏壯。不問而知其爲貴人苑宅。門卒引妾入一小房。復施鑰而去。久之見一貴人至。和聲向妾曰。貴娘爲乃父而蒙冤枉。幾瀕於死。今有恩旨拯救。貴娘其不背之。既而薦食命浴。貺以衣裳。境遇頓變。殊堪怪訝。然房屋新潔。泉石花木。莫不備具。頗堪悅目。心亦暢然。而此貴人復來語妾曰。貴娘居此得安適否。妾曰。幸蒙厚待。心神復舊。貴人曰。是皆王子之所賜也。王子年壯多情。令國中求美人以爲妃嬪。未獲適意者。曩貴娘之在病院。才色之名。久喧中外。王子戀慕不堪。以憚於尊父。故不敢發。僕嘗識之。今救貴娘於垂死。將以獻於王子。他日王子必加寵待。僕亦因以得高位。抑亦爲貴娘所賜也。今夜王子張宴宮中。請卽行無滯。妾至是始知被陷術中。心腸如割。憤恨不已。默坐移時。妾徐答曰。妾奉耶穌之教。旣有所天。卽不得不守一夫一婦之法。王子深恩。雖堪感佩。然至侍奉左右。則勢不得不辭也。妾豈能悖於教理。昧厥良心。陷王子以姦淫之罪哉。願足下以此語代謝王子。貴人笑曰。歐婦風俗。外裝貞淑。內擅妖淫。有所天者。其亦無情人乎。王子誠心憐貴娘。故拯貴娘於囚牢縲絏之中。置於瓊宮瑤臺之上。蓋將欲以偕老百年也。何不較榮悴。惟教是迷。貴娘若違王子之意。誠恐前囚重見。悔之晚矣。妾決然答曰。妾知一夫一婦之眞理。每直道達節。卽水火不避。何有於牢獄。何有於死。妾豈能不忍一時之痛苦。而爲破貞操。犯聖誡。永世爲天之罪人也。況妾犯何罪。而妾監禁於私室。奪人自由。埃人之無道。何其甚耶。卽妾犯有罪。亦宜公判法庭。辨明刑條。何埃人之無道如此耶。貴人聞言。怒形於色。徐言曰。貴娘雖無罪。而乃父罪。身須爲質。雖不遽致於死。然長苦永樂。須有所擇。愼無激憤。其平心靜慮。思之復施鑰而去。其後奉待甚優於舊日。而彼來說亦無虛日。間有遣人來說。亦有數回。雖然。彼雖如此。而妾惟全節重義。面常對壁。遘閔旣多。受侮不少。驚憤不迭。荏苒獲病。遂以鬱鬱處此數月也。一夜王子從一老女微服至妾所。溫言慰妾曰。聞貴娘體適違和。寡人甚念之。曩者寡人眷念貴娘。眠食爲廢。骨骸爲枯。貴娘其賜一夜之雨露。勝似灘江浩蕩之恩矣。至貴娘謂久有所天。不敢改節。是亦正道。然寡人曾聞之尊父。謂貴娘曾未有也。貴娘其何以處我。叨叨不歇。聞之生厭。或以溫言慰諭。或以大言威嚇。不知妾素以一死自期。竟置之不答。王子乃大怒曰。汝父於蘇丹已被擒於我軍。汝速許寡人。否則不宥汝父也。妾時居囹圄數日。久不通世事。時懷老父。今聞此言。心神昏亂。神色爲變。王子見之。以爲妾心爲動也。期以明晚重見而行。妾於此時不知所謂。涕淚如雨。輾轉難臥。雞鳴適有推戶而入者。妾意以爲王子此來迫辱也。猛然蹶起。燈上諦視之。則原非王子。乃前此與王子同來之老婦也。揮手使妾坐。耳語妾曰。老婦乃奉職青宮監督嬪嬙者也。又夙奉聖教者也。曾聞令娘以妙齡護異鄉病院。感歎不置。而今復從王子得以知令娘志之高潔。顏之妍麗。敬慕之情。深蘊衷懷。竊思令娘如此。夫豈眞以白璧無瑕之身。空與瓦石共碎哉。茲有心事。欲以相告。或能爲力。亦天之所賜也。幸貴娘勿生疑心。其眞情露於言表。深可敬愛。妾乃危坐而謝之曰。貴婦眞情。曷敢存疑。然身已爲籠中之鳥。偷生被辱。甯願死爲道義之鬼。古今薄命之人。豈獨妾一人哉。貴婦心事。請以相告。或幸相援。再世不忘焉。老婦曰。王子見令娘。愛慕特甚。令娘從之。則失節。否則被辱。卽令娘欲死。恐亦不能得也。事急矣。今日之事。以逃爲上策。明早乃寺院大祭期。至時宮門人馬必衆。請早改裝服。卽以是時混而出之。椰朶鳥有老婦親家在焉。其人重信西教。有義氣。令娘往依之。必得其所。妾令人爲君先容。其家女兒亦曾在病院。顧或識令娘焉。妾泣謝之曰。貴婦爲妾身計善則善矣。獨奈如老父何。妾早出宮門。卽夕斷老父之命矣。婦笑曰。此乃王子之脅嚇詐言耳。幷非實事。勿置心。乃與妾以一領衣服。起謂妾曰。前途自愛。若跡露事破。則與令娘共登天庭也。妾自是之後。得此義婦。而避難於此。得以保全殘生。惟聞王子怒妾在逃。大加搜索。物色國中。其始甚嚴。近日稍弛。妾乃潛赴歸留猗流。計米留以弔戰死之忠魂。時乘汽車中。亦髣髴見有一人如君者。奈以車行迅速。遂不得審睇眞容。今何幸而相遇於此也。人生離合。何其幻哉。散士曰。既見令娘全生。何其欣幸。惟有欲妬而不可妬。欲賀而不可賀者。則爲令娘之既有所天也。幽蘭曰。蹄水一別。妾曾以朶花贈君曰。此花雖凋殘。亦不可相棄而去。君曾答曰。凋蕊空殘。花神飛向誰家去。今妾飄零沙漠。沈淪牢獄。死裏重生。而得遇郎君。而郎君遽爲此言。一何創妾之甚耶。因兩人相視而笑。幽蘭續語曰。老父去後。妾常憂念。曩曾密託腹心偵察。頗得其情。請爲君說之。當老父之率殘兵而溯灘江而上也。炎風烘面。熱沙焦脛。乳虎嘯山隅。餓獅吼深洞。舟行則飛瀑摧楫。盤渦折舵。龍鼉出沒。蛟鱷踴躍。或有土寇襲輜重。或有土童遮道路。其辛苦艱難。實難名狀。遂不遠千里而至蘇丹。以見僞聖魔治。魔治者黑人也。然甚重自主獨立。能糾合蚩蚩蠻族。衆蠻莫不敬之畏之。以之爲天神所附託者。其行動皆聽命鬼神。且墨守蠻習。不諳兵略。動深犯歐洲兵家之所忌。老父見之之後。深加敎誨。魔治亦深行悅服。言聽計從。延與參畫軍務。是時適魔治軍圍英之名將豪流電於夏東夢城。老父射書城中。勸其投降。其書曰。

側聞自由之民者。爲自由而喪元不忘。俠勇之士者。因戰爭而恥其無名。向者將軍仗孤劍。提孤軍。冒炎風。蹴熱沙。以來援夏東夢。將軍之俠勇義氣。天上驚聞矣。雖然。將軍既辭故國之後。英國之公論。及事實之眞相。共行變動矣。將軍亦知之乎。如大宰相虞刺怒須屯公言於議院曰。蘇丹之民。不過反抗虐政。而翻自由之旗。而已無他志也。此老偉人所言。將軍所雅敬服者。今以將軍所動言之。是將軍竟棄此老偉人之言。而亦背英國之公論。以出此無名之師矣。將軍而與自由獨立之民相爭。僕竊爲將軍不取也。嗚呼。將軍將爲誰而固守孤城耶。將爲誰而欲全節義耶。夫將軍曾將常勝軍於中國。救扶淸朝。其俠勇功業。振聳天下。雖然。以僕觀之。則尚有歉諸心者。何則。當年洪楊以漢種之族。倡革命之義。振臂一呼。天下響應。蓋將欲以復中國之民權。驅滿族於塞外也。夫中國沈淪於滿淸數百年於茲矣。暴君汚吏。專奪擅虐。民生其下。難望更生。久而久之。幸而有洪楊者起。鳴滿清之罪。倡自立之義。方望中國民族。從茲得以復見天日。自由獨立於世界上。是不特漢族所欣幸。抑亦天下所欣幸焉。抑亦將軍所欣幸焉。將軍若奮其俠勇。扶其義舉。立功業。則必掃滿清之苛虐。解漢族於倒懸。而行大刷新之改革。卽禁斷鴉片荼毒。亦可庶幾矣。此時功業名譽。何可道哉。不謂將軍計不出此。助紂爲虐。抗天而行。是何計之左耶。雖然既往不咎。來者可追。卽如今日觀埃及之情勢。國脈不絕。如一縷矣。埃王昏亂。目無邦國。忠臣義士。反被殄滅。是懷義者所爲歎息者也。彼魔治以茫茫昧昧之蠻種。猶能識獨立之義。倡自由之說。上下平等。無分貴賤。衣服如一。無限制度。禁酗淫。除苛政。區畫土地。以均一賦稅。其比之埃及之猖獗。歐人之跳梁。其果何如耶。將軍祇知助輔埃王。不遠萬里。奔命至此。僕竊爲將軍惜也。夫內有一定之見。而外能屈伸漲縮。舒卷隨物。乃萬舉而不陷。蓋所以貴於達人者。以其能變化萬端。隨遇而行也。今將軍困圍城中。外無援兵。內乏軍餉。士卒日傷。民心離散。將軍其審顧之。望改前圖。得以全軍申報英皇。是亦蠖屈一時。龍驤萬世之舉也。敢布血誠。書不盡言。

既而得豪流電復書。其言曰。

辱賜教誨。不勝感幸。承將軍不棄。不以僕之虛名爲不足信。而乃漫加獎譽。責以大義。僕雖駑鈍。亦豈不感奮哉。夫僕奉英皇之命。懸軍萬里。以守此孤城。盡心盡職。成敗聽令。又豈能見勢不可。而遽棄地降敵耶。且僕亦有一言欲爲將軍說之。夫魔治者果何物哉。不過黑蠻之尤。奸詐之徒。邪教之魁而已。借名獨立。飾言自由。幻誑譸張。鼓扇其蠢蚩蠻族。以逞一己之鴟慾。以抗正教。以敵文明。是破壞開明之世界。復爲黑暗之世界也。彼而一朝得志。則匈奴惡鬼羅之殘毒。將再演於歐洲矣。將軍獨何心。而以開化逋逃之臣。趨拜蠻夷之廷。自圯聖敎。委性命於狡奴。是背文明而投幽暗。靦顏而服役於異類之長也。將軍猶可謂埃國之自由。繫於此蠻酋哉。以將軍之明。豈猶不知大勢已去。死灰難燃耶。卽爝火猶存。而部落攜離。酋豪猜貳。僭擬無幾。以斯之情。審斯之勢。將軍將自顧不暇。遑言他耶。而將軍猶言爲自由而不忘喪其元。何將軍之重腥羶自由。而輕故國自由。厚僞聖魔治。而薄西皇頓加羅耶。僕亦不能無惑於將軍也。嗚呼。此時歐洲正豔陽扇春花開鳥鳴之時。將軍歐人。見歐洲之旗鼓。能無慨然於懷耶。將軍若徒魚游於沸鼎之中。燕巢於危幕之上。以貪一時之樂。忘百世之憂。則僕所不取也。僕惟願得全首領以助故主而已。若將軍不以爲然。則何如正正堂堂旗鼓相當。此爲僕與將軍所皆心願也。謹復。

老父獲書。知其志難奪。不敢强迫。旣而城中亦有內應。夏東夢遂陷。老父赴救豪流電。至則已被殺於亂軍矣。老父深惜其爲人。且痛埃王闇弱。復失名將。感歎不已。自茲以後。則未有探問。不知老父信息如何矣。散士聞之。於是歎其志愈老而愈壯。其節彌窮而彌堅。偶然擧手。指環映射燈光。燦然閃目。幽蘭凝視曰。何相似也。散士問何謂。幽蘭曰。妾曩日曾託骨數斗夫人贈郎以指環。今君手上物。一何相似。散士曰。然也。散士承令娘不棄。遠贈以金琅玕。感慕不已。竊以爲見此物如見令娘。故至今曾不一離手也。幽蘭愴然曰。指環幸達郎君。妾願半足。但不知紅蓮女史與范老之碑石曾建設否。妾每念及二人。暗中飲泣者數矣。因愀然口占一詩曰。

偷生悔作籠中鳥。惜死空慙殉節人。二十春秋如夢過。落花殘月易傷神。

散士曰。令娘請毋躁心。紅蓮女史早歸跡水舊居。范老則今在中國。幽蘭聞之。憮然無語。少時漸曰。然則女史之赤繩豈繫君之足耶。如妾則已見棄於皇天。其山間之雲。天中之月。適以使妾詠白頭吟也。散士笑曰。僕若與紅蓮女史有舊。則何復以有使命之身。輕舟夜渡。臨不測之淵。而尋水上嫦娥耶。令娘請勿多疑。初骨數斗夫人訪僕之日。得以知曉鶯女史在埃軍中。紅蓮女史卽束裝就道。欲赴援令娘。而道經法國。聞爲王羅所窘。此後則不知其詳矣。范老則曾會於香港。同舟至西京分離。僕語以令娘建碑之事。范老心甚感激。而矍鑠仍如舊也。幽蘭喜曰。二人生存。妾少所悲矣。雖然妾居今日之境遇。於何日乃能相遇。以互訴心事。散士曰。今令娘好自慰。夫天道好還。彼紅蓮女史范老。幾死而未之死。令娘亦瀕危而得更生。今宵之會。亦爲奇遇。皇天於冥冥之中。自能鑒令娘衷曲。早定奇緣。古人不謂乎。懷情抱質者。天不能殺。地不能霾。故世治則以義衞身。世亂則以身守義。身死之日。卽功滿之日也。凡天之將降大任於此人也。必先苦其心志。勞其筋骨。餓其體膚。空乏其身。行拂亂其所爲。所以動心忍性。增益其所不能也。故曰。艱難玉汝。今皇兄頓加羅。則在於瑞西。現西班牙王。則肺腑羅病。天壽難長。如騎馬島則已被美人風潮。已成不屈自由之民。僕知爲日不久。將必翻獨立之旗。興自由之師矣。令娘應爲奮發。僕爲官命束身。無能自由。不然。將必奉令娘遠走高飛。俱赴歐洲。今但能以身邊有物。贈供行囊。以表微衷。令娘其早作遠計。毋溺此地。徐觀天變。必有復見天日之一日也。僕將行矣。幽蘭急以尺素託散士曰。郎君若見紅蓮女史時。卽以贈之。語畢。則其時已宿鴉亂噪。雞鳴報曉。東方發白矣。

第十三回

散士歷遊歐洲各國。周覽其文物典章。將下多腦河。經何都佛跎。以巡視馬留鬬之形勢。馬留鬬者。當日土耳其希臘屯兵境上。腥風血雨。捲地而來。勃爾俄利亞國主歷山王。當日窘於俄國。憤恨棄位而歸。正爲馬留鬬多事之秋也。散士今至此時方初秋。婆娑楊柳。垂浴藍水。與鳧鷗爲羣。戲動豔波。而仰觀岸上。則爲和驅刺夢之古戰場墟址。殘壘尚星散於隱現之間。散士對景感情。追懷拿破崙之雄圖。依舷而觀多腦河。汪洋浩蕩。一往無際。兩岸風色。送往迎來。弔惡鬼羅之殘壘。傷胡蒙倫之守衞。行過極樂城下。海南將軍有詩曰。

歸船如矢破空明。兩岸峥嵘去又迎。極樂城頭歌舞絕。滿山依舊作秋聲。

且語散士曰。此非舊日窮極豪侈之地哉。今廢頹數百年。口碑徒存。極樂者。惟有其名而已。嗚呼。驕者必滅。古今東西其揆一也。散士卽次其韻。亦有一詩和之曰。

人事觀來幽復明。榮枯得失互相迎。當年極樂今何處。殘月空城牧馬聲。

彼唱此和。日未西而舟已達甸都。是夕散士感風土之殊。鬱鬱成病。後旬日乃自甸都入馬留關。適以惡疫流行。道路梗塞。卽悵悵而反奧都。心歉不已。歸時有自日東來者。曰金王均被謫遠島。有爲將官。盡行罷免。條約改正之事。日見其非。舉國皆迷醉於歐風。因想像前途。感慨不已。卽情賦詩。以贈海南將軍於加皃斯馬都浴場之養病所曰。

庭前蟋蟀泣高秋。回首壯遊跡既悠。拭去無量慷慨淚。南溟垂釣亦風流。

後得將軍復書曰。詩成爲讖語。亦未可知。惟歸朝之日。盡心挽回而已。噫。如何以條約改正。而浸染歐化乎。書末亦載一詩。中有好與佳人攜手去。欲遊天上自由鄉之句。歲杪散士病亦全愈。乃欲游波蘭之舊都。行臨北俄國境。被關吏塗毀文書。收沒報紙。曰禁邪說橫議。其強橫野蠻。實可驚也。既入波都。巡視遊覽。古是今非。空城則化爲敵軍營壘。政廳則變爲警察屯所。壯宏墟落。節義墳墓。盡異昔日。麥秀黍離之歌。當重爲之詠矣。對景傷情。不忍久留。乃乘汽車至黑海之都府淤鐵沙。一夕朔風凜冽。飛雪盈空。忽聞馬嘶人響。喧囂不已。排闥視之。則見壯者縶於鐵枷。婦女絆以縲絏。或懷抱嬰兒。或病羸難步。兒啼婦哭。五十餘人。心訝不已。又見前後擁有無情之鐵騎猙獰之警吏。或鞭或蹴。叱咤而前。蹣跚於風雪之中。其殘忍之狀。實足傷心慘目。詢之傍人。則謂此輩被疑爲虛無黨。而放謫於東方者。從此沈淪於終大不歸之邊境矣。羣中一婦人攜有七八歲小兒。狀態堪憐。散士暗投以菓麪。幼兒得之甚喜。以之告母。其母斜視散士。若有感謝之意者。其可憐之狀。至今尚存目中也。此母子去後。不知其果能剩餘命於東方亞細亞耶。抑爲途中飢寒所迫。竟爾化爲異物也。

淤鐵沙者。俄人曾議遷都於此之所也。規制井然。街衢縱橫。煥然如入新世界。乘閒至公園邱上。登臨眺覽。有一士人徘徊身側。揖問誰何。散士答以東海之游子。士人卽指一石以相告曰。貴客能知此石乎。散士曰。不知。士人曰。卽爲昔年有一警察長。助先帝爲虐。橫行暴政。有一妙齡少女。慷慨壯烈。深飲恨之。欲棄身以除苛虐。以救衆生。卽揮自由之白刃。斃之於此石上者。自是此石遂得以揚名顯聲。今吾子來遊茲土。欲觀虛無黨之淵藪。其果何在乎。帝王之側。宮府之內。軍營之間。市井之裏。其氣磅礴鬱積。不可復遏。若今帝而不與自由。則復討先帝之墳墓而已。一夫舍死。萬乘爲輕。豈復懼罹禍憚酷罰哉。散士耳語之曰。吾子其虛無黨之流亞乎。士人掉頭曰。否。予爲俄國報國之士也。欲除橫虐之弊法。建自由之善政而已。今日立憲自由之風潮。日漸瀰漫。吾國早晚必致紛亂。蓋俄國之病。非在外而在內也。言畢遂去。不知所之。

乘俄艦浮黑海。將入君士坦丁堡。漸近海峽。舉首而觀望兩岸。則見礮臺如邱陵。幕營如雲烟。俄之銳意南下。不言可知。見俄一士人冷然遙指君府曰。君府實爲歐亞之關鑰。世界之咽喉也。司此關鑰。扼此咽喉。足以霸五洲矣峽中之水寬數百尺擊柝相聞一葦可航而汪洋浩瀚無潮汐之干滿金角灣頭泊船艦四圍山陵障絕風波氣候中和堅冰不封鎖船艦赤熱不銷鑠鐵軌東控亞細亞西扼歐羅巴南扼非洲北抱黑海實宇內中心之金城湯池世界帝王之所必居者也惜哉百年來久沈淪於邪宗回回教主君臨茲土實足以汚此靈城也雖然如建我神聖仁慈之十字架於彼七邱第一之宗比邪寺院塔上以救濟此蠢爾之千百萬生靈移我英武威烈之俄帝玉座於君士坦丁堡都中以脫離衆生未現之苦途則實爲我俄國幸抑亦爲此地衆民幸焉然爲日當不遠矣咄彼守兵果何爲者俄帝而一臨茲土即彼全歐聯合以向我亦不足懼矣語氣鬱勃旁若無人既而顧散士曰敝邦與貴國鄰近親交無其比曾未有開一爭議損一感情者惟彼滿族以水草獷悍之種類蹂躪江山如畫之中國不善經營日就頹弊其近狀有如突厥者貴國豈無意乎敝邦亦有所思也散士笑曰貴國之經營東亞實爲我東方君臣所危懼者尊意如此夫豈以今日善鄰之友誼而欲變爲異日爭烽火轟礮雷於東洋之惡緣乎士人曰嗚呼是殆誤敝邦之眞意也夫敝國領土雖小亦已足矣顧己不暇奚遑更貪無用之土地於東方以重爲煩累耶且曠觀今古少欲統一宇內爲世界之帝王者叱咤百萬之虎狼蹂躪他人之領土夫復何恨亦有成與不成也抑宇內統一者非成於一人之獨力乃成於國民之協力非在正正堂堂之明力而在於暗結潛固之暗力故其目的多不在兵士而在貿易不在宗敎而在國語之勢力不在人種而在扼海陸之權夫今日細觀各國庶幾遂宇內統一之志者豈有他國哉亦有英人而已矣英人者常欲擧世界之利權羅而歸之於己之囊中者也故其得新領土也不禁宗敎不變道德寬制其人橫征其利所謂不咬其肉而吮其血者是也而其制御之也寬嚴合度操縱自如巧於握海陸之鎖鑰焉夫地球者陸居其一水居其二欲霸世界者不可不握海上

之主權。英人既爲五大洋上之大王矣。其雄視宇內。本得其所也。且利用電線鐵路汽船線路。交布大地。全世界之交通機關。已占有四分之三矣。更於人之土地。則必據險要。握地利。便於攻守。密布蛛網於地球全面。秩然而一絲不紊。漸以巧相聯絡。一旦發難。遙相呼應。其遠計密謀。耐久不屈。實令人驚歎者也。女皇維多利亞即位以來。得異人種之新爲臣民者。足有七千萬人。今英國臣民之多。已有三百兆八千萬。操英語者。亦有一百兆四千萬。其勢力可知。然英人必自信曰。英語已爲全球之國語矣。而英人之有心世界統一也。實起點於百五十年前。其間略印度。取北美。緊握海上之主權。將以專有宇內交通之利。是豈區區弄兵者所能企及哉。千八百七十七年。大英帝國得稱爲女王印度之帝號以來。英之新拓版圖。實比俄法德三大國所得二倍。貴客不覺英國統一世界策之巧妙。而祇疑敝邦之東洋經略。豈不謬哉。應答辨難之間。艦已入君府港灣矣。

散士登陸。周遊城市。熟察國狀。其衰弊情形。實不忍目覩。威儀之風。禁酒之俗。漸亦消滅。敗墮淫靡。上下相扇。宮中府中。賄賂公行。散士公然探問於公吏之前者數回。其腐敗已達極點矣。國政紊亂。度支無節。營利之業。盡歸外人掌握。兵士愁窮。下民泣饑。聞今帝爲太子時。常痛宮府之醜穢。素欲一振刷之。及即帝位。濫官專權。恐失勢利。故百度革新。多方被阻。以至於欲廢位弑帝。實堪歎也。散士請拜覽歷代之府庫。則見珍寶山積。價值幾億萬。古人有云。王者富民。霸者富武。亡國富庫。民怨以買哉。

一日與大元帥阿須曼侯等語。侯謂萬里長城爲重於世界。曰。俄軍之伎倆。不足畏之。比之門底甯克郎人。則勇怯有天淵之別。夫門人者。飲五百年間亡國之恨。經營慘淡。以固守空山絕谷之中。曾未有一日以國家克復之事。忘置於懷者。民衆雖僅獨立而其舉義兵倡獨立。則男執干戈。女勤搬運。不避劍華。不怖彈雨。進知必死。退不欲生予結髮從軍。大小經百餘戰。而曾未見勇敢有如門兵者。惟俄國則大國也。雄邦也。突厥之患。獨俄而已矣。以予觀之。則俄之所長者。非在於兵略。而在於國是之不動。往年戰役。若使予將十萬之兵。必使俄軍三十萬。不能越普勵宇那之孤村一步也。夫俄軍之進。必如湧激潮。如起大風。勢非不盛。容非不壯。而及兩軍既遇於兵刃相接。死生相將。鋒鏑交亂。吶喊激鬭之時。則俄軍惟倚賴於人。自不能馳突奮鬭。將官有損。卽混亂奔潰。不成隊伍也。且策戰不諳。呼應不靈。準備不完。糧運不繼。俄國伎倆。實不足畏也。所可恨者。我國宮府積弊。釐革殊難。軍備擴張。振奮不易。宮府內外。苞苴公行。故軍事改革。一不能遂。譬之宮人患癰。其疾雖重。而全愈可期。乃聘英國一名醫。以代洗膿除毒。當治時頗效驗。適有友人告患者。以法國名醫優勝於英。而患者惑之。遂辭英醫。而招致德醫。藥石未下。而親近復代接法醫。斯時法醫英德醫。皆託言以藥石難治。須行割臠。妻子不忍。特聘俄之國手。託以死生。俄醫乃於其將瘉之腫口。重開刷之。復截斷筋肉。而更醫之。每剔刔數回。身體衰弱。不堪殆憊。然則病者既迷於醫之賢否。而醫亦各競名貪賄。攬援親戚朋友。以交行標榜。國手滋多。病毒日倍。其將何日得以全愈耶。今也此病殆甚。遂令一家之內。致分爲法德英俄黨派。互相攻擊。互相排擠。突厥大患。實在於此。如貴國者。幸毋以國人作爲外國黨派也可。

烏兎匆匆。殘年已盡。歲正更新。於是散士與邦友三人。載酒浮舟。以遊於歐亞疆界之金角灣。垂綸鱠鱸。俯仰東羅馬帝國之荒敗城郭。放歌豪飲。以送舊迎新。亦足爲人間一快事也。夫君府者。昔君斯丹大王。以中興英邁之姿。爲依西教相攖要地。以爲帝王都邑。其經營之偉大。地勢之雄壯。何其盛也。層壁壘壘。迴環城郭。石城峨峨。跨凌七邱。闢有七門七闕。闕每建立高塔。巍巍參天。尖尖入雲。登第一邱神聖宗比耶之高塔。而觀一邱一塔。逶迤崢嶸。吐紫霞。蒸金煙。離奇明滅。光彩煌燿。居此中者。誰復知人間有盛衰耶。中有一塔。當年突厥盛時。曾背違公法。閉歐洲公使於其中者。法國大使三年幽囚。即在乎此。對望前岸。前曉鶯女史所經營之遺跡尙存。而極目則莫非纍纍墓石也。近日流言有云。歐土者。不久將被歐人所蹂躪。邪教入而跋扈。墳塋爲辱。宜往對岸。遷瘞死者於亞洲。否則魂魄失所。永無憑依矣。突厥人多有爲其所迷者。嗚呼。想當日經典立娶四妻之制時。建娶三大陸婦女各一人。更還一適意者以爲正室之法。意氣軒昂。睥睨四海。欲以臣妾億兆。躍馬揚旗。馳驅於東西南北三大陸以揚言曰。邪教之歐奴。若出正教馬前。即如霜露見日。羣羊遇虎矣。斯時曾何有懷慮及墳墓者耶。而此勇猛無前。不顧身命之回回教徒。今爲迷於魂魄歸處。至誑惑流言。竟不以帝都爲君。何其衰之甚也。

散士逍遙市外。歸道過斷碑頹垣之間。見道傍有墓。亂石仆者。是即諸名將勇士。勒石旌表處。久無弔掃。遂委之荊棘叢莽間。散士憫之。因式禮焉。既而夕陽在山。人影漸散。遙聞有絃歌之聲。出自古城之下。紫芝之上。見有異妝男女五六人。彈胡弓。且歌且舞。態度閒雅。如遊閬苑。如戲瑤池。興會淋漓。嗚呼。斯人也。是何物也。散士不覺駐車聽之。歎賞其爲天下異樣風流。不復知其他。行行且近。此輩因就散士乞錢。散士詢之曰。今滿城中爲百萬歲鈔。莫不慌忙。子等何爲獨樂。若於此寂寞之空城。不知人間復有歲月者。答曰。吾輩乃江湖不羈之放浪人也。詢之以何爲放浪人。答曰。放浪人者。無定主。無定國。無家無財無貨。以四時爲馬。以陰陽爲御。滔滔者春。曠曠者夏。湫漻者秋。典凝者冬。放浪自恣。無復東西南北。浴舊都之銀泉。則冬不知料峭之風。嘯金角灣之明月。則夏不知鑠金之暑。天道循環。陽移陰推。南燕北雁。於吾何有。一簞之食。一瓢之飲。飽則食。醉則歌。幕天席地。江海爲油。日月爲燈。不知神明之可貴。不見幽鬼之可怕。輕王公。蔑富豪。傲睨人間。人生五十。死則北邙一片之烟而已。何爲與人共爭。與物共苦。棲棲遑遑。以勞役此身心也。天之所與我者。人人平等。無有偏頗。然盜國者。則有王侯矣。偷貨者則有富豪矣。今吾人盜一杯酒一椀羹。則刑罰不旋踵而即至。抑不知死後神前判斷。果不知孰爲罪人哉。人當生前孜孜以掠人國土。奪人財貨。攘人爵位。豪奢自競。南面稱孤道寡。而臨及一死。片財寸寶皆不能攜與俱沒。而生前所積。徒爲人有而已。是生涯苦樂。果何所益。不如脫此藩籬。天空海闊。吟花嘯月。閒雲野鶴。樂我天眞。任吾所好。從吾所欲。託浮雲於人世。果胡爲而口說不羈自由。身役衣冠口腹。東西營營。惟日不足。苦於社會之制裁。惱於敎法之束縛。劍戟槍礮。滅國滅人。煩悶於虐世之術。豈非爲可憐之迷者。可悲之昧者哉。宜乎歐人之祖先。曾犯上帝之禁。被放逐於亞天樂園。啼飢號寒。終沈淪於苦界。是蓋詳於彼等所信奉之經典也。亦宜甘受其冥罰而已。吾人之生也。不賴於天帝。吾人之死也。不煩於地獄。吾人之行也。灑灑落落。吾人之心也。光風霽月。有餘則施之貧者。不足則求之富者。仰不愧於天。俯不怍於地。在昔東方之古賢左思安。一日訪友伯老羅斯。見其室莊嚴美麗。因問之曰。汝嘗未從沙夷羅斯大王行軍之時。汝之屋宇。既已有如此富美乎。伯老羅斯曰。吾父一賤農而已。予爲農家子。安得有此。是皆沙夷羅斯大王所賜也。左思安曰。汝眞多幸哉。先而貧賤。後而得此富貴。樂何如也。伯老羅斯曰。是不然。予於天賦之樂。在昔亦既有之。而至今於此樂。不特無有增加。且更覺其減者。飲食比貧時不能多。睡眠比貧時不能過。而反於奴婢田宅牧畜衣服醫藥飲食等瑣事。莫不一一驚心操慮。或畜牧被損傷。或府庫被盜竊。旦夕而有幾至食不安飽。睡不安眠。其勞苦與煩惱。比貧時有增無減。復何樂之有乎。且夫樂有與患失。兩相比較。則其患失之勞。比之樂有之樂。有過之無不及者。而況多有則招衆妬。多積則叢怨毒。人皆謂富者必多樂。予既已富矣。不復知樂之多有也。且多有則不可不多耗。不可不多施。不可不多行譎詐以利於我財。塵務雜沓。煩苛務劬。豈清貧之無爲恬淡放爾若哉。吾人實信服伯老維斯之有見也。滔滔千萬言。視萬乘如土芥。天地之間曾無罣礙。放浪人之境遇。亦可謂有特識之興味哉。噫、人生大觀。富貴榮華。誠無異一夢矣。

散士不勝小亞細亞觀風之情。渡馬留留莫剌海。遊於武留佐之舊都。此都乃二千年前極爲繁榮之地。後爲突厥與羅馬人所競爭。盛衰興廢。備經歷盡。及元吉斯汗曾孫帖木兒奠都塞馬兒闢。雄飛四海。久已爲之隸屬。故今遺物尚存。鐵木眞自極東黑龍江之南。斡難河之北而起。子孫渡戈壁。越大山山海千萬程。西征至此。何其盛也。都之背。阿連普山高聳霄漢。都之前。千里沃野。遠際天末。人民勵農工。田野植桑麻。到處花笑鳥鳴。悠悠興鄉國之感焉。鞍頭跋涉山野。到湧沸烈河畔。則見亞羅剌斗山。飄高秀逸。氣候溫和。風俗閒雅。駱駝成羣。悠游偃息、山容水態。雄壯秀麗。珍花卉樹。洗心怡目。創世記曰。生民之初。人祖卽降誕於此棲息河畔。所謂亞天之樂園者。豈非絕美之山河乎。獨怪歐人祖先被神所放逐。離此樂園。使其子孫飄零河南。困頓於沙漠之間。因西向以行。北蹈冰山雪海。南冒炎沙熱風。營營覓活。勞劬萬狀。不復能還此樂園地藏菩薩曰「我欲易此穢土。使與西方極樂世界相同。不過彈指間而已。無如衆生業報。不堪受用何也」神意蓋屬如此也。曾聞之。亞細亞西境之佳人。乃宇內之絕美者也。花下水邊。戴簪珥帶玉環。流漫陸離。妖嬈婉孌。皓潔如雪。細軟如玉。無異芙蓉出水。楊柳臨風。而歐人棄此花笑風媚之樂園。一去不能復返。可悲也夫。而自突厥政治衰頹之後。苛稅重斂。地枯人疲。盜賊橫行。白晝刦殺。政府不能禁遏。滄海桑田。不乏今昔之感矣。因去此衰弱古都。到俄領黑海沿岸。則見滿目風光。忽改前觀。沃野千里。牧馬成羣。其新發見之石油。則源泉滾滾。爲西大陸之特產。河海之利。舟楫之便。帆檣如雲。此實爲俄國十餘年前由突厥所略取者也。加以天然之富源。人力之精到。蓋俄國南下之根據霸業之府庫哉。

俄國得以振蕩東方之羽翼。實由經略高加索始也。高加索地亙裏黑海之間。幅員十八萬四千方里。據此則足以圖亞細亞突厥波斯。近以進阿富汗斯坦。遠以窺印度之寶庫。實爲重要之鎖鑰。而俄人東方統一之祕鍵也。初俄帝高祖莫斯古大公以宗廟祭器盛菽麥供奉蒙古使臣乘馬。備嘗屈辱。及後得脫羈絆。其時適在十五世紀。操縱勇敢之哥薩克人。以爲俄國人民展拓疆土。而今哥薩克騎兵十三萬。已成一夭矯不屈之大種族。化而爲俄國皇帝之爪牙矣。俄國之併高加索。實多憑其力焉。抑哥薩克人種者。其性質有類於古代之武士。馬上橫長槍。勇敢冒險。浩氣磅礴。不論祖始之尊卑。不問門閥之貴賤。其足以防敵自守者。皆屬平等。故無羈束。好不平。其有筋力強健。堪於干戈者。皆爲其所歡迎也。故所謂哥薩克族者。乃海內亡命之所集。遊俠之所聚。在昔俄國亦甚難駕馭之。及後被俄帝漸行操縱。因以編成強猛無比之騎兵也。夫居於高加索山脈之種族者。俱叢聚於重山峻嶺之中。穴居野處。強鬭好戰。奉土帝之正朔。然而無組織。無統一。不過憑高絕險。以成一自由自在之民族而已。當今世紀之始。俄欲攻略此百萬蠻族所死守之幽渺深奧世界最大之關門。因繞此山脈築以長圍。前後攻至四十八年。當其時蠻族出有一偉人。戒行踰衆。雄辯優才。卽爲妙理知崇敎之開祖加治無留羅魔法滅士是也。以一身爲神託之犧牲。一息未斷。誓與異敎爭競。以此精神。遂一變高加索種族離羣索居之社會組織。而爲國家組織。於一千八百二十九年。親提一萬五千人衆。與俄開戰。兵勢如狂風疾雨。戰靡不摧。而卒以一千八百三十二年爲急於襲俄。因殞命焉。然後繼有人有車彌兒者。承此敗亡之後。勵其疲散之衆奮氣張膽。亦足以震懾俄人魂魄者。車彌兒之爲人也。剛毅果斷富於施政之才。長於軍略。能使高加索發異常光彩於世界之歷史。及禁禦俄人二十四年不得逞其欲者實此人也。初車彌兒每遇戰爭。常以孤軍當大敵身先士卒奮不顧身往往左右親兵無一人全。而身被大創以回者。一千八百四十年征服些加西亞民族。移師亞烏爾駄爾伍又二歲。俱逮二異族。又一歲陷俄之五壘。組織礮隊。精選鐵騎。修城壘。飾甲兵明賞罰。嚴號令。有精兵五萬。勢如旭日沖天。是時俄之全力皆注於高加索。其將爲有名之巴斯警乙將軍。車彌兒引之於嶮隘之處。縱兵奮擊。大敗之。一千八百四十八年。烏闕倫咄孚親王身率騎礮大軍攻亞烏爾駄爾之本營。車彌兒又張奇兵以擊之。幾獲親王。僅以身免。俄乃更進大軍以圍烏越天王城。烏越天王者。在於黑山。車彌兒之牙城也。車彌兒臨機制變。俄軍雖猛猝莫能拔。攻圍一年。翌歲四月。爲糧盡援絕城遂被陷。車彌兒率其麾下走於具禹伊嬰城固守。俄軍迫之。殊死戰。又閱五月。勢窮被擒。報達俄都。多以爲虛傳者。亦以見車彌兒之爲俄人所懼也。自此英雄去後。亞細亞之西方無復有人阻遏俄之鐵騎矣。一千八百七十七年突厥再與俄開釁。俄之第二軍自黑海之東以襲高加索背後。其時車彌兒之子麻斯瑪緊扼中堅。而得些加西亞人爲援軍。固守河流洲。支持半載大破敵二十四回。五千鐵騎盡滅絕之。援絕勢窮。亦畢命戰場。可哀也夫。

五月中旬辭君府。經跎爾多甯流海峽。以遊於希臘。但見羣芳競翠。桃杏如霞。望亞古魯甫利之水晶塔。皚皚而摩青霄。拔地百丈。周五十丈。雕楹藻棁。葢盡萃希臘古代之精美。實爲雅典人所最敬信崇畏。而二千二百餘年前所築造也。坐塔頂以觀太陽東昇。心神寥豁。眞千古之奇觀。下塔轉步而西。則有一邱。稱爲摩兒邱。乃聖師甫兒曾立此邱上說教之處邱下有古代之劇場。據山臨下。自然極高低曲直之妙。歐美劇場。皆須取法於此。更移步而探女飛士流神宮之跡則見有大水晶石柱數座。半臥地上。長有三十五丈。徑有十七丈。傳云經七百年而始成其雕鏤之莊麗誠無物足以比之。神宮之神象乃以黄金與象牙製造其精巧亦爲古今無匹也。又有大馬埒。乃雅典人鬭技之場即今嘖嘖於人口之堯黑非樂場是也亞古魯甫利邱下衰草中又有曾靈刺底之幽囚石窟今猶依然而不改其舊。嗚呼。曾靈刺底者乃千古之鴻儒也。在巴底太圍中。因見其高弟阿兒貿美鐵斯身被重創。而猛進格鬭奪還阿氏佩劍於傳安離之戰。雅典人敗北。曾靈刺底自爲其殿。善能範被創墜馬。將爲敵獲。又能救之嗚呼斯人也愛國重義輕身勇戰宜乎石窟鴆毒之不足以奪其志。萬世之下。其道愈彰能與日月爭光也。彼腐儒者。徒事呫嗶。昂然談深奥之理。一朝礮花彈雨。即魂銷魄散其亦對此鴻儒而生有愧赧乎。又見有一石臺。乃提蒙聖涅斯灑滿腔熱血揮縣河雄辯。爲自由而死。而所以感憤雅典人之演壇也。有古墳墓。爲近時由土中所發掘而出者其碑面刻有與死者以渡河守津錢之圖。及女神手提寶劍頭戴明鏡。一雄雞鳴於其上之圖。觀之。可想像古來之傳神說佛矣。嗚呼此都府者爲古代文化之根原技巧之淵藪。今乃漸起而僅爲獨立一小國。追懷祖宗之雄風。感慨古賢之遺行。安得不有今昔之感乎哉。遙望見勢留茂平禮之古戰場。因而追想斯波多王感慨不迭。聞之昔日斯波多人之勇悍。實冠古今。而多得於婦人教育之力蓋希臘風俗有卑抑婦人之風。獨斯波多國則尊敬婦人。以故子弟家庭教育早受有愛國之義馴致於成爲風俗。每當子弟赴戰場時。其母身授之以軍械而誡之曰。以汝此械以破敵。否則與此械以俱斃。設使其子而敗歸。則母見之以爲恥。若陣亡則以爲榮譽也。當日斯波多王列爾達斯以寡兵而禦勢氣佐斯二百萬大兵者。實爲其家庭教育所致也。當勢氣佐斯之來攻時。斯波多正值國祭。列侯莫有援兵。其王乃僅以手兵五百人。客兵七千人。就勢留茂平禮地方據險邀擊。禦此二百萬衆。既而爲內奸導敵兵由間道拊己之背。王乃僅得殘兵千餘。各殊死戰。呼聲震天地。兵鈍械折。卽張空拳以奮鬭。及至折臂斷指。猶怒目相向。雖一息尚存。敵愾之心猶不少止。而斯波多王身被搏擊。一無完膚。遂斃陣內。其屍幾爲敵獲。得殘兵冒死奪還。而親兵五百亦竟無一生還。二百萬之敵軍因沮氣而退焉。其雄風抑可歎賞哉。

既而辭希臘都府。將遊羅馬。途過伊加志斯山下。臨海有大盤石。卽昔日勢氣佐斯踞黃金胡牀。指揮百萬軍兵。而感慨世無萬年之天子。國無不朽之雄邦之處也。又遠望那霸港。因憑弔近世埃及王子。欲征略希臘。提軍艦五十四艘。輜重艦四百艘。精兵三萬。以與英法希連合軍大戰之雄志焉。既而過一孤村。有絕大橄欖樹。周圍數丈。枝葉扶疏。駐馬觀玩之。亭長捧茶語予曰。是乃神皇降臨時清志神所植。而天神綣戀妃蓮。因化爲白鳥以憩於此樹也。至今已五千有餘年。天意人事盛衰興亡。一無不觀。一無不聽。故吉凶禍福。此神樹所諶豫知。客官其有疑難乎。盍一問此神樹。因折樹枝以贈散士。散士受之默語曰。范卿曾感歎桓溫之樹矣。嗚呼人生或不滿五十。而此樹已五千歲。此後尚未有艾。孟軻子曰。故國者非有喬木之謂。而散士於此。又以喬木而有感於故國矣。航乎鄰斯灣。趨意大利。船泊小灣中者數次。或登城堡。或徜古驛。觀風玩景。以寄興懷。時則春風渡海。天晴浪穩。遠山吐煙。近郊滴翠。荒城廢址。牧羊成羣。百花點綴。青紅濃淡。互鬬嬌豔。牧老耕夫。行歌自得。先聖之遺風尚存。此可以追想七國繁華自由之世。若彼口稱自由之民。豈足語此。抑如前所指之放浪人。栖栖皇皇。惟日不足。爲社會。爲道義。盡其勞瘁。猶不足比之。何其優悠閒雅也。散士亦自歎不能避此塵俗世界。而與此輩人民共樂大公之太平而已。

繼而入羅馬府。觀玩聖寺和地闕宮。巍峨崔嵬。士女雜沓。誠天下之大觀也。蓋和地闕宮者。乃羅馬法王欲爲世界第一之宮殿。因竭蒼生之膏血。窮人力之精巧。三百餘年。經營締造。以成此宏壯煒燁。上插中天。下拔地軸。金碧燦爛。炫燿人目。彩霓白道。横空結構。綺帳萬里。霞飛雲接。高宮危殿。蜜室蜂房。實爲世界一奇觀。噫。自伯德法王迄禮王十三世。二百五十有六代。積威播德。不問洋之東西。不論地之南北。舟楫所通。人跡所及。莫不來朝賓服。可謂極一時之盛。法王之一喜一怒。卽以爲賞罰。威動天地。聲震四海。卽尊如帝王。亦莫不乞其憐顧。蓋其時法王不獨掌握帝王之性命。而且有主宰靈魂之特權。閉啓天上之樂土。其祕鍵獨歸法王之手也。是以卽拔山蓋世之拿破崙。亦乞戴冠之式於法王。以誇燿於世。其爲勢之所歸。榮之所聚。可知矣。然物極必反。盛極必衰。及其末世。僧侶盡失戒行。漁色好貨者漸衆。惡聲穢德。播傳中外。卽有一二聖僧賢哲。亦不能挽此滔滔之勢矣。因此路帝見遂慨然指劾舊敎僧侶之四十八罪。而善阿遂毅爲正理之犧牲。新敎之氣焰漸張。舊敎之威德日薄。世人之信仰。因而前後互異。加富爾瑪志尼諸傑。合力以統一意大利王國。一掃前此積弊。其法王之領土及各寺采邑。莫不悉爲籍歿。而今則法王跼蹐於和地闕方里之天地。僅保其一縷法燈而已。嗚呼。曾爲主宰天地之亞神法王。而其威德凌夷。竟至此極哉。天意人心。其實不可測而知之矣。聞之法王語其所親曰。代上帝而濟度衆生之神聖。無比法王。而爲外道所屈辱。凌遲至此。予不忍復出宮門。以見外人矣。由是遂足跡不出戶云。然各國使臣。今猶駐其境內。有親衛兵。以護其宮闕。儼然如一邦國。謀士學者。赴之如林。而各國帝王。亦莫不以得謁見法王爲榮。古人有言。一旅之成。尚足以爲王。而今法王則領土不滿方里。其威嚴猶能與帝王抗拒者。其爲敎法之力乎。抑爲先聖之遺德乎。

回馬首而徘徊羅馬府內。見有獅挫大王之古宮者。乃卽億多美斯提獅挫血衣。以悲壯激越之雄辯。指示公衆之處也。其石階今猶如故。彼可謂賢賢易色者矣。以千古妖冶之豔麗。窩葩都羅能惑獅挫。能迷安敦。傾國傾城之容色。而嫣然百媚。涕怨咨嗟。竟不能一動其心。視彼斬妲己。放西施。不幾遠勝乎。移步而訪俊傑勁頭。雄辯家志德老之遺址。勁頭者。平生以嚴肅自持。身任國事。拋富貴棄功名。不避危難。不畏艱苦。必期於成而後已。志德老者。礪節砥行。視死如歸。散士今憑弔其舊迹。低徊顧望。不勝感歎。聞之在昔羅馬大將施美雄之陷噶勢治也。當氣焰炎炎之時。而忽念國家命運之循環無極。以爲羅馬百歲以後。其境地又當如何。因有感於法摩詩士魯韋陷落之句。慨然灑淚。而今散士登臨羅馬之故墟。夕陽之下。亦不覺有感於法摩之詩矣。嗚呼。復誰與分此感慨哉。

意大利之舊都都林者。乃山川明媚之所。士風重氣節。匈國之老偉人嘗數斗。終身誓不爲奧帝之臣。棲遲此地。琴書自樂。超然出世。年踰八旬。雄心未滅。隱然爲東歐之所重。散士裁書奉之曰。「東方少年。聞老偉人之英名久矣。嘗於芙蘭麒麟墓畔。有目不識泰山粗野唐突。失禮歸國。而後以毛穎傳公志於東方若得重拜風眉。接聞高論。則素望償矣」使者還報。約以明朝相見。到時乃抵門通刺。入其室。裝飾質素。圖書滿架。一老翁排闥而入。鶴髮童顏。目光如炬。握手爲禮曰。好少年。久闊別。昨閱報紙。不能豫知日人之來都。卽爲會邂逅於西半球之吾子者。今爲家女不豫。養病海濱。醫者云病入膏肓。回春無期。此爲予日夕所念。則又不能與子會談矣。此則予所最悲。而家女亦含憾也。既而老偉人轉言曰。壯志暮年。空歎蹉跎。無復人生之望矣。然朝聞道而夕死。此乃人生之職分。今日所樂聞者。祇聽新說而已。吾子盍以周遊世界之奇話語吾。散士曰。近非無所見聞。惟不足以煩老偉人之淸聽耳。今敝邦苦慮與歐美改正條約。上下如病。其所爭者。在於法權之獨立內地之開放土地之所有權。海關之增稅。而僕等之所主張。則在於有司之過激難行。及有司之讓與。是僕等之毀傷國權殺國利民福殆如有亡國之兆者。然而有司每脅上下曰。若我要求過多。則不免交戰之危難云。僕等之感慨在此所望以尊見而論斷之也。

第十四回

老偉人答曰。今日歐美諸國。豈復有以兵力與日本爭此改正條約哉。此可不必慮。請試論之。法國者。人勇地肥。富强冠於歐洲者也。人之遊巴黎。散其寶貨者。年不勝算。且當敗軍之後。人懷憤勵。無往昔驕逸之志。欲以復仇。然法人輕佻。競功名。喋喋於箇人自由。內閣頻行更迭。國是動搖。內爭既多。則外征自忘矣。安能復致軍於萬里之外。以攻東京伐高島。拓地殖民哉。惟因乎大勢。隨聲附和而已。蓋法人以巴黎爲宇內第一之樂土。故多不願遠離故鄉。以逐功利於炎熱冱寒之地。此後或有大英雄奮興其間。卓然排衆議。收輿望。立大策。使內事紛爭不露之於外。此法國或足以雄起一時。否則不特往時之盛名不能永存。而且令祖先固有之生齒漸減。法國之特性。亦因而自變。未可知也。如此則豈復爲日本改正條約。而出軍海外乎。

英人者。處事穩重。有含忍之性。故萬里波濤。開拓屬地。東西南北。到處必扼其權利。擴其富强。英王領土。殆已爲日沒之時。非過言也。且能實行自由之理。布施憲政。其保守自由兩黨。皆以公議輿論爲斷行。無偏倚外交投機。

以使威名不墜。此實爲歐洲列國之所不能及也。然滿招損。盈生虧。彼之自尊自大。傲岸侮人。淩辱弱邦。專有製造貿易航海之利。盛時漸去。天下巨利。將爲美德等國奪其過半矣。領土雖遍五大洲。而鞭長不及馬腹。尾大不掉。西斜之炎日雖酷。而不足見畏也。英國亦自知之。兢兢自保。不敢與各大國實行抗爭。祇於弱小之邦蠻夷之國。稍示兵威而已。其實情如此。然則英豈復能爲改正條約。遠送軍兵於日東乎。且埃及問題。正在焦急之際。又欲於亞非利加貫通其南北而自掌之。安能復計及於他也。雖然。以今日而論各國。其能輸十萬大軍於海外者。惟有一英國而已。他且不論。而法人則晏然眠花於巴黎庭園中。自以爲足。獨有英人猶傲然賞世界之月。快然出遊也。

德國者。乃尊崇學術。以施之實事之國也。當戰勝之餘威。上下相親。君明臣良。百業擴張。有稱霸歐洲之概。然其地瘦瘠。其氣候寒冷。不及英法之富美。而且其聯邦名雖相親。實則相猜。外恐法人之報仇。而億於兵備。內患社會黨之跋扈。而勞於警察。其丁壯之逃避兵役。而赴海外者。歲以數萬計。夫丁壯勞動者。乃一國之花也。資產之精也。今而去其花。殺其精。其牽累國勢。不甚大哉。彼年失數萬之壯丁勞動者。較之年失百萬人口。尤甚也。且又中興人物。漸就凋謝。而豐功偉業。難保不隨之而去。惟德國人性雖遲鈍。而不戀於故土。有專心致果之精神。又法國則人口日漸以減。德國人種則到處繁殖。其工商業之擴張。亦爲最著。是亦將來於宇內表面上有競爭之望也。然今既恐法人之復其仇。又防俄人之窺其背。一意汲汲以求平和。安能復有餘力以出兵絕東乎。其所志望者。不過欲蠶食野蠻之國。且欲於東洋得一與國。貴國若利之結以爲援。是亦不難也。

意大利者。幽閉羅馬之法王。盡復侵地。得以統一國土。建立憲政。成其中興偉業。遂躍入歐洲强國之列也。尋而將相物故。文物兵制。概未完備。財用失節。上下窘手。且竭匱於國中文明一大要點之煤炭。是既已爲將來之進步生一大頓挫矣。況法王隱抱有仇敵之意。時有煽動人心。而又羽翼未就。無暇尋領地於海外。又焉能動兵萬里。以涉手此改正條約哉。

西班牙者。多有領地於東洋。與貴邦有密接關係。然强弩之末勢不能穿魯縞。內之則專制之餘風未改。苛斂之賦稅未除。外之則藩屬反背接踵而起。或則獨立自主。或則隸屬異國。比比皆然也。而西國於此猶不能鎭定之。則又奚暇出兵東洋哉。說至此。乃肅然厲聲曰。俄國者。於貴邦之法權稅權。痛癢無一相關。諒其於條約改正。必不極力反對。所餘者一英國而已。英國於此之利害關係。殆不鮮少。但俄若因此以結歡貴國。共行排英。是亦貴國所利用之乎。總之貴邦條約。惟在國民之斷論如何也。

散士恭聽之後。因起問之曰。誠如高論。然則究以結俄排英爲然乎。僕固恐俄之不足信。比英爲尤甚也。老偉人瞿然如驚而答曰。誠哉言乎。英國者。其猶將沒之夕日也。其熱尙可受。俄國則猶將昇之旭日。其光雖未灼灼。而已爍銷人馬矣。此則有實驗足以徵之也。豈可親乎哉。豈可親乎哉。雖然毒藥亦有起死之時。惟在用之如何。予以爲惟在貴邦之利用於改正條約而已。夫俄人之欲併吞六合。帝臨四海久矣。而俄人之性。深沈而膽大。迷信而堅忍。無仁義之士。人有專制之侯伯。此俄國所以滅人邦土。絕人宗祀。而毫無顧忌者也。觀之侵掠中央亞細亞。自奪高加索之後。俄國之恣意橫行。實無所憚。而其略取哥殘。則舉凡男五十歲以上者。盡處之以死刑。可爾謨克人之逃歸故國。則嗾深仇殘暴之佶鶻人。使與苛煞克兵追擊之。屠戮其八萬幕羣大半於烏拉河南之沙漠。（可爾謨克人者蒙古種也來佶鶻之西遊牧會蒙古酋長過其地不忍見其苦於俄人苛虐之狀勸之舉族以歸故國可爾克謨大窘密整旅裝而行俄人不能禁之乃誘佶鶻人近擊之於沙漠也）鐵血突古滿種族之倔强。則暗襲之於藝億帝平之城壘。屠戮三萬人。所有婦孺。俱無孑遺。其殘忍誠有不堪言者。韃靼之覆滅也。有一部乃婆溼吉爾之種族。以畜牧漁獵爲生。於是俄人令之曰。官山府海。河川者。乃國庫之所有。漁業者。乃皇室之特權也。非汝輩所得濫用之也。居民失業。困弊之極。因不得已而侵俄殖民地。俄人乃以詭計。捕囚韃靼貴人家族。以告韃人曰。爾等須與婆溼吉爾人戰。戰而不克。卽舉家族以殉。韃人乃泣血執兵。以與婆人戰。幸而克之。俄人又使之築造寨壘。誅求過酷。韃人不堪。遂舉反旗焉。俄政府討伐五年。燒其部落千餘。屠戮二萬人。驅其丁壯五千人於西伯利亞之鑛山。送其婦孺一萬人於俄都。以分賜貴族。初婆溼吉爾人之反也。騷動三年。俄人歸罪於支丹族。欲盡芟除之。因築宮殿於美悅來亞河岸。冬日大集支丹豪族。置酒高會。覘其爛醉。而擠之於河冰罅隙。無一人生還者。而且總督烏瑠斯首親王執法酷烈。曾臨罪囚六百餘人。盡劓其鼻。割其耳。放之歸鄉里。欲以示威。其刑罰之慘酷。誠爲酸鼻。而俄人之經略外地。概皆如此也。俄人所經營之地。不獨其爲已征服者。樹立俄黨。且於其近鄰。亦樹黨立援。藉以互相箝制。彼得有遺言曰。先使其乖離。而後制馭之。是蓋奉其貽謀者也。嗚呼。俄之經營三百年間。方鍼確立。而先希羽翼於廣漠幽眇。八面不可侵之中亞之地。陶冶仇敵以化爲貔貅。行其統一世界之遠猷。其志亦可畏哉。俄之經略絕東也。忍淸朝恰克圖庫倫（忽必烈舊都）之違約背盟。而行其寸屈尺伸之志。特遣其武刺威虜將軍。揮鷙翼之影於黑龍江波。以伺機勢。不數年遂有洪軍革命。英法外寇。俄因施其外交手段。不折一矢。不傷一卒。坐而掠得自黑龍江烏蘇里至高麗圖們江一帶數千里之地。而閉塞淸國出師之咽吭焉。尋又獲貴國之唐太島。是亦所以控制對岸。專心一志。以繼其歷代帝王之志也。今則慓悍蒙古之古族。勇氣銷磨。不能復扞禦俄兵。是使俄人所過。如行無人之境。突然至今俄人所以覬望而不敢動者。特以漠北千里沙地。無水草燃料之處也。且吾子亦知俄人於馬留關半島之舉動乎。嚮者俄人與敎國宮中姦豎計暗夜竊誘歷山王放於多惱河曰若再歸有意於重祚。則不許放還。王因憤怨棄位以歸德國。其橫暴悖逆。果何如哉。散士曰。僕頃日讀俄帝之答歷山王書。因歎天地之正氣已竭。白日不照。大道世有陷於弱肉强食之慘。正義無復伸之期也。昨秋過維也納府。偶值歷山王之褫王位而歸。奥國志士大學士學生等。悲王之處於逆境。不期而集者有萬衆。以迎王。三呼萬歲。僕觀之。因又悅正義之必不與之焉。然今敎國人不念俄之舊恩。而却增其新恨。是則兇暴者亦或永不得志歟。老偉人曰。敎國今幸有一英雄斯丹慕老夫者。果斷豪毅。是以抵抗俄人之勢。平日以敎國之興敗存亡爲其己任。斯人若執政柄。使國民依賴之。則敎國之興盛不難。惟恐俄人惡之如蛇蝎。究不知能免否耳。蓋俄人之欲統一宇內。以坤輿爲其家。總領政柄教權。稱帝於世上。寤寐所不能忘。當其初經略西伯利亞。抵於東方海。橫斷海峽。而占領北美阿羅斯加。卽急以七百五十萬讓之美國。而飜然建行東向之大策。此豈非爲東方人士所毛髮悚然哉。夫英之設造加奈陀大鐵道。欲以連絡東洋。俄則計畫其西伯利亞大鐵道。以枝線向天竺之背。而東出於遼東海岸。期以一千八百九十九年竣功。若此鐵道而開通。則自渤海至莫斯古。凡六千五十哩。十二三日程可達。而莫斯古倫敦之間。須六十點鐘。上海渤海之間。及貴邦與渤海之間。共須五六十點鐘。卽自中日諸國以至英京。亦不過十有七八日。亦足矣。從前航路過洲越經大西洋。爲日須三十六七日。及橫斷亞美利加。祇須二十七八日。遲速差率二倍有半。而船車之費。今西伯利亞鐵路而若竣工。則東洋貨物乘客。非復英國之有矣。俄之謀臣議曰。一今我國國力未能與全世界爭雄。須致力於東西兩球。使其腹背皆自作仇敵。而先注全力於衰殘廢亡之亞細亞諸邦。使其乖離凌轢。或以剛取。或以柔服。

以拓其富源。徐俟國庫富實。兵力精强。至此乃舉世界以爲敵。亦不足畏也。兼又歐洲如有同盟抵觸之國。卽伺隙煽動。使其互相仇隙。天下可坐而定矣。如美國則須數百年之後。乃行著手。亦屬未遲云。一其財政之困難。實如議者所言。其所以銳意以敷設貫歐亞之大鐵道。實出於此議也。散士曰。聞之俄國上下人心腐敗。其武人公行賄賂。恬不爲怪。且頻年饑饉。野無青草。路有餓莩。蓋其內地之田制不修。農者不盡心於地力。稅法苛酷。豐年卽豫賦凶歲之重斂。故民多息其肩。無時有穀物輸出。又貪多而無選種備荒之儲。地味年瘦。徵求月急。蒼蒼之山爲之禿落。洋洋之水爲之涸竭。寒溫劇變。暴風揚沙。惡雨崩山。而細民無識。耽於火酒。輕行借貸。動至八倍十倍其利。而亦不顧。一朝稍値凶歉。卽飢寒載道。死斃相望。而政府財政。又復紊亂。紙幣價格低昂無常。商賈困難。殊難形容。因而强逆經濟之理。硬定紙幣價格。使於二年中不變。又立金一紙幣二之制。更又定金一紙幣二半之法律。然於遼遠之處。關稅賦租。猶行詐僞。政府因大蒙損害。又政府歲入祇有六億萬。而歲出則公債息與償還額。須一億三千五百萬。軍費須一億七千五百萬。合斯兩者。亦既占歲入之半。其財政困難可想而知。然猶不量財度。不恤民力。以敷設此廣漠無人之大鐵路者。然則其究可以得達此大志乎。老偉人曰。俄國之財政。困則困矣。然未至如吾子所聞之甚者。吾子豈因偏信於英人之說乎。蓋其所以設此大鐵道者。是實爲開富源。張軍備起見。俄之封境廣大。其生民蕃衍。大鐵路之敷設。不難遂其所志也。況俄有特備軍費。以備不時之需。外觀之貧富。未足以輕重俄國也。在昔馬留關諸國之背叛突厥。俄之謀臣。以爲助反徒而拊其背。則以二軍團之兵。可以坐滅突厥。不料甫交兵。而俄軍死傷至三十萬。此實足以震懾俄人之膽。爲列國之所私幸也。於是俄人以其國力爲未可侮慢。又且凶歉迭至。恐虛無黨乘間而動。汲汲以全力開拓財源。羽翼未就。姑行敝造。因揚言曰。我國今上者乃平和皇帝也。世界之平和。實爲我俄帝之所賜也。詎知此平和幕中。仁慈帷影。而有驚天動地屠城滅國之經營哉。然則平和之所賜者。乃爲俄人積糧餉布鐵道擴張海軍之歲月而已也。夫俄人對外之志。在於滅人之邦。掠人之土。使人之敎法政治概爲俄國所化。數百年來。君臣上下之所銘肝鏤腑。烏拉之山崩而爲海。黑海之水枯而爲陸。而其大志不移也。在他諸國。則外交國是。時有變遷。因人因時而異。故或以退讓而失機。或以劇進而貽誤。獨俄國不然。終始一定。不因異時異人而有所變動。於半世紀中。其所更宰相。不過三人。比之各國年有更迭者。其優劣何如哉。嗚呼。此滔滔之逆浪者。果誰能當其衝哉。爲邦國爲文明爲敎法爲生靈。奮以全其天職者。宇內或有其人歟。散士曰。然則俄人遂不得以達其志乎。老偉人曰。然。以今日大勢而言之。則俄之國力。實足以掌握歐洲覇權也。散士曰。然則萬國惟觀俄之成就。而不能有所禁遏之耶。偉人亦有成算乎。願以賜敎。老偉人意氣骯髒。有如憤激者。復厲聲說曰。予所以辛苦萬狀。顧殺故國之父兄子弟而不悔者。亦獨慮俄之有今日而已。嘗聞之清國林則徐有言曰。英法易與耳。惟他年爲中國大患者。其惟俄國乎。吾老矣。幸不及見之也。夫爝火在漂煙之中。一指所能息。塘漏有如蟻穴。一撲所能塞。而及其燔大澤。炎雲霄。決九江。漸大原。則雖起三軍之衆。亦不及救。如林氏者。蓋可謂達識之士矣。予往年所舉。亦實畏俄國之遺累後日。余之宿志。在於聯合馬留關諸國。建立一鞏固之同盟大邦。扶植波蘭。以爲之保障。截北狄南下之路。永以維持歐洲諸國之權衡平和。蓋以馬留關者。乃世界耳目之所注。歐洲危機繫此一髮。突厥之所以能存帝號至今者。盡在於馬留關。若其他日滅亡。亦盡在於馬留關。而異日俄國之大患。亦必在馬留關也。馬留關之於俄國。其猶癰疽之於體。治之而不除其毒。則毒血足以喪其命。彼得大帝以來。俄人無一日而忘馬留關者。爲此故也。嗚呼。形勝如此。危機亦如此。其介於此間者。豈眞拱手而俟人吞噬哉。語曰。同病相憐。同聲相和。馬留關之與匈牙利。古來皆同其言語。同其風俗。而棋布星羅。犬牙交錯。分土則因之而衆。夫分則勢渙形弱。聚則勢盛氣銳。故同道諸邦。宜相聯結。先退突厥於亞細亞。以與歐土同盟。即以君府爲萬國自由港。則不能爲異國所占領。而希臘則以爲海國。以養國軍。勃爾俄利亞門底甯克郎則以其俗獷悍。即以之張陸軍。羅馬尼則以其土地肥饒。即以之領多惱河之良港。專行經濟之術。而以我摩駕斯族。進而執同盟之牛耳。即以其勇悍靈活之氣象。化塞兒比亞人輕薄之風。建憲政。定民心。據無上之形勝。以張國威。庶幾可以爲壓絕俄國南下之千仞鐵壁。萬里長城。使俄不得出多惱河岸一步也。此爲予之熟計。故舉兵以叛奧國。而受俄之反策。亦惟爲此也。然當時德奧皆不知俄國大欲。及予之本志。目余義舉爲倡自由民權。以危邦國。惟得英美人表同情。以爲聲援而已。因互行忌我妨我。前狼後虎。遂至有亡國之慘。噫。苦利美亞之役。違余所獻之策。而不出兵於高加索。徒惱濟城之攻圍。以誤大計。拿破崙三世之與伊奧戰。時機到而不來。是所謂天乎。行將誰怨哉。荏苒瀕死。而回顧舊日。眞爲一場春夢矣。散士問曰。百餘年來。歐洲之有識者。皆言突厥之老朽殘廢。理不可久。而今猶依然。故國者何也。豈以識者所見有誤。俄國之勢。未必誠能震盪於東西兩洋乎。抑以金門峽之不開放。突厥之與埃及締結平和條約。實因俄所援助。故翌年其所結攻守同盟之約。以他國軍艦不得通航海峽也。及再與埃及戰。俄則自拒絕其違約。於是倫敦公書再禁通航。外艦未幾又苦利美亞之戰起。英法軍艦入黑海而破倫敦盟約。乃結巴黎條約復禁通航。尋遂確定之於伯林會議。由是俄國艦隊被閉於黑海。不復能踰海峽而出地中海。此實爲英俄出死力以爭。而歐洲列國治亂。實胚胎於此也。突厥得以繫其命脈歟。老偉人曰。然。予當少年之時。亦以爲突厥之禁美術醫術。窒塞聰明。卑賤婦女。賣買人身。不能容於文明之世。不久必將覆滅。及後戰敗。久寓突厥。因深悉其眞相。乃知亦誤以歐人之思想。而觀察之耳。誠以若欲制俄。則不可不扶植突厥。以爲防俄之鐵楯。且突厥之大學生及少壯之外交家中有爲之士。亦自不少。若得英君賢相以指揮之。則可以爲利用。聯結此跨三大洲之億萬回回教徒。乘其迷信教法。以驅使之。雖蹈湯踏火而不難也。聞之亞非利加沙漠中。別有一回教人種族。疾足愈於駱駝。好戰鬬。輕捷直如飛鳥。菓實數顆。囊水一杯。卽能轉戰終日。豈非可懼之種族哉。且吾子亦聞有馱法昧之娘子軍乎。毀人生血。狂奔衝敵。卽好殺伐之蠻人。猶震恐之。其國於出兵之前。先屠數十人於神前。以誓曰。必斬敵數倍。再舉大祭。舉動有怯懦者。概行斬殺。故生平以殺伐爲性。臨陣對敵。兇暴殘忍。迴出男子之上。剝敵之面皮。馘敵之耳鼻。以敵血塗面孔上。卽以爲功名徽章。嘗與法軍大戰。大被蹂躪。法軍疑其非人類云。然其貌非不揚。平日皆婉孌溫和。無異尋常婦人。而一及臨陣。則曳白布長裾。飜藍色衣袖。攜弓銃。帶毒矢。陷敵衝鋒。所向披靡焉。又如亞比斯尼亞王。乃英雄人物。素注意於歐洲兵法。若授彼等以糧械良器。以與歐人戰。逐於炎風熱沙中。則勝敗之數。尙未可知也。舉此數者。皆爲突厥所固有。夫回教之弊。雖不可勝言。然英雄豪傑能利用之。是亦足以興國也。

散士又問曰。揣摩歐洲之將來。其隆替興亡果若何哉。老偉人曰。難哉問也。夫邦國之一治一亂。天運地轉。循環不已。猶之春秋之有代謝。日夜之有長短。終而復始。明而復晦。莫得其紀。故曠古以來。未曾有隆盛不替之邦國。推之既往。求之將來。今日歐洲之繁華。行將遷於澳洲。行將離新世界而復舊世界矣。且歐洲有三大禍。陰伏其間。必有決裂之一日。一曰軍備過大之禍。二曰合從乖離之禍。三曰貧富懸隔之禍。斯三大禍者。譬之養癰。不難潰敗也。夫歐洲各國之競擴其軍備。殆不知所極。甲國增十萬之兵。乙國則增至十五萬。[illegible]國置無上之戰艦。丙國則備獨一之巨礮。不顧糜億萬之資財。不顧恤辛苦之民力。而惟兵力之不足爲憂。而擴張海軍。其費更遠在陸軍之上。卽如北美合衆國。猶且投億萬金錢。以築造大戰鬬艦數十艘。以爲自衞。此外可知矣。今誠徵之既往三十年來之軍事。於苦利美亞一役所費二十億萬。意大利之役所費三億萬。美國南北之役所費七十四億萬。普法之役所費三十五億萬。而爲之殺斃人命。則三十年來共有二百五十萬人。其失人失財之多。不幾可驚哉。而今日之各國軍費。則俄國有四億二千五百萬。法國有二億四千五百萬。英國有一億七千五百萬。合之歐洲列國。則有十三億萬。而平日所養兵勇之費。則俄有三百七萬。德有五十八萬。法有五十二萬。嗚呼世人多謂維持平和。爲不可缺之價。然則兵豈平和之具哉。不過以資其侵略功名而已。各畏人之侵略功名。因各加其兵備。漸而增重資費。遂至無所究極。則其給養此軍費之人民。果能久堪此負擔哉。以有限人民之資產。供無窮軍國之費用。安得不困弊勞憊。載胥傾覆哉。如夫意大利。既已揭然見其實驗。則此外邦國。誰能不蹈其迹乎。此非軍備過大之禍而何。嗚呼移此殺人滅國之資。幷此六百萬丁壯。與十三億巨款。用之於利用厚生之途。以恤彼鰥寡孤獨無告可憐之人。其增進人生之幸福快樂何如也。今若此。豈勝長歎哉。然此猶未爲慘烈。其最可恐者。則在合從乖離之禍也。今各國或因利害。或因地勢。或因宗教。或因人種。而二國合從。三國連衡。僅據於公法。以保持列國之均勢。陽結婚姻。表和好。陰行排擠。互猜忌。智巧愈深。機詐愈險。情僞相感。利害相攻。禍事之來。氣機已召。早晚必合從乖離。連橫解散。和親破裂。在所不免也。若當其時。則鬭智角力。糜款殺人。殆無涯際。燧烽盈郊。死亡蔽野。人民遷徙。老弱流離。物產凋傷。藝術遏絕。其負者則盡舉其航海貿易製造之諸機關。以委之勝者。而擔負無上之賦稅。不復能起。各國地位。爲之顚倒。文明伸縮。亦出於意料之外。然此禍尤未得爲慘烈。其慘之又慘者。則更有貧富懸隔之禍在也。近日技術發明。藝業精進。富者益富。貧者益貧。貧富之差。貴賤之別。日以漸遠。富者則優遊逸豫。炊玉龍盤。貧者則勞筋苦骨。尚泣凍餒。於是天賦貧富平均說。社會黨論。乘勢而起。氣焰日張。以與富者反對。富者則利用其全力。謀於法制警察。欲撲滅之。而貧者益爲不平。提攜保庇。聯結各國。脅迫咆哮。紛起破裂。此禍一起。其慘害眞不可以名狀者。上流中流之人。盡旋沒於其禍中。大廈高樓。燼於一炬。千年珍寶。化爲死灰。都府殷富之地。芊芊盡生荒草。富家豪族之宅。纍纍祇堆敗瓦。彝倫由是而變。世界之道義。社會之制度。皆由是而異其面目。天下之變。實莫與之京也。而此禍亦勢之不可避也。但尙有一縷之可望者。則在於仁人學者。能以國家社會主義。調和於貧富之間而已。於外實無別法也。老偉人說竟。長歎不已。既而轉言曰。貴國維新中興以來。僅二十餘年。而進步如此之速。皆由破舊政府鎖港之邪說。行開國之政策。實爲宇內稀有之盛事。其間英雄蔚起。偉略經濟。多有可觀。盍一賜其姓名。得以聞見風采也。散士曰。誠深負偉人之所問矣。我國維新雖非無助命功臣。而實則無以告偉人之英雄也。蓋歐美洲通論。概謂日本維新。在於開港。開港者。盡爲維新功臣所主倡。是全失其眞相也。不知我國維新元老。原皆爲鎖港論者。而舊政府則主張開港者也。幕府鎖國三百年。雖於理學智識。一無發達。而保守太平。其有功於固有之制度文學技藝。亦爲不鮮。且於其晚年。亦多有採取於歐美文物者。或則奬勵有爲之士。使就外學天文醫學製造航海諸術。或起造船所。或設立學校。或派遣學生游學。其銳意採人所長。補我所短者。無不盡心盡力。卽如今日之大學及海陸軍造船所。是皆舊政府之遺物也。舊政府將軍之世子。游學巴黎。賴拿破崙三世。亦取行其開國主義也。要之。舊政府採擇西洋之文物。以導日本於開明之域。却受世所非難。以至於如此顛覆耳。而新政府則雖非爲原攘夷家所建。然亦不過襲行開國主義。擴而大之。以有今日之盛而已。此所以謂無有以告人之英雄也。老偉人曰。誠然。則吾今日乃始得其詳也。因又問曰。貴邦初與各國締盟。何以能使宗教之不衝突。以起紛亂。何以能使封建諸侯之不煽動外人。以招外侮也。散士曰。是原因於國民報國之志氣。與美人公義之遺賜。夫當日我國之與各國締盟。其危險情形。至今思之。猶覺畏慮。卽如俄則侵掠對馬島。英則襲滅印之故智。互行煽動其危蓋岌岌哉所幸我邦人士。自啓戰以來。無論爲勝爲負。皆未曾有援助外人。以殺伐同胞者。此爲大和民族之較勝於他國也。且又得美國執行中正。常以啓發我邦人每事有所忠告。故賴以制馭專橫之國。而無有損國威也。至於宗教之衝突。則三百年前曾有天主舊教叛亂於西南島。而自來我邦人多警戒信奉外教。其中人以上者。俱涵濡於神州建國之大義。與孔孟之倫理。篤信忠孝仁義之說。視此外宗教。甚爲褊淺。且如耶穌聖經。與我邦歷史互相矛盾。若從之則我二千五百年之歷史盡屬虛妄。我四千萬之祖先。皆爲無知之罪人矣。而佛教弘通於我國內。亦已千有餘年。僧侶致有十二萬之多。然國民祇不過託行葬儀而已。此豈歐美人想像所能到哉。老偉人釋然拊節曰。嗚呼。是所謂天祐而已。散士又問曰。苦樂武何辨。武諸君子。今猶俱在乎。老偉人垂首曰。諸友概入黃壤去矣。其與余同甘苦者。無一人存於世矣。嗚呼。人生在世。爲有所望也。旣無所望。則生不如死。予待諸友之早來接予去矣。更轉語曰。吾子年未三十。前途正自遠大。但男兒事業。祇在壯年。今固其時也。夫以少壯當事。其國必興。老朽當事。其國必敗。徵之古今。驗之歷史。實迹昭然。子其努力哉。老偉人暢談至此。時則夕陽西下。窗影漸昏。散士乃辭謝。血出。老偉人固握散士之手而言曰。余年今旣八十有三。恐無復相見之期矣。散士聆聽之下。不覺悽然者久之。遂辭而去。古人曰。孔邱墨翟。無地而君。無官而長。天下之丈夫女子。莫不延頸而願安利之。明照四海。聲施後世。達略天地。察分秋毫。豈斯老人之謂乎。

歷遊歐洲大陸者。歲有餘。遂去而航倫敦。時則占領緬甸之議。喧傳於議院矣。

緬甸王朝之滅亡。天下皆謂緬甸王底母暴戾殘忍。暴虐國民。不信外人。遂使英人不得已而動干戈云云。實則不然。蓋英之包藏禍心。爲日已久。曩曾蠶食下緬甸。及法占領東京。以雷窩泥河爲連絡。辨噶灣與雲南。乃自印度通中國最便之要路。垂涎不已。而無如無辭以啓釁。遂强行要求。以挑撥爭端。適英人組織孟買緬甸商會。與緬甸政府立約。約有不得採伐麻栗樹（一名印度柏。船之材料也）。而英人違其約。濫伐無所遺。緬甸政府怒之。科以賠償二倍。蓋其國法。如有盜人財貨者。卽須償還二倍也。英人以爲不當。要之歸於印度太守判斷。然緬甸以自有國權。不能抛棄。反以己國罪犯。歸諸異國判斷也。於是兩國爭論不解者數月。英政府遂要索緬甸以三條款。第一須優待英之使臣。第二須以斬伐樹木一案。歸之印度太守判斷。第三駐箚首府萬朶麗之領事。須附以兵一百名。以備護衛。若不允從。便卽開戰。以蹂躪緬甸全土云云。緬甸憤之之極。決然抗拒。借助於法國政府。以法國利害之關係最大故也。然此時法國礙於英國交情。而不敢援。遂至緬甸孤立。柔弓鈍矢。贏馬敝甲。不得不與英人馳逐。乃英兵直轟破萬朶麗都門礮臺。毀大礮三十二門。進圍王宮。國皇皇妃皇太后世子四郡王文武官僚七十三人。皆爲所擒。萬朶麗之宮中珍寶如山。財貨如海。盡爲英兵掠奪。明日英兵面縛王以出宮門。行降伏之禮。卽日囚於英艦。遠放之於孟買附近奈地留偏僻之處。嗚呼。腕力足以壓正理。誠哉言也。世間豈獨德相卑斯麥克而已哉。後二十日。有忠義之士。擁王子遂陰善以勤王。欲恢復萬朶麗。勢力不敵。卒不能遂其志。其後倡義舉兵者。至今不絕。然皆隨起隨敗。風蕭蕭兮空吹壯士之衣。雲黯黯兮徒蔽落日之耀。復不能翻孔雀翠旗。以飄於萬朶麗城上。由是以觀。則緬甸君臣必非狂暴無狀。怯弱無能。如英人所言者。當萬朶麗陷落之日。必有嵇侍中染血。顏常山拔舌之人。特英人祕之。無由暴白於世耳。嗚呼。千年之王廷。一朝而忽空。萬斛之積冤。愈深而愈埋。其悲慘之狀。誠不忍見聞者矣。

散士一日觀英國議會時。正爭論占領緬甸之可否。自由黨首領斯密士則大斥其失計曰。當遠征緬甸之時。初計須兵一萬。今則至須三萬人之多。軍費則豫算百五十萬。今竟至二百五十萬。忽而將至二千萬。其故如何。請試論之。夫英國之動兵於緬甸。在於廢其暴君。弔其良民耳。今反而吞其土地。絕其宗祀。使千載連綿之邦國。至於滅亡。故緬甸人民憤惋曰。屈於英族之下。無甯速死。此所以舉國同聲。而負戈執戟。慷慨不已也。而英人之鎮壓之。多所苛虐。益足以憤其敵愾之心。彼緬甸人民。雖則苦於國王底母之虐政。而比之覆宗絕祀。立於外人治下。更覺傷心慘目也。此所以翻動反旗。前後接踵。亦非無故也。而當局者猶辨之曰。我國之占領緬甸者。爲保護印度而已。益所以使印度隆盛也。此豈其然乎。印度國會之決議曰。印度人民者。反對於併吞緬甸。若不幸而並爲英領。亦不可置於印度政府之治下也。印度太守亦曰。緬甸之佔領。非合於印度人民之意。然則當局者尙託言爲印度之保護。豈足信哉。嗚呼。果其志而在保固下緬甸。則廢其虐主。善其後可矣。何不於王族七十餘人中擇其賢者爲王。然則其志初不在於安上緬甸。而保固下緬甸可知也。戰端將起之時。諸報紙多有睛窺當局者之意曰。緬甸王者暴主也。背約破誓。無所顧忌。如此惡王。爲天下所不可不討之也。嗚呼。天下背約破誓之國王多矣。而祇遠以責之緬甸。不近責之四鄰。對近鄰之破誓背約君王。曾不與之宣戰。以廢其君主。佔其土地者。其故何哉。亦以屈於强國。伸於弱國耳。此豈行堂堂正道者所宜爲之乎。設使吾英而不干涉緬甸。以其國王國民。自行料理其國事。亦未必至於亡國之慘也。曾憶遠征埃及之時。我當局者公言曰。英國若不取之。則法國必先行制取。何其橫暴之甚乎。丹那博士曰。英人者。爲普天下竊攘土地最多之人民也。吾人甚悲無辭以雪此言也。

龍動時事新報曰、今英兵之駐紮緬甸者有三倍。而國中盜賊縱橫道路、亂民四起、殊如無政府之慘者、是皆由不能鎮撫之、以救生民於塗炭也、且如下緬甸、入英國之版圖、亦既有六十餘年、而今亂民之結黨橫行、恣行劫掠者、無時無之、民不聊生、此乃掠奪上緬甸之餘毒所致也、蓋萬朶麗陷落之後、所以至今日猶未鎮靜者、則以鎮撫之不得其人、施設之失其宜、萬朶麗雖則可攻而降、而緬甸人之性、則非怯弱者、爲其欲反國王之虐政、而別擇明主、故其閣僚近臣、暗有反間倒戈者、皆以爲英兵之來、不過代廢今王、別立明主、出於義舉而已、故陷落後二十日而無一人爲我英兵之敵者、可以見其意矣、當此時而若正正堂堂、恩威並行、則緬甸國事豈至沈淪於此慘境哉、且我國將士之待降人、無異螻蟻、殘忍刻薄、玉石不分、寃枉籲天、無辜哭地、而督府因而驕矜貪惰逸、遣兵四千人以歸印度休息、致萬朶麗都一無兵守、而上緬甸之守備、不滿六千、總督離都、則反徒接踵而起、城門屢危、威風墜地、我當局者、於戰爭占領之資款、卽毅然經紀、而於善後之策、則一籌不展、祇知以戰費政費取償於戰敗國人、是爲暗傷大體、不通國勢之甚也、且我政府於此戰爭之後、正宜選派富於經歷、達於事理、有威望之行政官、以收攬其人心、乃無後慮、今竟使白面書生、無賴豎子、以當此鎮撫大任、竟置政事於不理、惟知日夜遊戲、優悠閒逸、以消遣時日、且或則與商賈結託、營私納賄、或則有監獄之看守、而無其判事、或則於一萬四千方里之地、祇設一警部與一巡查、政治乖離、任用失道、此不特有政法之英國所爲寒心、卽緬人亦深用恐怖也、嗚呼、佔領緬甸之有背於公義如此、而其經略之遺誤又如此、此豈不大有汚辱於英國名譽哉、

第十五回

散士辭英國將道美國以歸故鄉。船泊愛蘭之駒印斯蘭港。適閲報紙中有一新聞曰。愛蘭之雄辨家於武剌園奉巴甯流密使航英領加奈多爲愛蘭人吐萬丈之氣。彼地同志待之如大旱雲霓云云。一友卒然拊肩以告曰。與氏同行。中有一絕代佳人。紅臉豐肌。其美如玉。姿態裊裊。香露如滴。吾子盍一觀之乎。散士相與一笑。既而巨鯨殷殷。拔錨航太平洋。時天已昏暮。夜月如眉。散士安坐舵樓長椅中。望歐洲在於一角煙水模糊之際。微吟我所思行疊句。忽簌簌有觸散士之衣者。顧之則有一女子。輕裳曳微風。步於散士之後。憑欄遠視也。惟無由覗其面。一友暗笑曰。是蓋以袖而拂子之背。此豈有意於子乎。二三同人相和而哄笑。以揶揄散士。散士曰。彼固良家婦女。幸勿褻瀆。若解識邦語。則子等如之何。美人斜眄散士。何圖卽是紅蓮也。紅蓮含笑握手徐曰。妾早已知郞君之在此矣。同人見如此。皆倉皇散去。船頭寂寞。惟新月照雙影而已。散士急語曰。大西洋上適念二妃所賦之我所思一詩。而忽遇令娘。豈不怪哉。令娘之惡魔王羅。今果何在。紅蓮曰。曾有致書。究已達於郞君否乎。當時妾脫巴黎。將走意大利。前途危險。至今思之。猶覺慄然也。散士急問曰。願聞其詳。紅蓮曰。當妾出蹄水以入法京之夕。閒步街上。卽邂逅向日所旅館之娘子。此實爲妾之災厄濫觴也。明日薄暮。妾步旅亭迴廊中。有密語街上者。諦視之卽爲王羅與警吏耳語也。妾此時驚愕之狀。不知如何。胸膜激動。呼吸不定。不遑整理行李。踉蹌由他道出。夜宿小旅亭。黎明乘汽車往意大利。既日將午。過一停車場。妾欲購買果物。開窗四望。不圖王羅卽露面於鄰室窗上。乃急縮首。斯時胸悸足震。殆如不辨人事者。少許神稍定。以爲事既如此。曷不直訴彼以西都事情。以折服其心。縱彼不能納我言。而此地爲法境。法之警察。亦無如我何也。纔又私念班人報復之念執拗且深。彼賤丈夫毒妾之策。無所不至。然今身既爲籠中之鳥。不能奮飛。不能奔逸。又將如何也。躊躇之間。忽有汽車自意大利來。及稍近。我汽車亦驀然東往。妾此時以爲得神助。因躍身撲上對車沿階上。兩手攀鐵柵。惟冀身不落車而已。其危險可知。衆覺之喧呼扶掖入車中。時則王羅之車既已遠去。胸裏之愁雲全霽。身體疲勞。不覺陶然昏睡。有叱妾起者。開目則身已在巴黎停車場。警吏數人擁妾而詰問昨夜密脫逃高館。今有往意大利車票。又還法都。是非市井之妖婦車內之掏兒爲誰。妾憤其言之無狀。因與抗辨。警吏竟投妾於獄中。謂妾爲在西都毒殺婦人。在巴黎曾爲盜竊。即以定妾罪名。人生汚辱。至此可爲極矣。後旬日至法庭。王羅證人即在其中。誣謂彼前爲西班牙國警察長。其時誤與此女子來往。此女子即居爲奇貨。欲爲余之正妻。因予妻病。謀毒殺之。事敗逃遁。因以妾向所與彼書函爲證。舞文弄法羅織成案。而西都旅館主人亦告妾盜其馬。掠其資。因取遺棄於巴黎旅舍之品物。僞作攘竊之物。以爲證據。且謂不償旅費。是騙者也。本往意大利。而折回巴黎。是掏兒之行爲也。妾辨白之。娓娓至數千言。然妾不通於法理。且無一證人。故終不能動判官也。而因判官所詰問之情形。以推測之。則妾當日所邂逅之娘子。即以妾事告於其父。其父更報之偵吏。此偵吏乃向受王羅所囑託者。即電喚王羅。王羅即託機警之偵吏。以探知妾是夜舉動。而尾妾同一汽車。及見妾之投於別車。彼即於各停車場電達知照。巴黎偵探之機敏。素所聞名。而妾被難之由。實爲此也。王羅恃其有警察之援助。因要法官以妾在西班牙謀殺彼妻。據遞送刑人條約。即須轉送之西班牙政府云云。其始妾被拘囚之時。意氣激憤。不知有所謂痛苦。從容自若。一無怨愁狀態。以故獄吏互相嘲語曰。以彼妙齡女子。而殺人盜貨。被幽獄中。泰然不變其色。不知其已至再至三矣。不可以貌取人。誠如此也。妾既負竊盜殺人之重罪。故別繫一房。臭穢衝胸。麤食難咽。諺曰。就戮則見歲短。拘獄則覺日長。終夜陰陰。無限妄念。雲興泉涌。欲眠而不能眠。心神漸疲。神經過敏。易驚易怒。動輒與獄吏抵抗。日者法官又詰問於妾。言語過激。頗有脅迫之狀。妾不勝其憤。乃駡曰。聞之脅迫之行爲。大非正當之理。今法官之舉動卽是也。法官叱妾。妾因取罫器擲於法官面前。獄吏止妾。妾不從。遂闔妾於暗室。蓋暗室者。乃歐洲獄罰之最重者也。妾於此時又平其怒氣。以爲閉目而默想平時。則豈能堪受此之理。不如橫臥游心於獄外。差可自慰耳。無如眼目易於開啓。獄中黑暗時掩映於目前。直感腦中。擊刺胸臆。不復能有他念。心亂神昏。或忽念人生之快樂。或忽思故國之辛苦。黑暗中之感覺。實慘惡令人難受也。如是者三日。身體劇震。心氣昏迷。幾至不辨人事。嘗聞有志士二十餘人。赴北極深險。居暗黑世界中有數月。有十有八人因致狂亂。暗黑界之亂人精神。實爲大也。後二日出暗室。忽覺暈眩。開眼而觀。見旭日映於鐵窗之上。不覺呼快哉。散士曰。人生世上。耳目歡娛最大。故囚於黑暗之中。目無所見。耳無所聞。卽雖養以豢芻。衣以錦繡。亦不足以爲樂。使於此時而於隙穴罅漏中得見日星之影。聞風雨之聲。亦覺稱快。況啓戶牖。以見炤炤者乎。況出室登堂。對於山光水色。以見日月之光乎。況登大山履石封。望八荒。以見天都如蓋。江河如帶乎。紅蓮曰。誠如郎君所言。妾此時始服幽明異途之爲知言也。因漸以靜坐沈思。恍然自悟。謂賢人亦同一死生。愚人亦同一死生。死焉不足悲也。惟供此餘生於皇天而已。於是方寸湛然。靈臺寂照。身心俱覺安泰。數日後。復交法官詰問。妾答之曰。我實無犯罪。俯仰無所愧於天地。今法官以我爲有罪。則又奚言。惟任法官爲所欲爲而已。法官作色曰。法官執法。公明正大。豈有挾私曲以加罪於無罪之人。今汝獨云無罪。又無其證。法者本據證以決理。汝不告汝居處。不語汝職業。無資產。無知人。而終日衣美服。出入旅館。乘船乘車。來往無方。居住無定。汝不晰言之。惟反覆以爲無辜。法官奚能信汝而決斷也。於是妾卽決意曰。妾不告所居與所職者。爲國爲人。有所不忍故也。妾之欺西都旅館。爲奪幽將軍也。妾之欺王羅。爲成交友之志也。法官聞言有如驚愕者。既又問曰。嘗聞有少女欺王羅。奪幽將軍。其後不知蹤跡。汝果其人乎。若言而眞。則宜舉其左證。字內之大。知必有一人爲汝知人證言也。妾深思多時。漸答曰。妾曾謁首相嚴髗舵。爲敍實情。無如斯人已去。他無知妾者矣。法官起曰。嘗聞之。若果屬實。證之不難。聞嚴公有一祕書郎。所錄日志。公私大小事。俱無所漏。汝卽舉謁首相之月日時刻。若無錯澥。此可得爲左證矣。妾詳以語之。法官加禮焉。乃閉妾於法庭。於是獄吏形狀頓異昔日。越三日。典獄來揖曰。愛蘭無冠王之使者來訪。出與面會。妾狂喜之至。接見之。使人曰。觀昨日新報。始知令娘厄難。因受巴甯流女使之意。急行來訪。明日請有著名狀師爲令娘辨護。令娘請强意焉。自此日以後。獄吏之待遇妾爲之一變。其態。其始罵妾嘲妾者。今則不敢正視於妾。却有得妾一言以爲榮幸之狀。法人輕佻之風。可以見之矣。後七日。法官告妾曰。閱嚴公日誌。誠有與令娘相見之事。然猶有所問。卽呼一紳士來詢妾以面嚴公時期及客堂之形狀等。妾卽以所記應之。紳士首肯而去。蓋此紳士乃嚴公當時之執事者也。法官曰。左證分明。已無所疑。惟法官深痛令娘久困囹圄。備受艱苦。昨又訊問王羅。悉獲其實。知我警吏之被餌於彼。爲虛無證人。以陷正義高節之令娘。我法國人實深有愧。然今罪人已投之獄中。不日當明正典刑。令娘旣爲青天白日之身。出獄幸保重自愛。妾乃出獄門。則見車馬數輛。人數幾千。以相迎迓。歡呼萬歲。嗚呼。人生僅數十年。而千難之中有百喜。萬艱之中有千快。非盡經歷之。誰能知其趣味哉。夫日出而起。日入而睡。蠕蠕如蚯蚓。不知一喜一憂。以齷齪小利爲事。如巢焦明之蚊睫。足不踐海外。區區以送一生於無爲之中。空化爲北邙煙草。豈不可憐哉。自是妾被歡待於愛蘭人。始歸故鄉。適雄辨家於氏遊說於英領加奈陀。爲本國之聲援。妾因起相與偕行之志。特乘船來此。今邂逅郞君。眞可謂奇遇矣。又曰。妾之繫獄有半歲。出獄後卽沾病呻吟數月。今始得如常。

散士曰。此豈非芳草夜被風打。麗色偏待朝暉哉。紅蓮笑曰。郞君勿復弄妾。將奈幽蘭女史何。更悽然正襟曰。郞君路過埃及。未嘗探聞幽蘭女史消息乎。散士答曰。有之。乃相與攜手下階。就燈下出幽蘭手札。以與紅蓮。紅蓮拆封徐讀。忽張目而如怒。忽垂首而如痛。遂不覺潸潸紅淚。滴溼靑衫。散士曰。何爲其然也。書中消息如何。紅蓮揮手曰。郞君勿問。日後自知。今且暫隱其事。蓋女史所囑也。今女史隱於虎穴。沈於鱷淵。郞君何爲不救之於死地。若使妾知之在英之日。必相與攜歸矣。散士曰。女史誠堪憐矣。然欲拔之於水火之中。此志豈獨令娘哉。惟恐私情有亂公務。故不能如願耳。然女史之來自歐洲。亦必不遠矣。因又語以再會范卿。骨數斗夫人羸疾。人力難爲。紅蓮仰天祝禱幽蘭范卿之幸福。與骨數斗夫人之平愈焉。次日復與紅蓮語談及巴甯流事。散士曰。僕在英國之日。屢欲往見。訪之再三。卒不相值。竊以爲恨。或云潛居友人室中。究未知眞否。紅蓮曰。妾亦有所說於巴氏。毫覺無用。氏今在得妾之境。天下呼之爲愛蘭無冠王。然滿則招損。或卽以此取敗乎。妾非獨爲氏惜之。竊憂愛蘭百年之經營。盡歸水泡耳。散士曰。巴氏富於春秋。地位如彼其尊。名聞如彼其著。聞其下獄多觸嫌疑。至於數十回。有瑇武斯事一難。若使他人而居其地位。則聲名必敗。黨衆必散矣。而竟無一人離心焉。氏又訥於言語。凡在議場有所演說。必資爲世間笑柄。雖然。以比之雄辨闊論者。則反覺其尊重。蓋氏之一言一動。常繫全院之耳目。關社會之趨向。八十之愛蘭議員。氏爲之當其方面。五百萬之愛蘭人民。氏爲之衞其本陣。而東有美國之聲援。西有澳洲之贊助。氏之諾否。卽愛蘭之諾否也。氏之喜怒。關於愛蘭之治亂也。此豈非近世之人傑乎。紅蓮曰。世人特未知其眞相耳。其淫行欲蓋彌彰。若一朝暴露。愛蘭人何以對於天下乎。言詞憤惋。現於顏色。散士當時深信巴氏。故有疑於紅蓮之言。以爲其發於感情之激者耳。後數年巴氏果因淫行。而敗法之武將軍亦爲婦人而自戕。吁。苟克復國家之大任。身當其局。大功垂成。而竟以婦人之故。犧牲生命功業而不顧。正古所謂妖冶誤人乎。抑英雄多情。爲人之所不爲。雖死亦無悔乎。散士薄情。未救佳人於海樓府。而爲亡命之客。不能因情以死。豈不可愧乎。一夜與紅蓮吟於月下。散士謂紅蓮曰。聞之近日愛蘭人爆裂英國議院。以報怨恨。以散士觀之。是亦失於詭激也。紅蓮曰。是不過無智識之暴徒。欲以爲脅迫而已。原不足以爲意。然愛蘭自治。今亦有望於前途乎。乃高吟一詩曰。

爆裂彈兮爆裂彈。勞汝一擊淸天地。分富平權依至公。助弱制强取大義。取義捨生是男兒。依公去私與天期。千古積弊可燒燼。玉帛金寶何得吝。位官爵祿歸糞塵。鐵壁堅城亦作烟。帝王之尊不能避。庶民之富安得庇。平等福共爆聲開。自由光從鐵如來。天柱爲摧地軸壞。血雨腥風洗濁穢。洗濁穢兮天地淸。從今四海始太平。

散士轉語曰。王羅今果何在。紅蓮曰。彼嘗檻送西都。然其言巧賄重。竟免於刑。且得復高官。而任東洋呂宋諸島之都督也。

後數月。散士道經美國。與海南將軍歸朝。時則我政府與列國議改正條約。先據泰西之原則。以制定法典。於條約批准交換後十六月中。譯之以傳達各國。使檢查其有合於泰西法典之元則與否。分全國爲八道。設混合裁判所。任外人以爲判事檢事。設陪審官。以聽斷關於內外人之訴訟。其外交內事弊竇之不堪言者特多。於是將軍上封事略曰。

夫道能用之。則百里之地。可以獨立。瑞西日耳曼是也。若不能用之。則堂堂千里。被役敵國。印度波蘭是也。秉國家之大鈞者。豈可不審愼哉。側聞改正條約。漸就其緒。而締盟諸邦。皆廢其法權。以從我治法。洵足慶也。然又有說者。聞之我國所制定法典。偏以適於外人爲主。司法立法之大權。皆允爲外人所干涉。嗚呼。此說屬實。是使我邦國失獨立之精神矣。夫法典者。乃所爲保全己國之安甯幸福也。制定法典。必須因我國歷史與風俗。乃能完善。若使外人得而左右。徒供其利便。其奈我邦國人民何。卽使我法典而有異於時勢。亦宜伸張國運。愼改正之。今惟知外人言論是從。不顧歷史風俗。是無異許外人以干涉我神聖之大權。自作陵夷國權之階梯也。今日讓一步。明日枉一步。遂至於無可挽回。豈可不悲哉。古人曰。惟名與器。不可以假人。今國家獨立之大權。而受外人干涉。豈非亡國之兆哉。

論者曰。開港之始。幕府旣傷國體。失自治之大權。是今日不能舉改正之實。其罪實在幕府也。然而熟審當時情事。較之今日大勢。又未必盡可以責之幕府者。夫幕府昇平三百載。不通海外之形勢。如治外法權最惠國條款海關稅等。實爲耳所未聞。況其利害。當時何能洞達。且按當時情勢。若欲爲外人結對等之條約。使彼服從我法律。則又實所難期。若使締結對等之條約。國內諸侯。必各以其法律。繩諸外人。開放內地。任其居止與業。是我欲不爲印度馬島不得也。故愚以爲治外法權治內限制。原爲因於時勢以行之善策。祇可謂之得天助而已。今我國文化大進。文物典章。無不備具。非復幕府之舊態。其詳於海外之狀態。熟於外交之道路。洞治外法權之弊。及輕關稅之害。亦甚爲詳盡。故宜於舊日條約盡改正之。無或妄行推讓。以貽害後世。語曰。一念之失。遂貽四海之憂。一事之失。或致百年之患。國家重事。豈可輕忽爲之哉。夫名與實每有相反。有名美而實不然者。有實美而名不然者。故聞名不可以喩其實。見實不可以測其名。如我之治外法權。其名譽甚不美。而實利則未至妨礙國家之獨立安甯。是名雖不美。而實尙有可取也。然至如今之所傳。則反自傷國權。名實正各相反矣。嗚呼秉天下之鈞者。其取名乎。將取實乎。豈有貪一時之名譽。不顧百年之大害。而使天下後世之志士仁人發神州陸沈之浩歎。可乎。然則如何以改正此條約。曰斷然宜於今日中止之。而先變現在政府之組織。建立憲公議之新政。而後定外交之方針。上下一致。以獎勵此內和外爭之精神。當局者於是奉天皇陛下之聖意。聽立法部之決議。更據上下人民之輿論。以開改正條約談判。又利用於內外諸新聞演說。行外交之手段。以訴其曲直於歐美公論。倘彼猶尚有所要求爲不正不理之舉。則我可仗正義履正道。斷然拒絕之。誠使一國之意氣盡皆如此。何慮無精誠動天地。公議輝四海之一日乎。

更又條陳時事五款曰。

夫邦國之病。在於苟安。苟安者。根於情實而致。情實者。因於無操守之節。無果斷之勇而來。其弊也。濫觴於士大夫之間。漸以瀰漫天下。語曰。君子之德風。小人之德草。又曰上之所好。下必有甚焉。若夫惡弊一煽。則上下牽以成風。因襲之久。遂習成性。消耗有爲之元氣。腐敗報國之精神。國家因以衰弱委靡。而不能復振者。古今東西。其揆一也。當我邦維新之初。銳意圖治。不顧情實。其政略之偉。功績之大。實爲天下所共驚歎。然而敢爲之氣。逐年挫折。情實之弊。隨時橫來。浪費漸增。冗官漸衆。每一經改革。即轉滋弊害。於是明治十八年內閣諸公決然行其大英斷。而改官制。明職守。去繁就簡。杜私門。斷請謁。別創一新政府。上下內外稱之不措。翕然額手相祝。曰維新之大功自是以舉。日本之威名自是以揚矣。而不知未及一年。而綱紀頹敗。百弊復舊。蓋考其所由來。則皆爲情實所牽纏也。嗚呼我國家前途遼遠。施設更張之事。正當惟日不給。是豈粉飾太平歌舞遊樂之秋耶。苟衣食於官祿者。勵精圖治。兢兢業業。惟職是盡。不牽纏於情實。上乃可以不愧於天地。下乃可以不怍於蒼生也。故愚以爲今日急務。在於絕情實之政。情實不破。則國家之隆興必不可遇。而且今之訛言百出。是非淆亂。誠宜務使事理公明。以解世人之惑。設於舉動之間小有啓釁。則威望忽撲。駕御之權旁替。小事誤大。有類樗蒲。豈不可謹戒之哉。

夫我國君臣之間誠可謂密矣。君者誠爲民之父母。民者誠爲君之赤子。是我國體之所以特出於萬國也。故陛下之待臣民。一視同仁。政論有異同。俱皆有所取納之也。然近日當道之執權者。視陛下如己黨。卽雖有功勳位之人。如有異其政論者。卽視爲不忠不義。以之爲陛下罪人。不知夫政論者。因其時。因其地。人各異其所見。疾徐相較。是非相比。新舊相制。理否相攻。乃所以啓發學術。興隆國運也。故執政而有異其政論。此乃國家之藥石。社稷之忠良。安得疏外而厭惡之也。蓋陛下之黜陟臣僚。在因於時勢如何而已。非有愛憎是非於其間也。故愚以爲宮中內閣。宜嚴分其界限。劃然莫相混同。而宮中之接待功臣名士。不宜以朝野之軒輊而親疏輕重之也。然今之總理大臣。兼攝宮內大臣。是不特失當之甚。且恐有累及皇室者。若他日政黨大起。當內閣更迭之時。則總理既兼宰相。卽易於襲行擁天子以令天下之智。而爲其黨以害他黨矣。其爲患豈可測哉。

余近熟審今日之情狀。施政方針。未有一定。朝令暮改。多所更革。誠可憂也。蓋自明治十八年改革以來。其時專以省減政費爲主。故凡百節儉。甚且有停止國防軍備之議者。此固不足爲過。然未及期年。卽置臨時建築局。設礮臺建築局。建廳舍。增官俸。搆造宮邸。且又建築各地礮臺。夫前此數月。則以省減政費爲急務者。而今則且爲此不急之土木。國帑糜至數千萬金。其前後之背馳。曷至此極哉。夫欲擴張海軍。因而急起國債。其爲敵國伺釁。防敵艦忽來襲乎。抑爲我國海防。一日不可闕乎。其是非得失。姑不措論。然其舉動之輕躁。則誠有損於國威矣。

夫今日弊政之多誠難指數。然上官無職責。下吏多冗員。此實爲弊政之最大者也。惟其無職責。故括此民人之膏血。以銷於無功無益無影無形之事業。而茫乎責無所歸。設不急之官。舉不急之人。政績一無可見。而亦不知責之所在。觀其情形。實非因事而設官。乃因人而設官。因官而設事也。故賞功以官。憐友以官。報私德以官。結朋黨以官。貪遊樂以官。籍制在野有志之口以官。視官途官事一如己之私物。視國家租稅一如己之私財。是以無用官吏日漸以增。而終日從事於不急之務。紛紛擾擾。徒增繁雜。一無實際也。嗚呼。以有限之租稅。養無限之官吏。求目前之小安。是豈異於吸鴉片者。貪一時之快。而不慮日後之患哉。以故爲今日計。急宜裁汰冗員。嚴定官守。使天下不才不能之徒。無所夤緣僥倖。以敗壞國政。虛糜國用也。

且夫今日政府於內治上。所宜速行決斷者。乃改正新聞及集會條例是也。我人民之爲此條例嚴密。因而志懷忠良身陷罪刑者。不知其數。推其所致。則人民視政府。一如仇敵。政府視人民。一如寇讎。互相睥睨。暗相傾軋。豈不可爲長太息哉。夫寬改新聞集會之條例。使世人得自由其言論者。果有何不利於政府乎。愚以爲能明人民之意志。知輿論之所在。則政府行事。倍覺其易。即使論者過激。言失其常。而政府官吏亦可公然與之辨說於報紙中也。如此則官民相磨。士氣漸振。人心漸奮。惰眠之夢漸醒。腐敗之政漸革。其爲幸福於國家。豈可勝數哉。今政府切慕歐美自由國之文物。以改革其法律規則。以變更其屋宇衣服。面目一新。使歐美人全繫服於我治下。而獨至言論集會之自由。則反異其取捨。有爲不滿當路之論者。有論施政方針之異者。則皆目爲有妨治安。因而停止解散之。此豈非矛盾之甚哉。夫廟議之欲倣歐美政治者。不問其爲我身之利與不利。祇惟移其善與美。以增進我幸福而已。若以爲有利於己。卽弊習亦可爲我之楷模。無利於己。卽美俗亦非爲我之規。則豈非偏頗之甚哉。

且又近見我邦之外交。圓滑巧妙。力求與各國斬絕藤葛。遂而允之。則必以爲交際日深。和親日密。無可復慮矣。然退而細思。則國家之殷憂。方在前途不遠也。夫外交政策。當守信義。表和順。力求圓滑。乃爲得宜。然至於互爭國權。以保己國之安甯。則當力求奮爭。死且不避也。使徒取外人之歡。唯唯諾諾。苟安旦夕。是正所以自招輕侮。啓窺伺之門戶。而決非保固平等交情之道也。蓋我國屹立於東海。地勢雄勝。四面沿岸。巖礁嵯峨。天然險要。國無其比。加以土地豐腴。氣候溫暖。富於天產。長於人工。人口有三千七百萬。無人種之錯雜。無言語之異同。無敎法紛亂之虞。無藩國屬地背叛之恐。接境一無敵國。非如大陸諸國。一朝有警。卽須守備四方。且金穀出自己邦。非如英國全仰食於外。故一旦如有不得已。則退守絕外。支持數年。亦易易耳。噫。地勢之形勝如此。國土之富厚如此。而與歐人不能對立。動被輕侮淩辱者何哉。蓋物必有因。事非無本。語曰。人必自侮而後人侮之。我國之被人侮。亦自取之而已。夫歐洲之外交家。外託慈祥。內懷陰險。談笑之間。藏有金劍。而我國外交家。則於爭論之中。藏有媚骨。古人有言曰。過仁近弱。過禮近諛。不論是非。不問曲直。惟以平和爲主。絕無把柄。何其敬憚人國也。嗚呼。惟知屈從外人。依賴外人。買外人之愛憐。以維持國家。以改正條約。此豈不可危哉。夫抱射利無厭之慾。虎視眈眈。求食於萬里殊域。伺機審勢。卽因而開拓領土。此乃歐人之素志也。屈從依賴。曷足以動彼輩之情。適以增其暴慾而已。是豈得計哉。然則爲今日計。如何而後可。曰。斷行廢今日之政略。確立其方針。一定其國是。內而新政務。嚴兵備。外而表信義。立威嚴。與人民深此溝渠。高此城堡。嚴備固守。以待歐亞之變可也。夫歐亞之平和早晚定行決裂。馬蹄終有蹂躪中原之期。而我邦則雖素非干與之。然其變亂之波及搖動東洋諸國。勢所必至。當其時。我擁堅牢兵艦三十隻。精銳陸軍十萬。以縱橫於東洋。立威示敵。英俄而有啓釁乎。我而與俄則俄足以制英。我而與英則英足以挫俄。清法而再搆兵乎。則我之於兩國。猶之於英俄。且我卽不干涉其間。而如病院通信糧食煤炭等之便。其得我與失我。則關於全局之勝敗甚大。此則爲我國坐而制勝東洋。足爲各國所敬憚。比之燃犀牛渚。猶明也。

如此而與歐洲諸國對峙。豈非一大快事哉。然此決非依賴主義者所能爲也。今春德國大將毛奇演說於議院曰。一家人之保其一家。尙不可以依賴他人。況乎堂堂大國。而可以依賴於人以保其平和安寗哉。有英主如德國。有賢將相如德國。有乘勝之勢如德國。猶且謂國家之不可依賴於人。然則我國豈可不自省哉。古人曰。交外爲援。事大爲安。則不若治內而待時。寶幣玉帛。卑辭成行。則不若恃己而自存。誠若釋外交之策。修境內之事。盡地方。多蓄積。勵其民。牢其城。上下一心。君臣同志。相與死守社稷。而民心不離者。是爲必全之道也。

愚妄無隱諱。吐露赤心如此。

書既上。不得報。乃乞骸骨歸故山。賦詩曰。

爭取錙銖費若塵。絃歌湧出滿城春。金殿煌煌夜似晝。不照寒村菜色人。

於是朝野之間。政論紛起。憂國慨世者。上下相和。以非難朝廟政略。改正條約因未成。遂中止。而城西有一元老。積學多識。忠敬熱誠。素爲世所推許。一夕密招散士問曰。子等之所要於政府者何事。願聞其詳。散士乃條陳三大要曰。第一爲神聖帝室。永保其威嚴。使人民敬之如神。懷之如親。決無爲嗟怨輕侮也。故大赦養老爵勳獎學。

雖歸爲帝室之職。而他之行政機關則全須別異矣。而今行政府之首相。則爲宮府之大臣。此無知臣民。所以盡舉條約改正之過失行政之諸弊重稅之苦楚言論集會之苛刻歸過宮中也。首相而兼宮相。此則所宜變更者也。第二爲名與器不可以假人。改正條約固欲速其成績。然何爲以堂堂之日本帝國神聖之大司法權。忍以委之外人。何爲而使外人可以容喙於我立法之大權也。散士曾密讀改正條約會議錄。不覺憤痛。而淚隨聲下。此亦爲閣下所同情也。然於中止之外別無良策焉。第三爲變軟弱依賴之外交政略。而定强硬自主之方針。欲斷然行之。則惟有當局者引以自責。以謝中外而已。昨廟堂諸公昂然威嚇散士曰。我邦自進而提出改正條約。與各國使臣論難交涉已亙數歲。漸就十之七八。使今由我而中止之。是失信義於中外也。後雖再有要求。而各國將不之應。是舉國家而陷於不信不義之境矣。散士因指摘改正條款之不利。而促其再考。然有不欲聽之色。是諺所謂病深忌醫也。方今情實。邪說橫行。忠言隱蔽。夫誰不爲之流涕長太息哉。今我有司欲廢國語。易羅馬字。不限制實業。任外國人所有。以博其同情。是殺立法司法固有之大權。讓之於外人。甚且以外競之不振。亦歸罪於大和民族。擬牛馬之交種。造東西混合之雜民。其說曰。若非如此則體格劣弱。難與歐美競爭。又輕浮學者。則競相鼓煽曰。舉宮中府中。若非改宗耶穌敎。難復司法之權。難爲對等之國。事至於茲。復何可言。語曰。畏首畏尾。身其餘幾。此三事者。皇天之所眷也。閣下之所擇也。得以達國民之志。乃國家之慶事也。若竟不能達斯志乎。則懷匕首。提鐵椎。身投鼎鑊。而亦不悔矣。元老曰。方今上驕下諂。隨聲附和。以謳歌改正條約之功。洽於都鄙。卽停止尙或難行。況乎斷行此三大事也。雖然。吾亦何忍袖手坐視。以任其如此哉。因又更言曰。老拙更盡世故。餘命無幾。此之發憤。亦爲感激子等。若不幸而無效。則亦掛冠歸故山矣。然吾子之在帝都。反招嫌忌。何若速作歸計哉。散士謝曰。謹受教。卽日上表辭職。出紅塵萬丈之都門。飄然而卜居東海之淸見寺。此地山淸水秀。背負八島之芙蓉。面對三保之沙嘴。絳雲紫雪。朝暉夕陰。靑松白沙。晴樓雨牖。因得一律曰。

暫斂中原逐鹿心。枉尋山寺解塵襟。海浮帆影平如鏡。風送泉聲淸似琴。淨几研朱删舊稿。明窗納月寫新吟。最歡遠跡人來少。蘭若僧空寂梵音。

未幾。卽得一報曰。改正條約旣已中止。外交當局者。皆引責辭職。宮內大臣亦皆罷職云云。當其時。沈滯鬱屈之政海。爲之頓生活氣。而悲歌慷慨之士。仗劍而集於都下者有千百人。或迫權門。或脅當路。或倡改革弊政。或論休養民力。氣燄日張。政府於是恐懼。因頒保安條例。以逐志士。囚說客。靑年百餘名之運動會。被巡吏五百名所解散。蓋當局者之怯於外而强於內。其醜態大抵如此也。

旣而大局變遷。漸入於昏睡之世。歐洲風雲將急而漸靜。東洋煙雨已到而忽霽。欲晴而雲未去。旣陰而雨未來。陰陰濛濛。氣則屈於小康。體則倦於偷惰。於是交友四散。或折節而爲轅下駒。或變志而執牙籌。或慨時而遁海外。或憤世而病客舍。視聽之間。有物皆足以感情。時忽有訃音至。曰。淸狂居士歿於費府之大學病院云。散士爲之愴然自失者久之。乃作文以弔之曰。

維時明治二十年月日。日本奇傑之名士淸狂君卒於美國費府大學病院。嗚呼哀哉。夫蘭以芳而摧。玉以貞而折。物忌堅芳。人諱明潔。如君者勇猛嚴肅。砥節礪行。直道正辭。傑操明達。困而彌堅。彼松柏之懷霜負雪不凋而折者非耶。回想與君握手相見之時。吐露肝膽。擊筑慷慨。誓爲國家以出力。時則天津條約方結。縉紳公卿張宴於濱之離宮。以祝大使之勳勞。越數日與君登不忍池之樓上。俯觀競馬角力。乃東京府民因大使功成而設者不覺相與涕泗之滂沱。嗚呼。當上下謳歌太平。洋洋燕舞之秋。而君與散士獨殷殷若有深憂者何哉。是惟君與散士心知之而已。嗚呼。君今逝矣。復與誰語此心情哉。嗚呼哀哉。君幼負氣節。壯懷偉略。志器高遠。學識深邃。舌鋒如劍。人莫敢嬰。乃懷此有為之利器。竟莫一試。忽然中道而逝。嗚呼哀哉。君之為人也。美如冠玉。散士嘗戲言曰。以君之容色而久無伉儷。是豈才子佳人之難相配遇乎。君慨然變色曰。東洋形勢日就危急。男子既以身許國。豈暇謀及身家哉。言猶在耳。今竟溘逝。嗚呼哀哉。君偃息於明時。傾產破家。結交豪俊。散士遊行其間。竊思他日功成志達。斑白攜手。豈非一快事哉。而不謂宿志未酬。中道為異域之鬼。嗚呼哀哉。君一日嘗淒然曰。世事蹉跎。每與心違。日月逾邁。不能我待。社會之空氣。漸已腐敗。行將釀病。若今而不吸以自由之空氣。則精神衰耗。為永世不歸之人矣。散士勸以遊行歐美。行有日矣。不謂俗惡俊異。世忌奇才。部司小人。竟陷君以奇禍。憤恨囹圄。至於釀病。此蓋使君有今日之凶之原因歟。嗚呼哀哉。君高潔自持。臨危不撓。貧困不屈。家無妻子。居無僮僕。雖古烈士。莫或過之。嘗聞之。作善者降祥。胡為乎皇天無情。奪此名士之壽哉。嗚呼哀哉。貴府大學者。散士螢雪三年苦學之所。西南之邱。即為散士弔愛蘭烈士已甯流女史之地也。嗚呼。誰料於此學校而喪親友之身。於此邱上而埋烈士烈女之骨哉。嗚呼哀哉。前感未弭。後感薦至。日往寒襲。零露凝結。勁風淒其。庭樹驚落。霜葉滿地。月影空照。散士對此。能不心傷。嗚呼哀哉。君之生也。匪爵而貴。君之死也。無勳而顯。散士不忍備具奠饋。以祭君之孤魂。惟友情懷舊之淚。溢而無盡耳。嗚呼哀哉。尚饗。

散士既知清狂居士之死。意益無聊。而世事又每與心左。且適有微恙。乃暫避世塵於有馬之溫泉。澡浴旬日。坐樓觀山。詩酒自娛。倦則曳杖以探郊外奇景。優悠自適。有羽化登仙之概。因賦詩曰。

羣峰競奇容。撐出白芙蓉。地幽絕塵俗。泉靈洗心胸。近郊探遺跡。澤畔櫻花濃。磊磊澗中石。鬱鬱陵上松。鼓瀑冷嵐氣。遠寺響暮鐘。鳴鹿踏紅葉。仙寰白雲封。多病懶世事。欲追隱者蹤。

既而病少愈。乃卜居函山之南熱海梅園上。劃除草萊。搆一小廬。於是昔日蒙茸之地。今則茂林密。修竹秀。奇石出。清泉湧矣。且距廬數弓之地。有一飛瀑。高自數丈而下。仰之則白絲紛絮。觸巖激石。斷續飛騰。憑欄聽之。如風雨之驟至。如琴瑟管絃之並作。矯首以望天末。則雲海變幻。七島依稀。或蒼波吐日。或冰潮輪湧。可以舒曠如之懷。可以娛炯然之目。寄傲偃蹇。或持一竿以釣滄海。或率黃犬以逐狡兔。或翦短檠而讀古書。其樂雖南面王無以過之。古人曰。遊都邑以永久。無明略以助時。徒臨川而羨魚。俟河清而未至。感蔡子之慷慨。從唐生以決疑。諒天道之微昧。追漁父以同嬉。時乃龍吟澤畔。虎嘯山邱。仰飛纖激。俯釣長流。落雲間之逸禽。懸沈淵之魦鰡。時而曜靈滅景。繼以望舒。感老子之遺誡。將迴駕於蓬廬。彈五弦之妙音。詠周孔之圖籍。揮翰墨以奮藻。陳三皇之軌模。苟從心於域外。安知榮辱之所如。境遇誠不我欺也。

第十六回

一日有異人訪散士於磊磊軒之幽居。容貌魁偉。怒目長髯。無一識面。散士迎之曰。勞謝尋訪。願聞緒言以開茅塞。其人如憚左右之有人者。以手索紙筆。乃取與之。其人書曰。僕姓朱名鐵。奉叔平密命千里而來訪也。乃割襟出封書。散士讀之曰。我等密謀久矣。行將舉兵南北。誓破壞此憒憒時局。事之成否。祇問天運。今國內固陋之士。仇視外教。浮說流言。遍於中外。故浮浪之徒。附和而毀教堂。殺教士。逐外人。事機至此。可謂佳極。余欲乘以利用之。請爲我贈槍劍。與以聲援。若賴貴國遊俠之士。際此風雲。則增予勢力多矣。請幸策之。散士執筆之曰。范卿今何在。其人出對曰。范先生獲病。高臥白雲山中。且以垂老之身。說常持重。不用我輩少壯之言。故問我等欲乘先生之病。先行舉事。後乃要之也。散士曰。危哉必敗。范卿卓識奇智。實東洋之雄才也。今不謀於其人。不聽於其言。而欲乘其病以舉事。何其浮躁淺露也。往者我薩南健兒之於西鄉南洲。亦是如此。遂至敗滅。是不可不思也。夫天下之發大難。舉大義。必須先正其名。名而不正。事必無成。叔平等何不倡恢復明朝。以舉義旗。何不鳴淸朝苛政。以倡革命。何不倡自由正理。以表同情於五洲。昔日洪秀全之舉兵。名託信奉西教。以接近外人。故有獻密策。贈軍器。大得其聲援者。而今與固陋浮浪之徒相和。而煽排外之聲勢。內外交敵。非計之得也。況事急又無策應哉。朱鐵沈思多時。遂出曰。謹承教。惟時機已去。無異悍馬之加鐵鞭。矢已離絃。其將奈何。散士乃遣一友與朱鐵赴中國。以視察其形勢。且止其無爲亂動。後數月友歸曰。渡航之日。經已發難。匪徒四起。道路梗塞。范卿亦未謀面。乃入南嚮以觀其形勢。當時鈕等軍無統一。號令不行。烏合喧囂。遼燕應兵。亦失期不發。且又徒殺外人。燒教堂。肆行剽掠。故天下無響應者。義士無表同情者。與淸軍一戰而敗。鈕僅以身免。走廣東。爲捕吏所獲。處斬。其臨死。喟然仰天曰。大丈夫舉事。成則爲王。不成則死。死固不足惜。惟地下無顏以見范先生耳。從容自若。而范卿之生死。則茫乎不可知矣。

曩我國數以失敗於改正條約。國威不伸。憲政不穩。上下相軋。朝野異論。解散政府。議會百揆失敍。持論洶洶。政府誤施政之道。國民迷適從之所。於是西人相語曰。立憲政事。不適於東洋諸國。觀於昔之日本。實非外患。乃內憂也。中國人亦見我現狀如此。因相和而嘲曰。橘移淮北卽爲枳。倭人徒眩惑泰西之文明。妄易其俗。移其風。豈

非沐猴而冠哉。遂亦有輕我之心焉

其時朴泳孝金玉均等流寓日本。交結朝野人士。爲國盡瘁之念。無日或輟。金乃卓犖之士。以素行不修。多被人累。具縱橫之才。所有計畫不鮮。朴則重厚之人。薰陶故國子弟。以養開明之氣。力主敎育主義也。先時朝鮮政權。全歸閔族之手。甚恐金朴之再有擧動。今朴從事敎育。頗得勢力。因甚懼之。欲乘其未萌。早爲撲滅。以絶後患也。時有人勸玉均遊行於中國。玉均素勇猛敢爲。遂從其言。蓋其意欲入見李鴻章。將以大有所爲也。交友危之。多沮止其行者。玉均不肯。曰。韓人縱欲害余。然吾殺身成仁。三韓雖萎靡。不少慷慨之士。他日或殺一余。而後起者不祇一余也。掉臂不顧而行。初韓人有李某者。承閔族密命。巧言令色。以與朴金等相親。散士一日與李語。察其必有異志者。因戒朴金遠之。又勸其徒早爲之備。而朴金等陽則相許。實與李日益親密。既而玉均航上海。遂墮李術。爲兇徒所刺。屍首至韓廷。百官上表稱賀。暴於市上。榜文曰。大逆無道金玉均。初兇徒之謀。本欲共圖金朴等。玉均之殺於上海。亦欲以是日殺朴等於東京。謀既成。朴等諜知之。因求警備於我政府。政府不顧。適兇徒來窺。朴等直捕縛之。乃得免於難焉。

夫作治法。其弊猶亂。況作亂法。誰能治之。朝鮮之虐政日甚。八道皆有倒懸之苦。蓋朝鮮之失八政。（洪範九疇曰八政。一曰食。二曰貨。三曰祀。四曰司空。五曰司徒。六曰司寇。七曰賓。八曰師。）重五過。（書曰。狥私玩法者其數五。一曰畏權勢而不敢執法。謂之官。二曰報恩怨不出公。謂之反。三曰聽婦言。謂之內。四曰受賄賂。謂之貨。五曰聽干請。謂之來。此五者皆以私心懷法情。尤可惡者也。）晦蒙否塞。階闥壅擾。而四海沸騰。上下相離。已非一日矣。提耒耜揭席旗。以倡革命者。概無甯歲。韓廷司空見慣。經已視爲常事。至是東學黨乘機而起。勢甚猖獗。全羅慶尙諸道。望風響應。韓兵不能鎭壓。勢成燎原。行迫京畿。韓廷始驚而覺之。而當壬辰之役。韓依明兵以却我兵。其時新生朋黨之禍。分則爲四五。合則爲二三。南人北人互相敵視。西人東人兩不相容。其紛爭之甚。則爲暗殺。爲毒害。爲讒誣。爲酷刑。外而粉飾太平。內而蝸角紛鬬。其所謂朋黨者。則又非漢時之淸議。非歐美之政黨。祇不過攀援門戶。排擠異族。互爭政柄而已。怨毒相結。自祖及孫。久愈牢固。而且朝鮮政禮。國王雖有無上之權。而南面垂成徒仰皇妃。故常立后之日。領議政皆先行更迭。百官司職。非王妃之同族。卽王妃之黨類。此爲萬國之所無。牝雞司晨。無足爲怪。然陰惡鬱結。黨爭劇烈。俱此之由也。當今王登極之初。大院君以王族爲攝政。實乃異數。而大院君今又擁立今王。以擅權勢。由其親黨閔族冊立王后。益因己之勢力。然閔族之新立勢力漸厚。遂自成爲一黨。國內二大黨派。互相軋轢。爭擾二十餘年。毒殺暗刑。虐殺幽囚。無所不至。甚至御簾亦飛彈丸。玉座亦濺血肉。而於天生平民一黨。於其間者。卽東學黨是也。

全羅慶尙兩道之境。有雲峯山者。道人崔濟愚苦練之所。初行主倡東學宗旨。東學云者。東方之學也。近儒而不固執於儒禮。近佛而不拘泥於佛法。近道而不偏倚於道術。圓融三教。別作新式。全羅慶尙之民。靡然從之。數十年間。教徒稱十餘萬。崔濟愚年三十。韓廷忌之。處以死刑。然其高足崔時亨。全琫準之徒。繼接學統。其勢益盛。力行布教傳道。明治二十六年。韓廷謂全羅諸道亂民蜂起。乃受東學黨大院君之意。因盡捕其首領下獄。東學黨既惡閔族之跋扈。復憤先師之被戮。積恨三年。而今又値此大難。斷不能拱手受刃。二十七年春。全琫準之徒。先起而作訴願三十餘條。誓奉大院君。以釐革朝政。據全羅道白山傳檄八道。散徒響應。掛念珠。提槍劍而集者。如雲斯湧。如神斯敬。稱其集處。謂之濟衆義所。作十二旒之旗幟。出十二條之軍令。入郡府。驅暴官開倉庫賑貧民聽斷囚罪伸理寃枉所向四民悅服郡邑無敢抗其兵者韓廷大驚發兵伐之不能勝琫準時年四十謹愼而有謀略屢設奇計以破官兵頻陷郡縣遂長驅而出全州城上山嶺乘曉霧襲完營完營兵倉皇棄城走全州城者三道之樞要也時有太平道人齎秘計入雞籠山中其所賦太平歌曰

太平唱來五百年厝火積薪坐貪眠歷數有讖思鄭氏八道誰當解倒懸隴畝來見嘲燕雀惟有妖星纏靈躔雞聲一夜須蹴起底事撫枕徒慨然東學道主崔夫子道統曾自雲峯傳敎綱新提仙儒佛學徒十萬擔一肩名士從來多忤世汚吏誣人自古然念珠在手提銃起老雄心事轉堪憐全州北指朝天闕南之嶺湖勢可連韜略獨推全琫準萬馬銜枚鳳頭巔曉霧微星夜宴酒一城倉皇驚響紘風記翩翩十二幟完營城上明旌旗鎭南徒是馬服子屢怯鶴唳徒迴邅三南已非貪官有好向京師勒鞍韉烈焰四面萬雷迸新軍傳詔下日邊濟衆之義誡殺伐退軍且見秦法悛日東男兒有義膽千里赴難不顧身錦囊祕得霹靂術短袖更藏蛟蚪拳揚鞭金陵雨暗夜歃血廣寒月明前八道河山在指顧一朝轉坤又旋乾鳥嶺南去三百里行馳羽檄望狼煙全州北去十五驛暫屯手兵俟風雲八將星羅如曜電相迎拜吾築仙壇指天指地誓暾日談兵論道風生筵大道不怪行大逆密謀先天不違天再徇州郡張形勢忽放危計入京阡汝上雲峯立汝馬萬縣傳檄下靈寰吾入雞籠閟吾室七初投鞭亂洛川奇中有奇奇生奇約中有約約更堅隱顯離合渾是密神變誰敢倪其端東學黨兮東學黨動九天兮潛九淵願建斯無前鴻業太平長集大朝鮮

其句隱晦雖難盡曉而當日東學黨志向可以知之矣

已而韓廷順民情果擧大院君以爲執政斥逐閔族琫準等漸達其志東學黨於是得勢矣然以暴易暴大院君

爲政。亦失其道。民不奉令。盜賊蠭起。皆假名東學黨以掠奪良民。時適日本兵詭殺朝鮮二人。士人大憤。遽起襲之。日本兵以爲東學黨所爲也。遂圍燒黨魁崔時亨之家。時亨之生死不知。於是琫準慨然曰。日本欺我。假名於義。以恣其殘暴。壬辰之事。可以前鑑。且今日人左右我國政柄。國王雖有如無。是正君辱臣死之秋也。大集其徒於雲峯。出沒全羅慶尙之間。欲以拒絕日人。二十八年四月。琫準攜其徒孫化忠等變服潛入京城。將有所圖。道過淳昌。爲韓兵所圍。被傷遭擒。俊旬日遂斬於市。從容就死。琫準逝後。而朝鮮革命之精氣。從茲絕矣。

朝鮮者。原爲中國之屬土也。大邦之義。於屬地禍亂。原有靖難之責。當時朝鮮內憂外患交侵。迭至乞援書至中國。大義所在。故派兵赴援。而日本方當維新。氣焰正旺。竊欲於東洋尋釁。小試其端。彼見淸廷之可欺。朝鮮之可誘也。遂借端扶植朝鮮。以與淸廷搆釁。淸廷不察。以爲今日之日本。猶是昔日之日本。亦欲因而懲創之。俾免在東洋狂橫跳梁多事也。不謂物先自腐。蟲因而生。國先自毀。人因而侮。歌舞太平三百載。將不知兵。士不用命。以腐敗廢朽而且不通世故之老大病夫國。與彼兇性蠻力而且有文明思想之新出世日本。鬬力角智。勢固懸絕。故一舉而敗於朝鮮。再舉而陷遼島。割臺灣。償巨款。我日人志趣遠大。猶以爲未足也。不意俄德法三大國干涉其間。不無所慊。見機而退。理有固然。而在野少年志士。多有以此咎政府者。是未知政府之苦心耳。

任公先生戊戌出亡東渡日本舟中譯此自遣不署名氏書亦久已絕版近從冷攤中得之補入集任公詩紀事廿四首之一『襲譯佳人奇遇成每生游想涉空冥從今不羨柴東海枉被多情惹薄情』柴東海卽原著者柴四郎也

編者識

飲冰室專集之八十九

新中國未來記

緒言

一余欲著此書五年於茲矣顧卒不能成一字況年來身兼數役日無寸暇更安能以餘力及此顧確信此類之書於中國前途大有裨助夙夜志此不衰既念欲俟全書卒業始公諸世恐更閱數年殺青無日不如限以報章用自鞭策得寸得尺聊勝於無『新小說』之出其發願專爲此編也

一茲編之作專欲發表區區政見以就正於愛國達識之君子編中寓言頗費覃思不敢草草但此不過臆見所偶及一人之私言耳非信其必可行也國家人羣皆爲有機體之物其現象日日變化雖有管葛亦不能以今年料明年之事況於數十年後乎況末學寡識如余者乎但提出種種問題一研究之廣徵海內達人意見未始無小補區區之意實在於是讀者諸君如鑒微誠望必毋吝教言常惠駁義則鄙人此書不爲虛作焉耳

一人之見地隨學而進因時而移即如鄙人自審十年來之宗旨議論已不知變化流轉幾許次矣此編月出一冊冊僅數回非亘數年不能卒業則前後意見矛盾者寧知多少況以寡才而好事之身非能屏除百務潛心治此計每月爲此書屬稿者不過兩三日雖復殫慮豈能完善故結構之必凌亂發言之常矛盾自知其決不能免也故名之曰稿本此後隨時訂改兼得名流駁正或冀體段稍完再寫定本耳

一此編今初成兩三回。一覆讀之。似說部非說部。似裨史非裨史。似論著非論著。不知成何種文體。自顧良自失笑。雖然。既欲發表政見。商榷國計。則其體自不能不與尋常說部稍殊。編中往往多載法律章程演說論文等。連篇累牘。毫無趣味。知無以饜讀者之望矣。願以報中他種之有滋味者償之。其有不喜政談者乎。則以茲覆瓿焉可也。

一編中於現在時流。絕不關涉。誠以他日救此一方民者。必當賴將來無名之英雄也。樓閣華嚴。毫無染著。讀者幸勿比例揣測。謂此事爲某人寫照。此名爲某人化身。致生種種黨同伐異意見。

一此編於廣東特詳者。非有所私於廣東也。今日中國方合羣共保之不足。而豈容復有某鄉某邑之見存。顧爾爾者。吾本粵人。知粵事較悉。言其條理。可以訛謬較少。故凡語及地方自治等事。悉偏趣此點。因此之故。故書中人物。亦不免多派以粵籍。相因之勢使然也。不然。寧不知吾粵之無人哉。讀者幸諒此意。毋哂其爲夜郎。

第一回　楔子

話表孔子降生後二千五百一十三年。（今年二千四百五十三年）即西歷二千零六十二年。（今年二千零二年）歲次壬寅。正月初一日。正係我中國全國人民舉行維新五十年大祝典之日。其時正值萬國太平會議新成。各國全權大臣在南京。（注意）經已將太平條約畫押。因尚有萬國協盟專件。由我國政府及各國代表人提出者凡數十樁。皆未議妥。因此各全權尚駐節中國。恰好遇著我國舉行祝典。諸友邦皆特派兵艦來慶賀。英國皇帝皇后。日本皇帝皇后。俄國大統領及夫人。（注意）菲律賓大統領及夫人。（注意）匈加利大統領及夫人。（注意）皆親臨致祝。其餘列強皆有頭等欽差代一國表賀意都齊集南京。好不匆忙。好不熱鬧。那時我國民決議在上海地方開設大博覽會。這博覽會卻不同尋常。不特陳設商務工藝諸物品而已。乃至各種學問宗教皆以此時開聯合大會。是謂大同各國專門名家大博士來集者不下數千人。各國大學學生來集者不下數萬人。處處有演說壇。日日開講論會。竟把偌大一箇上海。連江北。連吳淞口。連崇明縣。都變作博覽會場了。闊哉闊哉這也不能盡表。單表內中一箇團體。卻是我國京師大學校文學科內之史學部。因欲將我中國歷史的特質發表出來。一則激厲本國人民的愛國心。一則令外國人都知道我黃帝子孫變遷發達之跡。因此在博覽會場中央占了一箇大大講座。公舉博士三十餘人分類講演。也有講中國政治史的。也有講中國哲學史宗教史生計史財政史風俗史文學史的。亦不能盡表。單表內中一科。卻是現任全國教育會會長文學大博士孔老先生所講。這位孔老先生名弘道。字覺民。山東曲阜縣人。乃孔夫子旁支裔孫。學者稱為曲阜先生。今年已經七十六歲。先生今年十六歲了從小自備資斧游學日本美英德法諸國。當維新時代。曾與民間各志士奔走國事。下獄兩次。先天下之憂而憂新政府立。任國憲局起草委員。轉學部次官。後以病辭職。專盡力於民間教育事業。因此公舉為教育會長。……言歸正傳。卻說這位老博士今回所講的甚麼史呢。非是他書乃係我們所最喜歡聽的。叫做『中國近六十年史』。就從光緒二十八年壬寅講起。講到今年壬寅。可不是剛足六十年嗎。原來如此這六十年中。算是中國存亡絕續的大關頭。龍拏虎擲的大活劇。其中可驚可惱可悲可喜之事。不知多少。就是官局私家各著述。零零碎碎。也講得不少。卻未曾有一部眞正詳細圓滿的好書出來。這位孔老先生學問文章。既已冠絕一時。確是冠絕一時況且又事事皆曾親歷。恐怕將來要親歷罷了講來一定越發親切有味。不消說了。那時京師大學校及全國教育會出名登告白。請博士在博覽場內史學會講壇開講。擇定每來復一來復三來復五日下午一點鐘至四點鐘爲講期。二月初一日正是第一次講義。那日聽衆男男女女買定入場劵來聽者足有二萬人內中卻有一千多係外國人英美德法俄日菲律賓印度各國人都有。……看官這位孔老先生在中國講中國史一定係用中國話了。外國人如何會聽呢。原來自我國維新以後各種學術進步甚速。歐美各國皆紛紛派學生來游學。據舊年統計表。全國學校共有外國學生三萬餘名卒業歸去者已經一千二百餘名。這些人自然都懂得中國話了。因聞得我國第一碩儒演說。如何不來敬聽。……閑話休題。卻說自從那日起孔老先生登壇開講。便有史學會幹事員派定速記生從旁執筆。將這『中國近六十年史講義』從頭至尾錄出。一字不遺。一面速記一面逐字打電報交與橫濱新小說報社登刊。（這筆電費卻不小）諸君欲知孔老先生所講如何。請看下回分解。

第二回　孔覺民演說近世史　黃毅伯組織憲政黨

且說二月初一日午後十二點半鐘。聽衆都已齊集。講堂史學會幹事長大學校史學科助教林君志衡。先登講壇第二級左側。向衆人鞠躬演述開會之意並謝孔博士以如此高年不辭勞苦。爲國民演說國事。實可爲今次祝典一大紀念等語。演述已畢。衆人肅穆毋譁。一齊恭候。（我卻候了六十年）正交一點鐘。只見曲阜先生。身穿國家制定的大禮服。胸前懸掛國民所賜的勳章與調查憲法時各國所贈勳章及教育會所呈勳章等。道貌堂堂。溫容可掬。徐步登壇。滿座聽衆一齊起立致敬。拍掌歡迎之聲。忽如山崩濤湧。聽衆坐下。滿堂肅靜。曲阜先生乃以滿面熱誠之容。先開口道。諸君啊。諸君今日皆以愛國誠心參預斯會。非是鄙人無端生感。其實六十年前。那裏想還有今日。（今日何日）又那裏敢望還有今日。（今日何日）我們今日得擁這般的國勢。享這般的光榮。有三件事是必要致謝的。第一件是外國侵凌壓迫已甚。喚起人民的愛國心。第二件是民間志士。爲國忘身。百折不回。卒成大業。第三件是前皇英明。能審時勢。排羣議。讓權與民。這三件事。便算是我這部六十年史的前提了。三件裏頭。那第二件卻是全書主腦。諸君啊。須知一國所以成立。皆由民德民智民氣三者具備。但民智還容易開發。民氣還容易鼓厲。獨有民德一樁。最難養成。倘若無民德。則智氣兩者亦無從發達完滿。就使有智。亦不過藉寇兵齎盜糧。就使有氣。亦不過一團客氣。稍遇挫折。便都消滅了。你看六十年前我國衰弱到恁般田地。豈不都是吃了無道德的虧麼。那時不但那舊黨貪汚鄙賤。行同禽獸。就那號稱民間志士的。也是滿肚皮私慾充塞。（志士聽者）變幻狡詐。（志士聽者）輕佻浮躁。（志士聽者）猜疑忌刻。（志士聽者）散慢亂雜。（志士聽者）軟弱畏怯。（志士聽者）他那心術行爲。正是同舊黨一鼻孔出氣。或者反比舊黨還不如哩。（志士聽者）倘使後來的志士。都和那己亥壬寅間的志士一箇樣兒。我們的中國早已亡了。（志士聽者聽者）這話非是鄙人饒舌。其實我新中國之存亡絕續。皆在此一點。若除了這點。我這部六十年史。亦無處講起了。閑話休題。卻說這部六十年史講義。共分爲六箇時代。

第一預備時代。從聯軍破北京時起。至廣東自治時止。

第二分治時代。從南方各省自治時起。至全國國會開設時止。

第三統一時代。從第一次大統領羅在田君（批者曰此君爲誰歟著者曰讀北魏孝文紀便知得姓淵源）就任時起。至第二次大統領黃克强君滿任時止。

第四殖產時代。從第三次黃克强君復任統領時起。至第五次大統領陳法堯君滿任時止。

第五外競時代。從中俄戰爭時起至亞洲各國同盟會成立時止。

第六雄飛時代。從匈加利會議後以迄今日。

這算是全部書的大綱總目了。但係我有一句話求諸君見諒。我這部講義。雖是堂堂正正的國史。卻不能照定那著述家的體例。並不能像在學校講堂上所講的規矩。因有許多零零碎碎瑣聞逸事可喜可悲可驚可笑的。都要將他寫在裏頭。還有那緊要的章程。壯快的演說。亦每每全篇錄出。明知不是史家正格。但一則因志士所經歷的。最能感動人心。將他寫來。令人知道維新事業。有這樣許多的波折。志氣自然奮發。二則因橫濱新小說報社主人。要將我這講義。充他的篇幅。再三諄囑。演成小說體裁。我若將這書做成龍門史記涑水通鑑一般。豈不令看小說報的人懨懨欲睡。不能終卷嗎。……滿堂聽衆。拍掌大笑。

那時孔老先生歇息片刻。重復登壇開演道。諸君啊。你道我們新中國的基礎。在那一件事呢。其中遠因近因總因分因雖有許多。但就我看來。前六十年所創的『立憲期成同盟黨』算是一樁最重大的了。這黨的名字怎麼解呢。原是當時志士。想望中國行立憲政體。期於必成。因相與同盟創立此黨。合衆力以達其目的。所以用這箇名。這黨省名。又叫做『憲政黨』……諸君啊。這會怎麼算得新中國的基礎呢。諸君當知一國的政治改革。非藉黨會之力不能。這憲政黨爲前此一切民會之結束。又爲後此一切政黨之先河。若沒有這黨。恐怕中國萬不能成分治統一之大業。何況其他哩。原來我國當光緒壬寅以前。民間志士。所在多有紛紛立會救國。北京有强學會保國會。湖南有南學會等。皆以强中國爲宗旨。但實力未充。朝貴忌刻。不久卽被禁解散。此後有保皇會興於海外。響應者百餘埠。聲勢最大。而各處革命之會。亦紛紛倡起。復有自明末以來卽行設立之祕密結社。所謂哥老會三合會三點會大刀會小刀會等名目。不一。雖皆頑迷腐敗。然其團體極大。隱然爲一國的潛勢力。（可畏）革命黨亦從中運動。徐圖改良。但前舉許多會。或倡自士大夫。或創自商人。或成於下等社會。宗旨既殊。手段亦異。流品淆雜。無所統一。因此不能大有所成。到這憲政黨起。前頭所有各會中緊要人物。都網羅在裏面。同心協力。共商大計。（非如此安能成一事）這可不是前此一切民會之結束嗎。（是）再說維新以後。國中三大政黨。所謂愛國自治黨。所謂自由黨。（三個好黨名）常握一國政治上之權力。以迄今日。這三箇黨名。諒來聽衆諸君聞之已熟。（我卻未聞過）雖一箇主張中央政府的勢力。（是國權黨）一箇主張地方自治的權利。（是愛國自治黨）一箇主張民間箇人的幸福。（是自由黨）其宗旨各有不同。常常互相反對。激烈辨爭。但這三大政黨的首領及創始人。都是前此立憲期成黨黨員。三大政黨。只算得憲政黨的三箇兒子便了。這可不是後此一切政黨之先河嗎。（是）這憲政黨的關係既已如此重大。我少不免要將黨中綱領。摘那緊要的背誦一回。諸君聽者。（謹聽謹聽）

諸君啊。第一件須知道那黨是箇最溫和的。最公平的。最忍耐的。他那章程第三第四兩節道。

第三節　本黨以擁護全國國民應享之權利。求得全國平和完全之憲法爲目的。其憲法不論爲君主的。爲民主的。爲聯邦的。但求出於國民公意。成於國民公議。本會便認爲完全憲法。

第四節　本黨抱此目的。有進無退。弗得弗措。但非到萬不得已之時。必不輕用急激劇烈手段。

第二件須知道那黨是箇最廣大的。最平等的。那章程又云。

第七節　凡中國國民。有表同情於本黨宗旨者。無論何人。皆可入會。

第八節　黨員無論官紳士商男女。執何職業。其在黨中權利義務。一切平等。

第三件。須知道那黨是箇最整齊嚴肅有條理的。他仿照文明各國治一國之法以治一黨。將那議事是立法辦事是行法監事是司法各種權限。劃然分明。看那第五章第十二十三十四十五等節所列黨中職員便知明白

本會設會長一人。主代表黨執行一切事務。設副會長一人。主輔佐會長。會長有事故則爲其代理。會長副會長皆由全黨員投票公舉。批云此是美國舉大統領之法

設評議員一百人。主討論黨中事務。提議修正黨中章程。稽查籌辦黨中經費。凡評議員由總部及各支部分區投票選出。（但每二年必改選半數連舉者連任）

設幹事長一人。幹事十一人。主辦理全黨一切事務。幹事長由會長指任。幹事由幹事長推薦。批云此是立憲國組織內閣之法幹事長幹事奉行評議員所討論之意見所公認之章程。對於評議員而負責任。批云此是責任大臣之制

幹事分職如下。一文案幹事一人。一會計部幹事一人。一會計監督幹事一人。一教育部幹事一人。一統理支部幹事四人。一黨外交涉幹事一人。一國外交涉幹事一人。一裁判黨爭幹事一人

這樣看來那黨的宗旨及辦事方法。在六十年前文明芽萌的時代也算得箇極合式極完備的了。他那章程。共有九章二十五節。我如今恐怕諸君討厭也不必全文背誦出來。未窺全豹可惜可惜單表那黨初辦時。不過百數十人在上海創始。設一總部。但因各人熱心運動。加以前此各會改名合併。不過三四年間竟做到各省省城和那海外各國有中國殖民的地方都設有支部。那各州縣市鎮村落和海外各小埠都設有小支部。合共支部二十八所。小支部一萬二千餘所。直到廣東自治時代。這憲政黨黨員已有了一千四百餘萬人。廣東一省四百多萬。其餘各省。合共九百多萬。所以同聲一呼。天子動容。權奸褫魄。便把廣東自治的憲法得到手了。隨後各省紛紛繼起。

到底做成今日的局面。這想諸君都已大略知道的。我卻是今日才知道此是後事。按下緩表。……諸君。且說這憲政黨到底用甚麼方法能彀做成如此隆盛如此鞏固呢。老夫也不能細述。只把他初立黨時公擬的辦事條略背誦一回罷。

立憲期成同盟黨治事條略

(總綱)分任義務　本黨為國民公黨。故凡屬黨員。皆當盡國民應盡之義務。但國民義務範圍太廣。今擇出為達本黨之目的必當預備者。定為黨中義務八大子目。凡屬黨員。必須認任一項以上。惟我輩既以身任事。必當先求可以任事之具。故宜自審其才力能擔某種義務。則預備之練習之。期致實用。無託空言。如講求種種學問。考察種種事情。游歷種種地方。皆所以預備辦事也。凡我同人。悉宜自勉。

(子目一)擴張黨勢　我輩既認本黨宗旨為救中國不二法門。則將此宗旨廣布國中。多聯同志。擴充黨勢。即所以增進一國前途幸福。凡屬黨員皆當以此為第一重要義務。擴張之法。或游說演說。或著書作報。或入官場蓄養勢力。或進營伍。改良軍人。或充工傭。開導愚氓。或為學生。聯絡同學。或入祕密結社。改其手段。或游海外各地。結其殖民。凡百方針。皆可適用。

(子目二)教育國民　本黨既以立憲為宗旨。必須養成一國之人。使有可以為立憲國民之資格。故教育為本黨第一大事業。凡國民無論已入會者未入會者之子弟。本黨一體負教育之責任。無所分別。教育之事。(一)預備師範。凡本黨員才性相宜者當自任此事(二)廣立學校。本黨凡有會所之地必附屬一學校漸擴充以立中學大學(三)編教科書。此是教育基礎本黨為發揚愛國精神尤當自任(四)譯書出報。本黨自立一黨報且廣著譯(五)實業教育。專教農工商等實業以殖國力(六)補習教育。或年長失學或家貧謀食不能就學者本黨特設別種學校於晚間及來復日教以普通智識（七）改良文字我國教育所以不能普及者由於文字太難本黨發心研此問題務必製出一種新文字以便學界（八）派遣游學本黨力量稍充後當選派青年英俊遊學歐美以求完全智識

（子目三）振興工商　我國天府腴壤甲於全球羣治不興國力斯蹙今擬開一大商會附屬於本黨開辦種種大商務如銀行郵船鐵路開礦等類興設種種大工藝如改良磁器改良絲茶製毡製酒製紙等類爭外國之利權卽以增本國之實力

（子目四）調查國情　今日維新改革之當急人人皆知雖然改革之條理細目如何某地方某利宜興某地方某弊宜革無論何人不能一一言之詳盡也其故由我國幅員太廣交通不便動如異域而政府亦向無統計報告之事故國民於一國實情始終瞢焉雖有賢智無如何也本黨既以國事自任若今日不從此著力萬一國民忽委以責任則覆餗絕脰其罪實深故今擬置委員若干人以十年之力徧游各省上自都會下至村落無不周歷調查國情隨時報告共資研究其現擬調查之種類如下（一）調查地理（二）調查戶口（三）調查政弊（四）調查國計指政府之財政（五）調查民俗（六）調查民財（七）調查民業一切應興之工藝包在內（八）調查物產礦產等包在內（九）調查商務指應興而未興之商務（十）調查軍政（十一）調查教育（十二）調查會黨事指祕密結社以上各條各派人專任或每省一人或數省合一人臨時酌定其所查得者隨列統計箚記報告本黨總部登諸黨報以資講求其有特別重要事件則臨時決議派特別調查委員

（子目五）練習政務　凡立憲國民皆當有政治上之知識及閱歷始可以享立憲之實益現時朝廷雖無改革之志然我民苟欲練習政務亦未始無餘地凡我黨員皆宜各歸整頓其鄉里以爲地方自治制度之基礎

有其實不必有其名也。西國民權之興。皆自治權在先。參政權在後。自治基礎既立。則他日一開國會。不過展而大之。立法行政兩機關。皆駕輕就熟矣。又總部支部小支部各會所。亦宜常取政治上生計上各種問題。開會議以相討論。一依各國議院正式嚴格之議事法。不妨假設爲兩政黨。互持一主義以相辨爭。則眞理自出。而他日參列國會。亦措施裕如矣。

(子目六)養成義勇　處今日帝國主義盛行之世。非取軍國民主義。不足以自立。本會人人當體此意。各以國防爲第一義務。凡本黨所設之學校。皆須用嚴格之兵式體操。凡本黨員所設之工藝廠。乃至墾殖開礦等事業。集工傭稍多者。亦須常敎以軍事思想。凡本黨員在其鄉里實行自治制度者。皆當用團練之制。部勒桑梓。務使他日國家一下徵兵令。則舉國皆爲小戎駟鐵之選。

(子目七)博備外交　本黨特派委員。分駐各國。調查外政。兼通聲氣。其黨員以私人資格游歷他國者。亦宜時結交其朝野名士政黨首領。以爲將來辦外交之助。

(子目八)編纂法典　立憲之國。法律必公布之於民。而世界愈文明。人事愈複雜。則法律亦愈繁博。今各國諸法之書。浩如烟海。其成之也。非一日。其定之也。非一人。我國法律思想久闕乏。他日本會之目的。若果得達。一旦與民同治。則此種種法典。無一可緩。彼時始行編纂。非十年不能有成。本黨今擬利用此閑暇之時。先爲預備。特派出深於法律學者若干人。爲編纂法典委員。分纂憲法行政法民法商法刑法訴訟法等。博徵萬國通行法律。考其沿革。擇其某者可以適用於中國。泐爲一書。且頒布之於世。俾國民共研究之。補其缺漏。而正其謬誤。他日政體一定。政府開法制局時。此書便可爲藍本。再經專門碩學。辨析釐定。卽可頒行。事倍功半。於將來立法行政皆有所助。

孔老先生將這條略念完。略歇片時。重復開講。不禁贊歎幾聲道。諸君啊。你看當時諸先輩。謀國何等忠誠。辦事何等周密。氣魄何等雄厚。其實我新中國的基礎。那一件不是從憲政黨而來。你看現在通國中三十七座大學。除官立的九座外。那私立大學二十八座裏頭。倒有了十二座係憲政黨設立的。等我算給你們聽聽。南京的愛國大學。上海的楊樹浦大學。廣東的廣州大學。及嶺東大學。北京的城南大學。四川的三蜀大學。浙江的姚江大學。湖南的船山大學。湖北的江漢大學。江西的國民大學。雲南的雲南大學。我們山東的曲阜大學。這都是當時憲政黨創辦來的呀。初辦時規模本極狹小、只因大家辦事認眞。後來便都漸漸擴充起來。那時不是曾奉上諭命各省都興辦大學堂嗎。（可喜）一年之間。省省都有了。（可笑）那却算甚麼大學。他那大學教習的學問還比不上我們現在小學初級的生徒呢。（可憐）……講至此。衆人大笑。……孔老先生道。諸君莫當我是奚落他們。我當時還充過上海南海大學學生。記得有一回課題。是甚麼『日本裁抑民權中國當以爲法』呢……衆復哄堂大笑。……這還算是頂講究的哩。其餘各省的更不知成何說話。所以那時種種官立大學。過了幾年。便都沒有了。（各省辦大學堂人聽者）倒是憲政黨各種小小學校。反擴充成就起來。這是講的大學。其餘各處中學小學。係由憲政黨人員開設。現存至今的。何止萬數千座。他那辦事條略第二條。可也算實行到極地了。再講那第三條呢。現在的中國國民銀行。東西輪船公司。南洋輪船公司。西藏金礦公司。九江製陶廠。湖州新綢緞大廠。天津製絨廠。製酒廠。豈不是現在第一等商務。爲一國富源的嗎。那一件不是由憲政黨創辦起來。再講到第六條呢。現時通行的商法。幾乎全用憲政黨所編纂的原本。那憲法亦十用其七八。其餘諸法。都是拿他的原文做底本。隨時改定的。就是他那第四條。調查國情一事。現今各處圖書館。豈不是都有那洋裝六十大厚冊名字叫做『今鑑的』一部書嗎。到現在時過境遷。這部書自然沒甚用處。亦沒多人去研究他。（我尚急欲一看）但諸君想一想。當那時候道路未通。政綱紊亂。現在兩三日的道路。那時候總要走一兩個月。那諸位先輩。千辛萬苦。能彀編恁麼大一部今鑑來。你想他們費了多少心血呢。古語說得好。有志者事竟成。就此看來。凡做一國的大事業。豈必定要靠著那政府當道幾個有權有勢的人嗎。你看自古英雄豪傑。那一個不是自己造出自己的位置來。就是一國的勢力。一國的地位。也全靠一國的人民自己去造他。才能彀得的。若一味望政府望當道。政府當道不肯做。自己便束手無策。坐以待斃了。豈不是自暴自棄。把人類的資格都辱沒了嗎。……衆大拍掌……閑話少題。這憲政黨爲再造中國第一功臣。諒來諸君都也曉得。不消老夫多講了。但諸君還要謹記著一件事。這憲政黨所以能彀如此隆盛如此鞏固。不是專靠那形質上的關聯。是全仗著那精神上的團結。……孔老先生說到此句。便嘆口氣道。唉、想起那憲政黨未出現以前。我中國那裏還算得個有人道的世界嗎。到今日講起他來。還是惱得死人。怕得死人。諸君要知道那時的人心風俗嗎。請看那飲冰室文集裏頭。有兩折曲子。說道。

（皂羅袍）依然是歌舞太平如昨。到今兒便記不起昨日的雨橫風斜。游魚在釜戲菱花。處堂燕雀安頹廈。黃金暮夜。侯門路賒。青燈帖括。廉船發華。望天兒更打落幾個糊塗卦。

（前調）更有那婢膝奴顏流亞。趁風潮便找定他的飯椀根芽。官房繙譯大名家。洋行通事龍門價。領約卡拉。口啣雪茄。見鬼唱喏。對人磨牙。笑駡來則索性由他駡。

諸君啊。其實那時候的穢形醜態。豈是語言筆墨能形容得出來。這兩首曲子。也不過寫得百分之一二罷了。還記得那時老夫正在日本東京留學。（原來老先生卻在這裏明日定要奉訪領教）看那新民叢報第一號。讀到這處。不知不覺就淌下眼淚來。說道中國是亡定了。不亡於外國之憑陵。不亡於政府之頑舊。只是這四萬萬沒心肝沒腦筋沒血性的人民。昏做一團。纔是亡到盡頭。一點法兒都沒得想的呢。當下老夫傷感之極。便信口吟了兩首詩道。

無端忽作太平夢。放眼崑崙絕頂來。河嶽層層團錦繡。華嚴界界有樓臺。六洲牛耳無雙譽。百軸麟圖不世才。掀髯正視羣龍笑。誰信晨雞驀喚回。

卻橫西海望中原。黃霧沈沈白日昏。萬壑豕蛇誰是主。千山魑魅闃無人。青年心死秋梧悴。老國魂歸蜀道難。道是天亡天不管。朅來予亦欲無言。

且住。到底這個轉移中國的憲政黨。是那一位英雄豪傑造他出來呢。諸君須知。天下無論大事小事。總不是一個人可以做成。但講到創始的功勞。老夫便不說。諸君也該知道。（咱們如何知道）就是這講堂對面高臺上新塑著那雄姿颯爽道貌莊嚴一個銅像。諱克強字毅伯的黃先生便是了。至於毅伯先生到底是怎麼一個人。怎麼樣提倡起這大黨來。說也話長。今兒天不早了。下次再講罷。……衆人拍掌大喝采。

第三回　求新學三大洲環游　論時局兩名士舌戰

（第二次講義）如今要說黃克強君的人物了。黃君原是廣東瓊州府瓊山縣人。他的父親本係績學老儒。單諱個羣字。從小受業南海朱九江先生之門。（諱次琦字子襄）做那陸王理學的工夫。又最熟中國史學。他那學問志節。也算在九江門下數一數二的了。後來回到鄉中開塾講學。學者稱爲瓊山先生。看官你知道那瓊州本屬我中國極南一個小海島。向來與內地文化隔絕。怎麼五六十年前。忽然有許多關係全局的大人物出來呢。原來都是瓊山先生的理學鑄造成的。卻說自從中日一役以後。瓊山先生看定中國前途是要有大變動的。因此打發他的兒子和一位得意的門生李去病君。同往英國游學。就從光緒乙未年二月起行。那年毅伯先生已經二十二歲。李君去病二十一歲了。這兩位生同里。少同學。長同游。壯同事。後來旗鼓相當。做了許多事業。按下緩表。且說毅伯先生於傳受家學之外。久已立意要講求那世界的學問。想學外國的語言文字。但因香港英人所設的學堂。氣習太壞。學課程度亦低。其餘中國各處學堂。都是一樣。因此不往就學。卻自己買些英文讀本文法等書。自行研究。靠着字典幫助。做了幾年工夫。早把所有英文書籍。都能閱讀了。到那年起行游學的時節。他父親瓊山先生。別無囑咐。單給他一部長興學記。說道這是我老友南海康君。發揮先師的微言大義。來訓練後學的。內中所講。便和我自己講的一樣。你就拿去。當作將來立身治事的模範罷。毅伯先生拜過嚴命。卽便起行。卻不從香港直往。繞道由上海日本加拿大。渡大西洋往英國。到了上海。在時務報館裏頭。剛遇着瀏陽譚先生嗣同寓在那裏。正著成『仁學』一書。那稿本不過兩三人曾經見過。毅伯先生卽日抄得一部。寶藏篋中而去。在船上和李君一路細讀。讀了已不知幾十遍。把那志氣越發漲高幾度。後來毅伯先生常對人說道。他一生的事業。大半是從『長興學記』『仁學』兩部書得來。眞是一點兒不錯的。……言歸正傳。卻說黃李兩君。到了英國。他兩人本屬寒士。學費自然不足。都是半日做工。半日讀書。到暑假時候。向人傭役。因此便就敷衍得過去。只因他在家研究有素。所以到了英國。不過預備一年。便彀得上入惡斯佛大學。毅伯先生修那政治法律生計等學科。李君修那格致哲學等學科。那大學內武備教育是很嚴整的。李君性情所近。特別用功。因此常列優等。在學堂內得了少尉之職。有話則長。無話則短。光陰似箭。過了三年。正當那戊戌政變的前後。兩君早已在倫敦惡斯佛大學卒業了。兩君在歐洲。聽見六君子流血殉國。著實痛哭了幾回。李君道。偺們還是趕緊回國想些再接再厲的方法纔好。黃君道。你看現在的中國。那裏還是時候嗎。我看古今萬國革新的事業。一定經過許多次衝突。才能做成新舊相爭。舊的必先勝而後敗。新的必先敗而後勝。這是天演上自然淘汰的公理。倒也不必憂慮。但是我中國現在的民智民德。那裏彀得上做一個新黨。看來非在民間大大做一番預備工夫。這前途是站不穩的。但係我們要替一國人做預備工夫。必須先把自己的預備工夫。做到圓滿。（愛國青年聽者）你和我雖然在大學卒業。那閱歷還是淺得很的。今日回國運動。就是竭盡心力。也不能大成。到怎般田地。據我的意思。倒不如更往德法等國。留學幾年。一則廣集寰宇的智識。二則實察世界的形勢。將來報效國民。豈不更有把握嗎。李君點頭道是。於是兩人定了主意。分途而往。李君去法國入巴黎大學。毅伯先生去德國入柏林大學。認眞研究那德國近日最興盛的學問。叫做國家學的。雖與己宗旨不甚相同。卻也實實受了許多益處。又和那社會黨中有名人物往來。用心研究社會主義。於生計界競爭的大勢。益多感觸。慨然道。這些影響。將來我中國一定實受其害了。卻是用怎麼方法才能抵抗他呢。正在日日苦心研究這問題。忽然接到義和團的警報。風聲鶴唳。全歐騷然。到了庚子七月。德國公使被害。德皇命將誓師。講了許多不入人道的話。那毅伯先生愛國的熱情。按捺不住。因此做了一篇洋洋大文。題目叫做『義和團之原因及中國民族之前途』。繙成英法德三國文字。布告歐洲各報館。內中詳言義和團的大原因。全由民族競爭的勢力刺激而成。這回不過初初發達。歐洲諸國侮我太甚。將來對外的思想。日開。這些事還多著哩。結局大說義和團激變的原因。其責任不可不歸諸外國等話。那時德國人一味蠻狂。報章裏頭滿紙都是甚麼豚尾漢黄猴精等惡罵。（這惡罵受得嗎）這些話自然是聽不入耳。雖然如此。卻因這篇文字惹起各報館許多問題。後來那總稅務司赫德做了一部書。講這回事變的善後策。就是剽竊了這篇文章的意思。反其術而用之了。（我欲替赫德呼冤）閑話少題。且說毅伯先生在德國留學一年半。又已卒業。還和李去病君一齊游歷歐洲幾國。直到光緒壬寅年年底。便從俄羅斯聖彼得堡搭火車返國。（兩君現在諒來已經動身了。我們預備開歡迎會罷）那時西伯利亞鐵路尚未全通。中間要步行經過許多沙漠荒僻的地面。當著嚴冬慄烈之時。行這雪窖冰天之地。那旅行苦楚。自然是說不盡了。但這黄李兩君。都是個冰心鐵骨的人。後來多少艱難辛苦。他都受得。難道還怕這些不成。這也不用多講。光陰荏苒。到了明年癸卯暮春初夏的時節。這兩位早已來到山海關了。原來李去病君當甲午交戰的時候。因想要查看軍情。也曾單刀匹馬。游過山海關一次。今相隔不到十年。那關外一帶。已全然變了哥薩克（俄羅斯騎兵種人）殖民地的樣子了。正是石人對此。也應動情。何況這滿腔熱血的英雄。怎得不生今昔之感。那日毅伯先生和李君登萬里長城。憑眺一番。感慨欷歔。不能自勝。回到客寓。借幾杯濁酒。澆那胸中塊壘。不覺淋漓大醉。突突兀兀。便聯句做了一首『賀新郎』題在壁上道。

昨夜東風裏。忍回首月明故國。凄涼到此。（黄）鶉首賜秦如昨夢。莫是鈞天沈醉。（李）也不管人間憔悴。（黄）落日長烟關塞黑。望陰山鐵騎縱橫地。（李）漢幟拔。鼓聲死。（黄）物華依舊山河異。是誰家莊嚴臥榻。儘伊酣睡。（李）不信千年神明胄。一個更無男子。（黄）問春水干卿何事。（李）我自傷心人不見。訪明夷別有英雄淚。（黄）雞聲亂。劍光起。（李）

寫完。兩君還自悶悶的飲了十來杯。那熱血越發被這酒湧送上來了。李君便開口道。哥哥。你看現在中國還算得個中國人的中國嗎。十八省的地方。那一處不是別國的勢力範圍呢。不是俄。便是英。不是英。便是德。不然便是法蘭西日本美利堅了。但係那一國的勢力範圍所在。他便把那地方看成他囊中物一樣。這還不了。我們同胞國民住在那一國的勢力圈內的。便認定那國是他將來的主人。那些當道諸公。更不用講。對着外國人。便下氣柔色怡聲。好像孝子事父母一般。這樣看來。我中國的前途。那裏還有復見天日之望麼。黃君道。可不是嗎。但天下事是人力做得來的。喒們偌大一個中國。難道是天生來要做他人的魚肉的。不成都只爲前頭的人沒血性沒志氣沒見識。所以把他弄成到這個田地。我想但是用人力可以弄壞的東西。一定還用人力可以弄好轉來。（至理）兄弟。你是讀過歷史的。你看世界上。那一國不是靠着國民再造一番才能强盛嗎。現在我和你兩個。雖然是一介青年。無權無勇。但是我們十年來讀些書是幹甚麼呢。（青年讀書諸君想想）難道學幾句愛皮西靠做將來的衣飯椀不成。（青年讀書諸君想想）難道跟著那些江湖名士。講幾句激昂慷慨的口頭話。拿着無可奈何四個字。就算個議論的結束嗎。（青年讀書諸君想想）我想一國的事業。原是一國人公同擔荷的責任。若使四萬萬人各各把自己面分的擔荷起來。這責任自然是不甚吃力的。但係一國的人。多半還在睡夢裏頭。他還不知到有這個責任。叫他怎麼能彀擔荷他呢。既然如此。那些已經知到的人。少不免要把他們的擔子。一齊都放在自己的肩膀上頭了。（青年讀書諸君想想）兄弟。我們兩個雖算不得甚麼人物。但已經受了國民的恩典。讀了這點子書。得了這點子見識。這個責任。是平日知到熟了。今日回到本國。只要盡自己的力量去做。做得一分是一分。安見中國的前途。就一定不能挽救呢。李君聽到這裏。便嘆口氣接著說道。（提論第一）哥哥責任嗎。這責任自然是只有一個。沒有第二個的。但講到實行這責任的方法。哥哥向來不以我的議論爲然。今日返國。看這情形。我越發信得過我的意見是一點兒不錯的了。哥哥。你看現在中國衰弱到這般田地。豈不都是吃了那政府當道一羣民賊的虧嗎。（是是）現在他們嘴裏頭講甚麼維新甚麼改革你問他們知維新改革這兩個字是怎麼一句話麼他們只要學那窰子相公奉承客人一般把些外國人當作天帝菩薩祖宗父母一樣供奉在外國人跟前彀得上做個得意的兎子時髦的倌人這就算是維新改革第一流人物了（維新改革第一流人物聽者）哥哥你白想想這樣的政府這樣的朝廷還有甚麼指望呢倘若叫他們多在一天中國便多受一天的累不到十年我們國民便想做奴隸也彀不上還不知要打落幾層地獄要學那輿臣儓儓臣皂的樣子替那做奴才的奴才做奴才了哥哥我其實眼裏擱不住這些大民賊小民賊總是拚著我這幾十斤血肉和他誓不兩立有他便沒有我有我便沒有他罷（好漢好漢是瑪志尼吉田松陰一流人物）黃君道（駁論第二）兄弟你的話誰說不是呢但是我們想做中國的大事業比不同小孩兒們團泥沙造假房子做得不合式可以單另做過莊子說得好其作始也簡其將畢也必鉅若錯了起手一着往後就滿盤都散亂不可收拾了兄弟啊我們是中國人做中國事不能光看着外國的前例照樣子搬過來總要把我中國歷史上傳來的特質細細研究看眞我們的國體怎麼樣才能彀應病發藥的呀李君不等講完便搶著說道（駁論第三）哥哥講到國體嗎我們中國的特質別的我不知道只是就歷史上看來我中國是一個革命的國體這任憑甚麼口才能彀分辯說他不是嗎你看自秦始皇一統天下直到今日二千多年稱皇稱帝的不知幾十姓那裏有經過五百年不革一躺命的呢任他甚麼飲博奸淫件件俱精的無賴甚麼殺人不眨眼的强盜甚麼欺人孤兒寡婦狐媚取天下的奸賊甚麼不知五倫不識文字的夷狄賤族只要使得著幾斤力磨得利幾張刀將這百姓像斬草一樣殺得個狗血淋漓自己一屁股蹲在那張黃色的獨夫椅上頭（好個寶座的譯名）便算是應天行運聖德神功太祖高皇帝了哥哥不講國體便罷不講歷史上特色便罷講到這件我的話越發不錯了難道哥哥你還要跟著那當道紅人兒們的說話把

那日本人自己誇耀的皇統綿綿萬世一系這國體。和我們中國相提並論。說道和他相同嗎。黃君道。兄弟。你的性子又來了。你平平氣。我再和你講李君道。這說的是公事。那裏有甚麼意氣呢。黃君道。（駁論第四）我且問你。我們中國這二千年。革了又革。亂了又亂。你說是算件好事嗎。照你講來。難道還望我們中國將來再生出幾個秦始皇漢高祖明太祖嗎。李君道。（駁論第五）哥哥不是恁般說。他們是以暴易暴。我說的是以仁易暴。哥哥你的外國歷史是讀得熟的呀。你看近世號稱文明國的。那一個不經過這以仁易暴一大關頭。不是辛辛苦苦轟轟烈烈經過一次。能彀有今日嗎。哥哥。我生平最痛恨秦始皇漢高祖明太祖一流人。哥哥你是知道的。我一定不想跟著他們學那無廉恥的事。（人人都知到這是無廉恥的勾當中國便進化了）哥哥你是信得過的。怎麼我今日卻有這種議論呢。可見今日凡是有眞正革命思想的人。他那見識一定是和我一樣。怎麼會還變得成個以暴易暴依樣葫蘆出來呢。若使沒有這種思想的人。他要講革命。任憑他多大本事。一定是做不成的。這卻怎麼呢。因爲物競天擇的公理。必要順應著那時勢的。才能彀生存。前頭野蠻時代的英雄。到今日是一點兒用處沒有了。那十九世紀歐洲民政的風潮。現在已經吹到中國。但是稍稍識得時務的人。都知道專制政體是一件悖逆的罪惡。（人人都知到這是悖逆罪惡中國便進化了）往後若使有漢高明太一流人出來。難道還有甚麼上等人才。去想做那攀龍鱗附鳳翼的下作勾當嗎。所以我想中國往後沒有革命便罷。若有革命。這些民賊的孽苗。是要入無餘涅槃而滅度之的了。（這話我是沒有得駁了）……孔老先生說到這裏。滿堂拍掌如雷。孔老先生接著道。他兩位的話還多著呢。……黃君道。（駁論第六）兄弟。話雖如此說。但天下事。那理想和那實事。往往相反。你不信。只看從前法國大革命時候。那羅拔士比丹頓一流人。當初豈不是都打著這自由平等親愛三面大旗號嗎。怎麼後來弄到互相殘殺。屍橫徧野。血流成渠。把全個法國都變做恐怖時代呢。當十八世紀的末葉。法國人豈不是提起君主兩個字。便像喉中刺眼中釘一般。說要誓把滿天下民賊的血染紅了這個地球嗎。怎麼過了不到十幾年。大家卻打著伙。把那皇帝的寶冠往拿破侖第一的頭上奉送呢。可見那一時高興的理想。是靠不住的哩。這話我又沒得駁了李君道。駁論第七哥哥。說那裏話。講到流弊。那件事沒有流弊。世界的進化。是沒有窮盡的。時時刻刻。都在過渡時代裏頭混來混去。若要在政治上人羣上歷史上找一件完全美滿的事情。只怕再過一千年一萬年。也找不着哩。即如今日萬國通行的代議政體。豈不是咱們夜夜裏做夢都想着他的嗎。你說他的流弊有多少呢。難道因噎廢食。就連這代議政體。都說是可厭的不成。據兄弟看來。天下的政策。沒有一件不是用來過渡的。至理至理只要能將這個時代。渡進別一個更好的時代。就算是好政策。這好歹兩個字。是斷斷不能呆板說定的。總以和當日的時代相應不相應為憑。即如法國大革命的時候。你說他要不革。還行得去麼。法國革命。那裏是甚麼羅拔士比甚麼羅蘭夫人這幾個人可以做得來。不過是天演自然的風潮。拿着這幾個人做個登場傀儡罷了。至於說到當日的行為。就是我恁麼一個粗莽性情。也斷不能偏祖着羅拔士比一班人。說他沒有錯處。但要把這罪案全擱在他們身上。這亦恐怕不能算做公論哩。那時若不是國王貴族黨。通款於外國。叫奥普兩國聯軍帶着兵來恫喝脅制。那法國人民何至憤怒失性。到這般田地呢。哥哥你想想天下那裏有家裏頭吵鬧。倒請外邊人挾着刀進來干預壓制的道理。倘使那時候的法國人。不是同心發憤。眼看着把那得到手的自由權。依然送掉了。這還不算。卻是那國王靠着外國的兵馬將勢力恢復轉來。少不免是要酬謝的了。外國的勢力範圍。少不免是要侵入的了。豈不是把個歷史上轟轟有名的法國。弄成個波蘭的樣子嗎。法蘭西人愛國心最重。豈是學我們中國人一樣。任憑這些民賊。把他的祖傳世産怎麼割怎麼賣怎麼送。都當作無關痛癢的麼。哥哥。你設身處地。替當時他們想想。這一股子惡毒氣。忍得住忍不住呢。到底他們畢竟把聯軍打退。把共和政體立得確實。雖然是國中傷了許多元氣。卻在國外是贏得許多光榮了。這些元氣傷了。誰說不是可惜。但是我們論事。不能光看着一面。你說法國就是沒有這場大革命。依着那路易第十六朝廷的腐敗政策做下去。這法國的元氣。就會不傷嗎。（議論好像剝筍一般剝一層深一層我眞沒有法子駁他了）若不是元氣彫敝到盡頭。怎麼會釀出這回驚天動地的慘劇來。倘使當時法國人民。忍氣吞聲。一切都任那民賊愛怎麼擺布便怎麼擺布。只怕現在地理圖裏頭。早已連法蘭西這個名字都沒有了。再說到拿破崙呢。哥哥你說拿破侖有甚麼對不住法國人呀。有甚麼對不住天下人呀。他的本意要把全個歐洲弄成一個大大的民政國。你看他征服的地方。豈不是都把些自由種子散播下去嗎。你看他編纂的法典。豈不是全屬民權的精神嗎。前頭法國人本會說過要把普天下民賊的血染紅這個地球。這句話怎麼解呢。不過是將法國自由平等的精神推行到萬國罷了。那拿破侖不是實行這個主義嗎。這樣看來。一時那法國人把一個頂大的全權交給他。叫他替普天下憔悴虐政的平民出這一口鳥氣。這總算他們委任得人的了。倘若那時候拿破侖的大功告成。這歐洲早變成一千八百七十年以後的樣子了。還有這幾十年的嘮嘮叨叨。民不聊生嗎。我們今日怎麼好以成敗論人呢。黃君道。兄弟怎麼你在法國讀了這一兩年書。就把法國崇拜到這般田地。你這副口才。卻眞算得個大律師的材料。將來法國人若要在歷史上打官司。一定要請你做辯護士了。（妙語解頤）李君正色道。哥哥說甚麼話。我李去病是個愛國男兒。除了我祖國以外。是沒有得崇拜的。你說我崇拜法國人嗎。（鐵漢語）黃君道。儍兄弟。說句把笑話。也值得認眞。李君道。哥哥請好生辨駁罷。黃君道。（駁論第八）兄弟你這一片大議論。有好幾處缺點。我且慢細駁。就是講到拿破侖一段。也未免有些强詞奪理的了。那拿破侖當十八十九兩世紀交界。正是民族主義極盛的時代。他卻逆著這個風潮。要把許多不同種族不同宗教不同言語的國民。扭結做一團。這是做得到的事業嗎。就是沒有這墨斯科倭打盧兩回敗仗。他那帝政底下的大共和國。就做得成嗎。李君道。（駁論第九）哥哥不說到民族主義罷了。講到這句話。你聰明人。我也不必多講了。你說我們中國現在的主權。是在自己的民族。還是在別一個民族呢。拿破侖反抗這個主義。便在十九世紀初年也站不住。難道哥哥今日反抗這個主義。倒想要在二十世紀初年站得住嗎。（咄咄逼人）黃君道。（駁論第十）我和現在朝廷。是沒有甚麼因緣。難道我的眼光只會看見朝廷。不會看見國民嗎。但據我想若可以不干礙到朝廷。便能達到國民所望的目的。豈不更是國家之福麼。（是）講到現在朝廷。雖然三百年前和我們不同國。到了今日。也差不多變成了雙生的桃兒。分擘不開了。至於他那待漢人的方法。比之胡元時代。總算公允了許多。就是比諸從前奧大利人待匈加利。西班牙人待菲列賓。也沒有他束縛得緊。所有國中權利義務。漢人滿人亦差不多平等了。至說到專制政治。這是中國數千年來的積痾。卻不能把這些怨毒盡歸在一姓一人。我想我中國今日若是能彀一步升到民主的地位。便罷。若還不能。這個君位是總要一個人坐鎮的。但使能彀有國會有政黨有民權。和那英國日本一個樣兒。那時這把交椅誰人坐他不是一樣呢。若說嫌他不是同一民族。你想我四萬萬民族裏頭。卻又那一個有這種資格呢。（這話我又沒得駁了）兄弟啊。我那愛自由愛平等的熱心也不讓你。諒來你是知到的。但我總是愛那平和的自由。愛那秩序的平等。你這些激烈的議論。我聽來總是替一國人擔驚受怕。不能一味贊成的哩。李君道。（駁論第十一）我也不是一定要和甚麼一姓的人做對頭。只是據政治學的公理。這政權總是歸在多數人的手裏。那國家纔能安寧的。你想天下那裏有四萬萬的主人。被五百萬的客族管治的道理嗎。但凡人類的天性。總是以自己的利益爲先。別人的利益爲後。所以主權若是在少數人。一定是少數的有利。多數的有害。主權若是在客族。一定是客族有利。主族有害。這利害兩樁。是斷不能相兼的。但我們今日就不管到他是多數還是少數。是客族還是主族。總之政治上這『責任』兩個字。是不能不講的。（更進一步愈逼愈緊）一國人公共的國家。難道眼巴巴看著一羣糊塗混帳東西把他送掉不成。不管他甚麼人。只是當著這個地位。就要盡這個責任。（聽者）虧了責任。是要自行告退的。（聽者）不肯告退。是要勸他的。勸他不聽。是要想個法兒叫他不能不聽的。（聽者）你看現在文明各國所謂責任大臣的制度。不是恁麼著麼。若是在立憲國裏頭。君主沒有責任。這個怨府自然落不到君主的頭上。只要學那周公的故事。成王有過。則撻伯禽。把宰相大臣換了一換。也便罷了。若使一切政事的責任。都在頂上頭那一個人的手裏。自然一國人有甚麼過不去的事情。都要問著他了。哥哥你說和現在朝廷沒有甚麼因緣。難道我和現在朝廷。又有甚麼仇恨嗎。（可見彼此全爲公事不爲私恩私怨）橫豎我認定這責任的所在。只要是居著這地位不盡這責任的人。莫說是東夷北狄西戎南蠻。就使按著族譜算他是老祖黃帝軒轅氏正傳嫡派的冢孫。我李去病還是要和他過不去的哩。黃君道。（駁論第十二）兄弟你這段議論。誰說不是。但依我看來。總是理想上頭的。不是實際上頭的。你說一國政權。總要在大多數的人手裏頭。這是盧梭邊沁約翰彌勒各位大儒的名論。但這些學理。在現世的歐洲。已算是過去陳言了。多數政治。在將來或有做得到的日子。但現在卻是有名無實的。你看現在各立憲國叫做議院政治的。豈不算是從多數取決嗎。認眞算來。那裏眞是多數。還不是聽著這政黨首領幾個人的意思嗎。兄弟各國議院的傍聽席。諒來你也聽得不少。你看英國六百幾個議員。法國五百幾個議員。日本三百幾個議員。他們在議院裏頭。站起來說話的。有幾個呢。這多數政治四個字也不過是一句話罷了。但這種政體誰能說他不好。可見天下人類、自有一種天然不平等的性質。治人的居少數。被治的居多數。這是萬不能免的。至於講到責任兩個字。這是政治學上金科玉律。便愚兄也和老弟一般見解。但我看中國現在的人民。那裏自己彀得上盡這個責任。就是叫現在號稱民間志士的來組織一個新政府。恐怕他不盡責任。還是和現在的政府一樣。這國勢就能彀有多少進步嗎。（民間志士極宜猛省）兄弟我想政治進化是有個一定的階級、萬不能躐等而行。兄弟你是住在歐洲多年。看慣了別人文明的樣子。把自己本國身分都忘記了。巴不得一天就要把人家的好處拿輪船拿火車搬轉進來。你想想這是做得到的嗎。好兄弟你要看真些子時勢才好。李君聽到此處。面帶怒容。便接着說道。（駁論第十三）哥哥你說我崇拜法國。我倒不是崇拜法國。我看哥哥在德國念這幾年書。這些口氣倒有幾分像崇拜德國人。這還罷了。怎麼連那俄羅斯大民賊坡鼈那士德夫的放狗屁議論。都要附和起他來。你說議院政治。還是少數。不是多數。那裏知道這少數和那民賊的少數。正自不同。這政黨首領人數雖少。卻是代表全黨的意思。該黨若是『多數黨』便是代表『多數國民』的意思了。政黨彼此互爭政權。不管他出自公心還是私心。總而言之。是一定要巴結百姓。在新聞紙上。在演說壇上。講他自己的政策怎麼有益於國有利於民。若講得沒有道理。那國民肯聽他嗎。若講得到做不到。那國民肯容他嗎。這樣看來。任憑他就拿這些方法當作競政權的手段。卻是國民已經於不知不覺之間實受其益了。何況政黨政治。在朝黨稍有一兩件事不盡責任。國民便鼓譟起來。他立刻便要辭職。讓與別黨。雖是少數人代理國事。卻不是少數人把持國事。（代理與把持之別最要分辨清楚）怎麼好藉口於天然不平等。贊民賊教猱升木呢。至於講到時勢嗎。那一代的時勢。不是靠些英雄豪傑造出來。若是沒人去造他。只怕現在的歐洲還是和現在的中國一樣也未可定哩。哥哥不講時勢便罷。若講時勢。我想現在中國的時勢。和那十八世紀末十九世紀初歐洲的時勢。正是同一樣哩。盧梭邊沁他們的議論。在現在歐洲。自然是變成了擺設的古董。在今日中國。卻是最合用的哥哥、你說我躐等而進。哥哥你想跳過這人民主義的時代。便闖入這國家主義的時代。這眞可算躐等而進了。黃君道。（駁論第十四）不然。羣學上定例。必須經過一層干涉政策。纔能進到自由政策。兄弟你只知道法國大革命爲十九世紀歐洲的原動力。卻不知道這大革命還又有他的原動力。那原動力在那裏呢。就是這干涉政策便是了。歐洲自從法國哥巴英國克林威爾主政以來。大行保護干涉之政。各國政治家。跟著他學。都說這是強國的第一手段。到了後來。連民間甚麼事業都干涉到了。這種政體。在今日還能說他是好嗎。但當民智未開民力未充的時候。卻是像小孩兒一般。要做父母的著實管束教導他一番。將來纔能成人。平心而論。現在歐洲的文明。你能說這干涉政策一點功勞都沒有嗎。若不是經過這一回。他們的國力民力。能彀充實到這般田地嗎。我們中國雖然說是專制政體。卻是向來政府的人。從沒有干涉到民事的。……李君插口道。他不干涉也罷。謝天謝地。……

……黃君道。話雖如此說。卻是干涉政策。和愛國心是很有關係的。（這是透過幾層的議論）我中國人向來除了納錢糧打官司兩件事之外。是和國家沒有一點交涉的。國家固然不理人民。人民亦照樣的不理國家。所以國家興旺。他也不管。國家危亡。他也不管。政府的人好。他也不管。政府的人壞。他也不管。別人都說這是由於沒有自由的緣故。我倒有一句奇話。說是由於沒有干涉的緣故。（眞奇卻不奇）兄弟若還不信這話麼。你看現在中國人的國家思想。比那十八世紀末的法國人怎麼啊。你能說那時法國的時勢。就是現在中國的時勢嗎。我想中國數千年的君權雖然是太過分了。卻是今日正用得著他拿來做末末了一著。若能有一位聖主。幾個名臣。用著這權。大行干涉政策。風行雷厲。把這民間事業。整頓得件件整齊。椿椿發達。這豈不是事半功倍嗎。過了十年念年。民智既開。民力既充。還怕不變成個多數政治嗎。成了多數政治。還怕甚麼外種人喧賓奪主嗎。我說的平和的自由秩序的平等。就是這麼著。兄弟你去想想。李君道。（駁論第十五）依哥哥講來。豈不是單指望著朝廷當道一班人嗎。他們不肯做。又怎麼樣呢。哥哥你別要妄想了。他們若是肯做。經過聯軍遭蹋這一回。還不轉性嗎。你看現在滿朝人太平歌舞的樣子啊。他那腐敗。比庚子以前還過十倍哩。哥哥你請挺著脖子。等一百幾十年。等那平和的自由秩序的平等罷。（好利口好倔強漢子）黃君道。（駁論第十六）兄弟不是恁般說。就是英國日本現在的政體。那裏是單指望朝廷當道這一班人纔做得來。總是靠民間志士日日運動。處處運動。到機會成熟的時候。自然是得到手的。兄弟你看現在英國的民權。和法國的民權。那一個强的啊。有民權和沒有。那裏是爭在這一個人麼。況且現在皇上這樣仁慈。這樣英明。怎麼不能彀說一點兒指望都沒有呢。李君聽到這裏。便嘆口氣道。（駁論第十七）講到現在皇上的仁慈英明。我雖然是沒有咫尺天顏。卻也是信得過的。但是哥哥你須要知到凡專制君主國的實權。那裏是在皇帝麼。盧梭民約論講得好。他道那些王公大人們面子上是一人在上萬人在下。講到實際。他那束縛有時還比尋常人還加幾倍哩。現在俄羅斯皇。不是個榜樣嗎。報紙上講的他幾次要避位。讓與太子。都是爲受不住他那太后和些貴族權臣的氣呢。再說到中國這幾千年內。大大小小的君主。也差不多一千多個。眞正自己有全權的。那裏數得上十個二十來。現在皇上雖然仁慈英明。爭奈權柄不屬。就想要救國救民。也是有心無力。他若聽見民間有人和他同心。想要幫著他替百姓除害。只怕他還歡喜得連嘴都合不攏哩。（妙語）哥哥。我且問你。你說志士運動。到底應該怎麼運動法呢。你說機會成熟。到底怎樣纔算成熟呢。黃君道。（駁論第十八）運動方法。如何能彀說得定。

只是說到平和方法。總不外教育、著書、作報、演說、興工商、養義勇、這幾件大事業。或者游說當道的人。拿至誠去感動他。拿利害去譬解他。要等一國上下官民。有了十分之一起了愛國的心腸。曉得救國的要害。這機會就算到了。李君道。（駁論第十九）我的哥哥啊。你也太忠厚了。別的問題。我也不敢武斷。至講到中國官場。豈是拿至誠可以感動得他來的嗎。只要是陞官發財門路。你便叫他做烏龜王八蛋幾十代婊子養的。他都可以連聲喝十來個服喏。他們把他那瓣香祖傳來奴顏婢膝的面孔。吮癰舐痔的長技。向來在本國有權力的人裏頭用熟的。近來都用在外國人身上了。今日請公使吃酒。明日請公使夫人看戲。就算是外交上第一妙策。上行下效。捷於影響。現在不但是不以做外人奴隸爲恥辱。又以爲分所當然了。不但以爲分所當然。兼且以爲榮以爲闊了。但得外國人一顧一盼。便好像登了龍門。聲價十倍。那些送條子坐門房。使黑錢拍馬屁種種把戲。那挪到各國欽差領事衙門去了。你不聽見德國總帥華德西的話嗎。他說在京城裏頭。沒甚麼開心的事情。就是到滿洲某侍郎家裏。會他幾位小姐。算是最爽快的。（實有其人實有其事）哥哥。這些醜話。我也沒恁多閒氣去講他。總是會做奴隸的人。便是一國的上等人物罷了。恁看現在政府。要是外國人放一個屁。都沒有不香的。他要什麼。就恭恭敬敬拿什麼給他。他叫做什麼事情。就要屎滾尿流做什麼事情。他叫殺那個人。就連忙磨利刀殺那個人。哥哥你請拿至誠去感動他波。只怕把泰山頑石說到點頭。還容易些哩。然則和他講利害波。只是他們的眼光看不到五寸遠。雖然利在國家。怎奈害到我的荷包。雖然利在國民。怎奈害到我這頂紗帽。你叫他如何肯棄彼取此呢。你若說道瓜分之後。恐怕連這骯髒的荷包紗帽都沒有。他便說道瓜分早得很哩。再過十年八年。我還理他麼。就是眼前立刻瓜分起來。我已經在上海租界。買了幾座大洋房。在滙豐銀行。存有幾十萬銀子。還怕累得到我不成。哥哥。你看現在官場那一個不是立這種心呢。官場諸公試自己捫心想一想李去病君到底是罵著我不成 我請你斷了運動官場這念頭罷。李君說到此處。便連嘆息幾聲道。哎、據我想來若是用著哥哥的平和運動只怕你運動得來中國早已沒有了。我長聽西人說的。中國如像三十年後曾打掃過的牛欄。裏頭糞溺充塞。正不知幾尺幾丈厚這句話雖然惡毒。卻也比喩得確切哥哥。你想不是用雷霆霹靂手段做那西醫治瘟疫蟲的方法。把他剗到乾乾淨淨。這地方往後還能住得麼。這卻不是厭世主義的話莫認錯了 黃君道。駁論第二十 兄弟你話太激烈了。我們拚著這個身子出來做國事豈不是爲著這點不忍人之心嗎。殺一個人來救一個人。尚且不可。何況殺現在大多數的人來救將來大少數的呢。這些大民賊小民賊總民賊分民賊。誰不恨他。只是恨的專在民賊。不在人民。若到革起命來。一定是玉石俱焚。不能逃免的。卻是民賊不過少數人民倒占多數。這場災禍。豈不是人民反受其害嗎。我也知道你這破壞的心事是要歸結到建設一路。只是已經破壞未能建設的時候。這些悲風慘雨。豈是語言筆墨能形容出來。我每讀法國革命史。只覺毛骨悚然。想起將來。我心裏頭便是十五個吊桶打水七上八下。正不知怎麼樣難過哩。兄弟啊。我們將來避得脫這場禍。還是避他爲是。黃君講到這裏。便不知不覺滴下幾點英雄淚來。李君也瞿然改容說道。駁論第二十一 哥哥。我不是個木石做的人。難道是拿著國民流血的話當好頑嗎。但我把這回事情已經想過千次百徧。把腸子差不多都想爛了。今日的中國。破壞也破壞。不破壞也要破壞。所分別的。只看是民賊去破壞他。還是亂民去破壞他。還是仁人君子去破壞他。若是仁人君子去做那破壞事業。倒還可以一面破壞。一面建設。或者把中國轉得過來。不然。那些民賊亂民。始終還是要破壞的。那卻眞不堪設想了。你看這一年裏頭中國亂過幾多次呢。廣宗鉅鹿喇。泌陽喇。朔陽喇。廣西喇。四川喇。湖南教案喇。這兩天內。奉天將軍增祺所報的。說盛京北邊。又有什麼馬賊。聚衆十萬人。築砲臺。製貨幣。更建立什麼共武二年的年號了。接二連三。竟沒曾停過一會子。哥哥。我只怕中國自此以後。那擾亂情形。比這會利害十倍的還多著哩。只這加稅加餉。暴征橫斂。便是致亂的大根原。還有所謂生計問題。是從全地球的大風潮捲將進來。過了十年八年。便弄到我國中民不聊生。這生計學是哥哥的專門。還怕你不懂得這理由嗎。到那時候。便要不亂。也何從鎮壓得住呢。再講到現在政府當道。諂媚外人到極地。外人利用這羣傀儡。做那間接的壓制。但是有什麼民教相爭的小事。他便演演他的下馬威。拿些利害給你們瞧瞧。隨意宰你一百幾十條性命。後來的官遇著這等事。一定越發嚴厲了。你想這有不激變道理嗎。多激變一回。權利愈失一回。就只這件事。也可以將全個中國送掉了。哥哥你說破壞可怕。卻有什麼法兒能彀叫他不破壞麼。只怕這天然的破壞。比那十八世紀法國人力的破壞。還險過十倍哩。我們雖是以不忍人之心爲宗旨。但哥哥你也應記得惡斯佛教授頡德先生說的。『人羣進化之理。是要犧牲現在的利益。以爲將來。』又西人常說的。『文明者購之以血。』這種悲慘事情。無論那國都是要經過一次的。卽如哥哥最羡慕的英國日本。若不是經過長期國會尊王討幕這些革命。就能彀有今日嗎。他們自己說是無血革命。其實那裏是無血。不過比法國少流幾滴罷了。尋常小孩子生幾片牙。尚且要頭痛身熱幾天。何況一國恁麼大。他的文明進步。竟可以安然得來。天下那有這般便宜的事麼。再者。哥哥你整要拿著法國的故事來做比例。地球上革命的戲本。不是只有一個法蘭西演過的。哥哥何不想想美國的事情。高興一高興。何必苦苦說法國來嚇人呢。黃君道。駁論第二十二兄弟。我們商量的是國家大事。孔子說得好。『必也臨事而懼。好謀而成。』這豈是說來當高興的嗎。你講美國。這和我中國的問題。更遠得很了。美國本是條頓種人。向來自治性質是最發達的。他們的祖宗本是最愛自由的清教徒。因受不得本國壓制。故此移殖新地。到了美洲以後。又是各州還各州。自己有議事堂市公會等。那政治上的事情本來是操練慣的。所以他們一旦脫了英國的羈絆。便像順風張帆一般。立刻造起個新國來。你想現在我們的中國。是和他比得麼。中國人向來無自治制度。無政治思想。全國總是亂遭遭的。毫無一點兒條理秩序。這種人格。你想是可以給他完全的民權嗎。我聽說日本東京的留學生和內地的少年子弟。有許多聽着自由平等幾個字。他卻不讀書不上講堂。日日去嫖去飲。有人規勸他。他便說這是我自由權。還有問他老子要錢去花費。老子不給他。便嚷駡起來。老子責備他。他便說我和你是平等的。照這樣胡鬧下去。將來自由平等四個字。豈不是變成罪極惡極的名詞嗎。（我欲為自由平等一哭）所以我想國民自治力未充實的。便連民權也講不得。（一嘆）若是中國今日便破壞起來。只怕比法國大革命時代的慘狀。還要過數倍哩。倒敢望美國嗎。兄弟你試想想。李君道。（駁論第二十三）哥哥的話。雖是不錯。但俗語說的。樹大有枯枝。一國之大。自然是有好的有壞的。何必一棍打一船呢。黃君道。（駁論第二十四）論事總要從多數處着想。就是法國革命時候。那羅蘭夫人一黨。何嘗不是仁慈義烈的人。只是敵不過那些混帳亂民。究竟弄到這般結局。兄弟你看中國現在的人格。是那一種類多的啊。李君道。（駁論第二十五）哥哥你說中國人無自治力的話。我不甚以為然。中國地方自治的歷史。也就算發達的了。你看各省鄉族村落市鎮。那一處沒有公所、鄉約、社學、團練局等種種名目。為一團體的代表。就是到外洋的華商。也都有許多會館。這豈不都是自治制度麼。黃君道。（駁論第二十六）兄弟。你是個做過哲學的人。怎麼也說這種影響的議論。你說中國的自治制度。那裏是和今日外國的自治制度一樣嗎。外國的自治。全從權利義務兩種思想發生出來。所以自治團體便是國家的縮本。國家便是自治團體的放大影相。會了這樣。自然是會那樣的。所以泰西的國民。亦叫做市民市民亦叫做國民。中國能彀這麼著嗎。中國的自治。毫無規則。毫無精神。幾千年沒有一點兒進步。和那政治學上所謂『有機體』的正相反對。只要一兩個官吏紳士有權勢的人。可以任意把他的自治團體蹧蹋敗壞。這樣的自治。如何能彀生出民權來。他和民權原是不同種子的栽桃兒的種想要收杏兒的果。這是做得到嗎。李君道。（駁論第二十七）哥哥這話。我倒服了。但依你說來中國既是沒有民權的種子。難道便聽著他這樣永遠專制下去不成。萬事總要有個起頭。我們今日不起這個頭。更待何時。更待何人呢。我想天下未有學不來的事。只要把那幾千年來蓋著的大鐘揭開。人人都可以自由去做那政治事業。過些年便也操練熟了。難道我們黃色人天生成不能自治的人種麼。日本人豈不是黃人麼。他們從前沒有自治力。也和我一樣。怎麼如今的代議政體便會行得恁般在行呢。黃君道。（駁論第二十八）天下事別的都還容易。只有養成人格一件。是最難不過的。（我輩不可不勉）你說日本嗎。日本維新三十多年。他的人民自治力。還不知比歐洲人低下幾多級呢。可見這些事。便性急也急不來的。不但此也。若是要養人民的自治力。正是要從平和秩序裏頭得來。若當革命亂離的時候。這人心風起水湧。不能安居。還會操練出甚麼自治力麼。所以我總想個什麼法兒。能彀政府學那俄皇亞歷山大第二。先把地方議會開了。這就遲二三十年再開國會。也是無妨的。李君聽說講到政府。又冷笑一聲道。（駁論第二十九）哥哥你又來了。你左想右想。總是望著政府。這不是向那老虎商量要他的皮嗎。這些督撫州縣實缺官。都是他們做官人最肥美的衣飯碗。開了地方議會。他們還想吃甚麼呢。你這個目的。總是弄到中國瓜分了過後。還達不到罷了。依我想來。還是大家看定一個可以做事的地方。認眞在那裏養精蓄銳起來。脫了民賊的羈絆。便著實操練那自治的制度。得寸得尺。慢慢擴充將去。別處的人。一定也有聞風而起的。這便是救中國的獨一無二法門了……說到此處拿表一瞧已經一點三十分了黃君道我們索性談個通宵把這問題駁論到盡頭能李君連聲說好便把今天游地方時候帶去飲賸的那瓶威士忌酒各斟了一玻璃杯拿些涼水沖上喝了幾口略歇片時……黃君重復開口道（駁論第三十）兄弟你眞是瑪志尼一流人物天生成是呼風喚雨攪得一國的原動力的了（我亦云然）但是血性多而謀略少看見一面看不見第二面若中國單有像你一樣的人才這前途也是未可料的兄弟自十九世紀以來輪船鐵路電線大通萬國如比鄰無論那國的舉動總和別國有關係所以從前革命家只有本黨居主位敵黨居賓位兩造相持決個勝負罷了到了今日卻處處添出個第三位來甚麼叫做第三位就這外國人便是了（眞是討厭卻又奈何他不得）今日中國到處變了別國的勢力範圍全世界商務的中心點都趨在我國我國內邊有甚麼變動自然是和別國有影響的了兄弟我且問你中國若有革命軍起時你說外國還來干涉不來李君道（駁論第三十一）這全看我們自己的舉動怎麼樣若使能彀件件依著文明國的規矩外人看著也應該敬愛的在文明政府治下通商來往豈不比在那野蠻政府底下安穩利便多嗎黃君道（駁論第三十二）兄弟你錯了今日世界上那裏有甚麼文明野蠻不過是有强權的便算文明罷了（萬方同概）你看英國待波亞美國待菲律賓算得個文明舉動麼卻又那一國動起公憤來敢責備他不文明呢兄弟今日全是生計界競爭的世界各國經營中國全爲著這件事你想一有內亂起來這商務喫虧到怎麼樣呢若是中國全國亂了一年恐怕倫敦紐約的銀行也不知倒閉多少他們那裏計算到你是義軍不是義軍只是傷害到他自己的利益他一定是不能放過的這些革命軍就是抵抗本國政府已經不易試問能學義和團故事和十幾國經練之兵節制之師對壘嗎……孔老先生說到此處便對衆人說道這卻是當時一個最難對付的問題毅伯先生這黨人不敢亂講激烈的話正是爲此卻是李

君怎麼駁詰他呢。原來李君是個愛國心最猛烈。排外思想最盛的人。聽到這段。不禁勃然大怒道。（駁論第三十三）哥哥。既然如此。我們就永遠跟着那做外國奴隸的人做那雙料奴才做到底罷。黃君道。兄弟。你平一平氣。再講。李君道。這口氣如何平得下來。哥哥我實對你說罷。天下大事業。全是從大阻力大激力生出來。要怕大敵的。還算好漢嗎。（好漢不當如是耶）哥哥。你卻怎麼拿義和團來比我。義和團不過那鳥政府裏頭一羣鳥親王鳥大臣。靠着那張鳥懿旨。哄動幾個鳥男女做出來。一毫愛國心一毫眞正排外的思想都沒有的。一敗之後。那鳥王大臣。便設法拍外國的馬屁。求免罪魁。那鳥男女。便個個拿着一張別國的國旗。充做順民了。這能算是外國人的本事嗎。哥哥。請你再念一念法國革命史啊。法國革命的時代。歐洲列國。不是連兵去攻他嗎。法人卻以新募之兵。當擾亂如麻的時候。努力防禦。連戰連勝。不但把聯軍打退。還要左衝右突。大講復仇主義。（壯哉復仇主義）向南方蹂躪意大利西班牙。向北方略荷蘭。改做共和國。向東方大破日耳曼。得其要地。接着拿破崙做行政總官。做皇帝。險些兒把整個歐洲滅盡。大丈夫不當如是嗎。（著）大國民不當如是嗎。（著）我們中國四萬萬多人。若是新政府設立以後。別國不來干預便罷。若還要來。我便拚着和那文明公敵爭個死活。就是把一國人戰死了十分之九。還比法國的人口多些呢。（現在法國共有三千八百五十九萬五千人）哥哥。豈不聞歐美人嘴唇皮挂着的話。說道『不自由毋寧死。』若是怕外國人怕到恁般。將來外國人不準我們吃飯。難道我們也不敢吃嗎。黃君道。（駁論第三十四）你氣也氣殺了。高興也高興殺了。依着你的話。甚麼大事情做不來。但你敢說通國的人。都和你一樣血性。一樣氣魄嗎。李君道。（駁論第三十五）我卻算甚麼人。難道我們好獨爲君子。小覷了全國的同胞麼。黃君道。（駁論第三十六）就算是將來人心能和當時法國一樣。但法國抗禦聯軍的時候。他那新政府是已經立定了。全國是在他統轄之下了。那時法國國內卻沒有甚麼別國的勢力範圍。當他初革時候。卻沒有第三位來阻撓他。今日中國一舉一動。都像是在人家的矮簷下。你那幽期密約的革命軍。可哀可憐根脚未定。他便撲滅起你來。就是再添幾個拿破侖。恐怕也無用武之地哩。兄弟你怎麼處。李君道。駁論第三十七一回不成。更有二回。二回不成。更有三回。乃至十回。一人死去。更有十人。十人死去。更有百人。乃至千人。難道一蹶便就不振。還算得個男兒大丈夫嗎。黃君道。駁論第三十八你算到底多久才能起一回。起多少回才能彀成呢。李君道。這那裏講得定。黃君道。好兄弟。你不過想著中國快些太平起來。强盛起來罷了。依著你的方法。恐怕還要越發慢些哩。李君道。駁論第三十九快慢是說不定的。只是用這個法兒。才有望頭。不然。豈不是坐以待斃了。黃君嘆口氣道。駁論第四十我的可敬可愛的乖弟弟。那一往無前的氣概。死而後已的精神。卻是誰人不感服呢。便是文明公敵也應感服但我們當著這艱難重大的時局。總不是一味著激昂慷慨。便可以救得轉來。兄弟。我想往後革命軍若起。斷不能一鼓便成功的。斷不能全國只有一處革命軍的。若是各處紛紛並起時。現在政府的勢力雖屬薄弱。左傳說得好。牛雖瘠。僨於豚上。其畏不死。恐怕他也不是容易便扯起那一片降旛的。兄弟。不看意大利匈加利的故事嗎。他們經過多少次磨折。才能做成呢。到底匈加利還是得回憲法。便自罷手。意大利也仗著外交奇妙手段。險些兒功虧一簣。何況今日中國有事。不是和一國政府做敵手。還是和許多國政府做敵手。這艱難比他們自然更過數倍了。萬一擾亂一起。政府不能平定。轉請各國代勦。或者外國不等政府照會。便逕行代勦起來。這都是意中事哩。到那時候。這瓜分便認眞實行了。卻不是救國志士。倒變成了亡國罪魁麼。可畏可畏況且不單如此。就是各省紛紛並起。那各省人的感情的利益。總是不能一致的。少不免自己爭競起來。這越發鷸蚌相持。漁人獲利。外國乘勢誘脅。那瓜分政策。更是行所無事。英國滅印度。不是就用著這個法兒嗎。兄弟。我們還要計出萬全。免叫反對黨引爲口實才好。李君道。駁論第四十一哥哥所言。我也細細想過多次。但我的政策。全是俗話說的死馬當活馬醫。因爲我中國瓜分的局面。並不是在將來。並不是在今日。卻是幾年前已經定了局了。現在外國。不過面子上沒有撕破我們這面國旗。沒有倒踹我們這張寶座。其實一國的主權。那裏還有一分一釐在本國手上來。哥哥你說革命怕惹起瓜分。難道不革命。這瓜分就能免嗎。沈痛之極哥哥你看現在的强國。那一個不是靠着民族自立的精神。才能彀建設起來。怎麼叫做自立呢。就是認清楚這個天賦權利。絲毫不受別人壓制。便是了。但凡一個人。若是張三壓制他。他受得住的。便是換過李四換過黃五來壓制他。他也是甘心忍受了。哥哥。你不看見因明集裏頭有一首叫做「奴才好」的古樂府麼。說道。

奴才好。奴才好。勿管內政與外交。大家鼓裏且睡覺。古人有句常言道。臣當忠。子當孝。大家切勿胡亂鬧。滿洲入關二百年。我的奴才做慣了。他的江山他的財。他要分人聽他好。轉瞬洋人來。依舊要奴才。他開礦產我做工。他開洋行我細崽。他要招兵我去當。他要通事我也會。內地還有甲必丹。收賦治獄榮巍巍。滿奴作了作洋奴。奴性相傳入腦胚。父詔兄勉說忠孝。此是忠孝他莫爲。什麼流血與革命。什麼自由與均財。狂悖都能害性命。倔强那肯就範圍。我輩奴僕當戒之。福澤所關愼所歸。大金大元大清朝。主人國號已屢改。何況大英大法大日本。換個國號任便戴。奴才好。奴才樂。世世有强者我便服。三分刁黠七分媚。世事何者爲齷齪。料理乾坤世有人。坐閱風雲多反覆。滅種覆族事遙遙。此事解人幾難索。堪笑維新諸少年。甘赴湯火蹈鼎鑊。達官震怒外人愁。身死名敗相繼仆。但識爭回自主權。豈知已非求己學。奴才好。奴才樂。奴才到處皆爲家。何必保種與保國。

哥哥。這國樂府。雖然有些毒罵得太過分。但看現在舉國的人心。有幾個不是恁麼著呢。（大家想想這首樂府罵着我沒有）外患既已恁般兇橫。內力又是這樣腐敗。我中國前途。豈不是打落十八層阿鼻地獄。永遠沒有出頭日子嗎。我今有一個比喻。譬如良家婦女。若是有人去調戲他。强汚他。他一定拚命力拒。寧可沒了身子。再不肯受這個恥辱。若是迎新送舊慣了的娼妓。他還管這些嗎。什麼人做不得他的情人。你看聯軍入京。家家插順民旗。處處送德政傘。豈不都是這奴性的本相嗎。我實是看定了這個宗旨。若想要我同胞國民將來不肯受外國人壓制。一定要叫他現在不肯受官吏壓制才好。但提到壓制兩個字。便要像千金小姐被人點汚了他的淸白一般。覺得更不可以立於天地。本國官吏的壓制。尚且不肯受。外人還敢惹他一惹嗎。若能一國人有這種思想。任憑他外國有千百個亞歷山大。千百個該撒。千百個拿破侖。也不能瓜分中國。就使瓜分了。也終須要恢復過來。哥哥依著你的政策。一樣的也難免瓜分。我這筆後路預備文章。豈是可以少得的麼。至於你講到各省紛立同志相攻的話。若是這樣的人。也不算愛國志士了。（志士聽者）我想但是肯舍著身拚著命出來做事的。何至如是。這倒可以不必過慮罷。黃君道。（駁論第四十二）你這後路預備的話。原來是少不得的。只是發議論要有個分寸罷了。至講到志士分爭這件事。兄弟你料一定沒有。這卻是你太直心了。據我聽說。現在內地志士。一點兒事情沒做出來。卻已經分了許多黨派。他們的笑話。我也沒有恁麼多閑氣去講他。只是中國革命將來若靠著這一羣人。後事還堪設想嗎。（志士聽者）就是不算這羣人。但是許多人聚在一處。那意見一定是不能全同的。兄弟你想意大利建國三傑。能說他三個人的愛國心有一個不光明正大麼。他們還是各有各的意見。不能相同哩。所以當那破壞建設過渡時代。最要緊的是統一秩序。若沒有統一秩序的精神。莫說要建設不建設來。便是要破壞也不破壞到。兄弟啊。你說要革命．這可是你自己一個人可以革得來的麼．一定是靠著許多人聯著手去做．這卻除了國民教育之外．還有甚麼別樣速成的妙法兒呢．講到國民教育自然是要拿著你那自立精神四個字做宗旨了．既已這種教育工夫做到圓滿那對外思想自然發達．外人自然不能侵入就是專制政體也要不攻而自破了．兄弟這民權兩個字不是從紙上口頭可以得來．一定要一國人民都有可以享受民權保持民權的資格．這才能彀安穩到手的．你幾曾見沒有政治思想的國民．可以得民權．又幾曾見已有政治思想的人．不能得民權呢．這民權固然不是君主官吏可以讓來給他．亦不是三兩個英雄豪傑可以搶來給他的．總要他自己去想自己去求．既然會想會求也終沒有不得到手的哩．你看英國最著名的『權利請願』豈不是由五十多萬人聯名公稟得來嗎．（英王查理士第一時事）英國廢『穀物條例』豈不是由三百多萬人呈詞力爭得來嗎．（十九世紀初年事）將來民智大開這些事自然是少不免的．難道還怕這專制政體．永遠存在中國不成．中國若能到這個田地．你和我也彀心足了．這便是平和的自由秩序的平等．亦叫做無血的破壞．好兄弟．我實告訴你罷現在的民德民智民力．不但不可以和他講革命．就是你天天講天天跳這革命也是萬不能做到的．若到那民德民智民力可以講革命可以做革命的時候．這又何必更要革命呢．兄弟你再想想李君沈吟一會便連嘆幾口氣道．（駁論第四十三）哥哥你說到現在中國人連可以談革命的資格都沒有．這句話我倒服了．但叫我不禁替中國前途痛哭一場．雖如此說．萬不能因他沒有．便灰了心．就是哥哥所講的君主立憲主義．今日中國人還不是連立憲國民的資格都沒有．難道哥哥便好灰心麼．我總是要拿十年二十年工夫．自己去實驗過一回．才了得我的心願．我再有一句話告訴哥哥．今日做革命或者不能．講革命也是必要的．哥哥你看現世各國君主立憲政體．那一國不是當革命議論最猖狂的時候．

才能成就起來。這也有個緣故。因爲君主立憲。是個折中調和的政策。凡天下事必須有兩邊反對黨旗鼓相當。爭到激烈盡頭。這纔能折中調和。他若是這邊有絕大的威權。那邊無絲毫的力量。這調和的話。還說得進去嗎。所以兄弟以爲我們將來的目的。不管他在共和還是在立憲。總之革命議論革命思想在現時國中是萬不可少的。哥哥我從前讀意大利建國史。也常想着意大利若沒有加富爾。自然不能成功。若單有加富爾沒有瑪志尼。恐怕亦到這會還難得出頭日子呢。我們雖不敢自比古來豪傑。但這國民責任。也不可以放棄。今日加富爾瑪志尼兩人。我們是總要學一個的。又斷不能兼學兩個的。我自問聰明才力。要學加富爾萬學不來。我還是拿着那『少年意大利』的宗旨去做一番罷。哥哥以爲何如呢。黃君道。（結論）講到實行。自然是有許多方法曲折。至於預備工夫。那裏還有第二條路不成。今日我們總是設法聯絡一國的志士。操練一國的國民。等到做事之時。也只好臨機應變做去。但非萬不得已。總不輕容易向那破壞一條路走罷了。李君也點頭道是……講到這裏。但聽得樹鴉亂啼。窗隙微白。黃君道。差不多要天亮了。偺們還是假寐片時罷。於是兩人睡下不表。

孔老先生將這場絕大的駁論。念完便著實贊歎一番道。諸君。你看從前維新老輩的思想議論氣魄。怎麼不叫人五體投地呢。（我眞要五體投地了）這場駁論。一直重疊到四十幾回。句句都是洞切當日的時勢。原本最確的學理。旗鼓相當。沒有一字是強詞奪理的。不單是中國向來未曾有過。就在英美各國言論最自由的議院。恐怕他們的辯才。還要讓幾分哩。我們今日聽他這些話。雖像是無謂陳言。（著者欲以陳言二字解嘲乎）但有一件事。是我們最要取法的。你看黃李二傑的交情。他們同省同府同縣同里同師同學同游。眞好像鶺鴒比目兩人便異形同魂一樣。卻是講到公事。意見不同。便絲毫不肯讓步。自己信得過的宗旨。便是雷霆霹靂向他頭上盤旋。也不肯枉口說個不字兒。這些勇氣。是尋常人學得到的嗎。他公事上雖爭辯到這樣。至於講到私情。還是相親相愛。從沒有因著意見。傷到一點兒交情。近來小學教科書裏頭。不是都有『黃李聯牀』一條。講他們兩人的交誼。拿來教那小孩子待朋友的榜樣嗎。諸君啊。你們若是要崇拜二傑。便請從這些地方著實崇拜起來。模範起來。我中國前途。也就日進月上的了。……衆大拍掌。（第二次講義完）

看官。孔老先生這回講義。足足講了兩個多時辰。他的口也講乾了。聽衆的耳也聽倦了。就是我們速記人的手。也寫疲了。諒來看小說的人。眼也看花了。卻是黃李兩君發這段議論的時候。孔老先生並不在旁。他怎麼會知道呢。又如何能殼全文背誦。一字不遺呢。原來毅伯先生游學時候。也曾著得一部筆記。叫做『乘風紀行』。這段議論。全載在那部筆記第四卷裏頭。那日孔老先生演說。就拿著這部筆記朗讀。不過將他的文言變成俗話。這是我執筆人親眼看見的。至於以後有甚麼事情。我也不能知道。等禮拜六再講時。錄出奉報罷。

總批

拿著一箇問題。引著一條直線。駁來駁去。彼此往復。到四十四次。合成一萬六千餘言。文章能事。至是而極。中國前此惟鹽鐵論一書。稍有此種體段。但彼書往往不跟著本題。動輒支橫到別處。此篇卻是始終跟定一個主腦。絕無枝蔓之詞。彼書主客所據。都不是眞正的學理。全屬意氣用事。以辯服人。此篇卻無一句陳言。無一字强詞。壁壘精嚴。筆墨酣舞。生平讀作者之文多矣。此篇不獨空前之作。只恐初寫蘭亭。此後亦是可一不再了。

此篇辯論四十餘段。每讀一段。輒覺其議論已圓滿精確。顚撲不破。萬無可以再駁之理。及看下一段。忽又覺得別有天地看至段末又是顛撲不破萬難再駁了段段皆是如此便似游奇山水一般所謂山窮水盡疑無路柳暗花明又一村猶不足以喻其萬一也非才大如海安能有此筆力然僅恃文才亦斷不能得此蓋由字字根於學理據於時局胸中萬千海嶽磅礴鬱積奔赴筆下故也文至此觀止矣雖有他篇吾不敢請矣

此篇論題雖僅在革命論非革命論兩大端但所徵引者皆屬政治上生計上歷史上最新最確之學理若潛心理會得透又豈徒有益於政論而已吾願愛國志士書萬本讀萬徧也

第四回　旅順鳴琴名士合并　榆關題壁美人遠游

且說黃李兩君自從那晚上駁論個通宵到天亮方纔胡亂睡下一覺直睡到九點多鐘本待當日入京黃君忽提議道偺們北游一躺也非容易何不趁此機會到旅順口大連灣游歷一回看看那地自歸了俄國之後他的經營方略如何李君道兄弟正有此意妙極妙極了於是當日起行由山海關折回牛莊營口這是前日經行過的路徑再由營口轉車經過蓋城瓦房店等站翌日便抵旅順口原來從山海關到營口的鐵路雖是借英國款項卻仍算中國人辦理所以路上還是中國景象到那營口旅順鐵路卻是俄國東方鐵路公司的主權這公司雖說是中俄合辦中國人卻那裏管得著一點兒事情只見那路旁滿滿的圍著哥薩克兵站內車內職役人等自上至下用的都是俄人便像進了俄羅斯境內一樣連那站頭所標的地方名兒以及一切章程告示都用俄國字就是通行貨幣也是俄國的幸虧黃李兩君在歐洲也曾學過幾句俄國應酬話不然眞是一步不可行了

卻說兩君搭的是晚車。恰好三月念八日禮拜六早晨七點鐘到旅順。便找一間西式客店住下。剛進門。把行李安放停妥。忽聽得隔壁客房洋琴一響。便有一種蒼涼雄壯的聲音。送到耳邊來。兩人屏著氣。欹著耳。只聽得有人用著英國話在那裏唱歌。唱道。

……………………

Such is the aspect of this shore;
'Tis Greece, but living Greece no more!

……………………

……………………

……………………

Clime of the unforgotten brave!
Whose land, from plain to mountain-cave,
Was Freedom's home or Glory's grave!
Shrine of the mighty! can it be,
That this is all remains of thee?
Approach, thou craven crouching slave:
Say, is not this Thermopylae?

These waters blue that round you lave,
O servile offspring of the free!—
Pronounce what sea, what shore is this?
The gulf, the rock of Salamis!
These scenes, their story not unknown,
Arise, and make again your own;

葱葱猗。鬱鬱猗。海岸之景物猗。
嗚嗚。此希臘之山河猗。嗚嗚。如錦如荼之希臘。今在何猗。

嗚嗚。此何地猗。下自原野上巖巒猗。皆古代自由空氣所瀰漫猗。皆榮譽之墓門猗。皆偉大人物之祭壇猗。
噫。汝祖宗之光榮。竟僅留此區區在人間猗。
嗟嗟。弱質怯病之奴隸猗。嗟嗟。匍匐地下之奴隸猗。嗟來前猗。斯何地猗。寧非昔日之德摩比利猗。
嗟嗟。卿等自由苗裔之奴隸猗。不斷青山環卿之旁。周遭其如睡猗。無情夜潮與卿爲緣。寂寞其盈耳猗。

此山何山猗此海何海猗此岸何岸猗此莎拉米士之灣猗此莎拉米士之巖猗
此佳景猗此美談猗卿等素其諳猗
咄咄其興猗咄咄其興猗光復卿等之舊物還諸卿卿猗

唱到這裏琴聲便自戛然止了李君道哥哥你聽這不是唱的擺倫 Byron 那「渣阿亞」Giaour 的詩篇麼黃君道正是擺倫最愛自由主義兼以文學的精神和希臘好像有夙緣一般後來因爲幫助希臘獨立竟自從軍而死眞可稱文界裏頭一位大豪傑他這詩歌正是用來激厲希臘人而作但我們今日聽來倒像有幾分是爲中國說法哩說猶未了只聽得隔壁琴聲又悠悠揚揚的送將來兩君便不接談重新再聽聽他唱道

The isles of Greece, the isles of Greece!
　Where burning Sappho loved and sung,
Where grew the arts of war and peace,—
　Where Delos rose, and Phoebus sprung!
Eternal summer gilds them yet,
But all, except their sun, is set.

(沈醉東風)……咳希臘啊希臘啊……你本是平和時代的愛嬌你本是戰爭時代的天驕「撒芷波」歌聲高女詩人熱情好更有那「德羅士」「菲波士」(兩神名)榮光常照此地是藝文舊壘技術中潮卽今在否算除卻太陽光線萬般沒了

黃君道．這唱的還像是擺倫的詩呀．李君道．不錯．是那「端志安」Don Juan 第三齣第八十六章第一節呀．也是他借著別人口氣．來警醒希臘人的．只聽得琴聲再奏．又唱道．

The mountains look on Marathon
And Marathon looks on the sea;
And, musing there an hour alone,
I dream'd that Greece might still be free;
For, standing on the Persian's grave,
Icould not deem myself a slave.

(如夢憶桃源)瑪拉頓後啊山容縹緲．瑪拉頓前啊海門環繞．如此好河山．也應有自由回照．我向那波斯軍墓門憑眺．難道我為奴為隸．今生便了．不信我為奴為隸．今生便了．(著者案翻譯本屬至難之業翻譯詩歌尤屬難中之難本篇以中國調譯外國意填譜選韻在在窒礙萬不能盡如原意刻畫無鹽唐突西子自知罪過不小讀者但看西文原本方知其妙)

黃君道．好沈痛的曲子．李君道．這是第三節了．這一章共有十六節．我們索性聽他唱下去．正在傾耳再聽．只聽得那邊琴聲纔響．忽然有人敲門．那唱歌的人說一聲『Comein』(言進來也)單扉響處．琴聲歌聲便都停止了．黃君道．這是甚麼人呢．別的詩不唱．單唱這亡國之音．莫非是個有心人麼．李君道．這詩雖屬亡國之音．卻是雄壯憤激．叫人讀來精神百倍．他底下遂說了許多甚麼『祖宗神聖之琴．到我們手裏頭．怎便墮落．』甚麼『替希臘人汗流浹背．替希臘國淚流滿面．』甚麼『前代之王．雖屬專制君主．還是我國人．不像今日變做「多爾哥」

蠻族的奴隸。』甚麼『好好的同胞閨秀。他的乳汁。怎便養育出些奴隸來。』到末末一節。還說甚麼『奴隸的土地。不是我們應該住的土地。奴隸的酒。不是我們應該飲的酒。』句句都像是對著現在中國人說。一般兄弟也常時愛誦他。黃君道。這唱歌的到底是甚麼人呢。說是中國人。爲何有這種學問。卻又長住這裏。說是外國人。他胸中卻又有什麼不平的事。好像要借這詩來發牢騷似的呢。兩人正在胡猜。只聽得鄰房的客已經走了。不到一會。那唱歌的主人也關門出來。兩人正要看看他是什麼人物。因此相攜散步出門。張望張望。恰好那人轉過身來。正打一個照面。卻原來是二十來歲一個少年中國的美少年。穿著一件深藍洋縐的灰鼠袍。套上一件青緞對襟小風毛的馬褂。頭戴著一件藍絨結頂的小帽。兩人細細打諒他一番。那人也著實把黃李二位瞅了幾眼。便昂昂踏步去了。兩人回房。正要議論議論。恰好聽著外間鈴聲走響。知是早餐時候到了。便到餐樓吃飯不表。

卻說旅順口本是中國第一天險。當中有黃金山大砲臺。足有三百多尺高。四周圍有雞冠山、饅頭山、老虎尾、威遠營、蠻子營、椅子山、各砲臺。有大船塢、小船塢、水雷營、製造廠、等大所在。自從甲午一役以後。被日本占領。跟著俄羅斯用狡詐恫嚇手段。假託租借名目。歸入俄國版圖。現下俄人改做關東省。派一位總督駐箚。那關東總督管下分做四區。第一是大連區。第二是貔子窩區。第三是金州區。第四便是旅順區。据光緒二十八年壬寅俄國所出西伯利亞工商業年報。稱關東省共有住民二十萬一千一百四十一人。內中俄國人三千二百八十六。歐洲各國人百九十四。日本高麗人六百二十八。其餘都是中國人和滿洲人了。滿洲人有六萬七千多。中國人卻有十九萬二千多。內中山東直隸人居了大半。各省不過寥寥小數罷了。當下黃李兩君吃過了飯。便出外到各處游覽。只見港內泊有俄國兵船二十來隻。砲臺船塢各工程忙箇不了。市街上雖然不甚繁盛。卻有一種整齊嚴肅的氣象。兩君順步前行。見有一家商店招牌上寫著廣裕盛三個字。黃君道。這一定是廣東人的鋪子。偺們進去探望一探望也好。原來此地南方人極少。這鋪子裏頭的人好容易碰不著同鄉的遠客。當下這兩位進去。通通過姓名。問明來歷。鋪裏頭的人自是歡歡喜喜的敬茶奉烟。不必多表。內中一位老頭兒問道。兩位到來。是爲著公事還是爲著私事呢。李君道。都不是。我們不過游學歸國。順道兒來看看這裏中國人的情形罷。那老頭兒便嘆口氣說道。這個不消提起了。想老夫自從十八年前。因爲這裏築砲臺修船塢。有許多大工程。工人來得很多。所以在這裏開個小小買賣。幸虧托福。還賺得幾個錢。便將家眷全份搬來居住。豈料自從和日本打敗仗以後。接二連三。迎新送舊。到了今日。卻是在自己的地方。自己的屋裏頭。做了個孤魂無主的客人。那苛刻暴虐情形。眞是說之不盡哩。這裏俄國政府。前年也曾想抽人頭稅。每人每月一盧布。（著者案一盧布照中國現在銀價約值一兩）後來聽說有一位官員說道。待東方人民要從不知不覺裏頭收拾他。不可叫他驚動騷擾。這事便罷議了。雖然如此。別樣租稅。種種色色。還不知有幾多。地稅房捐。比從前都加一倍。不消說了。甚至一輛車子。一乘轎子。一隻三板都要抽起來。這還罷了。就是養一隻狗。也要抽兩盧布。養一隻雞。也要抽半盧布。兩位想想。這些日子。怎麼能彀過活呢。至於做生意的人。更越發難了。他近來新立一種叫做營業稅。分爲四等。一等的每年要納三百六十盧布。二等的百二十。三等的六十。四等的四十。此外還有種種名目。計之不了。黃君道。這算是正項的稅。則此外還有甚麼官場貪贓額外勒索的沒有呢。那老頭兒道。怎麼沒有呀。那俄羅斯官場的腐敗。正是和中國一個樣兒。在這裏做生意。若不是每年預備著一份大大的黑錢。還過得去嗎。就是賣一塊肉。賣一根柴。也要拿出一二成和那做官的對分哩。這還罷了。又常常有許多名目。叫人報效。記也記不了許多。我就講一件給你們聽聽罷。舊年八月裏頭。那大連灣的巡捕頭忽然傳下一命。說道某月某日皇家特派某將官來連查察事務。叫家家戶戶都要掃除潔淨。還要每家獻納五盧布至八盧布不等。若打掃得不乾淨。或過期不繳出這錢。都要罰銀五十盧布等話。自古道。在人矮簷下。怎敢不低頭。這些柔順良民。卻有甚麼法兒抵抗他呢。急得屎滾尿流。典衣服賣兒女的將錢湊出繳去。卻是過了兩三個月。那裏看見甚麼將官的影兒。不過是巡捕的荷包兒癟了。要想個新法兒弄幾文罷了。這卻有甚麼人敢去和他算賬麽。這講的是官場哩。再講到那兵丁。更是和强盜一箇樣兒。還記得舊年十月裏頭。有山東人夫婦兩口子。因為有急事夜裏頭冒雪從金州去旅順。路上碰著幾個哥薩克馬兵。說道他形跡可疑。一拿拿了去。到了兵房。那兵官便叫帶到自己屋裏頭。把那婦人著實姦淫一番。把那男子帶的一百五十圓也搶箇精光。卻攆他出去了。及到出來。又是十幾箇兵丁。截住輪姦。你想那婦人如何受得住。白白就被他幹死了。第二天那男人到衙門裏訴寃。有誰理他。卻是連呈子都不收。那男人氣極。也自尋短見死了。你說做著別國的人民。受氣不受氣呢。黃李兩君聽到這裏。不覺怒形於色。李君直著脖子說道。這口鳥氣。幾時才能洩得。那老頭兒道。李大哥。你氣也是無用。若使你長住在這裏。天天聽著新聞。只怕你便有一百幾十個肚皮。還不彀氣破呢。黃君道。我看見報紙上說的。這裏的官。除了總督以外。只有四個區長和那巡捕長、裁判長、稅務長、等幾個大官。是用俄羅斯人。底下許多小官。都是中國人做的。還有甚麼市議會。都是由中國商民公舉議員。難道眼見著這些委屈。都沒有個公道嗎。那老頭兒道。不用說了。不用說了。若使沒有這些助桀為虐的無恥之徒。我們也可以淸淨得好些。就只有這一羣獻殷勤拍馬屁的下作奴才。天天想著新花樣兒來蹧蹋自己。這才迫得這些良民。連地縫兒都鑽不出一個來躲避哩。罷了罷了。中國人只認得權力兩個字。那裏還認得道理兩個字來。黃君道。你老人家在此經商多年。諒來資格也不淺。曾否在市會議員裏頭有個席位。何不聯絡幾個公正人去整頓整頓他呢。那老頭兒道。老漢近來因生意不前。固然沒有這種資格。彙之這裏議員的規矩。面子上雖說是由百姓公舉。其實都是拿些錢去俄國官場幹弄得來。老漢雖然沒有才學。這點羞惡之心是有的。難道老不要臉。還要替外國人充一回眞正奴才麼。黃君肅然道。原來是一位愛國的好漢。失敬失敬了。李君道。既然如此。你老人家何不搬回家鄉。何苦在這裏受這口無窮惡氣呢。那老頭兒聽說。便長吁一聲道。咳、客官。我何嘗不想到這樣呢。只是現在中國官場待百姓的方法。你說就會比這裏好些嗎。只怕甚幾倍的還有哩。這還不了。依著現在朝廷的局面。這內地十八省。早晚總不免要割給別國人。到那時候。不是和我們這裏一箇樣嗎。（猛省）老漢下一回地獄。已經彀受了。犯不著拿這條老命。再往第二層第三層活地獄裏跑了。罷了罷了。說著眼圈兒一紅。幾乎弔下幾點老淚來。黃李兩君不便再提。重復講幾句家常寒暄的話。便自告辭。那老頭兒還款留晚飯。兩人說客店裏有事。謙遜一番。別去了。（著者案以上所記各近事皆從日本各報紙中搜來無一字杜撰讀者鑒之）

兩人出門。不勝歎息。還到海口著實調查了一回。方纔回到客寓。已是晚飯時候。兩人換過衣服。同到餐樓。認著自己的席位坐下。不一會。看見對面席上。也來著一位中國人。仔細一看。不是別人。正是早上在隔壁房裏唱歌的那美少年。彼此自是歡喜。不免在席上攀談起來。黃李兩君從口袋裏取出名刺。將籍貫職業履歷。略敍一番。那少年道。我今日偶然忘記了帶名片。見諒見諒。便接著說道。小弟姓陳名猛。賤號仲滂。浙江衢州府人。從前也曾在湖北武備學堂肄業。卒業之後。上頭要留在那裏當敎習。因爲看不過那官場腐敗情形。便自辭了。如今正在奔走江湖。想盡盡自己面分的國民責任。可惜沒有聯手的同志。沒有可乘的機會。竟自蹉跎荏苒。過了好幾年了。李君便道。今兒早上偺們在隔壁房裏聽著閣下唱著擺倫的詩歌。那雄壯的聲浪裏頭帶著一種感慨的氣魄。便猜著一定是個有心人。今晚得在這裏相見。我們這一行。眞算不孤負了。但不敢奉問閣下到底爲著甚麼事來這旅順口。在這裏還是久住。還是暫住。陳君猛便道。不瞞兩位說。兄弟自從離了湖北以後。心裏常想道。俄羅斯將來和中國是最有關係的。現在民間志士。都不懂得他的內情。將來和他交涉。如何使得。因此發箇心願。要學俄羅斯語言文字。游歷俄羅斯地方。去年四月。便到這裏。一則學話。二則看看割地以後的情形。以爲中國往後若是有瓜分之禍。這便是箇小小的影兒了。所以想在這裏多住些日子。查個詳明。現在行蹤未定。只怕還有一年幾箇月躭閣哩。說完。又跟著問道。兩位從歐洲游學回來。爲何忽然來到這裏呢。黃君道。我們是從聖彼得堡搭西伯利亞鐵路回來。到了山海關。忽然想起去國之後。不過幾年。我們的地圖。倒有好幾處換了顏色。不勝感慨。故此就近繞道。特來這裏瞧瞧。也不過和閣下一樣意思的。三人正談得入港。不知不覺已經吃完了晚飯。陳君道。早上在門口碰見兩位。看那颯爽的英姿。便覺肅然敬重起來。但見兩位穿著西裝。以爲是日本人。細看却又不像。正在納罕。偺們無意中遇著。也是一段機緣。雖未深談。已是一見如故的了。晚上請到我房裏頭暢談半夕。彼此吐吐心事何如。黃李兩君道。妙極了。說著三人散席。同去。黃李兩君回到自己屋裏。洗過臉。換過衣服。便過隔壁陳君住房。只見那房分做前後兩間。後便是臥房。前間當中擺著一張書案。書案對面掛著一張英文的俄國經營東方地圖。書案左側放著一張小小洋琴。右側安著一個玻璃洋木的書架。架內拉拉雜雜的放了好些書。三人在書案旁邊圍著坐下。黃君順手把案頭放著的一本舊書拿來一瞧。卻是英國文豪彌兒敦的詩集。已經看得連紙張都霉爛了。黃君便問道。看來閣下一定是很長文學很精音律的麼。陳君道。見笑見笑。不過從前學軍的時候。聽那外國軍歌。解得這音樂和民族精神。大有關係。心裏想去研究他一番。這彌兒敦和擺倫兩部詩集。是小弟最愛讀的。因爲彌兒敦贊助克林威爾做英國革命的大事業。擺倫入意大利秘密黨。爲著希臘獨立舍身幫他。這種人格。眞是値得崇拜。不單以文學見長哩。黃李兩君聽說。越發敬重起來。心裏暗想道。這人的學問志氣精神。樣樣不凡。確是將來一個人物。想來內地人才是有的。只是沒人去聯絡他。所以做不出甚麼事來。兩人正在那裏亂想。沈著臉。好一會沒有說話。只聽得陳君忽然問道。兩位從西伯利亞一路來。這奉天吉林各地方。是經過的。小弟正要有一件事奉問。不知可能見教麼。黃君道。請教甚麼事。陳君道。自從上前年拳匪之變。俄國借著代平內亂的名目。東三省到處派兵屯駐。近日經幾次交涉。俄人允將駐兵撤去。現在北京政府的人。都說這件後患已經免了。但据各國報紙說的俄國撤兵。還是和未撤一個樣兒。他的勢力倒比從前更穩固些。這種情形。雖然猜也猜得著幾分。但小弟還沒有親歷其地。未知究竟如何。兩位是方纔從那裏來的。可能明白這個底細麼。黃君道。我們回來的時候。也曾沿路躭擱考究考究。雖是爲日無多。不能十分精確。那外面是大略看得出來的。講到俄羅斯撤兵這件事嗎。那裏算得是撤。不過掩耳盜鈴。挪動一挪動罷了。從前喀希尼條約。巴布羅福條約。（著者案喀希尼者前俄國駐劄北京公使巴布羅福者前俄國署理公使光緒二十二年李鴻章與喀氏定第一次中俄密約廿四年總理衙門與巴氏再訂條約各國報紙皆各以此二使之名名其約）訂明許俄國派兵保護鐵路。卻是俄國鐵路從哈爾濱經過吉林奉天遼陽直至營口。所有要害繁盛的都會。都是鐵路的勢力範圍。他說撤還不是和沒撤一樣嗎。你看他從牛莊撤去的兵。不過挪到遼河上流俄國租界裏頭。和東便達子巢地方。這兩處都只離牛莊一點鐘的路程。他那從奉天府撤去的兵。不過由城裏搬到城外租界也只離城幾里路現下正在那裏建造大兵房。可以容得六千多人的哩。他那從遼陽撤去的兵。又是挪到城外的鐵路租界。這租界裏頭卻是新起成石壁大兵房兩座還日日在那裏築砲臺建兵丁病院。全是預備永遠駐箚的樣子呢。再有吉林省城的兵說的是到四月八日（著者案此西歷一九〇三年四月八日也）就要撤去其實不過挪到西便格安集地方。恐怕這話還是假的。爲甚麼呢。因爲俄國現在正要脅北京政府要從格安集通一鐵路支線到吉林省城。這樣還何必要挪動呢。至於哈爾賓算是俄羅斯的都會。索性連兵也不消撤了。這樣看來。那撤兵的話。豈不是狙公飼狙的手段。朝三暮四來騙那北京政府一班糊塗蟲嗎。据我看來東三省地面現在早已經變成了俄羅斯的印度了。閣下在這裏將近一年專心調查這些事。諒來所聞一定越發的確。未知尊論何如哩。陳君道。可不是嗎。俄人的陰謀辣手。眞是司馬昭之心路人皆見。就是北京政府也何嘗不知道。不過自己瞞自己瞞得一天是一天罷了。俄國這幾年經營東方。他那蠻力實在驚人得很。据千九百年三月十九日俄國官報說的。他在中國國境和黑龍江沿岸的陸軍共有五萬九千三百六十人。在西伯利亞地方的有一萬五千百六十人。在關東省（著者案即旅順大連一帶）的有一萬三千四百二十人。此後還新編成兵隊一萬七千二百人。加上西伯利亞新軍團四萬六千人。哥薩克一萬七千五百人。共計十六萬九千人。保護鐵路的兵還不在內。講到海軍呢。當中日開戰以前。俄國東洋艦隊只有巡洋艦六隻。西伯利亞海軍團只有砲艦四隻。到舊年統計東洋艦隊已有戰鬥艦五隻。巡洋艦八隻。砲艦三隻。驅逐艦五隻。西伯利亞軍團亦有巡洋艦一隻。砲艦六隻。合計二十七隻。十一萬零七百四十九噸了。這旅順口便是他東洋艦隊的根據地。你看他不是日日操演。好像在前敵一般麼。這還不了。近來又添出個小艦隊。新造成二十五隻小船。專游弋圖們江烏蘇里江上下游。說是防備海賊哩。

（著者案此乃最近事實據本月十四日路透電報所載）我想目下北方一帶。那裏還算得中國地方。不過各國現還持著均勢政策。又看見北京政府一羣老朽。件件都是千依百順。正好拿他當個傀儡。其實瓜分的政略。是早已經實行的了。就是這地圖不換顏色。那主權失掉了。官吏人民都做了人家的孝順孫兒。這還和瓜分有甚麼分別呢。你不信。只管細細看那東三省三個將軍的行事。那一件不是甘心做中國的逆臣。反替俄國盡忠義嗎。李君便問道。這些無恥的的官吏是不消說了。難道那人民便都心悅誠服他不成。陳君道。誰肯心悅誠服。只是東方人是被壓制慣了。從那裏忽然生出些抵抗力來。況且俄國待此地的人。是用那戰勝國待俘虜的手段。一心要給些下馬威。叫這些人知到他的利害。那橫暴無理的事情。講也講不了許多。我這裏有一張昨日才寄到的新聞紙。內中一段講到這個情形。請兩位看一看。說着從右邊書架底下那層拿出一張西報來。兩人一看見是美國桑佛郎士戈市的「益三文拿」報。陳君翻着第三頁指着一條題目。兩人看『是滿洲歸客談』看他寫道。

美國議員波占布。因想查考俄羅斯待中國人的情形。改了中國服裝。到滿洲地方游歷。在那裏躭擱了半個多月。昨日回來。據他說的。哥薩克兵到處蹧蹋中國人。實在目不忍覩。中國人便吃飯也要躲在密室裏頭。倘若不然。只要碰着那哥薩克兵經過。他不餓便罷。餓起來便闖進去。端着大碗大碟的吃個風捲殘雪。就是我因爲穿的是中國裝。也曾着過他一次。正端起飯來。吃不至兩口。就被他搶去了。再有中國人所開的鋪子。那哥薩克兵進去。看見心愛的東西。不管他價錢多少。只隨着自己意思給他幾文。便拿了去。甚至一文不給的時候都有哩。那鐵路礦山做工的工人。屢屢被兵丁將他的工錢搶奪精光。這種新聞。算是數見不鮮的了。有一次我從營口坐車到附近地方。路上碰見一個哥薩克走來。不管好歹。竟自叫我落車。想將這車奪了自己去坐。我不答應他。他便斗大一個拳頭揮將過來。虧我懂得句把俄國話。說一聲我是美利堅人。方纔罷手。又有一次。無端端迫我脫下衣服。也是我講明來歷。方走開了。我在那裏不過二十天。已經遇着了恁麼多橫暴無理的事。正不知住在那裏的中國人。怎樣過得這個日子哩。著者案此段據明治卅六年一月十九日東京日本新聞所譯原本並無一字增減

黃李兩君看畢。隨說道。這樣看來。豈不是滿洲別的地方。那中國人受的氣。比這旅順一帶還甚些麼。陳君道。甚得多哩。我看俄人的意思。是要迫到東三省的人民。忍也忍不住。捱也捱不起。跳起來和他作對。他便好借着平亂的名兒。越發調些兵來駐箚。平得幾躺亂。索性就連中國所設的木偶官兒都不要了。黃君道。俄人這些舉動。雖是令人髮指。卻還似老虎吃人一樣。人人都會恨他。都會防他。更有在南方占定勢力範圍的幾個國兒。專用那狐狸精手段。先把你的精血吃盡。才慢慢的取你性命。到臨死的時候。還說他是我的情人呢。李君道。狐狸精固然可惡。老虎亦是可怕。陳大哥你久在這裏。熟悉情形。也曾想得出個甚麼法兒。將來對付他的麼。陳君道。現在中國是恁般一班人當着政府。這卻有甚麼好講。若還換過了一番局面。一國國民認眞打疊起精神來。據我看俄羅斯是沒有什麼可怕的。李君道。這是甚麼緣故呢。陳君道。天下最可怕的。莫過於國民膨脹的勢力。現在英國德國美國日本。都是被這種勢力驅逼着。拿中國做個尾閭。獨有俄羅斯呢。這種勢力。雖不能說他沒有。但大半卻是從君主貴族侵略的野心生出來。所以我覺得這各國裏頭。俄羅斯是最容易抵抗的。去年曾看見日本人著了一部書。叫做俄羅斯亡國論。說俄羅斯也是一個老大帝國。不久便要滅亡。雖然立論有些偏處。卻也都還中肯哩。他現在日日侵略外頭。也不過爲着內亂如麻。借此來鎭壓人心罷了。其實俄羅斯的國力。那裏能彀在今日生計競爭界中。占一個優勝的位置。他現在雖然也跟著人講那振興工商的政策。但專制政體不除。

任憑你君相恁地苦心經營，民力是斷不能發達的，生當今日，那民力不發達的國家，能㲄稱雄嗎，我想中國將來永遠沒有維新日子便罷，若還有這日子，少不免要和俄羅斯決裂一回，到那時候，俄國虛無黨也應得志，地球上專制政體也應絕跡了，兩君以爲何如麼，黃李二人點頭道是，再拿表一看，見長短針已交十一點鐘，二人告辭歸寢，陳君道，兩位打算在這裏還有幾天耽閣，黃君道，也不過兩三天罷了，陳君道，明日恰好是禮拜日，兄弟也沒有甚麼事情，就奉陪兩位到大連灣金州一游，何如，李君道，妙極了，明兒再見罷，於是分手歸房、一宿無話。

明日六點鐘，大家起來，同到餐房吃過早飯，三人相攜着去游大連灣金州貔子窩等處，一連游了兩日，陳君還說了許多俄國內情，和他在關東省各種方略，黃李兩君也說了許多歐美諸國的文明精神，自此三人如膠似漆，成了眞正同志，不在話下，過了三日，黃李兩君告辭回京，陳君道，兩位何不索性到威海衞膠州一游，由海道回南，豈不是好，黃君道，俗們行李還在山海關，只得再走一躺，陳君不便挽留，說一聲珍重，別去了。

且說黃李二人從旅順搭早車，晚上八點多鐘纔到山海關，仍在前日的客店前日的房裏住下，胡亂吃了晚飯，不免有些疲倦，倒頭便睡了，次早起來，梳洗已畢，正在收拾行李，打算起程，猛擡頭望見前日醉中題壁的那一首詞底下，接着滿滿的寫了一幅字，上前仔細看時，卻是一首和韻，兩人一面看一面念道，

血雨腥風裏，更誰信太平歌舞，今番如此，國破家亡渾閑事，拚着夢中沈醉，那曉得我儂憔悴，無限夕陽無限好，望中原賸有黃昏地，淚未盡，心難死。

人權未必釵裙異，只怪那女龍已醒，雄獅猶睡，相約魯陽迴落日，責任豈惟男子，卻添我此行心事，眉鼻曌痕

人不見。向天涯空讀行行淚。驪歌續壯心記。

讀完。黃君道。這好像女孩兒們口氣。李君道。看這筆跡。那雄渾裏頭。帶一種娟秀之氣。一定是閨秀無疑了。往下看時。只見還有跋語兩行。寫道。

東歐游學。道出榆關。壁上新題。墨痕猶溼。衆生沈醉。尙有斯人。循誦再三。爲國民慶。蒹葭秋水。相失交臂。我勞如何。棖觸迴腸。率續貂尾。　癸卯四月　端雲并記

李君道。奇了。這人莫不是也要搭西伯利亞鐵路去游學。和我們恰做個東勞西燕麼。只是他游學。爲甚麼不去西歐。卻去東歐。不從香港去。倒從這邊去呢。當下兩人猜擬了好一會。畢竟著摸不出。只得將他的詞抄下來。記入『乘風紀行』裏頭。便當日搭火車經由天津入北京不表。

總批

今日之中國。凡百有形無形之事物。皆不可以不革命。若詩界革命。文界革命。皆時流所日日昌言者也。而今之號稱爲革命詩者。或徒摭拾新學界之一二名詞。苟以駭俗子耳目而已。是無異言維新者以購兵船練洋操開鐵路等事。爲文明之極軌也。所謂有其形質。無其精神也。著者不以詩名。顧常好言詩界革命。謂必取泰西文豪之意境之風格。鎔鑄之以入我詩。然後可爲此道開一新天地。謂取索士比亞、彌兒頓、擺倫諸傑構。以曲本體裁譯之。非難也。吁。此願偉矣。本回原擬將『端志安』十六折全行譯出。嗣以太難。迫於時日。且亦嫌其冗腫。故僅譯三折。遂中止。印刷時。復將第二折刪去。僅存兩折而已。然其慘澹經營之心力。亦可見矣。譯成後。頗不自慊。以爲不能盡如原意也。顧吾以爲譯文家言者。宜勿徒求諸字句之間。惟以不

失其精神爲第一義。不然。則詰屈爲病。無復成其爲文矣。聞六朝唐諸古哲之譯佛經。往往並其篇章而前後顚倒。參伍錯綜之。善譯者固當如是也。質諸著者及中西之文學家。以爲何如。瓜分之慘酷。言之者多。而眞憂之者少。人情蔽於所不見。燕雀處堂。自以爲樂也。此篇述旅順苦況。借作影子。爲國民當頭一棒。是煞有關係之文。其事跡雖不能備。然搜羅之力頗劬。讀者當能鑒之。

飲冰室專集之九十

世界末日記

地球之有生物。凡二千二百萬年。其間分六期。太初期一千萬年。生物原始期六百萬年。生物發生期二百三十萬年。高等生物發生期五十萬年。原人期三十萬年。人智開發期二百萬年。自茲以往。地球日以老。太陽日以冷。而一切有情。遂皆滅盡。

太初時期。地球皆洋海也。洋底凸處。厥生島嶼。島嶼連積。寖成大陸。水質鬱蒸。騰爲空氣。太陽熱力。最初極盛。以次遞減。溫熱之度。愈𨒪愈低。原人期間。地球面積四分之三。尙以水蔽。溫度猶甚。不適民宅。年復一年。紀復一紀。雨水之一部分。深漬入地。不還大洋。雨量日減。洋面日窪。空氣愈減。溫度愈降。而冰雪界之範圍日以擴大。前此惟在高山及南北兩極地者。寖假遂侵入溫帶矣。太陽者。地上一切光熱之原力也。太陽本體。既日冷卻。其發光力漸失。前此如電如燄之靑白色烈光。漸變爲金色。漸變爲黃色。爲赤色。其發光之變化。由日面斑點之增加。噴火之減少來也。坐此之故。地上溫熱。日低一日。地形隨之而變。陸日多而海日少。寒帶之氣候。移於溫帶。溫帶之氣候。移於熱帶。遂使兩極與赤道。日相接近。人畜之所得居者。惟在赤道下溫暖之谿谷。其餘諸地。皆成雪磧冰天矣。

歷數十世紀以後。人智愈進。人道愈完。形體上之勞作。既已盡絕。電氣機器之用。普徧全球。一切物類。可隨意用人力以生產之人種合一萬國大同。雖於一羣之中。尚有優者劣者治人者治於人者之分。不能如古代詩家所夢想之完全平等。然殘酷慘苦之事。殆絕跡矣。於是西曆紀元後二百二十萬年頃。人類文明最後之中心點。移於赤道下亞非利加中央之桑達文市。前此羅馬、巴黎、倫敦、維也納、紐約、諸名都巨府。既於數十萬年前。埋沒於冰下。

桑達文之共和府。今也奢侈華麗。文明達於極度。上古時巴比倫、羅馬、巴黎諸地幼稚的快樂。視之殆瞠乎其後其進步之結果。其科學工藝勞作之應用。使人生之快樂幸福。達於絕頂。敏靈之電氣。濃郁之薌澤。微妙之音樂。常使人之五官。受劇烈之刺激。華燈璀璨。雖夜若晝。人之神經。與之相逐。無寸晷之休息。於是男女平均僅及二十五歲。卽消耗其能力以死。人人見地球寒氣之日烈一日也。知彼久沍而永不解之嚴冬將近也。愈恣意於目前一日之樂。相競於生計之華美。極耳目之欲。舉世之婦人。無欲爲人母者。上等社會之女子。講求種種方法以避姙娠。其爲世界盡爲母之義務者。惟下等社會中之少數者而已。而當時受寒氣之襲擊最劇且烈者。惟下等社會爲尤甚。馴至一切婦女。皆覺姙娠生產之無所利。相率避之。卒乃桑達文政府以公議發布一法律曰。有能爲我地球產出最後之人民者。則以共和府全體之財產贈與之以爲報酬。雖然。終無應者。

噫。世界終末之期。早已至矣。地上已無復新生繼出之人類。然人人尚望幸福之在於來日。怨恨不和悲嘆爭論誹謗絕望之聲。絡繹不絕。人類生活之價值已失。最後經醫學會會員悉心評議講救治之法。曾無寸毫效。此有限之人民。發癲狂病者。日多一日。醫學會員政治家等。互相討論。爭議激烈之極。至以刀劍相血鬬。而生理上政治上之救濟。竟不可得見。

時則有共和府最後之住人名阿美加者。原注阿美加者最後之義也 大集公衆。攘臂而責其顚癡。且建一議曰。請以政府之費造電氣飛船。乘之以探求赤道溫暖之地。率國民而移住焉。卒乃共贊此議。遂造飛船。命健壯之男子乘之。騰空以試遠征。

噫。登高一望。極目千里。全地早已隱蔽於冰雪之下。到處荒原殘壟。凄涼寂寞。如睡如泣。霜雪漫空。海陸一色。時見孤峯寂然立於冰洋之上。偶藉羅盤經緯線之力。想像零落舊都之遺跡。地上萬物。既無一之可辨識。其接於眼簾者。惟有「冰」與「無」之兩物而已。每夕目送太陽之赤盤作死色。以沈於皚皚白原之西端。如是者以爲常。

飛行數日。船員之死於餓死於凍者。既已過半。日者船中一人下瞰。見有一河。尚未冰結。細察其旁。似有零落大都之遺址。試下降焉。不料河邊竟有一羣之人。船員皆如夢如覺。喜躍無量。地上之羣。亦以非常喜色迎之。蓋此羣亦人類最後之一羣。而方在絕望之極點者也。羣中一老人。身穿鹿皮。相貌奇古。爲一羣之長。今見新客之從天降也。羣集左右。燔柴枝炙魚肉以相歡待。於是新來者。遂一談其來歷。且問曰。以地形方位測算之。此地得非南亞美利加洲之亞瑪遜河口乎。按亞瑪遜大河在今巴西國世界五大河之一也

老人曰。然。聞諸上古之口碑。此亞瑪遜河之水。其大如海。今也全不然。昔者巴西、亞爾然丁、哥倫比亞諸國之盛於南美也。北美洲分爲聯邦。紐以合衆國政府。其在歐洲。有法蘭西英吉利俄羅斯諸國。互握霸權。爭相雄長。其時之大西洋。非常廣闊。自紐約至哈布黎。自檳南浦至達卡兒。彌望皆海水也。今之西印度大陸。注意當時不過區區數島嶼而已。大洋之水。比諸今日。既多且深。降雨頻繁。河水不涸。如此地者。永世以來。不見冰雪。草木暢茂。花

鳥四時。曾幾何時。迄於今日。此等景物。隨地球之形質而全變異。大地之自轉本軸。日以遲緩。晝長月遠。太陽全冷。疇昔大洋之水。蒸發入空。爲雲爲雨爲泉爲川者。今皆乾涸於地殼內。空氣乾燥。溫熱減少。人畜之住處。漸次減縮。今惟餘赤道一帶之地。少保殘喘。卽橫貫於吾儕亞美利加與君等之亞非利加同一緯線之片地而已。

彼歐洲者。由北極而西伯利亞、而拉布蘭、而亞爾布士、而高加索、而比利尼士、先後次第埋沒於冰塊之下。當前此紀元十九世紀二十世紀之頃。彼中號爲文明之極軌者。曾不數百年。遂以滅亡。而一無所存。彼歐洲諸國。因其人羣組織之方法離奇妖怪。卒自澌滅於其本身之血海之裏。當時之宗教家、政治家、經濟家、侈然以爲永久宏大之榮華幸福。集於彼等。囂然以天之驕子自命。豈意曾不旋踵。遭支那人復仇之襲擊。遂狼狽散亂。而無一足以自保也。（壯哉我支那人譯至此不禁浮一大白但不知我國民果能應此豫言否耳）据近世史所記載。昔嘗有探險遠征者。入冰中以探古代巴黎倫敦柏林維也納聖彼得堡之舊跡。所至往往見其所用種種兵器。竊計當時之人類。實與禽獸相去不遠。蓋爲一種野蠻之族類。無可疑也。（罵盡歐人）彼其野蠻情狀。徵諸今日圖書館所存古書。亦可見其一斑。彼時有犯罪者。以刀劍毒藥種種殘忍之方法以殺之。而號稱文明中心點之大都會。往往有大革命之起。塡屍如陵。流血成河。或懸人於壁而銃殺之。有所謂斷頭機者。殺人如草。不聞聲云。此等風俗。實今日吾人所不可思議者也。近世史家指吾輩之此等遠祖。謂未可加以人類之名。誠哉其然也。（罵盡歐人）

使於彼時代而世界之末日忽至。遽爾陸沈。則其所損失者亦自有限。顧乃不於彼時。而於今日。今也星移物換。至於我輩所值之時代。使我等不得不死。不得不亡。我等之死亡。實由於冱寒耳。大地之物產既絕。無五穀。無家畜者。已數百年矣。食物之存者。惟一魚類而已。我等之中。無一婦人。我今日早已無可新產之兒孫矣。

新來者聞此最後之一言。如電氣然刺激於胸腦。飛船船長驚曰。嗳呀你們裏頭。亦是沒有一個女人嗎。老人曰。然。無婦人久矣。船長曰嘻我等故土無一婦人。我等實求配偶求傳種。故遠航以至於此。老人曰噫。君等亦無女性者存乎。主客相顧。默然有間。

却說非美兩洲此等事件初起以前。於亞細亞洲之錫蘭島。實爲亞細亞人種最後逃避之所。其時之錫蘭島。因海水已涸。直與亞細亞之南端相緊接。蓋此地以近赤道。故嘗爲此方之樂園者也。今也於亞端士山麓有最後之人類婦人十二名者存。

此地男性之人類早已消滅。先是此地女權極盛。一切政治事業皆全歸於巾幗社會。其結果也少女之數。遂遠加男兒之上。自數世紀以前。凡代議士法律家醫家種種高尚之職業。皆以健强之女子代柔弱之男子。趣語寖假而商業技藝文學等。人羣中所有事業。皆壟斷於女子之手。男子之教育日以荒落。馴至求一適當之園丁農夫。亦不可得見。其婦人亦不必直接勞作。惟以精巧之機器。成就各種事物。及地力既盡。生物之繁殖日以減殺。人類之孳乳。亦自不得不差縮。自此以往。不復有如前日之成一家族有多數之兒孫者矣。間有姙產。而女子之數。常多於男子。即幸得一二男子。亦大率殤夭不育。蓋遺傳淘汰天演之作用使然也。此等傾向日甚一日。及至世界之末日將近。而亞細亞洲僅餘三家族耳。不幸其中男子二人。亦早夭逝。至是而代表亞細亞曠劫以來過去未來之人種者。惟此十二婦人。

此十二婦人中。其最少者名曰愛巴。生三歲而其父死。其父即人類最後之父。而與其母結婚未久。即罹心臟病以死者也。丁斯時也。因人口業務之減少。而萬物所附屬之利益價值。亦隨之而減少。疇昔廣大繁華之錫蘭大都會。次第爲植物所進擊。而日以埋沒。街衢第宅。鞠爲廢丘。雜草荊榛。高可隱屋。人治退去。天行猖狂。凡寒帶地之植物禽獸。皆園集於大都之旁。都中所餘之建築物。惟一公家圖書館而已。館中所有一切文學書。久已荒廢。其可覽者。惟有考究世界末日大問題之科學書籍。與過去之歷史。此生存之一羣。雖尚日望永遠之幸福。而其大凶日早已相逼而不可復避。

人力既已衰頹。於是萬能力之機器作用。亦隨之而消滅。電氣之動力已廢不用。其間有游歷者。只爲避冰雪之襲擊。逃而至他耳。當數世紀以前。全地球之人民。無論住於何地。雖隔千萬里。得對語如比鄰。全地合爲一國民。同用一種言語。雖然。今也隔絕寂寞。忽復於太古混沌之舊世界。三羣之遺民。互相睽隔。彼此不復知消息。而前此錫蘭雄壯活潑之婦女。今也統治之精神。好奇之感情。一切消滅。乃至快樂愛情之希望。亦已墜絕。雖餘彼等最無聊最不幸之一羣姊妹。結成一離鸞寡鵠之淒涼家族。同著尼服度此殘年。此實愛巴三歲時之情狀也。

雖然。厄運既日迫。瞬息不可留。此一羣中以非常之速率而日減削。經十五年。已蝕亡其過半。當阿非利加桑達文飛船飛降南美之際。錫蘭之一羣。僅餘五人。而其最少年者方十八歲。

於時彼飛船隊聞老人之言。已知亞美利加無一婦人。亞非利加亦復如是。歐洲既久葬於冰雪裏。亞細亞亦已於一世紀以前不通聞問。想其命運亦與歐洲等。然則除逕返故土之外。更無希望。乃於翌日辭美洲之兄弟而行。

當飛船之啓行也。美洲之一羣。頗有欲與之偕。以移住於桑達文者。然以老者不堪懷土之情。欲埋骨於故山也。又以非洲亦無復婦女也。故遂止。而船中人乃獨就歸途。此次復繞地球之他面以行。經過美國之故墟。但見零落舊都。隱沒於點點白烟之中。其淒涼有更過於來時路者。掠疇昔泱泱之太平洋。今日莽莽之白平原。而過若者爲暹羅。若者爲新嘉坡。若者爲蔴六甲。其地面久已爲層冰深雪所蔽。時正近錫蘭。雪色稍薄。停船一眺。異哉。一零落大都之下。蠢蠢然若有人跡。是正地球上最後婦人栖止之鄉也。

船員驚喜下降。諸男子等告以此次遠征之目的。及其所經歷。彼一羣之女子。於絕望之餘。獲此奇遇。朱顏頓開。心目俱豁。相會不及半日。而此憔悴五尼女。忽變爲媚秀之五美人。諸男子乃說諸女子以同赴桑達文之利益。彼等雖尚戀戀故土。然默忖此地物力既盡。不可終日。如彼桑達文。或尚有數年安居之希望。遂悉表同情。願與偕行。就中男子之阿美加與女子之愛巴二人者。一度相見。愛情纏綿。恍如曠刼以來。久別復合。於是淹留半月。男女相握以向桑達文。彼等探險隊得此美滿之發明。其愉快何如哉。

不圖山河未改。風景全殊。彼等既返故土。而桑達文已迥非瀕行時之情狀。曾無一人倚門以望埽徑以迎。頫首一望。前此常時集會之公館。已成蕪廢。賸有纍纍墳墓。突兀眼前。彼等出此空船。先入公館。但見其親族朋友。死體狼籍。或正瀕於死。餘喘呻吟。蓋自彼等遠遊以來。居民之數。已僅餘三十。加以怒風頻號。酸雪屢襲。一切廬室。破壞無餘。今惟恃此堅牢之一公館。相率羣居。爲最後逃避之所。雖然。復有一種傳染病起。次第勦滅衆生。今早成一不堪入目之餓鬼地獄。此遠游之歸客。惟以吻沫相濡煦。舍此更無他圖。

既而寒氣日加烈。風不斷。太陽之微弱光線。不復能透過濃霧以照此世界。惟於室內燃火。緊閉窗戶。少保存溫度於萬一。羣中之最勇敢者。至此早已絕望。惟日日屈指以數生存者之數。計數禮拜內。由十五人而餘十人。由十人而餘五人其遺存於最後者僅有阿美加及愛巴之兩男女與數千萬年前之亞當夏娃相對峙彼二人者生息於慘苦之下既久忽然一日大風頓息太陽復從雲間瑟縮而出於是二人更鼓勇氣思一見世界最後之現象乃復駕飛船冉冉上騰俯瞰桑達文全都早入雪中不復可辨彼等見北方一帶之地冰雪稍薄乃向以進行

撒哈拉沙漠以南亞非利加之大曠原雨雪雲霧皆不如他地之甚蓋由其地質爲地球中寒氣最低度使然也自此土以達於亞剌伯、努比亞本爲熱帶風經行之路故埃及之一部分得免嚴冰暴雪之襲擊二人循此以行止於層冰峨峨之尼羅河上騁目一望但見布拉密之大金字塔莊嚴如故偉大如故屹然立於千里一白之間於戲此人類第一之華表而太初文明之紀念碑也彼其幾何學的碩大之建築與天地相終始彼以其翛然物外之冷眼覷盡此世界無量家無量族無量部落無量邦國無量聖賢無量豪傑無量鄙夫無量癡人無量政治無量學術無量文章無量技藝乃至無量歡喜無量愛戀無量恐怖無量慘酷無量悲愁一切人類所經營所構造其得遺存於世界之終末者惟此一物惟此一物於是乎世界最後之人與最初之王者卒乃同求安身立命之地於此一坏土之下於戲不亦奇哉不亦奇哉

未幾暴風再起大雪頻注愛巴曰『我等終不可不死今行何之乎願請少留妾惟願憑郎君之腕以死於平和』

二人乃求金字塔中一洞穴占一坐於其內相與憑眺一望無垠之冰雪原

此絕世之少女爲寒氣所襲以輕顫之皓腕與所愛者相偎抱此絕世之美少年亦微抱所愛者之酥胸。香腮厮揾萬種溫存雖然風益暴凍益甚雪打金塔砉砉有聲少年曰『愛卿啊我等實世界最後之人也君看此世界

中國土何在。政治何在。學術何在。技藝何在。榮華何在。威力何在。今日全地球只贏得雪中一大荒塚而已。』少女曰。『然吾觀歷史上無量數之美人。顚倒幾多英雄豪傑。纏綿歌泣於彼數十寒暑。雖然。愛根終當斷絕。愛根終不得不斷絕。妾愛君也。而今既不得不死。君愛妾也。而今既不得不死。』少年曰。『雖然。我輩有不死者存。』少女曰。『然我輩有不死者存。一切衆生皆有不死者存。妾今已不寒。請與君一散步。』何圖方欲起立。此少女之足。已爲寒氣所迫。失其感覺力。向後忽倒。乃曰。『妾今欲眠。』乃以纖手倚少年之肩。吻與吻一相接。彼少年握其所愛者之手。置諸膝上。曰、『吾愛卿。吾護卿眠。』於時放最後之眼界。一瞥太空。萬有之形。一切既死。萬有之相。一切既死。萬有之色。一切既死。萬有之聲。一切既死。惟餘雪風颯颯。薄擊刧刧。塵塵不滅之金字塔。地球上獨一無二之形相聲色。於是乎在。

俄而有一種異音。跫然來前。嘻。此何聲歟。其金字塔中更有人歟。其鳥歟。其寒帶之熊歟。何圖一匹之犬。來於彼兩相愛者之側。一跳一躍。發大慈悲大歡喜之聲。以震盪此最後世界。噫。此阿美加所畜之愛犬也。以何因緣。而得來此。吾不能知焉。但見夫跳擲數匝。以舌舐兩人之面與其手。以身翼覆彼等。而彼等已寂然無聲。

自茲以往。漫天之大雪。益降積於地球之全面。

而地球尚自轉本軸。向無垠之空中。孳孳汲汲。飛行無已時。

太陽依然也。然其如死之赤光。歷永年後。卒全消滅杳然一黑暗的天墓。長在深夜之裏。繞此厖然一大黑丸以運行。

羣星歷歷。尚依然燦爛於無限之空中。

無限之空中，依然含有無量數之太陽，無量數之地球，其地球中，有有生物者，有無生物者，共有生物之諸世界，以全智全能者之慧眼微笑以瞥見之「愛」之花尙開。

譯者曰，此法國著名文家兼天文學者佛林瑪利安君所著之地球末日記也，以科學上最精確之學理，與哲學上最高尙之思想，組織以成此文，實近世一大奇著也，問者曰，吾子初爲小說報，不務鼓盪國民之功名心進取心，而顧取此天地間第一悲慘殺風景之文，著諸第一號，何也，應之曰，不然，我佛從菩提樹下起，爲大菩薩說華嚴，一切聲聞凡夫，如聾如啞，謂佛入定，何以故，緣未熟故，吾之譯此文，以語菩薩，非以語凡夫語聲聞也，諦聽諦聽，善男子善女人，一切皆死，而獨有不死者存，一切皆死，而卿等貪著愛戀瞋怒猜忌爭奪胡爲者，獨有不死者存，而卿等畏懼恐怖胡爲者，證得此義，請讀小說報，而不然者，拉雜之，摧燒之。

飲冰室專集之九十一

俄皇宮中之人鬼

此篇乃法國前駐俄公使某君所著也。俄前皇亞歷山大第三。以光緒二十年十月。崩於格里迷亞之離宮。旋以莊嚴之儀式。歸葬於聖彼得堡。其誰不知。此文不過著者之寓言耳。雖然其描寫俄廷隱情。外有無限之威權。內受無量之束縛。殆有歷歷不可掩者。專制君主之苦況。萬方同概。豈惟俄皇。譯此以爲與俄同病者弔云爾。　譯者識

余不幸以小說家聞。今將執筆述一親見之怪事。此其事茍稍識俄國內情者。眼光應能照及。猶恐讀者以出余手筆。且以事實類於不經。或疑爲子虛賦烏有先生傳。則大失余意矣。故今先與讀者約。必毋以讀小說之意讀茲篇。

歐洲人以外交家自許者甚衆。而無一人能知俄羅斯。非不知俄羅斯。不知俄羅斯之政府也。以彼行事主祕密。其中有萬種不可思議之隱情。故彼當局者。藉假面以與天下相見。猶俳優登場然。余奉使駐彼得堡時。彼亦僅授余以一尋常看官之位置。而不意余之竟能入其內幕。而察其眞相也。

自皮相者觀之。俄國以專制聞天下。君權無限。生殺與奪。一在其手。天下最快心得意占地球上縱欲家第一等地位者。孰有過於俄皇哉。雖然六十年前康士但丁公。以太子之身。棄位而逃。以讓其弟尼哥拉第一。此世人所

共聞也。聞焉者駭焉以爲公何高尙乃爾。敝屣富貴乃爾。而烏知夫好逸惡勞趨安避危。亦猶夫人之恆情。彼其於利害得失閒審之極熟。不欲就虛名而受實禍以爲高也

有俄國者。非俄皇也。俄皇爲獵犬。而別有驅而嗾之者。俄皇爲傀儡。而別有持而舞之者。嗾之舞之者誰。彼其遺族官吏之中。自有一種不可思議之祕密黨。盤踞全俄。無上之勢力逆者死。觸者壞。從俄皇屢代遇刺。萬乘之尊。如豕在牢。不知者以爲全屬虛無黨使然。而豈知其斃於親臣大臣之手者。尤夥且毒。而彼日日崇皇拜皇言皇權神聖不可侵犯者。乃正爲皇獄吏爲皇劊手也。

歲甲午西曆十月。俄前皇亞歷山大第三以病不起。聞各國報館皆舐筆爭紀其事。既而新君登極移住冬宮。天下想望新政。其國之新黨。咸謂今皇居儲貳時。已不喜專制政策。行將取自由主義以饜民望。則最劇最烈可畏可怖之虛無黨。亦以政局未定。沈幾以觀其變。故今皇初卽位時。俄國政界稱最靜謐。雖然。俄廷者。奇聞怪象之淵藪也。政海波瀾。靡時或息。無端有一種無可思議之怪說起。其說維何。則冬宮有鬼也。其鬼維誰。則先帝亞歷山大第三也。

俄國警察手段之密之捷之酷甲天下。稍觸政府之忌。則將以雪窖冰天之西伯利亞爲葬身地。國中人蓋兢兢焉。此謠言之起也。索隱家雖屬於目。而莫知其說所自來。更閱數日。則已噤口莫敢復道。其知之而言之者。不過上流社會之若干人耳。俄國報館既相戒勿敢言。外國訪事更安從耳之。故歐洲各國。殆無一人能知其事者。而獨奈何有余一人在。

讀者勿謂余好奇也。余竊念此事。或有關法國之利害。故必欲窮其眞相然後卽安幸也。天假之緣。余彼時正在

俄京聖彼得堡也。余駐俄公使任既滿。何以仍在俄。則以代表法國賀俄皇加冕。公事既畢。為舊交所縈維。未能遽行故。

余充公使時。有一知己。為尼士智伋公爵夫人。其子名波里斯。為皇帝近侍。現正服職冬宮。冬宮有鬼之說既出。其翌日。公爵夫人招余飲。談及宮中今夕開大跳舞會事。忽見波里斯盛服匆匆自外來。比入門。遽高聲曰。母親。願聞昨晚之事乎。夫人叱曰。有客在。胡得無狀。波里斯紅漲於面。急向余為禮。余識波里斯時。彼正在提抱。視余猶父。今已翩翩一美少年矣。余以其有事稟母。辭欲行。母子强留。波里斯為余述所見。可知一時震動上流社會之風說。正波里斯揚其波也。

我輩嘗讀俄國史者。必能知俄皇所住冬宮。為世界上著名壯麗之宮殿。無俟余喋喋。以其太大也。故餘於用常有空房。以患虛無黨也。故不居之室。亦置守兵。皇眷所居。則選近衛兵之秀者衛之。皇帝所居。則以貴族少年任侍衛。波里斯即其中之一人也。

俄皇所居室。共有八間。繞以游廊。東通別殿。西盡處有一門。封鎖謹嚴。其前面少有餘地。可窺後苑。自此而進。只有空房數間。相傳數十年來無居者。此處原可不設守兵。但以防俠客。故仍派侍衛一人看守焉。波里斯前夜所值宿。即其地也。

疏星明滅。樹陰婆娑。夜靜無人。獨立沈鬱幽陰之境。即勇夫亦覺無聊焉。雖輪值僅三小時。瓜代後即可安息。而衛士猶常不樂奉此職。幸也新君即位之翌日。即命廢此處下半夜之直。於是直宿者皆頌新皇功德不置。

波里斯是晚自九點鐘承乏。照例。空空廊下。其在職時間。以十二點鐘為止。一到期限。即復自由。無論何時歸家。

均聽其便。波里斯頻視其表。心中境界。一起一滅。不知經過萬千變化。真有捱一刻似一夏之想。焦灼彳亍。徘徊翔步。數盡更籌。直至十一點半之頃。倚窗一望。但見月色分光。夜涼似水。風來葉落。月上陰移。愁慘岑寂之氣。豎人毛髮。波里斯視線。爲月光所引。東張西望。猛覺園中現出一物。閃爍於其眼簾之所向。嗚呼。俄國宮中勃鬱陰愁之氣。自昔然矣。雖宮中人司空見慣。覩此亦安得不生怖想。彼何物斯。則一頎然碩大之人影。以白布覆面。正循樹陰。向前面屋角潛行而東。

波里斯謂此人影。其必爲與俄國皇室不共戴天之虛無黨員也。何圖目線盡處。彼人影已行近前門。咄哉咄哉。此門向廢不用。雖設常關。從未有人出入其間。彼乃輕手一推。雙扉忽啓。人遽不見。影遽入滅。波里斯駭絕。不知所爲。心中鶻突。若芒在背。時自鳴鐘已報十二下。波里斯竟呆然若無所聞。惟內自忖度。將默息乎。將告警乎。將默息而有所不安。將告警而有所不敢。

波里斯之所以不敢者何也。一告警而波里斯之命將在旦夕也。讀者苟稍知俄國內情。必能知其虛無黨之性質。彼虛無黨固出沒於皇室肘腋之下者也。俄之宮廷。若蜂窠然。穴其中者。孰黨於皇。孰黨於虛無。誰能辨之。此人影者既已能出入宮禁。卽使果爲鉏麑。則其本職非將官卽侍從也。苟一旦告警。被捕。彼何難設一口實以自解脫。轉反噬以誣波里斯。彼俄廷之人。其久知之矣。故相率諱匿。得過且過。蓋盡忠皇室之人。其危險殆與謀逆者等。專制國之通例然也。波里斯之遲回審顧也亦宜。

波里斯正倉皇失措。忽聞一種異音。發自空房。隨風而至。傾耳諦聽。則門扉闔闢之聲也。默忖以爲彼俠客者。必潛入無人之室。將取道此空廊以襲皇居也。危機一髮。手無寸鐵。波里斯之狼狽。不言而喻矣。猛憶休憩室中有劍一鎗一。遂飛步往取。取得走出。及門。忽目瞪而不能眙。舌撟而不能下。腰挺足繭而不能復步。何以故。則以有一怪體突走空廊掠波里斯而過故。

咄此怪體何物也。其人耶其神耶其園中之木魅耶。何圖乃一昂然七尺之黑影。黑衣曳地。白帛覆首。當寒月青青徵光之下其面目約略尚可辨識。彼物非他。正身死未寒舉國官吏爲之服喪之前皇亞歷山第三龍顏也。刹那間。波里斯驚魂稍定。鼓勇拽足出戶外。循空廊一望。乃更奇絕怪絕驚絕。咄咄咄咄。剛纔所瞥見之形影忽又寂然消滅。不可蹤跡。惟餘月光滿地。寒蛩唧唧。與宮漏之聲相應和。

以上云云。皆波里斯所自述也。余聞而駭然。乃徐問曰。空廊之側。別有他室否。答曰。無有。惟近此邊有一戶。乃所以杜斷新皇所居之通路者也。余素不信怪異。因再糾問波里斯。是否由於眼花所致。波里斯力言不謬。其母夫人亦證其所見必眞。余於是生疑心。其所疑與波里斯見怪時所起之初念正同。以爲必屬虛無黨所爲。彼殆賺得後園門鑰。以入於此。即通過皇居之戶鑰。亦或在彼手中。彼處自昨夜始廢下半夜輪値。而今亥盡子初之際。彼人突入空房。殊非偶然。余雖持此論。而波里斯力言所見確爲先帝之丰姿。且云。先帝見背未久。聲音笑貌宛然。必無錯認之處。余辨詰既窮。則除實驗之外。更無別法。若彼果爲虛無黨員。則今夜幸有宮中大會。必再出現。乃決意與波里斯同往彼空廊守望。以覘其實。波里斯亦素以膽氣自豪。恐以見鬼見怪。膽怯氣沮。爲人所笑。因樂從余說。於是相攜赴宮中大會。

俄爾大公主美而豔。約余共舞。若在平日。余必竭才藝以博公主歡。不遑他顧。而當時以有事在心。且座間各人議論。皆在宮中有鬼一事。益生眩惑。時尊貴之人。往往以孩子迷惑爲解。而其間以爲虛無黨所爲。與余同見者居多舞舉。余就一侍臣某細詢其事。彼眞不失俄國人之眞面目。其所言皆不出俄國政府之故技。彼力言宮中風說牽連先帝。不喜聞之。願勿再言。余聞此言。知宮中亦以爲重事。乃不復究詰。復走近公主側。公主炫其華服。問余以此在巴黎當得何聲價。愛情濃盎溢於眉宇。而此時余與波里斯所約之時限已到。乃不復閒談。辭公主而出。

波里斯果如約。迎余於門外。相與潛上石階。直趨廊下。前班守衛。方正欲去。波里斯介吾相見。詭告以欲一觀休憩室。彼笑頷之。幸彼亦忙赴會。匆匆竟去。時宮中大鐘正敲十二點。空廊之下。唯余與波里斯兩人。乃各執手鎗。同立空廊者片時。旣恐阻彼人之來路。乃退伏於休憩室。室中無燈光。苟有人從空廊過。必得見之。乃開休憩室門。靜候消息。

候至兩刻。萬籟寂然。絕無影響。余謂波里斯誑我也。諷之。波里斯有怒容。余無聊甚。離坐潛出空廊。東張西望。并不見有所謂人影者。正納悶間。忽見有一物。遙觸余目。而余之胸遂躍跳不止。細審之。見波里斯所謂禁房者。忽現出一線幽光。映余眼簾。急向休憩室揮手。波里斯知有事。股栗而出。隨余手所指處。瞪目一視。忽戰聲疾呼曰。異哉。此火光從何而來。彼處十年來未嘗舉燭也。余點首。潛聲曰。君言是也。然何足畏。余所疑。必當若彼果爲鬼物。何以火光爲。是今所見。比之鬼物尤爲可畏。其爲潛居空房以謀不軌。無可疑矣。

波里斯頷余言。因曰。將如之何。呼守兵來邪。抑報包探長邪。余於政治界閱歷旣深。一切機密。皆莫能逃余法眼。余知此事必非尋常。若遽報聞。必致後悔。卽波里斯亦不宜使知眞相。乃謂波里斯曰。凡事不宜倉卒。余必欲探得其實情。且余爲外國公使。代表一國。法律上所謂神聖不可侵犯。則探虎穴而得虎子。正余之任。君盍留此待余獨往查火光之所從出。若踰十五分鐘不返。則竟往報包探長可也。波里斯初憤余不與偕。後以他言賺之。因出表相對。畫十五分之定限。余遂潛行向空廊之火光而進。

火光自空廊盡處石室重門之下洩出者也。初欲敲門。繼而變計。因念彼怪必自此門出入。或爲出來地步。未嘗扃鎖。亦未可知。余既定計。乃試執門環一轉。覺微動。乃乘勢一推。果應手而闢。更一推。門遂啓。而聲大響。余以此時無復可隱。乃放膽排闥直入。余所入處。若門房然。窺其奥。似有數房。而絕不覺有人氣。惟右首有一室。戶半開。火光正從此出。空廊望見者。卽此火之末光也。乃急掩大門。奔入此室。

余當時之驚詫。余當時之震慄。至今猶銘刻腦中。欲忘不能忘。何以故。當闢門一響之際。室內有一物。忽自椅上蹶起驚立。其物非他。正波里斯所謂身長八尺。服被黑衣。其容黯淡。其色悽涼。嗚呼。果身死未寒之亞歷山第三也。

余當時一見。驚絕。曾啓口作何語與否。今不復記憶。惟見彼人自懷中出一鎗相擬。余自知生死關頭。亦急出短鎗相向。且大呼曰。余乃法國使臣也。今藉天皇之威靈。問汝果爲誰人。彼人遽垂小鎗。熟視余。少頃若有所覺察。乃發一種悲聲曰。余亞歷山第三也。語既畢。卽倒坐椅子。余時不能自禁。手一震。短鎗轟然擲地。身幾倒。幸爲椅所支。氣殆絕。久之乃曰。嗚呼。乃陛下耶。外臣唐突。伏乞見諒。雖然。陛下……余一語未終。亞歷山遽曰。卿必以我爲死矣。又長嘆曰。居吾語汝。汝既來此。知余密事。吾復安能隱。汝盍安坐。今余已非帝者身矣。余驚定告坐。帝曰。卿請言卿所以至此之由。我以爲此避世桃源。必非外人所能至也。卿以何因緣而得來此。余乃具以前情告之。帝曰。有是耶。有是耶。我素知卿。卿偵探祕密之手段。在歐洲無可與倫。今余將一切心腹告卿。或反爲利。尤幸卿只一人來。且喜卿素重信義。今吾將語。其靜聽之。

余父亞歷山第二在彼得堡街上。斃于炸藥。卿所知也。此等險象。余雖憚之。然不足爲余怖。兵凶戰危。常人所怯也。然乘好勝之心。毅然當之。曾不足爲余懼。惟有日復一日年復一年。有一種特別危難。伏於肘腋。處處相隨。無一息之間斷。是則人所最難堪者也。余不幸登俄國血腥之帝位。自茲以往。遂無日不在愁困苦痛之中。一刻不能自安。自皮相者觀之。皆以余爲君權無限。而不知余爲左右所掣肘。無權無力。一事不能辦。天下不察。反以余躬爲叢怨之府。嗚呼。余眞無樂乎爲君。以堂堂七尺之軀。乃僅爲左右之傀儡。其有罪也在余躬。其有危也在余躬。吾嘗自哀自訟。不知前世作何惡業。今乃託生爲專制君主。歷盡人間世不能歷之苦況也。人多以維新改革說吾。若卿者。最熟悉俄國事情者也。卿爲我設身處地。余果一從事改革。則彼等太后黨世家黨。其有不欲得余而甘心者耶。余再拜曰。誠然。帝乃繼語曰。余擁此虛位。陽似尊榮。實則與禁錮無異。求與民間一富翁比。尚不可得。坐是之故。余蓄志欲退位者。十餘年於茲矣。徒以吾子未長成。未克當此難局。是以不果。今幸機會已至。平昔所志。可以實行。雖然。余知退位之後。仇我者尚不能釋然也。天下怨毒甚深。舉國中無論在朝在野。爲臣爲民。率皆欲剚刃余腹。然後爲快。然則余雖退位。曾不足釋怨家之憾。徒自撤藩籬。無以自衛。故余不得不作欺人之事。佯死以掩天下之耳目。乃擇一人跡罕到之境。送此殘年。余既自幽於此。乃始得一餐之甘味。獲一夕之安寢。回視數月以前。則昔地獄今天堂也。此事若能永祕。則吾如重囚遇赦。夫復何求。故吾只告余心腹五人。除吾妻吾子及忠義醫生二人。僕一人外。無有知者。吾一切計畫既定。以爲在此齷齪世界。既一切無可留戀。余忘天下。天下亦遂忘余矣。卽卿之友之爲余近臣者。彼亦斷不疑亞歷山猶生。卽偶見影響。亦以爲鬼焉已耳。何圖遭卿警斂。而計遂破。卿若不忘故舊。其有何策。可以解衆惑而全賤軀耶。

余聞言。心戚戚焉。方欲有言。忽憶波里斯相約十五分之限。急視時表。已踰十二分。因遽起立。再拜言曰。有人相待。恐不爲陛下利。請從此辭。願陛下自安。余決不負陛下。惟有一事奉陳。則請陛下勿再與今皇所居之室數數往來而已。臣在法國公使館。無論何時。倘有要事。當效犬馬之勞。言既。即告別。帝亦依依不欲余行。

余出見波里斯。彼正欲往傳警報之時也。彼發疑問。余以巧言釋之。曰。余所親見。有難告君者。今姑說大略。君殆誤認皇帝父子之貌也。夜中微行。安知不爲今帝。他日若君遭今帝微行。必能知其詳。必不再疑爲異物焉矣。波里斯以余言爲誠也。盡信之。其翌日。更下一諭。令悉廢空廊之守衛兵。於是此風說遂滅。閱數旬。波里斯亦有榮遷太平洋岸海參崴鎮臺中尉之命。

讀者若詰余以後事。則非余所敢言也。然使先帝今尚住冬宫。則余此篇亦不肯遽出問世。雖然。亞歷山陛下。今已藉余之力。移於他處。其地至安極穩。已決非仇敵之所能蹤跡矣。

飲冰室專集之九十二

劫灰夢傳奇

楔子一齣　獨嘯

生巾幘倚劍囊書上

（繞地游）浮雲西下。來去無牽挂。別有奇愁難卸。欲哭還歌。是眞和假。念悠悠天地有淚如麻。

國破山河在。城春草木深。感時花濺淚。恨別鳥驚心。小生姓杜名撰。表字如晦。浙江江山縣人也。早登翰苑。旅食京華。半生困高頭講章。十載飽軟紅塵味。自從甲午以後。驚心時局。大夢初醒。便已絕意仕進。僦屋於城西棗花寺傍。讀書自樂。不料去歲義和構釁。弄兵召戎。獎羣盜爲義民。尸鄰使於朝市。卒使乘輿播蕩。神京陸沈。天壇爲芻牧之場。曹署充屯營之帳。咳、小生那時。親在京師。目覩兩宮倉皇出走之形。羣僚狼狽逃命之狀。以及外兵之野蠻暴掠。民間之狼藉顚連。至今思之。歷歷在目。自念眇軀。無關輕重。遂乃棄官南下。浪跡江湖。今值大難已平。回鑾已達。滿目熙熙融融。又是一番新氣象了。咳、看官啊。你看如今情形。果算得個新氣象麼

（嘯介）今日獨居岑寂。觸緒傷懷。不免嘯歌一回。聊自消遣則個。

（梁州序）蒼天無語。江山如畫。一片殘陽西挂。舊時王謝。燕歸何處人家。陰山鐵騎。斗米黃巾。賸付漁樵話。神京有地騁戎馬。中原無處起龍蛇。泱泱風。安在也。

（嘯介）想起中國現在情形。眞乃不勝今昔之感。看官啊。你道甲午庚子兩役。就算是中國第一大刼麼。只怕後來還有更甚的哩。你看那列强啊。

（前調）迴風砰擊。怒潮傾瀉。萬斛艨艟東下。誰家臥榻。儘伊鼾睡紛呶。優勝劣敗。競立爭存。斯事疇憐惜。百年龍戰歐和亞。夢覺黃粱日已斜。英雄淚向誰灑。

（自語介）自古道物恥可以振之。國恥可以雪之。若使我中國自今以後。上下一心。發憤爲强。則塞翁失馬安知非福呢。（長嘯介）咳。你看今日的人心啊。

（皂羅袍）依然是歌舞太平如昨。叶乍到今兒便。記不起昨日的雨橫風斜。游魚在釜戲菱花。處堂燕雀安頹廈。黃金暮夜。侯門路賒。青燈帖括。廉船鬢華。望天兒更打落幾個糊塗卦。

這算是那一種守舊的咯。別有那叫做通洋務的呢。

（前調）更有那婢膝奴顏流亞。趁風潮便找定他的飯椀根芽。官房繙譯大名家。洋行通事龍門價。領約卡拉。Collar 口啣雪茄 Cigar 見鬼唱喏。對人磨牙。笑罵來則索性由他罵。

咳。你看整日價熙熙攘攘。就只是這兩種類的人。想起中國前途怎生是了。（嘯介）你這般的人啊。就是不想到日後。難道便不記得從前不成。

（北江梅令）俺曾見素衣豆粥陪鑾駕。俺曾見腥風血雨冬和夏。俺曾見列國屯營分占住官衙。俺曾見天壇滿豢著西來馬。卿也無家。我也無家。擔糞士命官似狗。掠胭脂童女如麻、遮莫是泥犂雯現的吉祥花。遮莫是國民償負的文明價。哭徧天涯。徧哭天涯。苦衷難話。這也算去年今日爛錦年華。

（南泣顏回）擔多少童號婦嗟。受多少魂驚夢怕。到如今欲變作風流話。過得些些。樂得些些。不管他堂前燕子入誰家。只顧我流水落花春去也。（嘯介）咳𤔡我一腔熱血從何灑。又是想他。又是恨他。則索披髮長號撫髀長吟聲和淚。斜陽下。

（自語介）我想歌也無益。哭也無益。笑也無益。罵也無益。你看從前法國路易第十四的時候。那人心風俗。不是和中國今日一樣嗎。幸虧有一個文人。叫做福祿特爾。做了許多小說戲本。竟把一國的人從睡夢中喚起來了。想俺一介書生。無權無勇。又無學問。可以著書傳世。不如把俺眼中所看着那幾樁事情。俺心中所想着那幾片道理。編成一部小小傳奇。等那大人先生。兒童走卒。茶前酒後。作一消遣。總比讀那西廂記牡丹亭强得些些。這就算我盡我自己面分的國民責任。罷了。

（尾聲）天荒地老情無那。上聲只贏得憂患餘生。兩鬢華。抖擻着閑情唱出興亡話。（長嘯下）

飲冰室專集之九十三

新羅馬傳奇

楔子一齣

（副末古貌仙裝上）

（蝶戀花）遼鶴千年再來處。城郭人民花錦明如許。一笑掀髯聊爾爾。三生遺恨今償矣。　細數興亡還獨語。多少頭顱換此莊嚴土。布地黃金教歌舞。謝他前度風和雨。

千年亡國淚一曲太平歌文字英雄少風雲感慨多俺乃意大利一箇詩家但丁的靈魂是也託生名國少抱天才夙懷經世之心粗解自由之義叵耐我國自羅馬解紐以後羣雄割據豆剖瓜分縱有俾尼士、志挪亞、米亞藍、佛羅靈比梭士名都巨府輝映歷史都付與麥秀禾油任那峨特狄、阿剌伯、西班牙、法蘭西、奧大利前虎後狼更迭侵凌好似個目蝦腹蟹咳老夫生當數百年前抱此一腔熱血楚囚對泣感事欷歔念及立國根本在振國民精神因此著了幾部小說傳奇佐以許多詩詞歌曲庶幾市衢傳誦婦孺知聞將來民氣漸伸或者國恥可雪幸謝上天眷顧後起有人三傑齊生一王崛起（笑介）哈哈今日我的意大利依然成了一個歐洲第一等完全自主的雄國了你看十一萬方里之面積三千萬同族之人民有政府有議院何等堂皇五十餘萬經練之陸兵二百餘艘堅利之戰船可以戰可以和好不體面這都是我同胞國民拿他的淚血心血頸血千辛萬苦換得來的呀．老夫優游天國．俯視塵寰．覩此情形．感極而泣．生前滿肚皮骯髒不平之氣．這也算消除淨盡了．今日閑暇無事．要往東方支那游歷一番．消遣情懷．（內問介）支那乃東方一個病國．大仙爲何前去．（答）你們有所不知．我聞得支那有一位青年．叫做甚麼飲冰室主人．編了一部新羅馬傳奇．現在上海愛國戲園開演．這套傳奇．就係把俺意大利建國事情．逐段摹寫．繪聲繪影．可泣可歌．四十齣詞腔科白．字字珠璣．五十年成敗興亡．言言藥石．因此老夫想着拉了兩位忘年朋友．一個係英國的索士比亞．一個便是法國的福祿特爾．同去瞧聽一回．（內）這位青年．爲何忽然做起這套戲本來呢．（答）人孰無情．士各有志．精禽塡海．斥鷃笑其大愚．杜宇啼枝．行人聞而墮涕．我想這位青年．飄流異域．臨睨舊鄉．憂國如焚．回天無術．借雕蟲之小技．寓遒鐸之微言．不過與老夫當日同病相憐罷了．（內復問介）既然如此．你老羅馬先覺．歷史名家．何不將這套傳奇內所說事情．先敍一番．等我們略知梗概呢．（答）待我說來．

（念奴嬌）千年羅馬．被強鄰割據．四分五裂．絕代奸雄專制手．付與奧臣特渥．民族精神．自由主義．烘起全歐熱．呼號奔走．一時多少流血．　則有智勇一王．恢奇三傑．愛國心如月．或演縱橫外交策．或用戈矛口舌．革命未成．聯邦卒合．國恥從今雪．興亡何限．救時端賴豪傑．

（內）果然有趣．但係我們不熟歷史．未能領會．還求大仙總括大意．再說一遍．（答）使得．

梅特渥濫用專制權．　瑪志尼組織少年黨．

加將軍三率國民軍．　加富爾一統意大利．

（指介）你看索士比亞、福祿特爾兩位．駕雲冉冉．赴約而來．不免迎前會齊．同去顧曲則箇．（飄然下）

捫蝨談虎客批注

作者初爲劫灰夢傳奇，僅成楔子一齣，余亟賞之，日日促其續成，蹉跎至今，竟無嗣響，日者復見其所作意大利建國三傑傳，因語之曰，若演此作劇，誠於中國現今社會最有影響，作者猶豫未應，余促之甚，端午夕同泛舟太平洋濱，歸夜向午，忽持此章相示，余受之狂喜，因約每齣爲之評注，兼監督之，勿令其中途戛然而止也。

從來劇本，演實人實事，毫無臆造者，惟孔云亭桃花扇一曲，在中國韻文中，可稱第一傑作，此本鎔鑄西史，捉紫髯碧眼兒，被以優孟衣冠，尤爲石破天驚，視云亭之氣魄意境，有過之無不及矣。

尋常曲本，僅敍一二人一二年間事，故結構尚易，此編前後亘七十餘年，書中主人翁凡四五人，意匠經營，眞非易易，吾將拭目以觀其後。

此齣全從桃花扇脫胎，然以中國戲演外國事，復以外國人看中國戲，作勢在千里之外，神龍夭矯，不可思議，吾不得不服作者之天才。

文中但丁者，意大利詩人 Dante 也，生一千二百六十五年，卒一千三百二十一年，其時意大利初爲日耳曼所兼并，故其詩多亡國之音，但科白中所載衰亡事實，多在但丁以後，蓋文家言與史家言異也，讀者不可不審。

索士比亞者，英國名優兼詩家 Shakspeare 也，生一五六四年，卒一六一六年。

福祿特爾者，法國哲學家兼戲曲家 Voltaire 也，生一六九四年，卒一七七八年。

第一齣　會議（一千八百十四年）

（淨燕尾禮服胸間遍懸寶星驕容上）

（口口口）區區帝國老中堂。官樣攬權作勢儘橫行。肥胖。說甚自由與平等。混帳。堂堂大會俺主盟。誰抗。

一手掩盡天下目。兩朝專制老臣心。自家與大利國大宰相公爵梅特涅的便是。現今世界第一雄洲。無過俺歐羅巴。歐羅巴第一強國。無過俺奧大利。奧大利第一大權。無過俺梅特涅。只可笑二十餘年前。法蘭西有一黨亂民。說甚麼天賦人權。甚麼自由平等。鬧起驚天動地的大革命來。接著那飛天夜叉拿破侖單刀匹馬將這如茶如錦的歐洲。殺得個狗血淋漓。七脚八拳。把俺作威作福的名相。嚇得個龜頭直縮。尤可惡者。那拿破侖任意妄爲。編了大大一部法典。竟把盧梭孟德斯鳩那一班荒謬學說。攙入許多在裏面。他征服一個地方。便將那法典頒行。惹得通歐洲所有人民。個個都要自由自治起來。個個都要和我們貴族平等起來。這還了得嗎。幸虧天奪其魄。一敗於墨斯科。再敗於倭打盧。我們十幾國聯軍將這老猴子拿住。流往大西洋南邊聖希拏拿荒島安置。從今以後。天下太平了。但係民氣囂張。毒燄未熄。卻是一樁後患。今日乃一千八百十四年六月廿一日。各國君相。在偺們京城維也納開大會議。推定俺當個議長。待俺抖擻精神。把那民權禍根。一刀兩段斬除淨盡則個。（雜扮列國使臣十餘人上）信在大夫澶淵會。（雜扮諸小國君主十餘人上）祭則寡人南面王。（同見淨作足恭態介）老公相早到了。（淨欠伸回禮介）列位有請。（從懷中取時表看介）時候到了。等俄皇普皇兩陛下光臨。便好開議。怎麼還不見來呀。

（副淨扮俄羅斯皇亞歷山大丑扮普魯士王腓力特列同騶從上）（副淨）

（前調）祖傳專制大名邦。穩當燒城打退老拿皇。功狀小心防著虛無黨。博浪這回第一要排場。抬槓。

（丑　不是恁般說怎麼還未會議便抬起槓來呢。（副淨）好好待你說來（丑）

（前調）中原赫赫一名王。有望目前一步儘他强。謙讓民權打破葫蘆樣。狂妄波蘭一案要提防上當。

（副淨）你怕上誰的當呀。（丑）咄偺們俄普奧三國瓜分了波蘭。波蘭人民心懷不服。這回一定運動想圖恢復呀。怎好不提防。（副淨）你提防卽管提防。卻提防洒家不得。（丑）閑話少說。你看列國君相都已到齊。偺們趕緊赴會罷。（同入介）（衆起坐迎接介）（互握手介）（分次坐定介）（開議介）（淨起立演說介）

（降黃龍）多謝戮力同心。拽倒十餘年混世魔王。從今後粉飾太平。將相王侯得意揚揚。要將一切政體。恢復到舊時模樣……我想今次會議第一問題。要將法國大革命以來。及拿破侖所有胡行妄動。一概翻轉過來。直回到一千七百八十九年以前的情狀。纔是還有那失國的列侯。失地的貴族。都要還他本來……興滅國。巨族名門。裂土分疆。

（衆拍掌稱善介）（副淨）拿破侖從前略定波蘭。舊壤已將俄普奧三國所得地方。合成一個倭梭大侯國。波蘭人民亦願意復合。偺們何不仍其舊貫。再建一波蘭王國。採自由主義。制定憲法。朕願以公平之心。兼王其地。（丑）你好會打算。想討起我們普奧兩國便宜來了。這卻上你當不得。（淨）自由憲法。係與我們專制國體最妨害的。如此辦法。非但於奧普兩國有損。亦俄皇陛下之不利也。但係今日會議。須要和衷共濟也罷。只要將舊波蘭南境的砲臺。全行拆去。就讓與俄國管領罷。再將那撒遜王國。割了一半。讓與普王。也足抵過這躺吃虧了。但係偺奧大利。卻要那愛里利亞及打厮梯亞這幾個地方抵償抵償。（丑副淨）這些地方。都是意大利舊壤。還須參詳。（淨）這意大利只算個地理上的名詞罷了。那裏還算得個政治上的名詞。況且我們藉戰勝國的餘威。難道不要分占些便宜嗎。

（前調）這維馬舊墟。千歲荒涼衰草殘陽。儘戰勝餘威。分烹宰割。誰敢雌黃。高强攫金手段。淸白人慣會算糊塗帳。休相問。鷸蚌爭持。笑煞漁郎。

（衆）老公相果然說得有理。偺們遵依便是。（淨）那意大利之倫巴的、俾尼士兩地。還交奧大利大公之夫人馬利亞管領。其他士卡尼地方。封與我王族弗的南。其摩的拿地方。封與王子佛蘭西士。羅馬教皇皮阿士第七。仍復舊權。尙有撒的尼亞王國。算係意大利一個正統。就把志挪亞舊壤。都歸與他罷。列位看俺這辦法。可還公道麼。（衆）是是。公道得很。（淨）正事已畢。偺們散會同去跳舞作樂罷。（衆諢下）

們蝨談虎客批注

凡曲本第一齣。必以本書主人公登場。所謂正生正旦是也。惟此書則不能因主人公未出世以前。已有許多事應敘也。於是乎曲本之慣技乃窮。既創新格。自不得依常例矣。

此書雖曰游戲之作。然十九世紀歐洲之大事。皆網羅其中矣。讀正史常使人沈悶恐臥。此等稗史寓事實於趣味之中。最能助記憶力。余謂此本宜作中學教科書讀之。

著十九世紀史者。皆託始於維也納會議。蓋此會議實爲百年來最大關鍵也。上接法國革命及拿破侖時代。爲其反動力。下開各國立憲統一事業。爲其原動力。此編首敘之。結構最爲嚴整。

維也納會議。各國君相列座者不下百餘人。可謂古今第一盛會。然其宗旨旣悖謬。其精神自散漫無紀。名爲公會。實則一切條件。皆由數大國私自決定而已。其後俄普奧三帝。結神聖同盟。專以防壓民權爲事。遂起全歐革命。棼亂數十年。僅有今日。自此會後。至千八百四十八年。凡三十四年間。史家稱爲梅特涅時代。故此文注重俄普奧。而尤深誅梅特涅。皆春秋之筆也。

維也納會議爭論最多者。波蘭問題。撒遜問題。日耳曼統一問題。意大利問題等也。故帶敍之。

意大利經拿破侖征服。將前此無數小國。統而一之。施行法國民法。自由統一之精神。旣已萌蘗矣。維也納會議所謂牛羊從而牧之也。故敍意大利史。尤當著眼此會。

此會之結果。使奧國在意大利之權力。更加强盛固也。然撒的尼亞國。實爲他日統一全意之起點。此次合併志挪亞。其國勢漸鞏固。亦最有關係之事實也。故前提之。

維也納會議。爲鬼爲蜮。有類兒戲。此章以極輕薄之筆寫之。謔而非虐也。當時競奢鬬靡。宴會無虛日。會期將及一年。每日所費在十萬圓內外云。時有跳舞大會之目。章末所謂同去跳舞作樂者。蓋實錄也。

梅特涅 Metternich 生一七七三年。卒一八五九年。時封公爵。後晉王爵。

第二齣　初革（一千八百二十年）

（丑持劍騎馬上）手執金刀九十九。殺盡國仇方罷手。（小旦男裝騎馬上）與君直抵黃龍城。痛飲自由一杯酒。（丑）俺乃燒炭黨首領是也。（小旦）俺乃燒炭黨女首領是也。（向丑介）來此已是會所。等我請出兄弟們。

聽哥哥演說一番則個。(向內介)衆兄弟有請。(內)有請。(衆男女雜上)(互相見握手接吻介)(丑登演壇介)(衆拍掌介)(丑)兄弟們。偺們這個燒炭黨。就奧大利政府的奴才視之叫做一個私黨。就意大利同胞的國民視之叫做一個公黨。我們的宗旨啊。不管他上等社會。中等社會。下等社會。九流三教。但使有愛國的熱血。只管前來。不論那一人政體。寡人政體。多人政體。立憲共和。但能除專制的魔王。何妨試辦。叫他是哥老會。三合會。大刀會。小刀會些些不同。但起得革命軍。勤王軍。獨立軍。國民軍件件皆可。(拍醒木介)兄弟們須知奧大利是我公敵。梅特涅是我大仇。凡我黨中同人是與他不兩立的。

(勝如花)背直裂。淚橫流。閑得英雄難受。沒來由隴畔輟耕。甚情緒豪門使酒。好一副健兒身手。雙肩上公仇私仇。滿腔兒家憂國憂。禾黍油油。忍斜陽回首。拚著個頭顱似斗。小朝廷生活堪羞。小朝廷生活堪羞。

兄弟們。你看這裏尼布士王弗得南第一。當一千八百十五年即位之時。本曾向人民宣誓遵守千八百十二年所立之憲法。不料口血未乾。竟背前約。問他的緣故。卻是梅特涅挑撥禁止。恐怕他開起民權自由的先例來。(拍醒木介)你想這樣做下去。偺們意大利人還有復見天日之望嗎。(衆搓手怒目介)(雜持新聞紙號外急上)報報報。西班牙國革命軍起。國王不得已竟自頒行自由憲法了。(衆起座爭閱看介)(小旦取紙朗讀介)(丑)兄弟們。西班牙人也是個人。意大利人也是個人。難道我們就不如他麼。(衆拍掌頓足諠呼介)機會機會。革命革命。(丑)既然如此。事不宜遲。偺們卽刻預備在這尼布士地方起事。還須奉勞幾位姊妹們。到撒的尼亞聯絡同志。一齊禦侮才好。(小旦)使得。(衆)(小旦)

(前調)身萬里。目千秋。颯颯碧鬟紅袖。厭照鸞似水流年。學射鵰沙場勝手。甚功名殼儽消受。趁今日人謀鬼謀。

把從前雲收霧收。鐵血關頭。問鬚眉愧否。漫公憤落他人後。望江山美人對愁。揮金戈美人散愁。(看劍馳馬下)(副淨淨扮二警官上)(副淨)(身列丹墀與朱戶)。(淨)衛護(副淨)威風赫赫王侯署。(淨)紙虎。(副淨)開門點卯站班住。(淨)休誤。(副淨)若有人民來投訴。(淨)發富。(副淨)啐悄悄說不要露出馬脚來。(同笑介)偺們尼布士王宮警衛官今日輪班上值須得嚴肅(丑率衆雜持長鎗短鎗刀斧木棍擁上)願爲民流血。先教衆一心。(衆鼓譟介)(副淨淨吹銀笳告警介)(護衛兵齊集介)(接鬭介)(護衛兵敗介)(淨副淨)你等百姓。究爲何來(丑)不是行同盜賊。亦非圖作王侯。(淨)既不作反爲何持兵(衆)只要人權與自由。鐵血助他成就。(副淨)既然如此散去慢慢商量(丑)無力便無憑藉。不成誓不干休。(淨)到底怎的你們纔心足(衆)但求憲法別無求。卻要我王賭咒。(淨副淨)這樣你們等著待我進報。(外扮尼布士王弗得南第一率王子上)(衆脫帽爲禮介)(外對衆以吻接新約全書指十字架發毒誓介)(王子隨誓介)(衆呼萬歲介)(外下)(雜急上)撒的尼亞人民已預備起義掀本國政府以驅逐奧軍怕特門倫巴的諸地亦同時爆發了。俺奉女首領之命。特來報告(丑)我們須則預備接應。(合)

(餘文)破題兒初成就。最提防雨覆雲翻手。謾倚著今日豪氣元龍百尺樓。(同下)

捫蝨談虎客批注

燒炭黨者。卽加波拿里黨。Carbonari 意大利之祕密結社也。其情形與中國之哥老會等大相類。燒炭黨人之志氣。非不可嘉。但學問不足以副之。故道心不足。條理疏略。一挫便難復振。此齣不以莊重之筆寫之。非以成敗論人。實留爲下文三傑地步也。

俄羅斯之虛無黨。閨秀最多。其行刺轟之事者。大率皆妙齡絕色之女子也。燒炭黨中有此等人否。吾不敢知。竊疑作者以本書旦脚太少。不合戲本體例。故著此一段耳。然以情理度之。未必無其人也。

燒炭黨本無一定宗旨。大率以淸君側爲主義。獨立精神仍有所缺。此其所以不成也。

尼布士王當民變後。以極莊嚴之儀。舉行宣誓大典。政府大臣皆列坐。王以熱誠之言。誓守憲法。蓋亦出於眞意。非受迫而姑以免禍也。亦非如本文所敍之草草也。若非有梅特涅。則意人於此時已可享自由之福矣。

小旦所唱一齣。神采活現。『鐵血關頭問鬚眉愧否』二語。吾讀之亦如冷水澆背。聲音之道。感人深矣。

第三齣　黨獄（一千八百二十一年）

（外扮尼布士國宰相末扮撒的尼亞國宰相上）（外）還他笑罵總何妨。（末）換我南柯夢一場。（外）無量頭顱無量血（末）爲他人作嫁衣裳（同坐介）我等今日受梅特涅公相之命。會審燒炭黨逆徒。須則早到伺候。（淨扮梅特涅上）熱燄熏天可炙手。殺人如草不聞聲。老夫梅特涅。自從維也納會議之後。與俄普兩皇結神聖同盟。合力壓制民權。藉以長保富貴。五年以來。內外安謐。叵耐意大利燒炭黨小醜。不安本分。攪動波瀾。去年竟在尼布士帕特門倫巴的撒的尼亞各地方。同時蠭起。意欲從我輿人手中奪回權利。發布憲法。做個自由自主的人民。（冷笑介）非是老夫誇口。你們意大利人。只算是生前注定命裏帶來的奴才身分罷了。你們的祖宗。做了我家奴才。已幾百年。難道今日倒要不服勁嗎。況且你們那豪門貴胄做官讀書的上等人物個個都做了我家吮癰舐痔一呼百諾的孝順孫兒。爾等螳臂當車。豈非飛蛾送死。(大笑介)你看老夫出小小手段。早已叫他們自己殺起自己來。一語指揮。大局平定。前後拿到逆黨一千餘名。今日老夫要親自拷訊。并檄調尼布士撒的尼亞兩國宰相齊來會審。一來顯顯俺的威風。二來假手意大利本族人。叫他自己殺個干淨。正是任伊從前瞎說人權貴。要你今日眞知獄吏尊。(外末迎見介)(淨中坐外末旁坐介)(外末)老公相到了。就此開審。警官那裏。(雜)有。(外末)將那犯人十個一排。挨次帶上。(雜)曉得。(雜帶丑小旦等十人蓬頭跣足披枷帶鎖上)

(秋夜月)(丑)是男兒自有男兒性。霹靂臨頭心魂靜。由來成敗非由命。將頭顱送定。把精神留定。

兄弟們。我們得做意大利第一次流血的人物。天公待我不薄。須是轟轟烈烈。不要垂頭縮尾。墮喪了國民志氣者。(小旦)正是。我們今日的言語舉動。都要替意大利人造下一個大大紀念。播下一個大大種子來。

(前調)(小旦)鼾沈沈睡虎千年瞑。教我羅袂生寒芳心警。一聲兒晨鐘吼得人深省。將奸奴罵醒。把國民喚醒。

(同見淨外末直立怒視介)(淨拍驚堂介)爾等不服國法。同造逆謀。今日被我拿到。有何話說。(丑)說是有說的。你請定了你的耳神來聽者。

(混江龍)我是爲民請命。將血兒洗出一國的大光明。便今日拚著個萇宏血三年化盡。到將來總有那精衛冤東海塡平。……只有你這老猾賊啊……倚仗著千百年將絕未絕的民賊餘燼。結下了億萬人欲殺未殺的怨毒分明。你那外交政策。是要獻媚列强。演出一手遮天大本領。你那內治經綸。是要挫抑民氣。做倒十層地獄老閻鬘。你在匈加利是一個殺人不眨眼的劊子手。你在日耳曼是個兩頭兒搗鬼的妖魔星。……就是在你奧大利本國啊。……你便假假地與些教育。也是束縛言論自由思想自由出版自由。教那青年子弟。奄奄齪齪無生氣。你更狠狠地講求軍備。添出許多納稅義務當兵義務守法義務。卻把人民權利。椿椿件件剝光精。政談會是你三生九代的仇敵。新聞紙是你鯁喉礙眼的刺釘。黃白金是你棺材裏心兒肉兒的親眷。大小官是你鋪子上高些低些的天秤。逆著你來便玉石同燼。順著你來又雞犬不寧。你還把我意大利祖國。當作乃翁傳下的遺產十一萬方里。把我意大利同胞。認做拿錢買下的奴才三千萬多名。你目下自然是熱烘烘的尊榮安富。你將來總有日黑魆魆的罪惡貫盈。……到那時候啊。……千刀王莽。剸盡你的臭皮袋。三冢蚩尤。磔透你的惡魂靈。你的頭便是千人共飲的智瑤器。你的腹便是永夜長明的董卓燈。則那全歐洲人民。懸綵旗。放花爆。歡呼著民權萬歲。便有耶和華天使插雙翼下塵寰。高叫道天下太平。我是播散自由的五瘟使。我是點明獨立的北辰星。今日裏盡了我的責任。驂鸞歸去。他日啊。飛下我的精神。搏虎功成。坦蕩蕩橫刀向天笑。顫巍巍旁人何用驚。

（淨）好毒罵。好毒罵。我其實聽不得了。左右快與我拿下這廝砍了去罷。（雜扶丑下）（外末喚介）你們卻有甚麼辯訴來。（小旦）辯訴是不辯訴。話卻多著呢。

（前調）我是工愁善病。算世間兒女第一多情。我看不過那蛲蝍似的腐敗生涯。故此蹙梅額。顰蛾眉。捧心無限啼紅怨。我受不慣那牛馬似的壓制痛苦。故此損腰圍。懶茶飯。疾首時聞嬌喘聲。……可恨你們這些狗奴才啊。……將累代仇人。認做重生的父母。把一國同胞。當作上供的犧牲。任他踐你土。食你毛。還說是深仁厚澤。你便舐他癰。吮他痔。圖博個頂戴身榮。（指梅特涅介）他本是個異族兒。也難怪舞爪張牙。迫得我上國憤泉秋沸。（指陪審兩相介）虧你是個神明胄。卻跟著然箕煮豆。煎得那同根瓦釜雷鳴。他是蛇。你便是豢蛇自噬的人妖。他是虎。你便是爲虎擇肉的倀靈。你的辣手段。靠著那厚面皮天生惡柔。你的黑心肝。映着那白髯子異樣鮮明。你只要護得那一頂烏紗。怕甚麼呼牛應牛呼馬應馬。你更使慣着那兩條火腿。少不免賊多從賊兵多從兵。待與你講廉恥。叵耐你是慣倚門的楊花水性。待與你講利害。叵耐你是未鑿竅的頑石無靈。與你講天理人情。叵耐你是動物學上凉血部類的老龜鼈。與你說宗邦祖國。叵耐你是巫來由種認人爲父的小螟蛉。你的毒種。好像疫蟲兒傳染徧地。你的威風。好像瘈狗兒恐嚇羣盲。惹得一國上人心死盡。便似冢中枯骨。弄得千年來國威墜落。變做井底銀瓶。我氣不過那百千萬沒臉兒郎。辱沒鬚眉受巾幗。我便沖起那三千丈無明業火。辜負香衾。事血腥。我是個嬌滴滴的閨秀兒。生來不解道夫婿封侯。怨我貪着轟烈烈的從軍樂。夢裏顧不得爺孃喚女聲。我要將紅粉兒砌成那國民基礎。我便把爆藥兒炸開那世界文明。今日裏拚着個頸血兒濺汚桃花扇。十年後少不免精魂兒再生牡丹亭。坦蕩蕩横刀向天笑。顫巍巍旁人何用驚。

（淨）我還有些公事要先走一步了。（外末拱介）（淨下）（外向末介）罵是罵得狠。卻眞說着我們心坎的毛病。我聽着由不得一陣陣悶臉紅耳熱起來。（末）可不是嗎。卻是我們廿載螢窗十年手版好容易捱到今日這個地位。難道任着這些人胡鬧。摔破了偺們飯椀不成。（外）少不免昧着良心將他們完個死罪回覆老公相罷了。（末）正是。（同吩咐介）左右將這廝們帶往死囚牢中。候明日陸續審定。一齊取決。（雜）是。（外末下）

（小旦）兄弟們。我們抖擻精神。趕上首領哥哥的英魂同赴天國則個。正是

白馬胥潮夜夜聲。人豪初死鬼雄生。

君看今夕瑤臺上。風雨何曾敗月明。

（雜帶小旦等九人同下）

捫蝨談虎客批注

黨獄者。天下極哀慘之事也。讀此齣一過。毫不覺其哀慘。惟覺其壯快。才子之筆。能奪天工。信然信然。

金聖歎批西廂謂讀拷豔一齣。紅娘駡老夫人語。算是天下第一件快心事。吾於此文亦云然。每讀一句。輒欲浮一大白。水滸傳中阮家三雄駡何濤巡簡語。算是古今第一毒駡。以較此文。尚未能彷彿其什一。吾獨怪作者錦心繡口。爾雅溫文。何苦造此口孽。不畏拔舌地獄。留卿一席耶。

指桑駡槐。絕似娣姒不睦的婦人相詬誶口吻。作者有幾多化身。現是奇態。

駡人之筆。已奇極矣。最奇者。文中連篇累牘。堆滿香奩語。『羅袂生寒』『芳心自警』『辜負香衾』『封侯夫壻』皆係癡情兒女嬌態語。豈可以入革命史。更豈可以入黨獄記。乃經作者舞文鍛鍊。竟自生氣勃勃起來。才子之筆。可愛煞人。才子之筆。可畏煞人。

梅特涅當一千八百四十八年奧大利革命軍起時。孑身狼狽。亡命英國。後卒受千人指駡以死。惜哉所謂磔蚩尤剸王莽智瑤器董卓燈者。未得見諸實事也。雖然。不料五十年後。更遇著飲冰子的筆鋒舌劍。比那路易第十六的斷頭臺還利害多著哩。

梅特涅不足責。以意大利人而做梅特涅的奴才者。則無復人心矣。不知女豪傑一曲混江龍能駡醒幾個奸奴。能喚醒幾個國民。

昔嘗與作者。讀龔定庵詩有捲簾梳洗望黃河之句。作者云。捲簾梳洗下。豈容綴黃河二字。擇語可謂奇極。

今此文於辜負香衾下。綴血腥二字。更復成何說話。
作者爲文無他長。但胸中有一材料。無不捉之以入筆下耳。桃花扇牡丹亭。與本文相去何啻萬里。亦竟被他捉去了。咄咄怪事。

第四齣　俠感（一千八百二十二年）

（生扮瑪志尼墨衣學生裝上）

（臨江仙）萬卷撐腸何用處。哀哀亡國遺民。江山寥寂鎖愁雲。斜陽看雁去。無語獨霑巾。（采桑子）十年悔學雕蟲技。有甚情懷。有甚情懷。掩卷故聞杜宇啼　千年故國今誰主。吟也淒迷。夢也淒迷。一髮中原日已西。

小生瑪志尼。表名金士披意大利國志挪亞府人也。系出清門。家承通德。不幸先君早世。兄弟無人。怙恃萱堂。夙承教育。自從十三歲入市立大學。今年十七。卒業有成。精擘哲理之科。篤信唯心之論。屠龍伎倆。未還滄海之珠。倚馬文章。空貴洛陽之紙。每念我意大利自羅馬失鹿以後。朝秦暮楚。五裂四分。同種仳離。生民塗炭。痛雌風之不競。爲大國羞。入豚笠以誰憐。謂他人母。自古道哀莫哀於無國。病莫病於喪心。小生雖在髫齡。頗知國恥。撫今懷古。感物易哀。獨恨閱歷未深。補救無術。因作國喪紀念。常著深墨衣冠。等春士之悲秋。向歡場而掩淚。少年同學。相言某是狂生。大人先生。僉曰此子可惜。（歎介）咳。你這朝菌蟪蛄一流。怎知道我傷心人別有懷抱也。今日乃係來復休學之期。母親約定攜俺前往海濱游耍。以遣情懷。只得收拾奇愁。強爲歡笑。預備陪侍則個。

(懶畫眉)忍淚吞聲。做個詞人。零落鄉關深閉門。要將心血洗乾坤。來日天難問。暫收拾雄心消好春。

(作更衣修容介)(老旦上)

(前調)嫠緯淒涼歷刧塵。塵臨睨宗周常苦辛。仲謀有子未全貧。……漆室憂宗國。名山畏後生。孩兒那裏。(生整衣迎介)(以吻接老旦額介)孩兒正此更衣待往伺候母親。不知母親早出來了。(老旦)就此同往罷。……日遠長安近。且攜著乳虎空山嘯暮雲。

(同循海濱行介)(老旦)你看這泱泱雄壯的地中海。偺們意大利也曾握過這海上大權來。(生點頭微歎介)(外扮巨人身長七尺氣宇嚴整冠服藍縷上)

(破齊陣)戴著頭顱且住。嘔餘血淚誰聞。乞食王孫。吹簫公子。累得英雄才盡。都只言湖海無餘子。爭敢望陽關有故人。風塵辜此身。(迎面見老旦生脫帽爲禮介)可憐意大利亡命流民則個。

(老旦揮淚探懷中取出金錢給外介)(外點頭略謝納入破帽介)(生注視作瞪眙狀介)(外昂然下)(生目送良久介)(向老旦介)母親這是甚麼人呀。(老旦)我兒還不知道嗎。這都是爲意大利全國國民受罪的。

(折桂令)他甘心割慈忍愛。別井離羣。俠轟轟似荊卿入秦。氣昂昂似翟義從軍。……孩兒啊。你該記得一千八百二十年。我們意大利人民。不堪專制虐政。因此南北諸省同時並起。欲抗逐奧大利。奏自由統一之功。爭奈石卵不敵。民黨失利。那些志士們。或上絞臺。或幽犴狴。……恨皇天不仁。儘著伊暴昏雲的前程雨雲翻。東市上朝衣誰問。鐵窗裏雄鬼爲鄰。……那減等的就流竄到這志挪亞海濱地方。舉目無親。淒涼乞食。……餓盡青春。愁盡行雲撇了鄉關賸了孤身。

（淚介）孩兒啊方纔那位巨人便是這樁案內一個無名的英雄了。（生淚介）不想偺意大利還有這種慷慨義俠的人。孩兒愧他多多矣。

（醉東江）惹得俺千百結迴腸不展。三萬斛潮血如焚。恨悠悠天道非。痛歷歷英才盡。望長空霜風凄緊。難道是往車有轍來軫無人。……想我瑪志尼亦是意大利三千萬人中之一人。豈可放棄責任。……叫一聲我國民哭一聲我國民怕不怕英雄氣短柳絲長恨只恨自由人遠天涯近。從今後誓做個男兒本分。愛國精神。

（向老旦介）母親啊從今日以後。孩兒的身子。都要獻與意大利國民了。（老旦）這樣纔不辜負爲娘的敎育你十七年一番苦心哩。（合）

（尾聲）紛紛成敗無憑準。自古道皇天不負有心人。佇看起陸龍蛇演出風雲陣。（同下）

捫蝨談虎客批注

瑪志尼爲三傑之首。至是始出現。方入本書正文。

作者生平於近世豪傑中。最崇拜瑪志尼。此齣極力描寫。語語皆有寄託。最宜領略。

忍淚吞聲做個詞人。要將心血洗乾坤。得非作者自道耶。吾願與一國公民共哀其志。且祝其貫此目的也。

西廂記繫春情短柳絲長隔花人遠天涯近二語。向稱名句。不意又被作者撏撦去了。卽成妙語。舞文手段可畏之至。

第五齣　弔古（一千八百二十三年）

（淨扮加里波的水手裝上）

（破齊陣）孤嶽千尋壁立長風萬里橫行。冰雪聰明。雷霆精銳。天付與男兒本性。叵耐朝朝送客浮家慣著。甚夜夜驚人匣劍鳴西風聞血腥。

（鷓鴣天）浩浩天風輾耳過醒時涕淚醉時歌。伏波橫海人才少。枯菀燕城入夢多。驚駒隙。感川波。年來無奈古愁何。誰將亡國無窮恨。說與秦淮舊日河。小生加里波的是也。門閥寒微。家計貧寠。父親德彌尼。航海爲業。小生未離襁褓。已涉波濤。慕哥侖布通天鑿孔之風。懷訥爾遜爲國同仇之志。兼以性情孤憤。膂力剛強。苦無百里之才。願學萬人之敵。與衣一醉。結奇士於風塵。磨劍十年。理不平於行路。行年七歲。承父母命入教會學校。研究神學。叵奈俺粗莽情懷。不喜那陳腐教理。因習些算學、天文、航海、兵法等學科。雖非專門。卻有心得。嗣因家貧廢學。仍尋海上生涯。今日隨船長皮津航行羅馬。想這羅馬乃我祖國首都。爲古今東西歷史上第一名譽之都府。今度儘俺游覽。好不壯快。（指介）你看前面海岸。葱葱鬱鬱。綠楊城郭。烟雨樓臺。國土莊嚴。川原雄壯。正是東西波浪兼天湧。今古風雲接地陰。羅馬羅馬。你兀的不愛煞儂也。

（油葫蘆）一霎涼風吹酒醒。正到洛陽城。望朝霞起。午雲捲。夕陽明。十丈軟紅塵。玉宇瓊樓迴。百戰舊山河。歷歷心頭影。一個是扁舟天地無雙士。一個是青史人間第一城。我便要整頓全神注定卿。

（作到介）呵呵。好羅馬。今日落到我手了。小生向讀國史。目注心營。雖則未遂壯游。卻也已同身歷。今日不免將心中的羅馬和目中的羅馬。逐一按圖索驥。比較分明則個。（上岸行介）（作驚訝狀介）怎樣一個整齊嚴肅的羅馬。卻這樣凌亂混雜起來呢。（再前行介）（驚介）噯呀我記得歷史上的羅馬何等殷闐繁盛。怎麼今日卻是哀鴻遍野。春燕無歸。滿眼悽惶。都只一片蒼涼氣象也。（嘆介）自古道。百聞不如一見。自非親到名城。怎知今昔之慼。

（皂羅袍）原來是喬木廢池如瞑。甚黃昏清角吹寒。賸有空城。陣雲黯沒漢家營。月華破碎秦時鏡。淒涼草樹。鶗啼有聲。尋常門巷。燕來無情。難道我夢兒錯認了黃粱境。

我想羅馬城內名勝古蹟所在多有。等我順著路兒訪覽起來。（行介）志士淒涼閑處老。名花零落雨中看。呀這便是凱旋門了。呀這便是議會場了。呀這便是教會堂了。呀這便是十三大劇園之一了。你看雄圖未沫。遺址儼然。我偉大國民的精神。好不令人生感。但係斷井頹垣。磚苔砌草。卻怎便零落到這般田地呀。

（駐馬聽）金碧飄零。北斗星沈天有恨。伽藍寂靜。南朝煙鎖佛無靈。神鴉社鼓斷腸聲。兔葵燕麥斜陽影。誰記省。舢棱夢冷秋前病。

（沈醉東風）你記得昔日啊。定中原鐃歌健勁。你聽得今日啊。哀江南詞賦淒零。雨打了花月痕。浪淘盡英雄影。望一片山殘水賸。都付與烏啼故國人泣新亭。樓空夜永。把十年好夢被風抖醒。

哎羅馬羅馬。你兀的不痛煞儂也。（嘆介）我想古亦日月。今亦日月。古亦山川。今亦山川。我們這個偌大羅馬。豈不是靠著從前那幾個豪傑的心血魄力造出來的嗎。天公啊。怎麼你昏昏沈醉了幾百年。竟不肯替我們意大利再降一個人才。

（五韻美）天無語。人如病。後來人叫不出前人應。向那裏叫喚起國民魂性。似這山河破碎。待誰來擔荷一身輕。

（黑麻令）便是俺無情有情。到這裏不由人魂驚目驚。猛回頭紅淚飄零。……俺的羅馬啊。……只怕你也黯銷魂憐我憐卿。……俺啊……悶着那滿腔兒歌聲哭聲。對著那大江心月明浪明。抵多少棒喝兒儒經佛經。則索打疊前程。誓恢復神京舊京。

（自語介）俺想英雄事業。天不限人。豪俠情懷。今當猶昔。我加里波的生茲名國。方當盛年。難道古人能創立這羅馬。我們就不能再造這羅馬麼。但係天地悠悠。人心夢夢。正不知舉國中同茲感慨者還有幾人。

（憶多嬌）是百年歌舞厭言兵。怕一木難支大廈傾。但祝到處天涯春若有情。趁着那芳草初生。啼鴂未鳴。管領取這爛錦年華。魂清夢清。

羅馬啊。俺今日便久淹留。也增傷感。不若暫且作別。奔走江湖。訪尋同志。待到大業告成。再來和你廝守罷。

（尾聲）我是多情卻似總無情。解道莫近彈碁恨不平。便揮手空濛一瞥山河影。（下）

捫蝨談虎客批注

敍瑪志尼起筆於海濱一游。敍加里波的起筆於羅馬一游。皆係胎孕二雄壯志之地也。是歷史上實事。是劇曲上眞景。二雄留此佳話。似爲新羅馬傳奇地步。

寫瑪志尼便活畫出一個大學者。寫加里波的便活畫出一個大軍人。眞是寫生妙手。

前半齣未到羅馬以前。極意想望。描出如錦如荼世界。襯起後來失望。益增棖觸。所謂將軍欲以巧勝人。盤馬彎弓故不發也。

作者生平爲文。每喜自造新名詞。或雜引泰東泰西故事。獨此書入西人口氣。反全用中國典故。曲中不雜一譯語名詞。是亦其有意立異處。

作者少年善爲綺語。故雖憂國之文。亦往往以美人芳草出之。不可不謂文人結習。然其所以哀感頑豔者。則亦以此。

第六齣　鑄黨（一千八百二十五年）

（生扮瑪志尼上）

（戀芳春）慘霧黏天。穢塵滾地。憑高怕望中原。偏是睡獅無賴。沈睡千年。便把奇愁拋遺。奈江山耐人留戀。雄心遠。待翻起滄海桑田。添段因緣。

小生瑪志尼。自從前年隨母親海濱一游。遭逢志士。哀聆慈訓。棖觸迴腸。便已以身許國。誓爲同胞有所盡力。去年投入燒炭黨中。欲圖共事。不料該黨一挫之後。精神沮喪。志氣銷沈。前輩既已彫零。後起不能爲繼。而且智識卑陋。道德衰頹。這樣看來。我意大利靠著這班人。是不中用了。再看那舉國中熙熙攘攘的人。卻大半在昏昏睡夢中。不知國恥爲何物。國仇爲何人。便有一二憂時之士。亦復離羣索處。消息不通。力薄勢分。何濟於事。（嘆介）小生每念物極必反。人定勝天。怯大敵者非丈夫。造時勢者爲俊傑。當仁不讓。舍我其誰。因想聯合同志。重新組織一個完全民黨。仗茲團體。共濟艱難。今日約定格里士比、阿西尼兩位。齊集舍下。同議章程。敢待來也。（作翔步室內介）（末扮格里士比、丑扮阿西尼同上）朝從屠沽游。夕拉騶卒飲。此意不可道。有若茹大鯁。傳聞智勇人。驚心自鞭影。蹉跎復蹉跎。黃金滿虛牝。匣中龍光劍。一鳴四壁靜。夜夜輒一鳴。負汝汝難忍。出門何茫茫。天心㦟其遑。既窺豫讓橋。復瞰軹深井。長跽奠一卮。風雲撲人冷。（末）俺格里士比。正從昔昔里島北來遊歷內地。訪尋同志。今承瑪君約商大事。須速前往。(丑)俺阿西尼。自從瑪先生游。久聞微言大義。今日函丈見招。不免隨格公早到。(同見生握手爲禮介)辱承見招。不知有何賜教。(生)非爲別事。小生痛念我國同胞前途。不勝憂慮。今日特請兩君。同商拯救之法。並講明我等應行之責任。以後好一同努力進行。(末丑)先請領教。(生)

(六奏宮詞)風雲無色。關河帶怨。付與斜陽一片。聲聲啼鴂。空教沈損華年。俺淚盡了獄三字。才枯了策萬言。天醉也。怕問天。天民那得受人憐。我待約精禽駛石。塡冤海。我便學獅子談經。吼舌蓮。天遙地遠。山河大千。風馳雲捲。國民少年。便泥犂也應有光明線。莫遷延。優勝劣敗。猛要著先鞭。

兩君啊。今日正是民族主義競爭時代。非全國人萬衆一心。結成一至大團體。不足以圖自立而抗外敵。但合羣之義。言之似易。行之實難。我想天下事。必須從大處著想。從小處落脈。但使一國中能有數人或數十人。眞誠愛國。結成一團。死生不渝。憂樂相共。確認責任。奮力向前。則涓滴可以成江河。蹞步可以致千里。將來逐漸推廣。或者同志徧於全國。大局藉此挽回。亦未可定。我等雖屬人微言輕。然亦國民一分子。應盡義務。責無可辭。意欲與諸君共商。組織一強固民黨。以爲同胞先導。未知兩君意下如何。(末丑)某等久有此心。恨才力棉薄。未能成就。今承指示。妙極妙極了。但這民黨的宗旨若何。手段若何。還要請教哩。(生)待我說來領教罷。

(北江梅令)你看這客星據座天容變。你看這濁流飲恨人權賤。你看這狐兎縱橫占盡了中原。你看這虎狼擇肉不住的把威權搧。寃也胡纏。孽也胡纏。文明敵橫行徧地。專制毒憔悴千年。遮莫要危樓打碎奮空拳。遮莫要亂厤斬斷起一度玄黃戰。天也無言。佛也無言。只怕待刼灰飛盡露光纔現。

兩君啊。我想國中積弊旣深。斷非彌縫補苴。可以救得轉來。破壞之事。無論遲早。終不可免。倒不如用些人力。去做那有意識的破壞。早一日還得一日之福哩。（末）這議論是一點不錯。但看我意大利人心腐敗到這般田地。莫說平和的福分。不能彀享受。只怕連破壞的事業。也不能做成。這卻怎麼好。（生）正是。但古語說得好。有志者事竟成。今日操練一國人。叫他成就一個國民的資格。正是我輩責任哩。

（前調）偺要信靈魂不共身流轉。偺要信英雄成敗尋常見。偺要信國民義務是天然。偺要信倚賴他人是一種奴才券。生也廝連。死也廝連。任把七尺頑軀散作灰。也教一國同胞團成片。今日啊便是杜宇啼枝血淚鮮。他日啊應有神龍起蟄風雲變。若問因緣。此是因緣。只怕待㤼灰飛盡靈光纔現。

（末丑）精理名言。佩服佩服。今日就請擬定章程。兼起一個會名。便好聯絡同志。推廣宗旨。（生）想我意大利。自羅馬解紐以來。直至今日。都是奄奄無生氣。被那强鄰大敵。呼爲老大帝國。今日要救衆生。必須剗除暮氣。就起個會名。叫做少年意大利。何如。（末丑）妙極了。（合）

尾聲　望前途隱隱羣龍戰。那許我同學偷閑學少年。待要一髮千鈞把乾坤扭轉。（生下）（末丑隨下）

捫蝨談虎客批法

傳奇體例。第一折謂之正生家門。第二折謂之正旦家門。實爲全書頭角。但此編主人翁不止一人。萬難偏重偏輕。故不能照依常例。作者本擬以此折令加富爾登場。鄙人嫌其三傑平排。未免板笨。且加富爾可表見之事跡不少。不妨稍後。故商略移置第八齣。

少年意大利。爲新羅馬成立最大根原。此折以韻文敍述其宗旨方法。實屬至難之事。前此曲本。未嘗有此境界也。讀者當觀其苦心遣辭處。

格里士比者。昔昔里島人。後此喚起南意大利之革命。佐加里波的成功者也。建國後曾兩任首相。去年始卒。阿西尼者。後此行刺法帝拿破侖第三。以間接力成就意法同盟者也。二人皆『少年意大利』中緊要人物。有位置於本編者也。故先出之。

附　俠情記傳奇

第一齣　緯憂

（破齊陣）（旦淡粧上）擾擾羣龍世界。亭亭似水流年。雨打斜陽。天黏芳草。那彀我儂消遣。望月華故國三千里。怨錦瑟無端五十絃。奇情除問天。

（卜算子）獨自下粧樓。有恨無人省。不是懷春不感秋。磊磊心頭病。　獨自上粧樓。望斷山河影。昨夜雙龍匣劍鳴。負汝汝難忍。儂家馬尼他原籍意大利國人。先世本累代將門。父親亦曾任少尉之職。只因本國主權八歸他族。養兵但防家賊。操戈動殺同胞。因此憤憤去官。挈家避地僑寓這南美洲烏嘉伊國。耕獵爲業。不幸五年以前。癘疫時行。父母相繼溘逝。撇下儂家姊弟二人。好不孤苦。（嘆介）唉、家運迍邅。這也難講了。只是一件。我家家傳將種。系出清門。先君愛國如焚。回天無力。因把我姊弟兩個。從幼教育。勖以國民責任。振以尚武精神。儂家雖屬蛾眉。頗嫻豹略。讀荷馬鐃歌之什。每覺神移。賦木蘭從軍之篇。惟憂句盡。可恨我祖國久沈苦海。長在樊籠。志士銷磨。人心腐敗。正不知何時始得復見天日哩。（長嘆介）哎。難道舉國中一千多萬人。竟無一個男兒。還要靠我女孩兒們爭這口氣。不成。罷了罷了。今日兄弟出門游獵。獨坐無聊。不免取新聞紙閱看一回。聊自排遣則個。

（懶畫眉）望海雲盡處是中原。那裏討匹馬縱橫畫裏傳。恨睡獅無賴睡年年。哎、這兒女情怎喚得風雲變。辜負了血淚絲絲託杜鵑。

(作讀新聞紙介)六月十九日。里阿格蘭共和國。起獨立軍。與巴西開戰。有意大利軍人一隊。突然相助。奪得巴西兵船一艘。大獲勝仗。(作驚介)嗄怎麼我意大利還有一羣恁般義俠的人。眞算祖國之光了。(小生提鎗上)見獵輒心喜。聞歌也淚流。姐姐在家麼。(旦)兄弟你去射獵。爲何恁早回來。(小生)姐姐有所不知。兄弟剛纔在外頭碰著一位本國人。聽著一件可喜可悲的事。故此回來告訴姐姐。(旦)甚麼事呀。(小生)聽見里阿格蘭國和巴西開仗。有我本國一隊人。路見不平。拔刀相助。竟奪了巴西兵船。(旦)是呀。我剛纔看見新聞紙。也是恁麼說。但這是祖國名譽一件大喜事。兄弟爲何又說可悲呢。(小生)可惜到底衆寡不敵。被敵軍兵船全隊躡擊。竟殺傷我同胞許多人。我船僅得拚命脫逃。至今尙無下落。(旦)眞個嗎。(小生)誰哄姐姐來。

(旦淚介)

(前調)(旦)爲甚鈞天沈醉帝昏然。淘盡這有限人才不自憐。……兄弟啊。這些慷慨義烈的英雄。他原以流血救民自命。就是馬革裹屍。也不能算做不幸。只是他抱此熱腸。未能殼替意大利祖國出一口氣。怎好便這般結局呀。……恨你國殤無血到家園。叫我傷心人禁不住啼紅怨望絕了江心慘瞑烟。

兄弟啊。你可曾打聽出那首領是個甚麼名字。也還逃脫保全得不曾。(小生)我聽得這首領叫做加里波的。是個久慣航海的人。一千八百三十二年。在本國革命不成。竄流到此。他年紀不過長姐姐兩年。今纔二十五歲。那日這船被敵艦全隊追圍。竟能出險。諒來是虧得這個人還在著哩。(旦)

(山坡羊)忍不住淚珠兒飛濺。按不下柔腸兒愁顫。則爲他高義雲天。替國民放一道一道的光明線。甚因緣被天公妬得緊。他便有俠情誰見。我待把奇愁拋遣。奈如此江山。怎放得那人兒天涯遠。無言念鄉關淚暗懸。

相憐。夢英雄非偶然。

兄弟。我想天公既肯替我們意大利生出恁般一個豪傑。也不該一事未成。奪之而去。只望他此番保全。將來還要返祖國建一番驚天動地的大事業哩。（小生）正是。（旦）兄弟。你出門半天。想也餓了。待我把午餐預備出來同喫罷。

（尾聲）我一生兒愛才如命是天然。敢則是憐我同胞非自憐。空想着那風雷豪邁月嬋娟。

（旦下）（小生弔場介）我想那加里波的的血性熱情。奇才壯思。正和我姐姐天生成一對兒。怪不得姐姐恁般感動。怎得天假之緣。將來他們有日子一塊兒同做國家大事才好。正是。

是誰精衞能塡海。　　祝汝鴛鴦不羨仙。（小生下）

飲冰室專集之九十四

十五小豪傑

目次

飲冰室專集之九十四

十五小豪傑

第一回　茫茫大地上一葉孤舟　滾滾怒濤中幾個童子

調寄摸魚兒

莽重洋驚濤橫雨。一葉破帆飄渡。入死出生人十五。都是髫齡乳稚。逢生處。更墮向天涯絕島無歸路。停辛竚苦。但抖擻精神。斬除荆棘。容我兩年住。　英雄業。豈有天公能妒。殖民儼闢新土。赫赫國旗輝南極。好個共和制度。天不負。看馬角烏頭奏凱同歸去。我非妄語。勸年少同胞。聽雞起舞。休把此生誤。

看官。你道這首所講的是甚麼典故呢。話說距今四十二年前。正是西歷一千八百六十年三月初九日。那晚上滿天黑雲低飛。壓海濛濛。闇闇咫尺不相見。忽然有一隻小船。好像飛一般。奔向東南去。僅在那電光一閃中瞥見這船的形兒。這船容積不滿百噸。船名叫做胥羅。曾有一塊横板在船尾寫著的。但現在已經剝落去。連名也尋不著了。那船所在的地方。夜是很短的。不到五點。天便亮了。但雖係天亮。又怎麼呢。風是越發緊的。浪是越發大的。那船面上就只有三個小孩子。一個十五歲。那兩個都是同庚的十四歲。還有一個黑人小孩子。十一歲。這幾個人正在拚命似的把著那舵輪。忽然砰訇一聲響起來。只見一堆狂濤。好像座大山一般。打將過來。那舵輪把持不住。陡地扭轉將四個孩子都擲向數步以外了。內中一個連忙開口問道。武安。這船身不要緊嗎。武安慢慢的翻起身回答道。不要緊哩。俄敦連忙又向那一個說道。杜番啊。我們不要灰心哇。我們須知到這身子以外。還有比身子更重大的哩。隨又看那黑孩子一眼。問道。莫科呀。你不悔恨跟錯我們來嗎。黑孩子回答道。不。主公

武安這四個人正在船面話未說完。那船艙樓梯口的窗戶突然推開。先有兩個孩子探頭出來。跟著又有一隻狗。蹲出半截身子。那狗三聲兩聲的亂吠。那兩孩子裏頭有一個年長的。約有十歲左右。急忙忙大聲問道。武安武安。甚麼事呀。武安道。沒有甚麼。伊播孫啊。快回去罷。甚麼事都沒有。那年小的又說道。雖然如此。但我們怕得很呵。武安道。別要怕。趕緊回去。坐在牀上閉著兩隻眼睛。這就甚麼都不怕了。那兩孩子兀自不肯下去。只聽得莫科忽喊起來道。好晦氣。又一個大浪來了。話猶未了。那浪又沒命的自船尾轟進來。險些都從窗口灌入船艙裏去了。那俄敦高聲喝道。兩位快回去呀。你們不聽我們的話嗎。這兩孩子方纔沒趣的去了。却又有一個探頭出來。叫道。武安呀。你們要我們來幫幫力嗎。武安答道。不。巴士他呀。你們好好的在裏面保護著那年紀小的罷。這裏有我們四個人足彀了。……看官你想這个船在恁麼大一個太平洋上。更兼暴風怒濤之中。難道就只是這幾個小小的孩子嗎。別的大人一個都沒有不成。這胥羅船既然有一百多噸。總該有一個船主。一個副船主。五六個水手。難道單有一個細崽莫科就算了嗎。又這船到底爲著甚事。想往甚麼地方呢。怪可憐的撞著這場惡風浪爲何緣故呢。看官若使那時候有別隻船在這洋面經過。遇著這胥羅船。那船主頭一件定要根問這個緣故。這些孩子們自然會告訴過明白。但可惜不湊巧。那時這洋面上。前後左右幾百里。連個船的影兒都沒有呢。……閑話休提。卻說過了一日。風勢越大。竟變成了一個大颶風。胥羅船好像被波浪呑了一般。那後檣既於兩

日以前被風吹折。僅賸四尺多長一根木桿。幸虧前檣還在。但風勢越急。這孩子們的氣力短小。想把風篷捲下來。也做不到。那篷擱不起這種大風。只見這檣夾不停的搖動。若使連前檣都沒了呢。那時這船可不成了個沒自由權的奴隸。任由風濤怎麼簸弄嗎。這孩子們可不是除了束手待斃之外。更沒別的法兒嗎。他們都睜著兩隻眼。狠狠的望前望後。却都是濛濛闇闇地。一寸陸影兒一點火光兒都看不見。看看又捱到晚上一點多鐘。忽然轟的一聲。趁著那風聲濤聲響起來。只聽得杜番疾喊道。前檣倒了。莫科接口道。不是。却是把風篷吹斷了。武安向俄敦道。既是這麼著。我們要把這斷篷割去。你同杜番二人守著舵輪。莫科呀。來這裏幫我。……看官須知莫科係船上細崽。自然該有些航海的閱歷。武安曾從歐洲來到澳洲。經過大西洋太平洋兩條大海。因此亦學得些少船上的事體。這孩子們自然是靠這兩個做膽。不消說哩。……你看他們兩個的本領怎麼樣呢。他們來到前檣底下。細心查看。只見那篷上邊的索吹斷了。搖曳空中。幸虧下邊未斷。他們先把上邊的索都割去。僅留靠下四五尺。隨將這篷上面兩角扳下來。用繩綑在船面。這樣著。那船倒反安穩起來了。武安莫科兩個。不停的走上走下。好幾回險些被那大浪裹將去。足有半點多鐘之久。方纔回到舵輪旁邊。這身子便如雨淋雞一般。濕透了。正要略歇一息。驀地那樓梯的窗口又推開。只見武安的兄弟名字叫做佐克的。探頭出來。武安便問道。佐克。幹甚麼。佐克道。快來快來。海水漏入船艙了。武安道。當眞嗎。隨即起身走進艙內。只見一個挂燈懸在當中。那十個孩子。七横八豎倒在牀上和睡几上。還有那八歲九歲大的。怕到無可奈何。你偎我我抱你的。攬成一團。武安道。別要害怕。我們快就到岸了。一面點起洋蠟。周圍張着。艙內却是有些海水。隨着船勢左右盪來盪去。但遍找找不出那漏縫兒。這水究竟從那裏來呢。隨後看出。却是因樓梯窗門關不緊。那船面的浪。從甲板上流進來的。

武安回到艙內說明緣故。安慰孩子們一番。重復回到船面來。已經是兩點鐘打過了。那天越發好像墨一般。風勢一點不減。但微微聽見了一聲兩聲從空中戛然過去。却是海燕的聲音。這海燕是從不飛到岸邊的。常年在大洋的中心翺翔漂蕩。這樣看來。這船去陸地越發遠了。又過一點多鐘。忽聞轟的一聲。好像大砲發於空中。不好了。前檣斷了兩截。那布篷撕成一片一片。飛向海心去。就和一羣白鷗似的。杜番道我們沒了風篷。怎麼好。武安道。怕甚麼。這船趁着浪。不是一樣的走嗎。莫科道好在浪是順風的。在船尾送着來。但浪太緊了。我們要將身子用繩綑着在舵輪旁邊。免致被浪裹去。說時遲。那時疾。莫科話猶未了。只見一堆奔濤。足有四五十丈高。從船尾猛奔來。鐺鐺爆爆。聲音亂響。撞落船面甲板兩隻救生船。一隻舢板。一個羅盤箱臺。都掉下來。那餘勢還撞到船邊。將左邊的船欄板都碎裂了。還虧着碎了欄板。這水能彀流出去。不然這船受不起這種大壓力。是定要沈了。武安杜番俄敦三個被這浪一刮。擲出數丈以外。直到樓梯口。方纔把捉得住。却是不見了莫科。（評曰刮落救生船舢板羅盤針衝破欄板將武安等三人擲向數丈以外同是此一剎那間事）武安嗳呀一聲道。不好不好。隨即高聲大呼道。莫科莫科。杜番道。難道掉落海了不成。俄敦忙向船邊探頭四望。却影兒也不見。聲兒也不聞。武安道。我們不可以不救他。急放下救生水泡。投下繩索罷。隨又連聲高喊道。莫科莫科。只聽得微微聲音答應道。救命呀救命呀。俄敦道。他沒有掉下海。這聲音是從船頭來的。武安道。等我去救他。趕緊從船尾走到船頭。跌了好幾交。方纔走到。便又高聲叫道。Boy 莫科莫科。My Boy 却不聽見答應。復連叫許多聲。只聽見微微的答應呀呀的兩聲。那聲更沈下去了。武安手中又沒燈火。只得跟着聲音。闇中摸索。摸到船頭那絞車盤和舢艫中間。有一個孩子的身橫倒在那裏。却是已經悶倒。不能出聲了。看官你說莫科因何跑在這裏。原來剛纔那一陣大浪。一直刮送過來。撞著那風篷的繩索將喉頸勒住越發掙紮越發勒緊。如今呼吸都絕了。武安趕緊從袋子裏掏出小刀來。把繩割斷。好一歇。那莫科纔回過氣來。便向武安千恩萬謝的謝他救命之恩。攜着手回到舵輪之下。但船既沒了風篷。速力驟減。浪不能送船快行。船却陷在浪裏。如盤渦一般。這孩子們想找別樣的東西代着風篷。也是找不出來。只得聽天由命罷了。這孩子們如今別的都無可望。只盼著天亮之後風威略減。或者老天可憐兒的望著個陸地的影兒。除非這兩樣能彀有一。這便九死中還有一生之望。哩捱到四點半鐘。已見一帶白光從地平線上起來。漸漸射到天心。却是煙霧依然深鎖。重洋望不見十丈以外。那雲好像電光一樣。快滾滾的飛向東方。風勢有增無減的咯。這四個孩子眼巴巴的望著狂瀾怒濤。不發一語。都如獃子一般。各發各的心事。又過了半點多鐘。猛然聽得莫科一聲狂叫起來道。陸陸正是

山窮水盡。　憐我憐卿。　腸斷眼穿。　是眞是夢。

究竟莫科所見到底是陸地不是。且聽下回分解。

此書爲法國人焦士威爾奴所著。原名「兩年間學校暑假。」英人某譯爲英文。日本大文家森田思軒。又由英文譯爲日本文。名曰「十五少年。」此編由日本文重譯者也。英譯自序云。用英人體裁。譯意不譯詞。惟自信於原文無毫釐之誤。日本森田氏自序亦云。易以日本格調。然絲毫不失原意。今吾此譯。又純以中國說部體段代之。然自信不負森田。果爾。則此編雖令焦士威爾奴覆讀之。當不謂其唐突西子耶。森田譯本共分十五回。此編因登錄報中。每次一回。故割裂回數。約倍原譯。然按之中國說部體製。覺割裂停逗處。似更優於原文也。

此書寄思深微。結搆宏偉。讀者觀全豹後。自信余言之不妄。觀其一起之突兀。使人墮五里霧中。茫不知其來由。此亦可見泰西文字氣魄雄厚處。武安爲全書主人翁。觀其告杜番云。我們須知這身子以外。還有比身子更大的哩。又觀其不見莫科。卽云我們不可以不救他。卽此可見爲有道之士

第二回　逢生路撞着一洞天　爭問題儼成兩政黨

却說這四個孩子正在絕望的時候。面面相覷。在那裏發獃。忽然空際烟霧微開。那黑兒莫科瞥見遠遠的一帶好像陸影兒。他便狂叫起來道。陸。陸但不知果眞是陸地。還是他的眼花呢。武安聞說便接口道。陸嗎。可是眞的嗎。莫科道。是。前面是東方呀。杜番道。莫不是你錯嗎。怎麼我們都看不見。莫科道。等那煙霧再開。我們仔細看罷。話猶未了。煙霧早漸漸破開了。不到一刻。左右前後幾邁遠都望見了。武安道。不錯不錯。當眞是陸哩。四人一同觀看東方地平線上有一帶陸影。大約五六邁長。按照現下胥羅船的速力。不過一點鐘。便可以到那裏了。風越發大。船驀地向著一直線走將前去。漸次近岸。只見岸上有十餘丈高的石壁聳起。石壁前面有黃色的沙嘴。沙嘴右邊有一簇的喬木。武安叫他們三個管著舵輪。自己獨到船頭細察岸邊光景。看那裏可以拋錨灣泊。誰知那岸不但沒有一個灣港。却見那沙嘴外面有無數亂石。好像鋸一般利。現時被湖水侵著。從黑波面上隱約看出他的蜿蜒起伏痕跡。武安看清楚。仔細一想。這是行船最險的所在。不如將艙裏這些孩子們都叫出來船面。預備不虞方好。於是回到樓梯口揭開窻門叫道。大家都出來罷。頭一個不消說。一定是那隻狗了。跟着便是十一個孩子。一鬨都跑上來。那年紀最小的呢。睜眼一看四面光景。怕得急得要哭起來。這却是爲甚麼呢。看官須

知大凡近陸之處、海底漸漸淺了、波浪越發洶湧、俗話叫做埋沙浪的、比那洋心的光景更可怕哩、那時正是六點鐘左右、船已走到岸邊、武安早將外衣脫了、預備若有那一个掉落海去、自己便去救他、據武安的意思、這座船是十有九要撞在礁石上碎成齏粉的哩、不到一會、這船果然擱淺、幸虧擱的地方、不是大石、船皮雖然損傷、那海水還未滲進來、歇一會兒、又一個大濤來、驅著這船前進五六丈、在一沙礁上、連動也動不得了、這還算好、船算是不怕沈沒了、但離那沙嘴還有一里多遠呢、武安俄敦兩人、仔細查看船內房艙底艙、都還不十分破壞、那心安穩了許多、兩人回到船面、告訴大衆道、不要害怕、船心自未有壞的、況且眼見著到岸了、我們等一會商量上岸的方法、能杜番道、甚麼又要等呢、內中有個十三歲的孩子叫做韋格的、亦跟着道、是呀、等甚麼呢、杜番說得是、我們偏不要等哩、武安道、你看這浪還怎麼利害、我們若想鳧過去、恐怕碰在石礁上、連骨都要碎了呀、又有一個叫做乙菩的、年紀約同韋格一般、便道、整整等着、萬一這船碰石粉碎了、又怎的、武安道、這却不怕、歇一會這潮定然退些、我們的船是穩當了、……看官、你說這兩個道理、那邊長呢、其實武安的話、一點不錯、這太平洋的潮水進退、雖然不比別的小海相差恁麼遠、但到潮落的時候、自然要不同些、依着武安的話、或者再過幾點鐘潮退之後、或者從石礁的脊上能彀步行過去、亦不定哩、……雖然如此、但杜敦等數人依然爭鬧不休、這也有個緣故、不自今日起的、原來這一羣孩子裏頭、那杜番韋格乙菩格羅士四人、向來不肯佩服武安、每每無風起浪、找些事來和他慪氣、也不止一遍兩遍了、這一路上却爲着武安曉得些航海的方法、故此凡事只得讓着他、靠着他、但今已到陸地、他們可又自由起來了、……杜番等四人離開衆人、跑到船頭、看着巨浪拍天、實在難以飛渡、不得已仍回原處、武安向俄敦及衆孩子道、今日尚是我輩至危極險之時、大家同在一處、緩急或可相救。若彼此分離。是滅亡之道也。杜番聽見這話。以爲武安有意譏誚他。便勃然道。武安。你有甚麼權利。敢制定法律令我們遵行嗎。武安道。豈敢豈敢。講甚麼權利不權利呢。但大家欲保安全。這却離開不得呵。就中最老成的俄敦。亦接着說道。武安的話不錯呀。其餘一班孩子都附和道。是是、杜番沒趣。不復作聲。便怫然帶領他的黨人三個又走開了。……却說這陸地還是大陸。還是海島呢。那石壁底下有蛾眉月形的黃沙嘴。兩頭都是高地。北方更高。南方略略低些。武安拿着個千里鏡很很的望了許久。便道怎麼陸上沒有一條煙影兒呢。莫科道。正是呢。怎麼這海邊連一隻小船都沒有。杜番從旁嘲他道。既沒灣港。從那裏來的船呀。俄敦道。却不能恁麼說。便沒灣港。亦可以有漁舟來打魚的。或者因爲風浪太大。那漁舟都躲避別處去哩。衆孩子談談說說間。那風却轉吹西北了。頂住潮頭。潮落越發遲慢。孩子們個個磨拳擦掌。預備上船。把緊要的物件都搬到船面。船中有乾餅乾果鹽罐頭肉品等。他們先把各色包裹起來。預備攜帶。轉瞬已到七點鐘。石礁上的海水都落下。船越發斜向左邊。原來這胥羅船因爲想增加他的速率。故此造船時那龍骨格外高些。那船底格外尖些。今日擱淺在這裏。越發危險。險些要斜到翻沈了。這孩子們都跌足道。可恨昨夜的風。將我們的舢板船都送刮了。不然、我們便好趁這時渡過去。將來由陸上到船中來往。亦便易。今却怎麼好呢。正說話間。忽聽船頭一陣叫聲。武安等一齊過去看時。却是一隻舢板。擱在船頭舳艫底下。乃係昨晚大浪刮來。恰好沒有掉落海的。巴士他偶然尋得。便喊起來。衆人看這舢板。大約只能載五六個人的。但慰情聊勝無。大家喜歡自不消說。怎知道爲着這個。武安和杜番又起一場風波。杜番見這舢板還在。便同韋格乙菩格羅士三人拖他出來。正要放下海去。恰好武安走來。便問道。你們幹甚麼。韋格道。這是我們的自由。武安道。你們想落這舢板嗎。杜番道。是、你有權利禁止我們嗎。武安道。有呀。因為你們不顧大衆。杜番不等武安講完。便接口道我們並非不顧大衆。我們上去以後。再用一個掉舢板回船載衆人。武安道若回不來怎麼呢。碰石沈了怎麼呢。乙菩推開武安道。武安你別管我們的閒事罷。武安兀自不肯退去一步。厲聲道。這舢板一定要給那年幼的孩子先用的……兩面正爭得開不了交。那時若沒人調停。這武黨杜黨定要打起來了。却說這羣孩子裏頭單有俄敦年紀最長。兼且深沈有謀慮。衆人都佩服他的。恰好俄敦行來見此情形。心裏想道武安是有理的。這時候浪還恁麼大。杜番等若落舢板。不但舢板沒了。就連人命也是險的。只是怕他不服。不便強勸。因開口問武安道。我們的船幾點鐘擱礁的呢。係六點嗎。武安道不錯。俄敦道這潮水幾時全退呢。武安道。大約十一點鐘。俄敦道。這正合式哩。我們趕緊收拾早飯喫過。好預備上岸。或者要鳧水過去的地方呢。空着肚子沒氣力是不行的。俄敦這話。果然說得有理。大家只得散開同喫飯去。這喫飯的時候。武安格外留神。監督着那小孩子不許他們喫多。因為已經一日一夜沒得吃了。怕他們貪嘴過度脹出病來……那潮既已退得極慢。兼之潮越發退。船越發歪。莫科放下測海索來量水步。只見船旁海水還有八尺多深。莫科恐孩子們害怕。不敢聲張。悄悄的告訴武安。武安又密中和俄敦計議道。這却怎麼好。潮又被風頂住。不能全退。若等到明日。又怕到潮長時。船或傾覆。或撞碎。因此他們商量。惟有用一人拿着纜鳧到岸邊。綑緊在石上。慢慢的將絞盤絞船靠岸。除了此法。更無可施。只是拿纜到岸的人那個肯做呢。不消說一定自武安討奮勇了。武安既和俄敦商定。決意冒這一回險。於是先把那船上的浮水泡都取出來。挨次分給那最年小的。萬一有險。則他們小的可以浮身。這年長的便一隻手攬着那小的一雙手拉住那纜。便可鳧泳到岸。布置已定。恰好十點一刻。這一點鐘內。就自潮落最低的時候了。但船頭海水尚有四五尺深。就使再過兩三刻鐘。亦不過滅數寸。武安看定非行此策。一定無望。便脫了外衣。取出纜來。將一頭綑住自己胸間。那時杜番等四人。看着武安如此慷慨代衆人冒險。心裏自然感動。便跟同俄敦幫忙。助武安整備繩纜各件。武安預備齊全。將聳身入海。他的兄弟佐克呱的一聲哭起來。叫道。阿哥呀。阿哥別要去。武安答道。好兄弟。不怕的。便咕咚一聲跳下去了。正在起勢鳧泳。可奈那北風和那退潮相逆相擊。兼之石礁凸凹。海水激盪其上。到處都是盤渦。武安鳧了一會。氣力已是不支。手足不甚能自由了。少頃只見他的身子被吸向一個大盤渦裏頭。只聞得叫了一聲。快幫忙呵！那好好的武安。便已絞將下去。不見人影兒了。正是

男兒急難爲同胞。　天地無情磨好漢。

欲知武安性命如何。且看下回便知明白。

此兩回專表武安。就中所言「今日尙是我輩至危極險之時。大家同在一處。緩急或可相救。若彼此分離。是滅亡之道也。」我同胞當每日三復斯言。

讀此回者無人不痛恨杜番。杜番亦只坐爭意見顧私利耳。恨杜番者宜自反。有競爭乃有進化。天下公例也。

武杜兩黨抗立。借以爲各國政黨之影子。全書之生氣活潑。實在於是。

讀者勿徒痛恨杜番。且看其他日服從公議之處。便知文明國民尊重紀律之例。觀其後來進德勇猛之處。便知血性男子克己自治之功。

好容易盼到靠岸。以爲苦盡甘來矣。不知此時之險阻艱難。更倍於從前。行百里者半九十。任事者最宜知之。

敘了兩回。到底這船爲何事欲往何處。緣何只有這幾個孩子。讀者悶葫蘆已打得不耐煩了。第三回便當說

明先洩漏一點消息以慰看官之望。

第三回　放暑假航海起雄心　遇颶風片帆辭故土

前回講到武安絞下盤渦裏去。連影也不見。看官啊。你不必着急。這武安是死不去的。他是這部書的主人公。死了他那裏還有十五小豪傑呢。却是前兩回胡亂講了許多驚心動魄的事情。到底這些孩子們是那國的。是甚麼種類的人。這胥維船到底欲往那裏。爲何沒有船主。祇剩這幾位乳臭小兒。我想看官這個悶葫蘆。已等得不耐煩了。如今趁空兒補說一番罷。……話說南太平洋地方澳大利亞洲南面有英國屬地一座大海島名叫做紐西崙。那海島最大的一個都會。名叫做惡崙。那都會一個最大的學校。名叫做奢們。那學校的學生。英美德法各國人都有。大率島中田主巨商官吏等有名望人的子弟居多。這紐西崙乃是合南北兩大島及附近許多島嶼而成的。南島北島中間有一葦衣帶水。叫做曲海峽。就是取那環游世界開闢新地有名的伋頓曲之名。做過紀念的意思。（澳洲檀香山紐西崙等地皆伋頓曲所尋得後爲檀島土人所戕）這座羣島。橫亘於南緯三十四度至四十五度之間。和我們北半球的法國美國日本國同一樣度數位置。那北島西北角。狹而且長。成個半島的模樣。（三面臨海一面連陸謂之半島）那半島的頸。不過二三邁闊。這惡崙市正在那頸上。……一千八百六十年正月十五日午後。就是這學校放暑假的日期。一百多名學生。個個好像出籠鳥一般。欣欣然歸家去了。這兩個月內。是任從他們自由的。這裏頭有一班孩子。許久想繞着這紐西崙羣島沿岸環游一周。便趁着這空兒各各禀准他的父母。約定同行。恰好就中一個名叫雅涅的。他父親有這號胥維船。於是各人湊些費用。預備齊全而往。……却說英國學校寄宿舍的風氣。是與別國不同的。專設種種方法養成學生自助自治的習慣。所以那生徒的心思身體。都比他國人長成的快些。有一種少年老成樣子。奢們學校學生共分五級。那第一第二級的。尙係和他父母接額爲禮的小孩。（西人十歲以下童子見所親皆接額爲禮）第三級以上的。大率皆握手爲禮的長童了。英國學校風氣。長年生有保護幼年生的義務。幼年生却有伺候長年生的義務。每日送朝飯刷衣服擦靴鞋種種苦差。總是要當的。倘或懶惰不屑。那長年生便刻薄待他。却在學校裏頭站不住了。所以英國的小孩子。個個都是奉事長上勤謹不過的。……這回搭這號胥維船去游歷的。共有十四人。自第五級至第一級。都有在裏頭。杜番格羅士都是第五級。年十四歲。皆惡崙市富豪子弟。田產最豐。他兩個本屬從堂兄弟。杜番天性怜悧。學問優等。但係有一種紈袴子脾氣。萬事皆要居人之上。因此各人起他個綽號。叫做闊少杜番。他看見那同年同級的武安。滿校人都敬重伊。心裏有些不平。每每要和他對拗。這亦是勢所必至的。至於格羅士。却是一味捧着他那杜番阿哥。像菩薩一般。是一個平平無奇的孩子罷了。巴士他和杜番同庚同級。亦是市中一个巨商之子。爲人靜和。有思慮。勤勉有才智。乙菩十三歲。韋格十四歲。都是第四級的。有中等的才智。父兄親戚。都是富豪官吏。雅涅、沙毗、兩個同庚的十三歲。都是第三級。雅涅的父親。曾做海軍官員。今已退職。沙毗的父親。從英倫本國初來的。亦係個大富翁。雅涅最愛彈個小風琴。寸步不離的帶着。沙毗爲人最爽快。好冒險。平生最好讀魯敏孫漂流記等書。再有兩個都是十歲的小孩。一叫善均。係紐西崙格致學會會長之子。一叫伊播孫。係牧師之子。善均在第三級。伊播孫在第二級。都是很超等的。還有兩個。卻更小了。一個名士耳。一個名胡太。都僅不過九歲。其父皆屬陸軍兵官。士耳著名的執拗。胡太著名的大食。以上十一個。都是英國人。此外還有兩個法國的。一個美國的。美國的叫做俄敦。年十五歲。算是這一隊裏頭最年長的哩。

在第五級。他的才鋒銳利。雖不及杜番。亦不失爲本級中優等生。幼喪父母。受別人養育長大。所以有遠慮。有常識。那法國人兄弟兩個。兄叫武安。十四歲。弟叫佐克。九歲。他的父親係一個有名的工學博士。兩年前來到北島督辦水工。武安有絕好的記性。有極熱的感情。聰明活潑。懇切周到。尤用心憐愛幼年生徒。滿校的孩子。個個歡喜他。佐克向來在第三級中。最爲劣等。常好欺嚇儕輩。除了這種頑皮舉動外。無所事事。但係自從這胥羅船離了本土以後。他的性格忽然變了。成一個謹厚寡默的長者。這些孩子們都覺得出奇。不解甚麼緣故……按下不表。却說這胥羅船本有副船主一名。水手六名。廚子一名。細崽一名。細崽就是這個莫科了。那船主便是老雅涅自己充當。這船定期二月十五日午前開行。船主雅涅是非到拔錨之前半點鐘內不到船的。這十四日晚上。那十四個孩子。同着俄敦所養一隻美國狗。名嗅符亭的。一齊落船。副船主和莫科都在船上迎接衆人。那水手們却都到岸上滴兩杯威士忌去了。那副船主。等這些孩子上牀安歇後。亦上岸找個酒店坐坐。船上單留一個莫科。躲在船頭水手房中。齁齁睡去。這也是天公有意。要把十五個小豪傑磨練出來。那晚上不知甚麼時候。因何緣故。這船的纜竟自鬆了。潮水一衝。漸漸將船流到海中心。船上的人。連影兒也不知道。夜色又闇黑。風又大。不到一會。已經流來一里以外。那時莫科睡夢中。覺得這船有些古怪。翻起身到船面一望。看見這情形。便哎呀一聲。喊起來。那俄敦。武安。杜番等。幾個年紀大的。連纔起身。走到船面。同莫科一齊大聲喊救。却沒人聽見。船已自離岸三邁多遠。望那紐西崙市的火光。都漸漸看不見了。武安倡議。不如將風篷扯起來。駛轉舵輪。回到岸去。莫科也是這個主意。孩子們就大家協力來扯那篷。不料篷太重。孩子們氣力小。扯不起來。眼睜睜看着這船越走越遠了。那陸上求人幫助的念頭。是靠不住了。就使有船跟踪來尋。但這麼黑暗的海面。怎能彀看得着呢。就使看得着那尋的船也要費許多時候纔來得到這裏。他來得時。這船又不知流遠幾多邁了。所以孩子們單有一件指望。僥倖遇着有別的船從他處來紐西崙望他打救便了。莫科便將桅燈高挂起來。做個識認。那時這年紀小的全都熟睡。驚醒他也是無益。所以由他們罷了。武安等一面設盡方法。想轉過這船來。總是不能成功。越發向東流去了。忽看見前面二三邁遠的地方有一點白色。分明是一隻大輪船。歇一會又看見一紅一綠的兩個燈光。那船一定是向一條直線對正我們來的了。孩子們拚命劈喉喊救。無奈那波濤洶湧的聲音機器韃韃的聲音。和着愈吹愈緊的大風聲音。把孩子們的聲都蓋過了。來的船如何聽得見呢。雖然如此。但係有船上的桅燈應該望着。却是天不湊巧。船一傾側。忽將燈繩刮斷。那燈竟自掉落海中。如今連一點識認都沒有了。看官知道。那輪船是一點鐘走十二三邁的。不到幾分鐘工夫。他便從胥羅船尾一掠過去。把船尾上寫着船名的一塊板兒刮落。飛的一般走向西方去了。船越行越東。不一會已到天明。四面張看。連一片帆影兒都沒有。原來太平洋這一邊。船隻來往本是極少。那從美洲走澳洲的船。大都在北方居多。孩子們整整望了一日。不見一隻船。天又黑了。夜又來了。那天氣比前夜更是古怪。風越發緊。東行越發速。却說武安雖是小小年紀。他那膂力勇氣。是老成人都趕不上的。因此大家都靠着他。便是剛愎自用的杜番。也不能不聽他號令。所有駕駛這船的事情。全由武安一人主持。杜番只是日連夜夜連日。時時刻刻望着地平線上。萬一碰着個遇救的機會。免令錯過。經了幾個禮拜。未嘗懈倦。或將遭難始末。書了許多。用酒罎子裝着投入海裏。或用言語安慰那年紀小的。叫他們勿喪氣。這也算他盡心盡力了。無奈那無情的西風。總是把船越驅越遠。那後來的事情。看官在第一回是看見的了。只緣這胥羅船離岸後不到幾日。更起一個大颶風。經兩禮拜之久。自西吹向東來。幸虧這胥羅船都還堅固。

不然、早已被怒濤打碎多時了。……那晚上船主雅湼知到胥羅船沖去的事情。和那孩子們的父兄。個個都是驚皇憂慮。自不待言。他們立刻派兩隻小輪船四面走尋。尋了一日。都是空手而回。這還不算。却執得胥羅船尾之木板一塊。分明是船沈了。孩子們都淹死了。那父兄親友都不免一場痛哭。不必細表。正是

天涯游子無消息。白水青山空哭聲。

究竟這孩子怎麼能彀上陸。那陸上係甚麼地方。下回再表。

學生放假時。不作別的游戲。卻起航海思想。此可見泰西少年活潑進取氣概。英國人最貴自由。此全球所共知也。而其在學校中。幼年生服侍長年生。若廝養然。吾初游美洲澳洲各學校。見此風氣。心頗怪之。殊不知自由與服從兩者。如車之兩輪。鳥之雙翼。枏反而相成也。最富於自由性質者。莫英人若。最富於服從性質者。亦莫英人若。蓋其受教育之制裁者有自來矣。立憲政體之國民。此二性質缺一不可。盎格魯撒遜人種所以獨步於世界。皆此之由也。近世後生小子。或耳食一二自由平等之理論。輒放恣無復紀律。是安得為眞自由哉。盎格魯撒遜人。凡於各團體中。無論大團小團。皆聽其自治。如一學校。其中規模。殆與一國無異。長年生與幼年生。卽治者與被治者之兩階級也。而長年生既享有受服侍之權利。卽有應盡其保護幼者之義務。權利義務。一一分明。及其出學校而任國事。亦若是已。則耳英國之學校。無一而非實務教育。卽此可見其概。佐克自經患難後。全變其氣質。為一完人。患難之福人大矣哉。此等機會。人生所最難遇也。苟遇此者。豈可錯過。有負天心仁愛耶。

第四回　乘駭浪破舟登沙磧　探地形勇士走長途

看官。那第二回講的武安。獨自鳧水上岸。預備普度同人。却被絞落盤渦裏去。不見人影。譯書的人原許過下次新民叢報印出。便知詳細。今已經隔了兩期。遲了一個月。這算是我譯書的人對不住看官了。但係欲急故緩。原是小說家老例。這也專怪不得我一人的閑話。休提。看官該記得一個月前講的武安。係將那纜一頭綑在船上。一頭綁着自己胸間。方纔跳下海去。如今却是一個月後。被俄敦等七手八脚將纜收回。纔把那昏昏不省人事的武安。救到船上。經了好一會。方回過氣來。但上岸的路途。却係絕望了。看看過了正午。那潮又漲起來。浪頭越大。若等到潮滿的時候。這船從擱礁處浮起。萬一撞着那海邊巉巖峭利的大石。這便變成虀粉。或者被埋沙浪打得幾打。亦要沈沒。這孩子們的性命。是沒有定了。這時候無計可施。只有一個個站在船尾。眼睜睜看着那些石頭。漸漸被潮水淹過。況又火上加油。那北風復轉成西風。潮越發高。浪越發大。這船的左舷。已經浮起。船頭還膠着海底。船尾又却落在兩塊大石之中間。一陣陣浪打過來。船便像米篩一般。不停的左搖右動。孩子們一面口中喃喃祈禱上帝。一面互相抱攤。僅免跌倒。心裏都想道。不料二十幾日海洋颶風。都捱得過。却是送命在這裏呀。在徬徨間。忽然一堆怒濤。比小山還大。從船尾直打過來。那一帶巖礁。飛起十多丈高的白沫。這船身突然擡起。像懸空飛過一般。轉瞬間已在岸邊沙漠之上。那一簇茂林。近在眼前二十丈了。這也算皇天不負苦心人。絕處逢生。這驚喜自不消說。却是船到岸上。經了一點多鐘。並不見一個人影兒。茂樹那邊。雖有小河流出來。却連打魚船不見一隻。俄敦道。我們僥倖得到陸地。雖然看此光景。却像一個無人島呀。武安道。目前最要緊的。先尋些屋舍。安頓這些年紀小的。至於此處係何國何地。慢慢查察不遲。於是武安和俄敦一齊先上船。向茂林一帶。細勘光景。只見濃陰密樹。在石壁和溪水的中間。越近石壁處。樹林越密。進林中一看。只見喬木自僵。枝幹朽腐。落葉紛積。深可沒膝。閑閑寂寂。絕無人踪。時有飛鳥三兩隻。見有人來。卽便驚飛。似已識性知畏人者。穿林而行。約一刻鐘之久。便到石壁底下。石壁高二十餘丈。矗立如平面板。不獨沒有洞穴可容孩子們居住。連攀登之路亦絕。沿壁南下。約半點鐘。達於溪水之石岸。俄敦武安兩個。滿擬覓一低處。登此壁頂。一覽四面光景。無奈峭壁依然。路早盡了。那對岸却是一幅平原。絕無蒼綠之色。不得已回到船中。述其所見。共議仍暫在船上居住。以作後圖。這船雖龍骨破壞。攲斜不正。然暫時以蔽風雨。尚猶自可。武安等先取出一條繩做的梯子。掛在船的右邊。預備孩子們上落方便。莫科收拾晚飯。一同吃去。孩子們自從離紐西侖以來。直到今日。始得略放心些。吃餐有味道的飯。那幾個年紀最小的。早已嬉嬉笑笑起來了。最可怪者。那武安的兄弟佐克。向來在學校著名淘氣。此時却獨自向隅。悄然若有所思。衆咸怪之。就問其故。則顧左右而言他耳。用飯已完。衆人因連日疲倦已極。皆去就寢。獨有武安、俄敦、杜番三個。恐防萬一有猛獸來襲。獨在船面張羅。徹夜不睡。翌朝同人起身。共歌禮拜詩。感謝上帝。這日的功課。先要點明船內存儲食品及其他什物。以備持久。食物呢。除餅乾一項外。其餘乾菓醃肉燻牛肉燻魚等。若節省用去。計可支兩個月。雖然以此有限之食物。而支無期之將來。勢必不給。彼等不能不靠著漁獵兩業來幫補幫補。於是取出船內的魚釣。教那年紀小的去學釣魚。一面將存儲食物開出清單。計開

大小帆布。繩索。鐵鏈。錨碇等一應船具若干件。

網。釣竿。釣絲等漁具大小若干件。

長銃八枝。射鴨銃一枝。五響短銃一打。火藥包三百個。火藥兩箱。每箱各貯二十五磅。大小彈子若干。

夜間通信用的火具一襲。（船上所用以做記號與他船通信者）大砲二尊。火藥包及砲彈三十個。

廚具及餐具如鍋碗等件雖經二十餘日之大颶風。破損不少。然尚足供孩子們此後所用而有餘。

臥具及枕席等亦有餘於諸童子之數。

此外晴雨表兩個。大寒暑表一個。時辰鐘一個。隔遠通話之喇叭三個。千里鏡三個。風雨表一個。

英國旗若干面。信號旗一副。木匠器具全副。針線鈕釦等若干。火柴火鐮若干。鈕西侖沿岸詳細地圖數張。世界全圖一張。閱書房內（凡外國船中皆有閱書房）有英法兩國文之著名游歷日記冒險談等書若干冊。鋼筆　鉛筆　墨水　紙等若干。一千八百六十年之黃歷一本。巴士他便將這本黃歷每日做起日記來。又有金錢五百磅。葡萄酒　車釐酒各百卡倫。毡酒　潑蘭地酒　威士忌酒　各五十卡倫。麥酒共二十五石。

這樣看來。這孩子們可以若干月內無憂困乏。……到了中午。那年紀小的從海邊撿得許多蚌蛤之類。同著莫科歸到船中。據莫科說道。那石壁一處有鴿子數千。那喜歡打獵兼且熟練的杜番搔著心癢。遂約出夥伴定議明日往打鴿去。此次午餐。不消說是要享用那蚌蛤等鮮味了。隨搭些鹹牛肉。從溪中汲些洌水。滴幾滴潑蘭地酒。皆覺饒有珍味。午後。大家檢點船身破壞之處。共修補之。那年紀小的便往溪邊釣魚。晚飯後一齊就寢。韋格及巴士他二人輪更守夜。……抑此地到底是海島還是大陸。是武安俄敦杜番等幾個年長的所最關心之第一問題也他們屢屢聚談互鬥意見但大略看來此地決不屬於熱帶何以故其茂林之中多有松柏檜樺及山毛櫸等樹都是太平洋中赤道國裏沒有的且當此時候地上已落葉堆積除松柏外無復蒼翠這樣看來此地一定在紐西侖更南了果爾則交到冬令嚴寒將不可耐今方三月中旬（時赤道南各地之秋節也）計到五月之際即北半球十一月時節或者天氣格外險惡亦不可料所以他們要盡六個禮拜內將一切事預備停妥他們經幾次商議先要往北岸高岬探望這地方的形狀再作商量這回差事武安自先任之約計此高岬與船相距不過五六邁之遠岬頭高出海平三十丈以外可以望見附近五六邁之形勢商議已定不料連天陰雨武安未能動身但武安者勤敏之人也其生平雖片刻之光陰決不肯虛度於是趁此空閑在艙中搬出水手所穿的衣服與莫科一齊不停手的縫補量度這孩子們身材做些衣服以備過冬禦寒之用其餘各孩子亦不許空閑度日每日由雅涅巴士他二人監督著往溪邊釣魚拾貝各自勞作以為歡娛雖常洒思親之淚但各懷將來之希望常得寬解杜番、韋格、乙菩、格羅士四人每日常攜獵犬跋涉林間其與諸童子偕者殆希……至十五日天氣稍霽晴雨表亦昇高度於是武安預備一切明日起程以上探險之途隨身帶短笻一枝短銃一枝又要袋裏裝餅乾若干枚醃肉及潑蘭地各少許又帶一個望遠鏡行了一點多鐘已到半路約算上午八點鐘便可到岬頭不料前途地段與這邊不同非復平坦沙場全是凹凸的堆石及蒙茸的海草團跋涉困難不可言狀或脫靴徒涉海水沒膝或失足跌倒於石磯上不止一次到十點鐘始達岬下武安乃小憩石上從袋子裏掏出食物及潑蘭地酒少療飢渴隨看四面光景但見海中無數魚族印盤渦於波上時有海豹兩三隻出沒嬉戲這海豹却是寒帶動物這越發見得此地係在北緯度高處了俄而颯然有聲則有羣鳥名鴨鷄者從頭上飛過這鐘鳥係南極地方出產

此地極寒更可推見正是
絕塞冰霜千里夢。天涯涕淚一身遙。
畢竟武安察看形勢如何且看下回分解。
本書原擬依水滸紅樓等書體裁純用俗話。但翻譯之時。甚爲困難。參用文言。勞半功倍。計前數回文體。每點鐘僅能譯千字。此次則譯二千五百字。譯者貪省時日。只得文俗並用。明知體例不符。俟全書殺青時。再改定耳。但因此亦可見語言文字分離。爲中國文學最不便之一端。而文界革命非易言也。
點檢什物一段看似無味。實則此後件件皆得其用。布置殊非偶然。
船中所存什物統計之不能值五百磅金。然莫不有用。所最無用者則此金錢五百磅耳。生計學言金錢非財富在此等境地。便足證學理之確當。

第五回　如眞如夢無人鄉（景色凄涼）　忽喜忽憂探險隊（精神抖擻）

却說武安憇息片時。旋起身攀岬而上。其岬乃無數巉巖大石累積而成。緣攀艱難。概可想見。但這百折不回的武安畢竟能登其絕頂。先把望遠鏡展望東方。只見臨灣一帶石壁。及自己現時所立之岬頭背後。其地勢皆向內地邐迤而下。內地有一幅平原。茂林蔽之。林隙破處時有川流隱見出沒。其末流皆入於海。向東方極自十一二邁之遠。只是這樣。更轉望北方。只見七八邁之間。皆是海岸相續。海岸盡處。亦有一岬界斷之。岬下一片沙漠。沿海蜿蜒。回顧南方。只見海岸次第折入於東南岸之內。有一沼澤。以此推之。此地若係島嶼。則亦甚爲一大島無疑。武安更持鏡一眺西方海上。是我船所經來之路也。西傾的紅日。斜射波面。搖光眩目。只見有三個小黑點。凸出海面。武安不覺失聲叫道「船」。熟視之。見其不動。料必是三個小嶼。小嶼與此地相距約十五邁內外。時已下午兩點鐘。武安不能久留。便將下岬。猶復取望遠鏡再眺東方。蓋以為太陽益傾。其光線射點有變。或所見更為明晰。果也眼界盡處。這茂林那邊。有一條淺碧色。橫曳南北處接天際。武安大疑。自忖道。這是甚麼東西呢。復諦視之。嘻。是海也。失望之餘。望遠鏡幾脫手落地……經一刻鐘之久。他早已下岬。坐於磯上。五點鐘。回到船來。這孩子們眼巴巴的望着。聽好新聞。晚飯既畢。武安一一報告所見。隨後道。這西邊既是海。那東邊又是海。這樣看來。此地一定是海島。非大陸了。衆人自然一齊失望落膽。獨有那杜番。往常總好反對武安。這時又望武安的話不確。還有指望。便起身道。莫不是武安的眼花看不眞嗎。等我自己前往探查一番。方知確實。那平日附和杜番的幾個孩子。都贊成他。俄敦亦以為這是第一緊要問題。不可不遠征東方。查勘果實有海與否。於是倡議派遣遠征隊。武安、杜番兩個之外。附以韋格、沙毗、共四人為委員……翌日再雨。連天不息。這孩子們悶坐。每修補那船身的破壞之處。或雨小歇。則出而從事於漁獵。忽忽之間。三月過了。已是四月一號。再遲一個月。便交冬令。現時已覺寒風凜慄。再到嚴冬。其何能支。就使此地果屬大陸。亦須過此冬節。待回春和暖。乃圖他計。這樣看來。少不免要逗留五六個月了。惟是這胥維船既已許多破損。日炙雨淋。罅漏日甚。到底不能彀支持五六個月。所以越發着急東征。以求一栖居之地。若尋不着。亦須趕緊設法建造新居。彼此商議已定。恰好是日晴雨表計忽然升高。共知明日便當快晴。於是預備起程。計武安前者所望見之海色。約距此岸六七邁。照例來回一日。最多兩日足夠了。但因沒有嚮導。怕碰着意外的阻滯。所以持四日糧前往。這四位委員各帶長鎗一桿。五響小手鎗一桿．又公帶斧頭二個．指南針一個．望遠鏡一個，毛布數枚．火柴火鐮燧石各若干．……俄敦本欲與四人同行．調和武安杜番兩者之間．又惦記着這年幼的無人照料．只得自己留守．於是悄拉武安到僻處．勸以遠征時候．勿與杜番慪氣．武安自誓以決無此事．俄敦始安心．……明日朝七點鐘起程．俄敦勸他帶着那獵犬名符亭者同往．一齊進發．是日恰如我北半球十月時節小春之好天氣．四位沿海岸北行．他們擬不攀武安所登之岬．別求低處．攀緣而出其背後．一直線行去．便到武安所望海色之處．四人沿石壁行．約有一點鐘．前面沙毗與獵犬符亭．忽焉不見．三人正驚愕尋求．隨聽得沙毗叫喚聲與符亭高吠聲相和．三人跟踪到其地．只見沙毗獵犬共立於石壁罅裂之處．蓋由寒氣熱氣之作用．或濕氣之浸潤．因此石壁自頂達地．成一縱裂之痕也．其裂痕中間寬闊．可容人身．且成四十度乃至五十度之斜面．其斜面凹凸不一．恰如一危梯．四人乃緣登壁頂．杜番先取望遠鏡向東方瞭望．韋格遽問道．曾看見甚麼水色麼．杜番道．沒有．韋格旋向杜番索鏡細望良久．道望到眼盡處．只見一面茂林．武安道．這裏比那岬頂低一百多尺．眼界更窄．那岬上望得着的．這裏如何見得．若穿過這個茂林．一直往東．便可以　明我所見的是眞是假了．杜番道．這太費事．費事猶可．但我斷其勞而無功．武安道．然則你留在此處．等我與沙毗往前探察之．何如．韋格道．我們自然也該同行．隨喚杜番道．來、我們一齊前進呀．沙毗道．不錯．但是我們已餓乏了．吃點東西再行罷．於是四人各取出食物．用早飯．飯畢．再下石壁而東．……初行一邁．左右都是草陂平軟．間有小丘三五．蘚苔封積．亦有一二灌木叢．其木則柊樹及巴比欅等．皆極寒地之植物也．既而進入茂林之中．只見僵木腐積．密草雜生．孩子們屢屢手斫榛莽．乃能進行．疲勞已甚．費數點鐘之久．僅行三四邁．至午後二時．到一條淺溪之上．孩子們藉草小憩．只見水石粼粼．直視見底．且水面無一根枯枝．一片草莽。料其發源之處。去此不遠。橫溪中央有平石數枚。位置距離。整然有法。宛如以人工砌成作徒杠者。其溪向東北流。或卽注於武安前所望見之海。亦未可知。於是孩子們決議沿溪以尋其末流之所注。先涉徒杠。到彼岸。愈到下游。其溪慢愈闊。俄而溪面爲密樹所蔽。失其所在。行少頃乃復得之。一路沿岸而下。那溪急轉慢折。不一而足。大率仍是東流。雖然、其末似尚甚遠。水流依然緩慢。溪面亦不加廣。直至五點半鐘。乃知此溪純向北流。孩子們失望。乃舍川而再取途於東方。密樹鬱葱。當晝猶暗。豐草往往沒頂。彼等相喚相應。始能成行。既七點鐘。尚未能出林外。武安杜番相議。今夕暫宿此處。明晨乃行。……是時天已黑。不甚能辨物色。只見前面一團茂樹。枝幹下垂到地。儼如屋蓋。乃共入其中。鋪起所攜來之毛布。取出燻牛肉餅乾等充飢。困倦之餘。不覺皆沈沈睡去。獵犬符亭守夜於樹外。一夜無話。……翌晨七點鐘。大家醒來。尚未起身。獨有沙毗先出樹外。忽然叫喊起來道。武安、杜番、韋格、快來看呀。三人驚皇走出。沙毗道。你看我們昨晚到底睡在甚麼地方呀。大家仔細一瞧。那裏是窠茂樹。却是一間小屋。用樹枝編成。有屋蓋有屋壁。好像那黑人所居之屋。叫做阿治約巴的。大約係百數十年前之物。屋蓋屋壁。僅存其形。杜番開口道。噯呀。此地非無人之鄉哩。武安道。是以前諒非無人之鄉。韋格道。這樣看來。連昨日那徒杠的來歷。都明白了。……雖然、此地若是野蠻黑人所在。這孩子們越發危險了。大家再入小屋之中。仔細尋索。只見敝地枯葉之底。有一個破爛的瓦器。亦是人工做的。大家離去此地。按着指南針向東直行。到十點鐘時候。已出林外。只見一幅平地。麝香草、莚莎草等叢生其上。前面半里許。一帶沙白。沙白之外。則千波萬浪。淘去淘來。噫、是卽前者武安所望見之海也。此時毫無疑義。這地方確係一絕島。並非大陸了。孩子們由平地下於沙際。團坐用早飯。相對愁然。默不一語。飯畢。杜番欠身道。我們回去罷。趁早起程。或者回到船中。天尚未黑。四個童子。一齊惘惘而返。復回頭一望。恨恨地着實瞧那海面幾眼。却見獵犬符亨突然走到海邊。在那裏飲水。杜番亦順手掬些一飲。那水却是淡的。無一點鹹味。哈哈。這橫斷東方的非海也湖也。……至是而此地到底係絕島抑是大陸。這問題又不分明了。眼看這湖前面及左右皆無涯涘。既有恁般一個大湖。或竟是大陸。亦未可知。武安道。若係大陸。應是亞美利加洲。杜番道。何知我早言此地是大陸。果然不錯。武安道。我所望見的水色。亦不錯呀。杜番道。錯卻不錯。但不是海罷了。……看官。就使此地果是大陸。孩子們要尋那有人煙處。亦須待數月後春融時節。到底少不免要此地躭擱數月呀。那西方海邊。既已尋不著一個棲身洞穴。然則在這邊湖找一個暫居之處。也是目前要緊的事。兼之那徒杠。那小屋。各種古跡。皆是這邊。試更子細尋探。或別找出些前人遺物。亦未可定。況且所帶食物。尚足够四十八點種之用。天氣亦無甚變動。於是四個公同商議。沿湖前進。又以向南行則離胥羅船較近。遂決意繞大湖南岸而行。正是

　鑿孔豈惟張博望。　遠游今見哥侖波。

湖南地理如何。第六回再表。

第六回　荒洞窮搜愴懷舊主　遺圖展視痛語前程

却說杜番一輩。鼓勇前進。可喜沿湖一帶。盡是平地。無甚崎嶇。大家都不覺困乏。是日剛行了十邁許路。方纔歇足。沿途留神四望。絕不見有人煙起處。那白砂之上。一雙足跡也沒有。此地當是無人之境了。可幸這樣荒涼地方沒有猛獸。連他食草的動物也未曾遇着一個。只有兩三回望見茂林那裏有一種巨鳥出沒往來。沙咀指向

衆人道各位這不是駝鳥嗎。杜番定睛看了一會道。這是駝鳥。是算極小的了。武安接口道。他們果是駝鳥。此地若與大陸相接。一定是亞美利加了。因爲亞美利加原是一個最多駝鳥的地方呀。到了下午七點多鐘的時候。各人重整精神再走了一程多路。行到一條小河邊。這小河分明是由該湖流出來的。大家覺天色已晚。商議在此一宿。且待明朝再作道理。於是四個小豪傑同著那隻獵犬符亨。俱横臥沙上。是日跑得倦了。各人無話。早已沈沈睡去。……翌早醒來。睜眼見那太陽已高懸三丈。拿表一看。知已是辰正。各人大驚。急急起來。一眼望去。看見這條河的對面。全是沼澤。各人相慶道。昨晚若是貪路。豈不像那楚霸王陷於大澤之中麼。草草喫些乾糧。就動身沿着右邊河岸前進。見有一帶石壁。自遠處銜接而來。次第高聳。各人心中暗忖道。這莫不是與胥羅灣上屏立的石壁同出一脈的麼。……這裏何以有一處地方。叫做胥羅灣呢。就胥羅船漂流到這裏之時。童子們替他起這名字以爲紀念的。……韋格忽然喊聲道。你們瞧那裏。你們瞧那裏。各人見他手所指處。原來是一個繫船地方。有許多石頭。是用人工疊成的。雖然已經殘破。遺跡尚模糊可認。武安道。那處明白有人住過了。杜番應聲道。是你們不看見茂草之間。有幾塊木片横着嗎。那片分明是當日破船遺跡。且可認得他是爲該船的龍骨有一鐵環尚附着其上。各人睹此情形。恰似當日曾操此船曾築此繫船地方之人。宛然現出面前一樣。不禁觸目傷心。面面相覷。不復能作一語。呆立四顧。但聞水聲潺潺。如泣如訴。這船之被棄於此。不知幾閱星霜。眼見他木片生苔。眼見他鐵環生銹。心中欲問他舊主何人。胡爲至此。可恨木石無靈。不能解語。後之視今。亦猶今之視昔。既悲往者。行自悲也。四人正在凄涼愴感。忽見獵犬符亨大有異狀。不覺失驚。注目視之。見他聳耳搖尾。頻伏地上作嗅。好像聞有甚麼異味的。既而翹足張口。初猶徘徊少焉望着一樹叢裏狂奔去了。這樹叢在大湖之畔

石壁之下。衆童子望塵趕去。行至樹叢陰處。擡頭見前面有一株舊山毛櫸樹。刻有

F. B. 1807

六個大字。衆童子一心要跟着符亭。不暇停足諦視。符亭忽然少却。遶出石壁角就不見了。武安着急。大聲喊道。這裏來符亭這裏來。那符亭更不歸來。只聽見他在那邊作怪聲狂吠。武安向衆人道。這裏一定有異。我們當團作一隊。以備不虞。各人因恐有惡獸蠻人窺見彼等。猛然來襲。大家都提了武器。整齊隊伍。便跟着符亭吠聲向前進發。遶過石壁。不及數武。杜番忽停足在地上拾得一物。認得是一個鴉鋤。細審其工作。都不像那野蠻人之物。一定是歐美所製的。通身生滿赤繡。與嚮所見鐵環無異。知道又是若干年前的一個廢物了。更留心四面察看。見石壁下有一處。似係當年曾經有人耕過的溝洫遺痕。尚可髣髴尋認。又見有一種植物。蔓延甚廣。都是那荷蘭薯變作野生的。正審顧間。忽有一物在身邊滾地大吼。好像那半天起了一個霹靂。幾乎把他們都嚇壞了。看官。你道這物是甚麼東西呢。原來是那隻符亭。望着衆童子們跑來跑去。貌極激昂。聲極悲壯。似欲敦迫衆童子快跟着自己來的。衆童子會意。大家都跟着那符亭跑去。行至一處。荊棘載道。灌木叢生。那符亭就站着不行。衆童子知必有異。芟草斬木。冒着險深入其中。忽見有一洞口。黝然黑色。武安急聚枯草燃之。投入洞中。火猶不滅。知洞中空氣無礙呼吸。因走往河邊折取松枝。束作火把燃之。率各人同入洞中。洞口雖高不過五尺。闊不過二尺。但其中巍然儼如一室。方可二丈四尺。地上細沙平布。好像毛氈一樣。室口右方有一工作極粗的桌子。桌子上。有瓦水樽一個。大貝殼數個。此貝殼想是當碗碟用的了。又有鏽蝕殆盡的缺折小刀一口。漁具數事。錫杯一隻。那邊壁間。更有木匣一個。打開一瞧。只有些衣服破片。其外別無甚麼。看來這洞。從前定是有人住過的。但

無從知他是那裏人氏。那時情景。眞眞令人討悶得狠。挨次搜至室奧。見有草薦一具。破爛已極。其上蓋有褪色洋氈一張。傍邊更有一椅子。上放著酒杯木燭臺各一。衆童子瞧到這裏。毛髮竦然。股栗發戰。不覺退了幾步。心中想道。這被窩裏一定是有洞主的遺骨了。杜番鼓勇再前。揭起洋毡一見。竟如空空如也。四人搜索已畢。走出洞來。見那符亭依然狂吠不已。遂跟著他沿河而下。行不到十丈多路。他們一齊站住。相顧慄然。這又爲着甚麼呢。因見河邊那大山毛櫸樹下。有白骨纍然。各人暗忖道。這莫不是彼洞舊主葬在這裏麼。這果何人。莫不是失事水手。漂流至此。株守待援。遂垂老病死麼。若果如此。彼在此間。何以生活度日。洞中所有之物。莫不是彼自本船拿來。抑或彼手自製作的麼。兼且此地若屬於大陸。彼何爲不尋覓內地有人之處。何以甘心病死於此。莫不是因行路之難。彼終不能達其志麼。抑或因路程太遠。彼知其終不能到而止麼。若斯人果曾尋覓有人之境。卒不能得。老死於是。今日這胥羅船之遭難。獨可望得天幸而告成功麼。衆童子觸目愴懷。呆立半晌。忽然想起。我們何不再去細索洞中一番。倘或覓得他日記一本出來。他的來歷。及這處地方的情形。都可知道。豈不便宜了我們嗎。商議既定。復再率符亭走進洞中。循着石壁而行。又見一個行囊掛在其上。取下展看。其中有蠟燭數條。乃用獸脂及船中所用塡絮造成的。沙毗就拿一條點之。插在那木燭臺上。衆人靠着微光。用意搜索。先得了斧、鋤、槌、鑿、鋸、各一事。廚具兩三種。又得一樽。似是載潑蘭地酒的。不錯不錯。向所見木片。當時應是一隻舢板。他用以裝載這等日用器具。到這裏來的了。後來更尋出小刀、定南針、茶壺、鐵鑊、包針、等數事。但不見有洋槍之類。韋格忽舉一物。大呼道。這是甚麼東西。他三人取來細驗。原是兩團圓石。用索繫着。南美洲黑人以此擊獸。百發百中的。想那死者因未帶得兵器。所以自製此物。暫充其用。韋格又在壁上搜得時辰表一個。與尋常水手所用的不同。乃是兩面密蓋的匙及鍊俱用白銀製成。都已生鏽。費了許多工夫。始得打開。看其長短針所指。正是三點二十七分。杜番道。表蓋裏面應有製者姓名。我們試一看便可推測這物主是那裏人氏。武安道。說他有理。因打開細認見着Delpleuch. Saint Malo. 一行文字。武安道。這樣看來他是法蘭西人。與我同國的了。杜番更將洋毡反覆揚了一會。覺有物墜地。拾來展視。的是一本日記。可惜經年已久。紙色都黃了。所寫文字。多不復可認識。惟其間尚有佛朗沙、坡陰、二語。隱約可讀。其二語頭字。與嚮所見刻於山毛櫸樹的同是一樣。以此知爲死者姓名。無可疑了。傳中所記。應是他遇難以後的事情。後來武安復就這日記讀出周危特果烟一語。揣測就是他遭難的船名了。又見簿面題有一千八百零七年。與樹上所刻的相符。這不是他遭難的日子嗎。以此推算。是五十三年前的事了。更細檢這本日記。見有一張厚紙。疊摺夾在裏頭。拿出展觀。杜番疾呼道。地圖。武安道。這當是坡陰自繪的。四人再細看一番。見現時所探西岸的湖。及胥羅灣。胥羅灣上的石壁等。無一不次序井然。按圖可索。但有一最可痛心的事。本島之外。四面都是汪汪大海。全不出武安所料。然則十五童子現時所託足之地。確是一個孤懸荒島無疑了。怪不得那坡陰不能插翼飛渡。卒在山毛櫸下。斷送一命哩。這地圖想是坡陰親歷全島。據所目擊。繪出來的。彼茂林中的小屋及徒杠。想是彼跋涉時所造的。若果如此。此圖精確。無可置疑。但這距離遠近。本非攜有器具。實在測量。不過因行路的日子。約略計算。或不無多少之差。却說這個地圖。所繪島之情形。恰似一隻蝴蝶。中央有湖。四面有茂林環繞。湖之東西五邁。南北十八邁。有幾條小河。皆由湖中流出。注入於海。洞外之河。就是其中之一。與在胥羅灣南端注入於海的。同爲一流。島中並無一山。盡是平野。北方乾燥沙場甚多。南方異是。沼澤占其大半。全島面積。東西約二十五邁。南北五十邁。獨恨本島果屬南半球何處。圖中未能說明。但細想坡陰盡命於此。本島之在於絕海人跡罕到之處可知。嗟爾十五小豪傑看此情形。豈不是韜光於此荒島之中。還有日子嗎。……　閑話休提。且說四個童子偶然尋得這個山洞。便自不勝歡喜。心中打算着快把各位同難之人及一切物件搬到這裏。捱過一個嚴冬。勝似在胥羅船上飽餐風雪。且恐有不虞了。這時候恨不得天生兩翼。飛報各人。因細按地圖。知洞外小河就是流向胥羅灣的。遂決計沿河歸去。這河長不過七邁。計着不消三五小時便可到了。因在洞中拾一鴉鋤。向刻字的山毛櫸樹下。掘一小穴。將坡陰遺骨收葬停妥。復回至洞口。用些木石塞了。免得野獸闌入。事畢。循河而行。一路樹木稀疏。無甚阻礙。行不上半個時辰。便覺離得石壁遠了。武安且行且想。此河當可在胥羅灣與大湖之間。作一通路。因留意察看。此河果能容一舢板或一木筏。若乘潮長順流而進。當可省多少氣力。行至四點鐘時候。忽遇着一個大澤阻住進路。不得已迂道北西而跑。這條路雜木蔽地。步行漸難。無何鐘鳴六點。天色漸黑。茂林益密。及至八點。夜色已闌。不復能辨方向。正在進退維谷之際。忽見火光一道。上沖霄漢。可不駭殺人麼。正是

殖民喜說闢新境。　聞砲驚心中毒烟。

看官欲知後事如何。且待譯者再執筆寫下。

第七回　移漂民快撐寒木筏　怪弱弟初審悶葫蘆

却說武安、杜番、沙毗、韋格、四人趕路歸船。不覺入夜。正在暗中摸索。忽見空中閃閃放了一道光明。沙毗驚問道。那是甚麼呢。韋格道。我想是流星罷。武安道。不然。是一個狼火。是胥羅船所舉的狼火。杜番道。我知道了。是俄敦

以此指示我們的因將所攜的洋槍發了一響應他。望着那火光便走。歷盡許多艱難辛苦。至四十分鐘之後。幸得無事歸到胥羅船。是日跑得倦了。早去安歇。一夕無話。翌日清早起來個個都要聽新聞的。團在甲板上頭請他四位委員把那遠征情形詳說一番。遂集齊各人商量進退。武安提議道。目下第一要緊的事情。莫如將我們根據之地方搬往那個洞裏。巴士他道。那個洞有怎麼大。能彀容得我們嗎。杜番道。不、總是我們可以鑿那石壁。再爲增大一點。俄敦道。縱然有些不便。亦暫先將就將就。待將來再作道理罷了。……當時胥羅船的側面同那甲板上頭破損的地方。漸漸大起來了。這樣光景不但不能遮蔽風雨。萬一吹了颶風。把那怒濤送來。撲不上幾撲。恐怕這船就要粉碎了。那個洞裏雖非十分寬廣。也有二丈丁方。以居十五名孩子。還可勉强。況且那個洞通風的地方。雖然只有一個洞口。可幸裏頭卻無濕氣。四壁乾潔。好像花崗石砌成的。東面亦有石壁。恰好防那海風帶些潮氣吹來。現時洞中未免昏昏如長夜。然能在前壁開兩三個通天的大窗。光線亦儘可彀用。患難之中。這也可算一個安樂窩了。故此他孩子們立定主意。就要遷居的。……杜番道。遷居之前。我們少不免另找一個地方。暫時棲身。嚾那處相宜呢。俄敦道。有布帳。就在那河邊開一張布帳罷。……童子們須將船上物件。裝束停當。又要將船體壞了。擇取一切有用的材料。方能遷徙。照此算來。總要費一個月的工夫。不到五月初旬。是不能成行的。看官。他們的五月。便像我們的十一月。已屬冬初時候了。他們所以着急。不敢一日怠慢。正爲這個緣故哩。……俄敦定計在河邊立一行臺。眞是有見識了。何以故。他們欲將那船上的東西搬去法人洞。應該是用一木筏。溯河運去的。然則他住在河岸之上。豈不占了許多便宜嗎。閑話休提。却說衆童子自那日定議之後。便動起工來。造那行臺。先相了山毛櫸樹。擇其近水的。就在他交叉枝上頭。橫了幾條長木。蓋了幾幅帆布。不費兩日工夫四壁都弄好了。好像行軍的一個大營一樣。衆孩子歡天喜地。就先把那火器彈藥各種食物廚具及一切緊要東西。七手八足收拾停妥。每日雖然有些暴風。卻幸天天快晴。他們不上數日。把船上的東西都搬進那行臺去了。其次工事是就要處分那隻殘船。知道那包皮的鐵板將來是有用的。十分小心剝取。他們都是個孩子。既非熟手。又無氣力。想把那百噸大的船體。全然解拆。談何容易呢。可喜天公見憐。助了他們一臂之力。至四月二十五日。忽然狂風襲來。其勢比那山蟲還猛。剛剛吹了一夜。方纔止息。孩子們急往岸邊一看。呀呀。那隻胥羅船不知犯了甚麼天條。大罪已被封姨君尸解了。只見有幾多大小木片。橫蔽灘上。自是他們盡力把那木片運到行臺面前。或取長木作挑杆。以起重。或取圓木作轆轤。以轉運。持的持。荷的荷。舁的舁。邪許之聲。相屬於道。個個奮勇。不敢少懈。至二十八晚。凡附屬船體有用的東西。如那絞盤車、鐵竈、水桶、等物。雖極笨重難舉。亦都搬運清楚了。自是之後。一意編造木筏。使巴士他擔任工程。其餘各童聽其指揮。巴士他是個天生木匠的人才。他在經營行臺解拆船體的時候。大衆都見過他的本領。所以又把此事託他。他先將胥羅船的龍骨。截而爲二。再將前檣後檣的下半。及那帆桁等。排作長形。放下水去。然後橫以短木。緊緊束束。一個長三丈闊一丈五尺的木筏格局已經成了。然後再把胥羅船甲板上及船旁的板鱗次砌上。逐塊釘妥。雖然不能叫做精工。然工程甚爲繁難。衆人合力。夜以繼日。亦至五月初二日纔得落成哩。從此又要搬這貨船下。伊善均、伊播孫、土耳胡太等最年輕的。就各量着自己氣力。拿這小件東西。筏上有武安巴士他幾個。聽着俄敦的號令。把這東西用心安置。不使有偏重偏輕的弊病。幸有一個絞盤車。各年長的。就借他幫助合力。把那鐵竈水桶鐵板各種粗重等物件。都縋放筏上。費了三天工夫。方纔搬運停妥。這日恰是端午。專等着明朝八點鐘潮長。便要解纜開行了。俄敦忽向着來人道。我們幾乎忘了一件緊要的事情了。我們旣離了此處。縱然有船經過。我們亦無從望見。舉個暗號求他來救了。爲今之計。我們應在石壁之上。立一長杆。當懸着暗號旗。可便有船經過這裏。使他知道。你們以爲如何呢。這是老成深算。自然無人反對他的。於是爲着這件事情。又費了半天工夫。是晚各人安寢。一夕無話。至初六日各人起來。先把那布帳卸下。蓋住筏上的東西。莫科準備了三四日的食物。到七點鐘時候。各事已經辦妥。各人就跑到筏上來。年長的各執一棹。等到八點半鐘。見那潮流已轉。海水都向湖中流入。因解了纜。高聲齊唱道。進。進。進。就見這木筏拖著那胥羅船所剩的舢板。離了岸。慢慢的追著潮流便進。衆孩子一時快極。不禁拍手喝采。驩呼之聲。怕那水底的潛魚。都被他們驚破膽的了。這筏常循着河之右岸而進。因爲潮流趨向那邊。進行甚急。又因右岸比那左岸高出水面。便於鼓棹。雖然、這筏卻不快捷。自解纜後行了兩點鐘之久。纔行了一邁路程。自胥羅灣至湖。最少亦有六邁許。若是一次潮水。只行一邁半。乃至兩邁。則他們尚要經幾次潮水。方能誕登彼岸哩。至十一點鐘。潮勢退落。他們急把筏繫住。在此休息。下午雖再有一次潮長的時候。俄敦恐乘夜兼進。或有不測。不如待明日再行。因停了一夜。翌日下午一點鐘。行到一處。就是從前四個遠征委員歸船時遇著沼澤迂道而行的地方。因把筏繫了。日來寒威漸烈。晝間已覺得瑟縮。入夜尤甚。一望沼澤。已見有些薄水光光閃閃。各人甚爲心憂。恐怕筏行太遲。河都凍了。豈不進退兩難。可喜次日午后。遙望着前面湖水碧色。及三點鐘零幾分。不覺已到了法人洞前面。大衆歡躍。忙把這筏繫在河之右岸。善均、伊播孫土耳、胡太、等最年少的。早已一躍登岸。談談笑笑。正在得意揚揚。武安在筏上望見之。顧語其弟佐克。你不往那裏去嗎。答應道。不、我留在這裏。武安道。佐克。我近來見你的舉動。有不可解的。你似有些事情。隱在心頭的。你近來有病嗎。佐克道。沒有。武安本欲再為窮詰。但以這個時候。尚不暇從容問答。遂不復聲。率著各人登了岸。急跑到法人洞口。把那木石除了。進去一撿。覺洞內一切都如往日。並無異狀。衆人喜極。忙將鋪蓋拿來。安排妥當。又將胥羅船所用的餐檯。放在中央。雅涅統着年輕的把那鍋釜器皿小件的。都運將進來。莫科又在洞外石壁之下。疊石作竈。架上一個鐵鍋。調了好些羹湯。當中途停筏之時。杜番往往提了小槍登岸。獵取許多小鳥。至此拿了幾串出來。交過伊播孫、土耳。吩咐他好用心燒了。到七點鐘時候。各人齊集洞內。把那胥羅船所有的椅櫈。環着餐檯。安排停妥。然後依次坐下。桌上有氣蓬蓬的熱湯。燻牛肉燒雀仔。又有些乾酪車厘酒及開白蘭地的淸水。各人鼓舌。飽餐一頓。數日積勞。到此不覺倦起來。襲正商量分頭就寢。因俄敦發議。率著各人奔向那山毛櫸樹下。憑弔了同病相憐的舊主坡陰一番。感觸萬端。悲不自勝。至九點鐘始共歸洞。令杜番、韋格、兩人執兵守衛。衆童子安心睡了一夜。早起。復從事起貨入洞。又將筏拆解。收藏妥當。以備他日之用。如是者忙了幾日。至十三日。欲把鐵竈運進洞裏。置諸右方。巴士他見洞壁不甚堅牢。試為鑿之。竟得穿了一穴。以通煙突。於是他們不出洞口一步。便足了炊事。自是杜番、韋格、乙菩、格羅士、四人。每日携一鳥槍。遊弋近處。所獲甚夥。常與衆人分甘同味。一日沿湖而行。約離法人洞邁許。見北方有一茂林。潛入窺探。忽見有幾個深穽。散在各處。分明是用人工掘成的。上面縱縱橫橫。蓋着許多樹枝。試為俯視。覺其下猶有甚麼動物的遺骨。繽紛狼籍。這定是那坡陰當日掩取動物的遺迹不錯了。四人周歷既遍。正欲行時。韋格道。我有一法。何不將那陷坑仍舊蓋好。或者有些動物自來送死。亦未可定。各人說是。忙取浮泥鋪塡停妥。方纔歸去。路上又尋出三葉及水芹兩種植物。俱是美味適口。又宜於衛生的。天氣雖然漸寒。尚幸那湖及河。還未冰結。年輕的每日在那水邊釣得好些鮮味。又不致有食無魚之嘆了。十七日武安思量道。在這左右石壁之上。倘能找出一個石窩藏些東西。豈不甚妙。遂率著幾個同伴出了洞外分頭探索。正行到杜番們前日發見陷坑的近處。忽聞前頭有物嘷叫。聲音甚怪。武安不敢怠慢。急去縱尋杜番等。隨後便至。覺那聲音是從一個陷坑裏發出來的。就近一看。見從前所蓋的浮泥及那樹枝都散落摧折。知是有甚麼動物投入其中。無可疑了。但是不知他是甚麼狠惡的禽獸。不敢逼近坑口。呼道。符亨。這裏。就見那符亨飛的一樣跑來。到坑口略瞰一瞰。硬縱身便躍。跳下去了。正是

羣英設計。　走狗爭功。

欲知坑中果是何物。且待下文再表。

第八回　勇學童地闘豺狠窟　榮紀念名從父母邦

却說符亭跑到坑口一望。略無懼色。便跳下去。武安杜番跟着也到坑口一望。立舉首望着衆人道。諸君來。當初各人怕有甚麼危險。退了幾步立着。至此始敢走近前來。乙菩道。豹。格羅士道。豺狠。杜番道。不然、是一個兩足的動物。再往下瞧著道。駝鳥是的。……這是亞美利加駝鳥中之一種。頭酷肖鵝。全身灰色。味甚肥美。……沙毗道。我們生擒他。那巨鳥陷在坑裏。不能逃脫。地方又窄。雖有翼呀。無從高飛。沙毗話猶未了。身已在坑裏了。見那駝鳥並不奮嘴來啄。忙伸手扼住他咽喉。不多時。氣力都衰了。企在上頭瞧着的。忙把幾條手巾投下。就緊緊的縛他兩足。好容易牽了上來。格羅士道。我們怎樣處置他好。沙毗道。不用說了。拿他洞裏去養馴他。供我們一個騎坐就是了。說着便走。這個畜生將來果能爲他們效用與否。今且未說破。總是帶他回洞。原來無甚難事。俄

敦遠遠的望見他們歡天喜地。牽了一個厖然大物回來。心中想着道。這樣增了一個人口。爲本洞生計界的情形打算。未知得失怎樣呢。方纔思疑了一會兒。忽然記起那個新來的客。豈不是喫些野草樹葉。就彀過活的麼。始安了心。任從他們擺布去。在洞外尋了幾天。還覓不着一個山岩可以收藏物件。他們就死了心。決議在這洞裏穿鑿穿鑿罷了。喜的這石壁不甚堅硬。從前巴士他曾經在那鐵竈上頭通了一個煙突。自此更把洞口闢拓。將胥羅船所用的門板嵌上。又在那左右鑿了兩個通天的窗。雖然費了許多心力。卻幸都成了功。所以他們就想另鑿一副洞起來。這也斷非妄想的。過了五月二十七日。有舉鍤的。有拿鏟的。個個爭强。人人奮勇。就動起工來。武安道。牽一條直線。從這裏鑿去。一定可到湖邊那石壁之下。若然遇着風吹得利害。不能打開正門的時候。我們就可從横門出去。這豈不妙。……自洞內到那湖邊。直徑約有四五丈長。是的童子們先開了一條窄窄的隧道。然後把上下左右逐漸擴張。果然不出所料。這地方的石壁。也是脆軟得很。有幾處還要用些木板撐住。纔能免他頹將下來。爲着這樣。他們的工程就容易做了。俄敦率着那幾個手空的童子。把從前解筏時所留下的材木。揀了幾條合作支拄用的。又伏進隧道。將土塊石屑都運出洞外去。日日大家爲着這件事情忙煞。至三十日下午。眼見的那隧道己穿了五六尺長。是日武安如常扒進裏頭。拚命開鑿。忽聽見那邊離着自己不遠。似有些古怪聲音。不禁喫了一驚。再爲側耳細聽。果然像有怪物在那裏呻吟。武安急著匍匐却行。見了俄敦巴士他。便把這般這般告訴了他們一番。俄敦道。莫不是你耳根亂麼。武安道。你試往一聽。無何俄敦自隧中出道。武安說的不錯。果然有甚麼東西在那裏低聲發哮。巴士他亦不信心。入去一息。便出來道。是了。但不知是甚麼東西。三箇急喚杜番、韋格、乙菩、雅涅、那幾位有年紀的再入去聽聽。這時候聲已寂然。他們一無所聞。都說是他三個心虛聽錯的。左右爲這一疑似的事情。就把那工程罷手不成。武安只得再進去作工。到晚上九點鐘時候。曖約。這會比不得從前那聲音越發大了。恰好符亨進來。這個聲浪一敲他的耳膜。他便飛也似的走出隧來。面色有些作怪。不住的在洞內亂跑。是晚各人心上都掛著這件事。雖然睡了。頻頻驚醒。倒有幾回。次早起來巴士他同那杜番兩個。先跑進隧中一聽。却不見有甚麼消息。符亨也如常走動。不似昨日那麼狂怒。兩人商量定了。就跑出洞外尋了一條路。披荊斬棘。攀上那石壁。在法人洞的絕頂張望四圍。好好覓了半天。仍不見有甚麼罅隙。罷了罷了。急走下來報了各人知道。依舊動手作工。是日絕不聞有甚麼。唯是鋤壁之時。覺得有些反響。像是裏頭空虛的一樣。……看官若是裏頭果有一洞。與他們所鑿的隧道接近。便省他們許多工程了。但不知有這樣天幸不。……是日畢工。方欲開飯。從來那符亨一定是在主人們左右作伴食宰相的。今夕怎麼不見了。齊聲呼符亨符亨幾聲。絕無影響。俄敦快出洞外高聲呼了一遍。仍是寂然。自是杜番向那湖邊。韋格向那河岸。各人都分頭找去。像個秦始皇大索那張良一樣。幾乎把洞的前後左右都翻過了。依然不見。拿表一瞧。見那短針已指著九點。又不可冒險遠到那茂林沼澤之中。迫得各人沒精打采。愀然歸洞。正在相對太息。並無一人發言的。忽而狂叫怒號。怪聲大作。武安道。聲正從這裏來。說着鑽身進隧道去。年長的一齊蹶起。拿了護身東西。以備不虞。年幼的嚇得面如土色。急將被窩蓋着首。動也不敢動。無何武安出來說。石壁那邊。一定別有洞天了。俄敦接口道。然則有幾個動物。定在那裏。杜番道。我也這麼想着。且等明早兒我們細尋他的洞口罷。話猶未了。忽聞可怖的怒吼之聲。咆哮之聲。嗚嗚然。隆隆然。不斷不絕。險些兒把那石壁都震塌了。韋格道。莫是符亨同甚麼動物格鬥。武安再入隧道一聽。却無影兒消息。是晚各人不敢交睫。眼光光守到天亮。杜番率了一隊。仔細在湖邊石壁一上一下，搜了好些時候，幷不見有甚麼洞口。武安、巴士他、照常用功鑿那石壁，纔至正午，更深入了二尺許。喫中飯畢，再把鋤進去，漸覺得與那壁的空洞更逼近了。急令年幼的跑出洞外，以避不測之事。杜番、韋格、乙菩等有年紀的各人手執武器，刻刻留神，以便與隧中諸童子緩急相應。自鳴鐘剛打了兩點，忽聞武安大喊起來，你道他是做甚麼呢？原來他舉鋤一下，不覺把石鑿掘穿，就望見裏面眞有一個大洞。退身出來，正欲告訴外邊各人，忽聽得撲地一聲，那隧道之中跑了一隻東西出來，驚得衆人魂不附體。衆人定睛看了，纔知道就是那隻符亨，一直跑到盂邊，吸了幾口淸水，方搖頭擺尾，徐徐行近俄敦立處。衆人見他形狀無異常時，知道無甚可畏的。武安在前，俄敦、杜番、韋格、巴士他、及莫科等跟着，拿了燈籠走進隧道裏，見那石前穿了，開出一個大穴，便由此轉過。略瞧一瞧，仍是一個大洞，其高大寬廣，大約與法人洞差不多。一望似無路可與外邊相通，若果然，怪那符亨不知從那裏進去。韋格忽然跌了一交，大呼道：有東西。快舉燈籠一照，原是隻豺狼的死尸。武安道：這不是符亨咬死的麼？我們從前的疑團，至今方纔明白了。只是這個野獸從那裏進來的？童子們全想不出來。武安留衆人在洞內守着，獨自一個出了法人洞，跑到湖邊，循着那石壁，且行且呼，覺有一處，把各人答應的聲音傳漏出來。因細心查勘，見石壁之下，幾與地平，那裏有一個低陷的穴口。不錯了，不錯了，符亨同那野獸，俱由這裏進去，是的。再將他鑿寬些，童子們就可以有出來湖邊的門口了。各人見得了這個新洞，不勝歡喜，自此更爲出力，急把隧道擴張擴張，居然成了一條通路。這兩個洞，就聯絡上了。他們商量數次，纔定議將新洞作書房、寢室，將舊洞作廚房、食堂、倉庫。忙把鋪蓋移往新洞，安排妥當，再把桌子、椅子及胥羅船所用的大火爐，都將進來。這樣這樣，陳設得也覺整潔。於是將那穴口嵌上兩塊胥羅船所用的門板，又在那左右開了兩個透明天窗，這種工夫不消說。又是費巴士他的心力弄來的了。時北風漸緊。雖未至十分嚴寒。料着戶外作工不久便有爲難了。爲此衆童子不肯怠慢。夜以繼日的剛剛忙了兩個禮拜。方纔把那洞內的事情整理完了。衆人念着我們流落這裏。不知幾時纔能彀脫離此苦。倘然日望日不做些事業。豈不白消了光陰。依着俄敦發議。遂決計在戒寒的時候。立了一定課程。那年幼的就從那年長的學些未曾學過的工夫。自明天爲始。各人就按着課程勉力用功。至六月初十日晚飯已畢。各人正圍着火爐上下議論。忽有一人道。本島的握要地方。我們替他起個名兒。日常稱呼纔爲方便哩。衆人稱是。杜番道。我們上岸的地方。已經呼他作胥羅灣。我想着依舊用他。格羅士道。這個自然。武安道。我們所住的洞。因爲紀念舊主。也經呼他作法人洞。這個名字。亦可以留傳的。韋格道。流注胥羅灣那洞外的河呢。巴士他道。我們思念故鄉。就呼他紐西崙河罷。雅涅道。那湖。杜番道。故鄉的紀念既有了。更爲親切一點。叫他家族湖。豈不好。其餘石壁則稱爲惡崙岡。岡北盡處武安所嘗登臨的。則呼作幻海臺。尋出陷穽之林曰陷穽林。遠征委員歸途因逢沼澤折道之處。在紐西崙河畔。有一茂林。是稱沼澤林。紐西崙河以南的沼澤。便號南澤。遠征委員始覔見徒矼的小流。就喚他徒矼川。除此之外。且等他日到過方爲命名。唯是據坡陰的地圖。有幾處沙嘴。分明認得。因名他最北的曰北岬。最南的曰南岬。更那西岸有三個斗出海中。就因衆童子的出處名爲法人岬。英人岬。美人岬。猶有一件緊要的。他們既占有這島。那麼可以不上他一個徽號呢。胡太道。我想着一個佳名了。杜番道。使君麼。沙毗道。他定是想改作孩兒島了。武安道。且勿說笑。聽他盡其思想言論的自由。纔好。胡太你的妙想應聲道。我們不是奢們學校的學生麼。我就想呼他作奢們島。衆人聽了。俱拍手喝采贊道。虧你想得好。這時胡太滿心歡喜。似比做了皇帝還得意咧。各人正欲散開。忽見武安恭立唱道。某更有說。眞是莫笑童年無智識。依然議院小規模。
欲知武安提議何事。且等下回再說。

第九回　舉總統俄敦初被選　開學會佐克悄無言

話說武安提議道。我們既占這個孤島爲他起了名字。今更要舉一總統治之纔好。杜番道。舉總統麼。武安道。眞一首領。凡事聽其指揮。庶幾號令出於一途。辦理庶務。更爲圓滑。說畢。衆童子齊呼道。甚是甚是。快使我們選總統罷。杜番接口道。選總統亦可。但須限定任期。或半年或一年。武安道。惟任滿之後。倘再被選。仍得復任。杜番滿腹疑忌。唯恐各人選了武安。因着急道。武安說的是。但我們當先選誰。武安道。自然是最賢明之人了。算來莫似我俄敦。各人聞說。卽拍手歡呼道。是了。是了。俄敦萬歲萬歲。俄敦初欲遜謝。繼想他武安杜番兩黨。不時齟齬軋轢。全賴着我居間調停的。今舉我坐了第一把交椅。似於和合他們。更爲容易。再三想過。知道機不可失。遂欣然答應了。……若使這個孤島。果如衆人所料。其位置在紐西崙以南。則自此至十月初旬。天氣寒冷。其間五個多月。定是不能出門口一步了。……俄敦嚴定課期。使他幼年的每日按着用功。不把光陰虛度。自是每日午前午後。各定功課兩點鐘。到了時候。盡會於新洞書室。命第五班的武安、杜番、格羅士、馬克太及第四班的韋格、乙菩、輪班講書。教些歷史數學地理。或就所諳記的口說相傳。或將帶來的書籍。指出解釋。他第三第二第一幾班的欣然領教。樂此不疲。其受益之大。固不待言。卽他們充當教習的。亦可藉此溫復一番。不致遺忘。眞可算一舉兩得的善法了。此外每逢禮拜日及禮拜四日。開一講習會。或將歷史事實。或就目前事情。擬定題目。大家討論。其利害得失。集思廣益。交換智識。彼此都覺得有趣起來。學識亦漸漸有進步了。天朗氣清日暖風和的時候。又大衆在那湖邊。從容散步。有時相約競走。練習體操。以防倦氣來侵。沈鬱生病。使韋格、巴士他、兩人監督着各人都把時辰表較準。尅期用功。又使乙菩每日將寒暑針風雨針的度數記了。其外一切雜事。因巴士他從來已設一日記部。詳細登載。遂將此任。歸他專管。每到禮拜晚。大開音樂會。雅涅端坐彈琴。各人齊唱國歌和之。往日在學校。佐克是最有名能唱。各人都讓他第一的。誰知他在這裏。常坐在衆人背後。無精無采。從未見他開喉唱過一句。武安從此更疑心他了。光陰似箭。日月如梭。不覺已到了六月下旬。寒暑針漸漸降下。常在零點以下十度乃至十二度之間。洞內幸有許多積薪。每日燃着火爐。尚能保住零點以上的溫度。不致僵手僵足。一日寒威少減。雪花亂飛。剛剛下了一日。把這孤島全現出玻璃世界的景象。各人歡歡喜喜。跑出洞外。團雪爲丸。相擲爲戲。佐克這時亦在局外。袖手旁觀。不料格羅士舉一雪丸。猛力一投。正誤中他的臉上。立時鼻血湧出。流個不止。格羅士瞧見。道我本無心擲傷你的。說着便走。武安拉住道。你出於無心。我亦諒你。但你亦太不留意了。格羅士道。照你這樣說。你佐克既非預份擲雪的。偏要企在這裏。却非自己不仔細麼。忽聞杜番高聲大叫道。這樣小事。爲甚麼就要吵嚷呢。武安道。自然是小事。但我亦只勸格羅士嗣後須少留意耳。杜番道。這件事不待你勸戒格羅士的。你不聽見他已經謝過嗎。武安道。杜番。我不解你爲着甚麼偏要强來干預。這不是我與格羅士兩個交涉。不干你事的嗎。杜番道。雖然如此。總是我聽見你說這種話。我就不能忍默的。武安握拳道。你想怎樣就怎樣罷。杜番亦攘臂道。自然不受你指揮。兩人正在盛氣相向。勢將用武。適俄敦走來瞧見。因宣言道。杜番所爲。有意滋事。杜番聞言。不得已艴然入洞去了。俄敦及衆人。知道他兩個斷不肯干休的。俱放心不下。至兩人究竟如何結局。此是後話。今且不表。却說衆童子至六月杪。天氣愈冷。降雪愈深。常積至三尺四尺。除有要事之外。一步不能跑出洞外。童子們當未下雪時。一切大抵準備。惟是汲水一事。最是爲難的。俄敦與巴士他商量了幾回。巴士他建議。若在地中設一水管。自那河底通至洞中。則不獨可省提甕出汲之勞。卽使寒沍至極。河面凍了。河底亦斷不凍的。我們的食水。豈不是源源不竭麼。衆人聽說。俱大贊成道。妙哉妙哉。但這件事言之雖易。行之甚難。可喜胥羅船浴室的鉛管。尙在他們手裏。巴士他就靠着他與衆童子盡心竭力。經營了好幾天。纔得成功的。夜間點燈的東西。幸自船中帶來的油。尙有許多。數月之間。儘可彀用。但恐到了冬盡時候。就不免告乏。莫科早已慮及此事。每宰禽獸。輒將他的脂膏收藏停妥。以備將來製造蠟燭之用。於是童子們所關心的。就是他日用的食物了。他們因天時寒冷。許久不能出外漁獵。只有坐食。日少一日。惟靠着莫科從前準備下的野鴨、火鷄、鹹魚。及由胥羅船拿來的罐頭。目前儘可敷衍。但是他們十五個童子。幼的九歲。長的十五歲。都正喜健飯的。每日所需食物甚多。他們見食物漸短。未免寒心起來。正不同杞人憂天的。況沙毗畜了一個駝鳥。亦累他們不淺的。這時候洞外堆了好幾尺雪。日日尙要掘些樹根野草。將來餵他。惟是這個職役。沙毗獨自擔在身上。不敢勞别人的。常笑嘻嘻對着大衆道。他定可充俺一個好坐騎的。你們且看。一日天氣寒甚。洞外寒度降至零點以下十七度。洞內積薪剛告乏了。孩子們無奈。只得忍着寒到那陷穽林。冰手僵足。好容易採了多少。莫科看此情形。忽然想出一計。把那長丈二尺闊四尺的桌子反轉了。在積雪上面推來推去。就似大禹泥行時所乘的橇一樣。孩子們將所採的薪木堆滿其上。滑滑地推進洞中去了。比從前肩挑背負。省却許多氣力。自七月九日起。日日照樣搬運。不過忙了一禮拜。數十日內。儘可無薪盡之憂了。武安忽向衆人道。今日不是七月十五麼。據北半球的慣例。

今日倘然下雨。從此四十日間。難望晴快了。他們忘了南半球的天氣。與北半球不同。白躁了心。却喜是日連一點陰雲都沒有。惟東南風吹得極緊。寒威越發難捱。孩子們瑟瑟縮縮。終是團在洞內。有誰敢出門一步。只樣枯坐無聊。不能運動。剛苦了一個月。都覺得不舒服的。至八月十六日。忽然吹起西風來了。寒雲漸散。天氣微和。杜番、武安、沙毗、韋格、羅士他、商量道。我們想着到胥羅灣一尋舊遊。已非一日。恨阻風雪。久不果行。今幸天和日暖。未免同走一遭。則個他們鬱鬱已久。正欲藉此一舒筋骨。且念着插在石壁上的英國旗。定已破爛。決意把他換過。稟准了俄敦。八月十九日早起。束裝首途。踏雪而行。可不爽快。無何到了沼澤林。四面冰結厚了。更不必枉道。直履之而過。及抵胥羅灣。拿表一瞧。纔不過九點鐘時候。但見碧海之濱。鴉鶉亂飛。岩礁之上。海獅戲舞。遙望着自紐西崙川至幻海臺。白茫茫雪深幾尺。俗語道琉璃世界。眞不錯的。眼界盡處。只是海闊天空。并不見一隻飛鳥行迹。五童子急弄早飯喫了。就將帶來的新旗換上。更採杜番的條陳。拾一塊木片。把距此六邁路有一法人洞。衆童子占了居住的事情。簡明記了。繫在竿頭。這也算童子們用意周密。倘然有船經過這裏。望見旗號。泊岸尋來。便可省知他們蹤跡。前去援救的了。看見日已傾斜。各人急跑回洞。復命俄敦。時自鳴鐘正打四下。也自此無事。至九月初旬。寒暑針漸漸昇上。天氣乍暖。知嚴冬垂盡。不久便是好春時節。童子們自念漂到這島。不知不覺已過了六個月光陰。這島的西方。是胥羅船的來路。行了幾個禮拜。都沒有一點影兒。是斷無可屬望的了。那東南北三面。雖然未曾巡繞。但坡陰所遺下的地圖。并沒記瞧見甚麼陸地。坡陰的地圖。本是精精確確。無可疑的。惟是他當日苦沒拿有千里鏡。常人的肉眼。原望不到兩三邁外的。他縱然曾立惡蘭岡上。四處張望。或者遠處眞有陸影。爲他目力所不及。亦未可定。童子們恃着自己拿有千里鏡。立意再爲探望一番。因展地圖一看。知東岸有一海灣。凹入家族湖那邊。與胥羅灣正遙遙相對。距法人洞不過十二邁許。遂決計先往那灣頭。熟察東方情形。恨天氣還寒。正苦苦悶悶的。等着春回日暖。怎知到了九月中旬。愁雲四合。狂風大作。一連吹了幾天。比在胥羅船上所遇的。更爲利害。那石壁也似搖搖擺擺。差不多就要塌將下來。人人害怕。個個驚心。這洞口所箝的窗戶。或被捲去。或被吹破。童子們狼狽非常。其困蹙之狀。較昔時盛冬時節寒暑針降至零點三十度以下的時候。尤爲不寒而慄的。而且無論甚麼禽獸。爲着這樣暴風。都找個藏身的地方躲避去了。湖中遊魚。亦緣波濤鼓盪。深深潛伏。童子們或漁或獵。全無所獲。這時風雖猛烈。地氣却暖。積雪逐漸溶了。反轉桌子造的雪橇。至此變了無用。童子們早已算定。意欲造一手車。代他巴士他記著從胥羅船拿來的東西。其中有一個絞車盤。就把他車輪大小相同的揀了兩個。那車輪本是有鋸齒的。不是將他平了。斷難轉動。巴士他費了許多工夫。究沒法將他除去。不得已用些堅木塡塞上了。再找鐵箍緊緊束住。竟得了兩個車輪。到十月上旬。居然成了一輛手車。這時候風色亦漸穩靜。比及中旬。麗日當空。陰霾全散。童子們如鳥放籠中。虎出柙外。終日在洞外游戲。都無所苦。於是漁的漁。獵的獵。樵的樵。各自欣然從事去了。俄敦老謀深算。知那彈藥是將來有大用處的。因嚴戒各人切勿浪費。故他們獵手專靠著張羅設穽。幸仍獲得許多小鳥野兔。以飽枵腹。至二十六日。忽有一事。令童子們捧腹的。是日沙毗將平日所養的駝鳥牽出檻外。擬乘此馳騁。誇耀衆人。童子們都議議論論。或說可以。或說不行。爭來看他。沙毗牽到一寬敞地方。將韁索繫了。用兩塊皮革掩他兩眼。使巴士他雅涅兩人牽住。騰身便欲乘將上去。不料駝鳥轉身一撲。把他丟將下來。連上了六七回。纔得坐定。便揮兩人使退。急把韁勒了。將兩塊眼遮除去。方纔駝鳥所以凝立不動。正爲着這個東西的。現下開了眼界。正如國民有了智識之後。就不肯盲從那野蠻政府的束縛的陡然一躍騰身望着叢林中狂命奔逸。急得沙毗手忙脚亂。渾身是汗。正欲控韁制止。不料駝鳥把身一振便將沙毗滾將下來。自向陷穽林裏跑去。轉瞬間連影兒都不見了。沙毗翻起身面紅紅的作速逃往洞裏。贏得衆人一閧散了。却說俄敦見風和日麗。天氣漸暖。因自率童子一隊。沿着陷穽林直到家族湖西岸。踏勘地理。考究物產。知道這樣天時。雖然在外露宿。亦無妨礙的。因提議命武安作留守。自與數人照往日所商。親往湖東。一行至十一月五日。正是出行日子。但見俄敦、杜番、韋革、三條好漢肩着獵鎗。他們是不容易消耗彈藥的。因使巴士他修整那飛彈帶了。以備襲取禽獸。知道湖西有兩條河流。或要渡過的。適自胥羅船拿來的東西。內有樹膠舢板一隻。疊起來不過枕箱怎大。約七八斤重。乃幷檢得斧頭兩柄。一統帶了。其餘乙菩、格士、沙毗、亦攜了護身短鎗。一同七人。威風凛凛。意氣揚揚。辭別了武安各人。出了法人洞。循着湖邊向北方進發。行及兩邁許路。忽見那隻先鋒獵犬符亨。在前頭停足而立。似是相等的各人。疾趨趕上。見那裏有許多洞穴。符亨正在一個洞穴旁邊。以足扒地。仰首而號。杜番早知有甚麼東西潛伏其中的。正擬裝塡彈藥。俄敦高聲道。杜番君。且勿浪費彈藥。余有一法。儘把穴中的動物。盡行驅出來的。說着便率各人往那灌木叢中拿了許多雜草。塞進穴內。縱火燃著。無幾有十餘頭狡兎。自穴中冒煙而出。張皇圖逸。沙毗、乙菩、瞧見。快把鎗架斧頭。斫倒四五頭。符亨亦咬死三頭。童子們喜出望外。各人肩了一頭。急急離了灌木叢。選路前進。至十一點鐘。始抵徒矼川流入湖中的地方。據坡陰地圖。知已離法人洞六邁路程。童子們就在川邊。選了一個雅潔地方。班荊坐定。先把三頭兎兒烹了。合些乾餅。飽餐一頓。然後濟川北行。沿途沮澤。並無駐足之處。及離了湖畔。更向茂林南進。樹木陰森。都與法人洞附近無大差異。啄木鴬鷯等。翱翔上下。羽彩爛然。忽有「貔加里」厚皮獸。狀類豚。在面前驚走。杜番見著。急問准了俄敦便發槍擊之。應聲倒斃。這種獸肉。味美異常。童子們歡喜無量。樂得今晚的晚餐及明朝的早餐。又有嘉肴了。到下午五點鐘時候。又見有一條小川橫著前面。約有四丈闊。查坡陰地圖。知是由湖中流出。繞惡蘭岡北端。趨注胥羅灣的。這裏距法人洞已有十二邁路。童子們是晚在這川畔露宿。因名他作停宿川。翌早起來。急把繩索探這川水深淺。知是不可徒涉的。喜有樹膠舢板帶來。因展開放下水去。居然一葉扁舟。但係渺小輕巧。只能容得一人。屑屑往返。費了一點多鐘工夫。纔把各人畢渡。一切攜來什物。都賴此不至濡濕。收拾妥了。後向北方前進。一片乾沙。更無沮洳。漸捨茂林。取途湖畔。日方當中。遙望見對岸有樹梢輕拂。掩映於水天之際。自此湖幅漸窄。至下午三點鐘。對岸樹林。瞭然入目。想兩岸相去。當不出二邁以外。此地荒涼寂寞。四顧悄然。只有二三海鳥。翱翔湖上。除此之外。更無一個生物。向使胥羅船不幸漂到這裏。十五小豪傑豈不坐困食盡。早投餓鬼道去麼。既而兩岸相逼。已到湖之盡處。各人見天色晚了。決計在此留宿。因把毛布敷在地上。坐定。熟望四圍。但見白沙如鋪。青草不茁。雖欲舉火。苦無枯木。迫將所攜的乾餅牛肉等。聊以充飢。一夕無話。翌早起來。張眼遙望。見相離數武之地。有沙丘一座。高可四五丈。苟造其峯。四方形勢。當可了了。飯罷各人到那丘上。用千里鏡望了一會。果如坡陰地圖所載。北東一面。全是沙漠。目力所盡。不睹際涯。據地圖測線。自此至海北十二邁。東七邁。各人知行此長途。渡過沙漠。亦無益處。格羅士先說道。我們既到這裏。將更奈何。俄敦道。只有乘興而來。失望而返罷。杜番道。今除歸洞之外。別無可圖了。但須另擇一新道。以資閱歷。較之復尋來路。不更有趣嗎。俄敦道。君說甚是。我等沿著湖畔。到停宿川上。然後折而之右。直抵石壁下。循惡蘭岡而歸。就是了。杜番道。果欲循石壁歸去。自此直向陷穽林。抵其北端。然後轉出石壁下。豈不更捷。陷穽林北端。距此不過三四邁路。若要返至湖畔。

便迂迴了俄敦道．雖係直向陷穽林．亦必要一涉停宿川之流．此川愈近海愈闊而險．或至不可橫流而濟．亦未可知．爲萬全計．仍以到川之南岸．然後轉路爲佳．商議定了．各人返至露宿處．把毛布收捲．便循著來路而行．十一點鐘抵停宿川上．依舊用那樹膠舢板把各人渡了．杜番在路上弋取兩隻鴇鳥．各重二十餘斤．沙毗與各人割了他一隻．七人都飽餐一頓．將那殘骨飼了符亭遂起程入陷穽林中．選一條路從前來往行過的大路步望着石壁而進．所過茂林．不似法人洞附近之繁密．有幾處幷無大樹大木．日光所照．春草如裀．野花似錦．又有百合數株．高三四尺．隨風拂舞．嬌態迎人．俄敦素好研究植物學的．因在此尋出幾種有用的草木．一是可以造酒．一是可以製茶．他們法人洞內．於此兩物方將告乏．俄敦因命各人取了許多種子．帶歸培植．及下午四點鐘．到了惡蘭岡北端．自此循壁而走．南行二邁．見一條細流．自壁腹迸出．奔向東方．這就是徒杠川源頭了．俄而日已西斜．各人知今晚斷不能趕回洞去．因決意在此流南岸．卸了行李．沙毗與其他童子．正在料理晚餐．俄敦與巴士他兩人．在左右近處．徘徊瞻眺間忽見那邊林中．約略有一大羣動物．蠕蠕蠢動．嚇得兩人嗳哎一聲．退了幾步．

欲知兩人所見果是何野獸．且等下回再表．

按任公先生所譯止此

（全書共十八回以下九回羅孝高先生續）